域外五台山文化研究

MOUNT WUTAI CULTURE STUDIES OUTSIDE CHINA

冀培然 著

山西人民出版社

山西出版传媒集团

图书在版编目（CIP）数据

域外五台山文化研究 / 冀培然著 . ——太原：山西
人民出版社，2019.8
ISBN 978-7-203-11048-4

Ⅰ.①域… Ⅱ.①冀… Ⅲ.①五台山—文化—研究

Ⅳ.① K928.3

中国版本图书馆 CIP 数据核字（2019）第 162819 号

域外五台山文化研究

著　　者：	冀培然	
责任编辑：	何赵云	
复　　审：	傅小红	
终　　审：	阎卫斌	
装帧设计：	博雅图文	

出 版 者：山西出版传媒集团·山西人民出版社
地　　址：太原市建设南路 21 号
邮　　编：030012
发行营销：0351—4922220　4955996　4956039　4922127（传真）
天猫官网：http://sxrmcbs.tmall.com　　　电话：0351-4922159
E-mail：sxskcb@163.com　发行部
　　　　　sxskcb@126.com　总编室
网　　址：www.sxskcb.com

经 销 者：山西出版传媒集团·山西人民出版社
承 印 厂：山西出版传媒集团·山西省美术印务有限责任公司

开　　本：787mm×1092mm　　1/16
印　　张：28
字　　数：380 千字
印　　数：1—1000 册
版　　次：2019 年 8 月　第 1 版
印　　次：2019 年 8 月　第 1 次印刷
书　　号：ISBN 978-7-203-11048-4
定　　价：45.00 元

狮子吼（冀培然 摄）

　　西台有一灵迹，坊间名牛心石。《清凉山志》记载："台东有石，状若牛肝。"即谓此石。2011 年 7 月 6 日，一行数人行足至牛心石处，时天色已近黄昏，乌云飞度，阳光从云层穿过，牛心石瞬间如雄狮震吼，目光有神，形态生动，殊胜难得。佛经中常以狮子吼形容佛菩萨说法如狮子威服众兽一般，能调伏一切众生，如《维摩经·佛国品》云："演法无畏，犹狮子吼。其所讲说，乃如雷震。"《文殊所说最胜名义经》云："处于无我义，犹如狮子吼。威振诸外道，众魔皆惊怖。"故将此照名之为"狮子吼"，取其象征之意也。

序 一

五台山相传是文殊菩萨应化之地，《清凉山志》中《御制台麓寺碑》赞曰："文殊圣宅，遥连紫塞之烟云，大士名区，近作神京之屏翰。五峰屹峙，千嶂迥环，三春开四照之花，长夏积经年之雪。缅此清凉之灵境，实为万圣之幽栖。……绕径挺菩提之树，巡檐现优钵之香，智海汪洋，川岳益增其炳焕；慈云弥漫，草木咸载其光华。贝阙常新，琳宫日丽，嗣后六时禅诵，望宝筏以知归；四远缁流，礼精蓝而式化。"五台山自魏晋创建佛寺以来，至隋唐进入鼎盛时期，五峰内外寺院多达360余处，僧尼逾万，真正达到了"一万菩萨绕清凉"的空前盛况。声名远播，海外高僧，纷至沓来，巡礼求法留下诸多国际友好往来的历史佳话。元代以降，五台山成为汉藏并存、显密共弘的道场，清康熙、乾隆诸帝十余次朝台，以示"中外一家之心"，五台山为维系民族团结、国家统一产生了巨大影响。特别是明清之际，佛教名山确定，五台山更是位列中华佛教传统四大名山之首，五台山遂成为我国汉、藏、蒙、满等民族和东亚、东南亚一些国家、地区有缘必朝的佛教圣地。

对于五台山历史的梳理，自古有《古清凉传》《广清凉传》《续清凉传》，《清凉山志》《重修清凉山志》等，尚有藏文《清凉山志》，蒙文《五台山灵迹传》，在敦煌文书中亦有五台山相关资料。五台山佛教协会曾组织编纂出版了系列五台山志书，是此类资料的总汇。

从十九世纪以来，五台山专题研究进入学术殿堂，学者们运用宗教学、哲学、图像学、考古学、历史学、建筑学、地理学、生态学、旅游学、文化学、民俗学等视角对五台山文化展开全方位、立体式的研究，相继推出一系列的重要成果，使五台山研究在佛学领域占有一定的份额。目前的问题焦点是，在原有研究基础上如何避免重复性的研究，突破瓶颈，提升研究水准。对治的方法可以有对新资料的挖掘，随着目前世界各地图书馆藏电子文献的共享，这一愿景可望实现。还有研究领域的开拓，除了分门别类的切割式剖析，可也进行学科整合性的探讨。此外，还有对五台山研究整体学科的系统性学术史梳理，为以往的研究作出全面总结，为今天的研究奠定基础，更为未来的发展搭建阶梯。冀培然老师的《域外五台山文化研究》一书在这方面作了有益的探索。

承蒙冀培然老师的信任，感恩此书未正式付印之前，就有缘先睹，谨将个人的感想作一分享。

首先，本书选题是以域外五台山文化为研究立场与观察对象，主要在"域外"的视角之下，基于历史发展的维度，来重点透视作为海外学者如何看待五台山佛教的演绎与融合。这为中国学术界提供了"另一只眼"，打开了"又一扇窗"。正如作者在前言中所说："无数域外学者作为佛学的传灯人，其中不乏对五台山文化发生兴趣并做出无私努力者，将五台山文化思想的光辉播撒在世界各地，以'他者'的视角审视与探究五台山文化的精神涵义，使我们得以领略文明交流互鉴的独特风光，以开放的视野、包容的精神认识五台山、理解五台山、检视五台山文化的价值与意义，因此对域外五台山文化研究领域加以关注并展开研究是题中应有之义。"这样的学术开启，避免了自说自话，将观察对象置于多机位的拍摄透视之中，相信会有耳目一新之感，亦会有"他山之石"之功。

其次，论题所显示出的全面与详实。本书搜集和概述内容，既有五台山的圣山化研究，比如五台山信仰、五台山佛教史、五台山宗派、五台山对外传播与交流研究等；也有对文殊菩萨的研究，比如文殊来历与角色、文殊信仰与五台山关系、经典文殊与文殊经典、文殊法门与文殊思想、密教中的文殊菩萨、文殊菩萨化现研究等；还有五台山的高僧以及宗派学研究，包括中国本土与域外来五台山创宗立派，弘法巡礼的高僧；另外从艺术角度来研究五台山的成果。这种集群式的全景扫描，令历史的帷幕徐徐打开，将五台山文化置于宏大的佛教发展场域中，由"域外学者"看佛教这种"域外文化"在中国本土的落地生根，开花结果，从另一个立场挖掘了佛教的中国化主题。这样一种菩萨信仰的兴起，这样一种"朝山拜佛"崇敬模式的确立，正是中国人的信仰型态。已故中国佛教协会会长赵朴初老人曾从构建中国佛教信仰体系的角度出发，强调要注意保持佛教名山与菩萨信仰这种体系，让这种信仰体系在广大信徒的心目中形成一种稳定的依托，有助于信仰情感的落实，有助于整个教团在信仰上形成一种凝聚力。

第三，本书所涉猎的范围，建构着五台山文化学术史的平台，以纵横交错梳理搭建了研究的坐标系，内容足以构成纸上的"五台山学术博物馆"。从时间上涵盖 19 世纪晚期至今，约 100 余年的时间；在空间上涉及到的国家主要包括美国、加拿大、法国、意大利、英国、德国、日本等，涉及的语言主要是日语、英语，成果目录部分也有少量法语、德语文献。成果目录中收集了欧美学者研究成果约 200 篇（部），日本研究成果共计 1600 余篇（部）。尤其回顾了 30 多年来关于五台山文化的国内、国际会议，让我们聆听到世界学界推进五台山文化研究的隆隆足音。学术史的意义在于：史实的精准、资料的丰富，方法的多元、视野的宏大。此书完全让作者的初衷满愿。

翻译是中国佛教的优良传统，一部佛教史浸染了无数译经高僧的青春与心血。对域外五台山文化研究资料的搜集、整理、翻译同样是一个艰苦的过程。可以想见作者在书房中"焚膏油以继晷，恒兀兀以穷年"的辛苦，静坐图书馆钩沉索隐、研几探赜的仔细。今天这份成果供养于学术界，体现了作者真诚的学术诉求与无我的愿力。

默默耕耘，花开见佛，学术研究需要一代一代人的发愿与践行。冀培然老师生性恬静，潜心构筑着自己的学术殿堂，用心营造着自己的心灵圣域，始终明白自己生命的究竟追求与终极关切。择一事，事一生，令人赞叹。

学如积薪，后者居上。相信此书的出版，一定会成为五台山研究领域的增上缘。在此虔诚祈愿五台山文化研究"讲堂铃铎，传呗唱于天风；画栱琉璃，朗慧灯于长夜。"

温金玉

己亥暮春于京西时雨园梅馨屋

序 二

　　岁在己亥，衲僧远出山右，游学岭南。日前，忽捧朵云，俗籍乡彦冀培然新著《域外五台山文化研究》一书编讫，即将付梓，弛札问序于衲。衲半路出家，无修无证，有惭有愧，既非高僧，又非名僧，德薄慧浅，自识谫陋，然雅命来前，焉能不允。故忝为序。

　　2019 年 8 月 19 日，国家主席习近平视察敦煌研究院时强调："我们要铸就中华文化新辉煌，就要以更加博大的胸怀，更加广泛地开展同各国的文化交流，更加积极主动地学习借鉴世界一切优秀文明成果。""要加强敦煌学研究，广泛开展国际交流合作。"习主席这一指示，同样适用于五台山文化研究。五台山文化同敦煌文化一样，也是中华文明同域外文明长期交流融汇的结果。加强五台山文化研究，同样须"广泛开展国际交流合作"，"更加积极主动地学习借鉴"国外有关五台山文化研究的优秀学术成果。而培然女史所译所著，正是为搭建五台山文化研究国际学术平台，打通语言通道，架设交流桥梁，铺平合作道路。其善莫大焉，功莫大焉！

　　五台山文化的核心是佛教文化，五台山佛教文化的核心是文殊文化，文殊文化的核心是般若智慧，而般若也是整个佛教的核心和全部佛法的精要。解释经典、传译论著、阐述般若，肇自祖师西来、佛法东渐，绵延二千余年，文字般若代有精进、层出不穷，证经补史，勋昭古今。身为治学严谨、厚积薄发、笔底生莲、传承般若的佛教文化学者，培然专著之意旨和内容，作者前言、后记均有交代，书中章节更有详尽论述及译著佐证，兹不赘言。聊作数语，谨对培然女史新著出版，表示由衷的随喜赞叹！

己亥初秋远公故里释子圣贤草序于南海之滨伶仃洋畔

目　录

TABLE OF CONTENTS

前　言

　　山西五台山作为大智文殊师利菩萨的根本道场，与浙江普陀山、四川峨眉山、安徽九华山并称为中国佛教四大名山。"四大名山"的形成，是中国佛教信仰具有标志性的现象，是佛教信仰中国化的最具代表性的结果。[①]五台山在四山之中渊源最早、规模最大、影响最广、各宗各派融摄、帝王最为扶持、又是我国唯一的汉传佛教与藏传佛教共居一山、共同发展的圣地，因此被尊为四大佛教名山之首。五台山的历史绵延千余年，驰名国内外，至今仍然焕发着勃勃生机，保存了丰厚的活态文化遗产，是中华传统文化的有机组成部分。已故任继愈先生曾指出，"五台山文化是中国传统文化的缩影，中国传统文化的精华部分很多方面都可以在五台山佛教文化的范围里体现出来。"肖黎民先生对五台山文化作了如下定义："五台山文化是一种在环五台山地区逐渐形成、延续千余年并波及到世界佛教文化圈的、以佛教文化为主干的、以文殊道场和'青黄并存'为标识的、兼具自然价值与人文价值、历史意义与现实意义、物化形态与精神形态的区域文化。"[②]常峥嵘教授认为"肖黎民先生的五台山文化定义准确地把握住了五台山文化的历史与现实，并含摄着对五台山文化之未来的深沉关注，首次对作为中国佛教文化和区域文化重要分支之一的五台山文化进行

---

① 圣凯：《明清佛教"四大名山"信仰的形成》，《宗教学研究》，2011 年第 3 期。P.82.
② 肖黎民：《五台山文化的现代意义》，《光明日报·理论版》，2004 年 09 月 21 日。

了系统明确的理论概括和学术定位。"① 还有不少学者对五台山文化的意义与价值进行过论述。魏道儒先生认为，五台山与佛教大乘菩萨信仰结合，开启了一种建立佛教圣地的新模式。② 温金玉教授的《五台山文化地位的再检讨》从宗教地位、历史地位、文物地位、思想地位、政治地位、国际地位六个方面对五台山文化地位进行了全面论述。四川大学李桂红的博士论文《四大名山佛教文化及其现代意义》依据大量有关资料和作者在四大名山的实地考察，其中对五台山成为文殊菩萨道场的缘由、五台山佛教文化发展历程在现代社会中的意义、历史上的高僧在现代佛教界作为楷模典范的意义等进行论述；美国圣母大学教授罗伯特·M.詹密罗（Robert M.Gimello）借用人类学的"阈限"概念阐述五台山的特性，即五台山具有世出世间之模糊性、不确定性与临时性，是从俗世之此岸世界通向佛地之彼岸世界的神秘门槛、世出世间的临界之地，兼具自然价值与宗教价值。③作为五台山文化之主干的五台山佛教文化是中国思想宝库中的璀璨明珠，在中国佛教文化中颇具代表性，蕴含着巨大的精神宝藏，对现实教化、苦难抚慰、心灵净化、伦理实践、文化拓展均有不可估量的价值与意义。

30余年来，五台山作为我国一种独具代表性的区域文化逐渐进入学术视野。学者们运用宗教学、哲学、图像学、考古学、历史学、建筑学、地理学、生态学、旅游学、文化学、民俗学等研究方法对五台山文化展开了多学科、多角度的研究，特别是近年来五台山文化研究持续升温，已经成为中国佛教区域文化研究的一门显学，受到国内相关研究学者的关注，研究范围不断扩大，研究视角越来越广阔，研究队伍越来越壮大，研究成果纷纷面世。忻州师范学院组织专题研究资助项目，内容涵盖五台山佛教哲学、佛教艺术与审美、五台山古传校释、五台山文化的对外交流与影响、五台山文学、五台山寺庙建筑、五台山文化外宣英译策略研究等诸多方面，

① 常峥嵘：《试论五台山文化》，《五台山》，2006年第1期。
② 魏道儒：《文殊信仰发展的主脉——从印度佛教到中国佛教》，《世界宗教文化》，2016年第5期。
③ Robert M.Gimello，Wu-t'ai Shan 五臺山 during the Early Chin Dynasty 金朝：The Testimony of Chu Pien，中華佛學學報第 07 期（p501–612）：1994，臺北：中華佛學研究所。

有力推进五台山文化研究向纵深方向发展,产出一批重要研究成果。

国内学者关于五台山文化研究的成果可谓汗牛充栋,域外研究亦有方兴未艾之势。域外五台山文化研究可以追溯到19世纪晚期,在长达100余年的历史中一直没有中断,现代学术意义上的五台山文化研究也已经持续30余年了。无数域外学者作为佛学的传灯人,其中不乏对五台山文化发生兴趣并做出无私努力者,将五台山文化思想的光辉播撒在世界各地,以"他者"的视角审视与探究五台山文化的精神涵义,使我们得以领略文明交流互鉴的独特风光,以开放的视野、包容的精神认识五台山、理解五台山、检视五台山文化的价值与意义,因此对域外五台山文化研究领域加以关注并展开研究是题中应有之义。

近年来有关域外五台山文化研究的文献已有不少学者译介,常有零散译文见诸刊物。如黄玉雄、韩焕忠等学者的译作与研究。再如北京大学哲学系王颂教授对中日佛教的比较研究、有关近代欧美日本学者考察中国佛教史迹的系列研究,就涉及不少五台山方面的内容。王颂教授在2015年"五台山信仰国际研讨会"上发表论文《旧迹新礼:近代日本学者对五台山佛教的考察》,是"笔者有关近代欧美日本学者考察中国佛教史迹系列研究的一环"。天津大学建筑学院徐苏斌教授与何美芳博士合撰的《解读关野贞的中国建筑图像记录》对关野贞《支那文化史迹》的建筑图像进行了解读,① 其中涉及到五台山建筑群,该文是研究日本学者考察中国建筑的一例。葛兆光《回首与重访——常盘大定与关野贞〈中国文化史迹〉重印本导言》(载《东方早报·上海书评》,2016年5月1日)对《中国文化史迹》的学术价值进行分析,特别以书中有关五台山部分作为例证。尽管如此,将域外五台山文化研究作为研究对象、系统整理域外五台山文化研究文献资料方面仍属新兴领域,本书的研究或可填补目前这方面的空白。

本书的内容在时间上涵盖19世纪晚期至今,约100余年的时间;在空间上涉及到的国家主要包括美国、加拿大、法国、意大利、英国、德国、

① 徐苏斌、何美芳:《解读关野贞的中国建筑图像记录》,《理论与探索》,2014年第2期。p.46–57.

日本等，涉及的语言主要是日语、英语，成果目录部分也有少量法语、德语文献。由于语言的障碍，暂不涉及韩语部分；内容上以五台山佛教文化研究为研究对象，不涉及五台山自然遗产研究，主要内容包括：1. 通过收集、整理欧美、日本等地对于五台山文化研究的文献资料，反映国外五台山文化研究的大致趋势和研究成果，了解该领域国外研究动态。本书的成果目录中收集了欧美学者研究成果约 200 篇（部），日本研究成果共计1600 余篇（部）。2. 通过对所收集的文献目录进行概观性涉猎，回顾欧美、日本等地的五台山文化研究情况，做一粗略的综述。3. 选译部分五台山文化研究成果，"为该领域提供有价值的学术参照与新的理论视域"（肖黎民语）。4. 通过回顾 30 年来关于五台山文化的国内国际会议，检视五台山文化研究成为一门"显学"的成长之路。

本书共分五章。第一章讲述五台山文化的世界性。笔者从五个方面进行论述：一、文殊道场的经典依据；二、域外信徒心中的圣地；三、国内外五台山的复制；四、五台山文献与文物在域外的流散与保存；五、入选世界遗产名录。第二章呈现的是欧美五台山文化研究情况。本章共分三节，第一节对欧美国家的五台山文化研究按照内容分类，并摘其要者简述之；第二节按照内容分类与字母顺序列出近代以来欧美五台山文化研究文献目录，反映欧美国家在该领域的研究动态；第三节收集近年来笔者翻译的部分学术论文，内容涵盖圣山信仰、文殊信仰、佛教艺术、高僧研究等。第三章讨论日本五台山文化研究，第一节按照内容分类简述日本五台山文化研究情况，第二节将收集的日本五台山文化研究文献按照内容分类并以时间顺序排列，反映日本学界在该领域的大致趋势与研究成果。第四章是三十年来五台山国际国内学术会议回顾。最后是结语部分。

搜集和概述域外五台山文化研究文献主要从以下几方面着手：（一）圣山研究：包括五台山信仰研究、五台山佛教史研究、五台山宗派研究、五台山对外传播与交流研究等。（二）文殊菩萨研究：文殊来历与角色研究、文殊信仰与五台山文殊信仰研究、经典文殊与文殊经典研究、文殊法门与文殊思想研究、密教中的文殊菩萨研究、文殊菩萨化现研究等。

（三）五台山高僧研究：包括中国古代与五台山有关的主要高僧，西域、古印度部分高僧以及历史上来五台山求法与巡礼的日本主要高僧。还有很多重要高僧研究没有纳入，如开创五台山唯识宗的高僧窥基大师、解脱禅师、密宗高僧法冲大师、章嘉活佛等，目前笔者还没有找到域外学者关于他们的研究成果。（四）五台山佛教艺术研究，包括文殊菩萨图像学研究、五台山佛寺建筑艺术研究、五台山佛乐研究、舞蹈研究、五台山文学艺术研究等方面的内容。（五）五台山寺庙研究，内容较少。（六）古文献研究，主要是日本部分，成果丰厚。（七）华严五台山研究，包括华严经、华严学、华严宗等方面的研究，属五台山华严及其拓展性研究，特别是日本学界的研究，成绩斐然。

对域外五台山文化研究资料的搜集、整理、翻译是一个艰苦的过程，但愿这番力不从心的努力能为国内研究注入些许新的生机与活力，在人与人、国与国之间缔结更多的文化因缘，从而展开彼此间的学术对话与心灵深处的精神探索，深入五台山文化的智慧宝藏，为疗治现代人的种种"病苦"寻求良方，为开创佛教中国化的新境界提供新的视角与启示。

第一章　五台山文化的世界性

印度佛教传入中国，与中国文化交互作用，最后形成中国化的佛教。中国四大菩萨信仰与四大名山的形成就是佛教中国化的体现，是我国本土文化对异域智慧的深沉呼应与独特转化，具有鲜明的本土化特色。五台山文化是中国传统文化的一部分，是中外文明交汇的结果，是佛教世界的一颗璀璨明珠。作为中国佛教四大名山之一、大智文殊菩萨道场，五台山在世界佛教界具有崇高的地位，是国内外佛教徒普遍认可的文殊信仰中心、中国各地与亚洲各国信徒朝礼的圣地，是连接中国与其他国家文明与友谊的通道与纽带，由此也受到国内外信徒、学者、游客的广泛关注。绵延千余年的五台山文化之世界性主要表现为：一、文殊道场经典依据的国际性；二、域外信徒心中的圣地；三、国内外五台山的复制；四、五台山文献与文物在域外的流散与保存；五、成功入选《世界遗产名录》。

第一节　文殊道场经典依据的国际性

季羡林先生曾讲过："倘若拿河流来作比，中华文化这一条长河，有水满的时候，也有水少的时候，但从未枯竭。原因就是有新水注入。注入

1

的次数大大小小是颇多的。最大的有两次，一次是从印度来的水，一次是从西方来的水。而这两次的大注入依靠的都是翻译。中华文化之所以能长葆青春，万应灵药就是翻译。"五台山文化的形成，首先源于"印度之水"注入我国，与文殊菩萨的联系，则源于东晋六十卷《华严经》的翻译与研习。六十卷《华严经》是确立五台山为文殊道场的根本经典，此经由东晋汉族沙门支法领裹囊跋涉，至于阗求得三万六千偈华严梵本，商请天竺僧佛驮跋陀罗（觉贤）翻译而成。《华严经·菩萨住处品》云："东北方有菩萨住处，名清凉山。过去诸菩萨常中住，彼现有菩萨，名文殊师利，有一万菩萨眷属，常为说法。"[①] 经中所言"清凉山"经道宣、法藏、澄观等高僧大德的论证，最终完成了清凉山即中国五台山之说。为文殊菩萨找到了中国的家，为五台山圣山地位的确立提供了经典依据；密教重要经典《文殊师利法宝藏陀罗尼经》是于唐中宗景龙四年（710）北印度僧菩提流支译出的，经文载："尔时世尊复告金刚密迹主菩萨言：我灭度后于此赡部洲东北方，有国名大震那。其国中有山号曰五顶，文殊师利童子游行居住，为诸众生于中说法，及有无量诸天龙神夜叉罗刹紧那罗摩睺罗伽人非人等。"[②] 古印度称中国为"大震那"，五顶即是五台山的别称，此段经文具体指出五台山的方位并直接承认文殊师利在此地游行居住，这是密宗五台山文殊信仰的经典依据；另一部经典西晋聂道真所译《佛说文殊师利般涅槃经》云："如是大士，久住首楞严三昧，佛灭度后四百五十岁，当至雪山，为伍佰仙人说法，教化成就，令不退转。"[③] 这三部经典通过陆上丝绸之路与中亚、南亚的交往传入我国，对五台山佛教与五台山文殊信仰起了决定性作用，成为五台山信仰与五台山文殊信仰的基本依据，显示了五台山文殊道场之经典依据的国际性。正如妙江法师所言："无论是佛陀在印度所宣讲的佛经，还是从其被翻译的过程：印度—中亚—中国，

---

① （东晋）佛驮跋陀罗译：《大方广佛华严经》卷29，《大正藏》第9册，第590页。
② （唐）菩提流支译：《佛说文殊师利法宝藏陀罗尼经》，《大正藏》第20册，第791页下。
③ 《大正藏》第14册，第481页。

在五台山文殊信仰的肇起之初就凸显了其国际性。"[1]

第二节　域外信徒心中的圣地

"四山之中，五台山特殊的地方是，自一开始认同五台山文殊菩萨道场的就不只是中国人，前来朝礼的人士相当国际化，有罽宾、尼泊尔、印度、朝鲜、日本。"[2] 五台山与外国佛教往来主要在唐宋时期，7 世纪末成为世界文殊信仰中心，"与竺乾灵鹫角立相望"的世界佛教圣地之一，吸引了亚洲各地的信徒。信徒们对五台山充满神往、崇拜、敬畏之情，圆仁《入唐求法巡礼行记》写道："一入大圣境地之时，见极贱之人，亦不敢作轻蔑之心；若逢驴畜，亦起疑心，恐是文殊化现也，举目所见，皆起文殊所化之想，圣灵之地，使人自然对境起崇重也。"又如入宋僧戒觉在礼拜真容院后赋诗表达当时的欣喜之情："先哲追从宜得攀，一心敬礼五台山。求方外口厌世间，愿莫文殊生死还。"《五台山圣境赞》中也有"浮生踏着清凉地，寸土能消万劫灾"的诗句，表达信徒们对五台山神圣宗教力量的坚定信念。自唐代以来巡礼五台山的外国僧人络绎不绝，这块原本为外国圣者的神圣领地也频繁地接受外国信徒的拜访。

1. 印度、西域僧人巡礼五台山

印度、西域是中国佛教的输入地区，是中国佛教的源头。假如从佛教传入五台山算起，中印佛教僧侣的交往从东汉明帝间将佛教传入中国的印度高僧摄摩腾和竺法兰就已经开始了。[3] 根据景天星博士研究统计，自佛教传入中国至北宋仁宗皇祐五年（1053）期间来自印度、西域的僧人有名可循者有近 150 人。其中有不少人与文殊信仰和五台山有关联，有的翻译

---

① 释妙江主编：《一山而五顶——多学科、跨方域、超文化视野下的五台山信仰研究》，台北：新文丰出版公司，2018 年 7 月。
② 王俊中：《有关五台山成为佛教圣山的二则研究——以与华严学兴起的关系，和元代藏传佛教势力的进入为主》，华严专宗学院佛学研究所论文集。
③ （宋）延一：《广清凉传》。

文殊经典，有的朝拜文殊道场，有的在文殊道场修建寺院，[①] 促进了文殊信仰与五台山的联结，为五台山成为世界文殊信仰中心的确立与发展起了举足轻重的作用。南北朝以前来华的印度僧人大多从事译经与弘法活动，他们的入华路线主要是西北陆上丝绸之路；"南北朝以后，中国之佛教，系直接渊源于印度及锡兰岛者"，[②] 如不空、金刚智等人从海上丝绸之路入华传法。其中有不少僧人翻译与弘传文殊经典，竺法护与不空是翻译文殊经典最多的两位高僧。不空三藏不仅翻译了大量的文殊经典，而且对五台山文殊信仰贡献突出。印度、西域等地僧人巡礼五台山的历史事迹可见于各种佛教史籍。

据佛教史籍记载最早朝拜五台山的天竺僧人是中天竺那烂陀寺僧人智药三藏，于南朝梁武帝天监元年（502年）"辞彼国王，来此五台山礼谒文殊"，随后折回南方，创立南华寺。

晚唐五代时期有很多印度僧人往五台山巡礼，最著名的有北印度罽宾国僧佛陀波利，闻文殊菩萨在清凉山，远涉流沙，躬来礼谒，于唐高宗仪凤元年（676）杖锡五台山，虔诚礼拜，值遇文殊师利化老人，指导他返天竺取密教经典《佛顶尊胜陀罗尼经》。蒙其示教，重返本国，取梵本《佛顶尊胜陀罗尼经》来华。此经的传入与流布在全国各地兴起了佛顶尊胜信仰，"借着五台山文殊信仰，《佛顶尊胜陀罗尼经》以及陀罗尼经幢得以广泛传播流行，反过来它们对五台山文殊信仰也起了积极的推进作用"。[③] 佛陀波利的传奇故事也成为佛教艺术的主要表现内容，在敦煌莫高窟第61窟《五台山图》、榆林窟第19窟白描画都有文殊化老人的表现内容，日本藤井齐成会有邻馆藏胡僧礼佛石雕刻的内容也是此种场面。后期文殊图像的构图、形式由此发生了变化，如莫高窟、榆林窟、藏经洞所见新样文殊图像，以及日本的五尊形骑狮文殊菩萨图像都与佛陀波利的传说有关。

---

① 景天星：《中古时期丝路高僧的文殊信仰》，"文殊信仰暨能海上师诞辰130周年国际学术论坛论文集"，2016年8月。

② 羽西了谛：《西域之佛教》，商务印书馆，1999年，北京 p.6

③ 赵改萍：《唐代佛顶尊胜陀罗尼经幢在山西的流布》，《山西档案》，2012.02.

　　印度僧人释掘多是六祖慧能的嗣法弟子，于唐开元前巡礼五台山。《宋高僧传》载：释掘多者，印度人也。从逾沙碛，向慕神州。不问狄鞮，旋通华语，而尚禅定。径谒曹溪能师，机教相接，犹弱丧还家焉。多游五台，路由定襄，历村见一禅者结庵独坐，问之曰："子在此奚为？"曰："吾观静，"多曰："观者何人，静者何物？得非劳子之形，役子之虑乎？"其僧茫昧，拱默而已，作礼数四，请垂启发。多曰："子出谁门邪？"曰："神秀大师。"多曰："我西域异道实繁有徒，最下劣者，不堕此见。兀然空坐，蓂烂身疲，初无深益，子莫起如是见，立如是论。"早往韶阳请决所疑。能曰："子何不自观自静邪？不观相，不观如，子游历日用，自然安乐也。"一如多所言，略无少异、伊僧抉开罗网。多后莫知攸往。①《景德传灯录》《五灯会元》等典籍都载有其生平事迹，文字略有差别，内容大体相同。据赵林恩先生研究，掘多是最早把慧能禅法传到五台山的高僧之一，关于掘多的资料，可以填补五台山禅宗史的一处空白。②

　　736年南天竺僧菩提迁那巡礼五台山，参拜菩萨顶、金刚窟、清凉寺、大华严寺等古刹，并与林邑（今越南南部顺化等处）僧佛哲、唐国僧道浚共渡日本，与行基僧正交流有关印度、唐土、日本的佛教盛况。菩提迁那把五台山的华严信仰传到日本，与奈良朝华严宗的兴隆关系密切，沟通了印度、五台山、日本的佛教文化交流。③

　　敦煌文书中也有印度僧人巡礼五台山的记载。如敦煌文书 P.3931《印度普化大师游五台山启文》记载出家于印度那烂陀寺的三藏普化大师"别中天之鹫岭，趣上国之清凉，登雪岭万里，别千重沙漠，历十万里之危途，登百千重之峻岭，宁惮勋劳"。此僧遍历五个台顶，巡访二十五处胜境，并向解脱禅师顶礼膜拜，巡礼活动历时十三天。

　　11世纪的《广清凉传》记载：中台东南，有玉华寺。世传，昔有五百梵

①　（宋）赞宁：《宋高僧传》，中华书局，1978 年 8 月，P.234.

②　赵林恩：《掘多三藏——最早把慧能禅法传到五台山的高僧之一》，《五台山研究》，2006 年 1 月。P.30.

③　关于菩提迁那，参见木宫泰彦著：《中日佛教交通史》，华宇出版社，佛历 2529 年 8 月。

僧，彼中修习定慧之业。①

巡礼五台山的著名印度僧人还有：北宋中天竺人觉戒（《佛祖统纪》卷四十）巡礼五台山。辽代天竺人觉称（《释氏稽古略》卷四），"愿至五台山拜文殊，即还本土"。辽代北天竺人哞哈罗悉利巡礼五台山，后在山东济南建文殊真容寺。金代中印度那烂陀寺僧苏陀室利因久慕清凉文殊住处，以八十五岁高龄，携弟子七人，航海来到此土，七人中，三还三殒，只有一人相随，旅行六年才到达五台山，后于灵鹫峰化去。②宋代天息灾、法天、施护朝礼五台山；金代北印度僧人呼哈罗悉利带弟子七人朝礼五台山。8 世纪，古印度密宗大师无垢友参访五台山，对早期五台山藏传佛教颇有影响。

尼泊尔与五台山也有密切的佛教文化往来。尼泊尔史诗记载尼泊尔首都加德满都谷地原来是一个巨大的湖泊，后来文殊菩萨从摩诃支那（中国）五台山来到此地，用剑劈开山岭，排出湖水，创造了尼泊尔。所以文殊菩萨自古以来就受到尼泊尔人民的虔诚崇仰。五台山的标志性建筑大白塔由尼泊尔著名建筑艺术家阿尼哥主持修建。巡游五台山并对五台山佛教做出巨大贡献的尼泊尔僧人最著名的有三位：室利沙、具生吉祥、释迦也失。

室利沙于明永乐年间住锡五台山普宁寺（今圆照寺）讲经，参访汉藏寺院与高僧大德，受封大善大国师。

明具生吉祥是中印度迦毗罗卫国（今尼泊尔）上座部高僧，三藏五明，无不彻究。"尝慕东方有五台清凉山，为文殊应见之所，当往瞻礼。"于洪武二年（1369 年）朝礼五台，驻锡寿安禅林。"一日，召弟子智光、孤麻啰室里等曰：五台清凉是吾初愿，今因缘已毕，无他念矣。可将此梵书一帙与吾遗骸分至彼处，以足吾志。"在五台山建有具生吉祥大师塔，由明代高僧见心来复禅师撰写塔铭。

释迦也失因"仰文殊之道，来游清凉"，永乐十二年春，栖止台山显

---

① 陈扬炯、冯巧英校注：《古清凉传·广清凉传·续清凉传》，山西人民出版社，1989 年 5 月，P.59.

② （明）释镇澄撰：《清凉山志》，第 77 页，中国书店，1989 年 12 月。

通寺。①

斯里兰卡被称为"佛祖的眼泪",古代称师子国(或狮子国,古书记载斯里兰卡名称甚多),在地缘关系上和印度隔海相望,两国间海峡最窄处仅30公里,海洋阻隔作用很小,甚至可以忽略不计。佛教产生于印度后,首先传到师子国。随着印度佛教的衰落,师子国成为南传佛教的中心。佛教传入中国以后,中国也逐渐成为佛教大国。伴随着海上航路的开辟,不少中国僧侣赴师子国求佛取经,师子国的僧人也来中国弘法、巡礼。

《古清凉传》载,狮子国释迦蜜多罗于唐麟德年间入唐,时年九十五,由凉州沙门智才乘驿往送,于乾封二年六月(667年)登于台首,并将与五台县官一员、手力四十人及余道俗,总五十余人。至五台山四月余,参拜了台顶、清凉寺、华严寺等重要寺庙,用"西方供养之法"礼拜文殊师利。②五体投地这一礼仪随着释迦蜜多罗的到来,传到五台山,成为汉地僧人特别是藏传佛教喇嘛朝礼佛菩萨及其圣地的一种最崇重的礼仪。③

佛教产生于印度,而出家于印度、西域的高僧大德一度对文殊道场五台山仰慕备至,为参拜文殊道场、瞻仰文殊真容、亲闻佛法真谛,远涉流沙,不畏艰辛,踏险路而赴五台山巡礼求法,足见当时五台山佛教之兴盛与国际地位之崇隆。同时这些外国僧人在五台山拜谒圣迹、翻译经典、建造寺院、弘传佛法等活动,丰富了五台山佛教的内涵,促进了文殊信仰与五台山的联结,强化了五台山的国际声誉,加深了五台山与世界各国之间的思想文化交流,为五台山佛教的繁荣做出不可磨灭的贡献。

2. 日本僧人巡礼五台山

五台山一直是日本僧人崇拜与追寻的目标,据木宫泰彦著《中日佛教交通史》统计,日本历史上只有一位到印度求法的僧人,名般若金刚,其余都是入华求法巡礼者。他们曾经相望于道,前赴后

---

① (明)释镇澄撰:《清凉山志》,第83页,中国书店,1989年12月。

② 陈扬炯、冯巧英校注:《古清凉传·广清凉传·续清凉传》,山西人民出版社,1989年5月,P.25.

③ 冯铁健:《五台山与斯里兰卡佛教》,《五台山研究》,1990年8月,p.43.

继，舍生忘死，成为中日两国文化交流的重要使者。他们不仅巡礼圣迹，从中国带回大量的佛教典籍，将中国文化移植到本国，而且有的僧人还把日本的文化典籍以及中国业已散佚的典籍带给了中国，如奝然；[①] 有的僧人日记成为研究中国佛教史与五台山佛教的重要史料，如圆仁、成寻、戒觉等人的日记；他们不仅与中国僧人交往，还与社会各界如官吏、文人交往，不少僧人与中国官僚士大夫、诗人互赠诗稿，传递友情，如寂昭、戒觉等。

唐代是中日文化交往的鼎盛时期，也是五台山佛教发展的兴盛时期。日本官方先后派出十九次遣唐使，遣唐使中有学艺之学生与求法巡礼之僧侣，据崔正森《五台山佛教史》统计，入唐僧中有三十余位日本僧人来五台山求法巡礼。其中玄昉是日本奈良时代法相宗高僧，第一位入唐巡礼五台山，著《五台山记》，玄宗赐紫衣；灵仙三藏是日本历史上参与唐朝汉译佛典事业并迁化于五台山的唯一日本学问僧，三藏自剥手皮，在手皮上画佛像，把佛像安置于金铜塔上，一并供养于金阁寺正殿。中日两国佛教界为纪念灵仙三藏，在金阁寺院外建立由赵朴初先生题写的《日本国灵仙三藏大师行迹碑》；被誉为日本的玄奘、京都比睿山延历寺僧人圆仁在中国求法巡礼历时近十年，于840年在五台山求法巡礼两月余，著有《入唐求法巡礼行记》，书中记载了圆仁在竹林寺学五会念佛、在金阁寺得闻灵仙三藏的事迹、会昌法难的惨状等，是研究唐代五台山的珍贵资料。慧萼三上五台山，开辟了普陀山观音道场，把五台山与普陀山紧密地联系起来。唐代巡礼五台山的日僧还有行贺、贞素、常晓，惠群、惠运、宗睿、宽建、澄觉、圆觉、济诠等。

日本入宋僧二十余位，其中最著名的僧人奝然、寂昭、成寻、戒觉等人都曾巡拜五台山。日本东大寺僧人奝然受灵仙等前辈的影响，"愿先参五台山，欲逢文殊之即身"，于公元983年入宋求法，984年前往五台山"瞻礼文殊化境"，奝然从北宋请回释迦如来旃檀瑞像、北宋敕版《大藏经》、五台山大华严寺寺主延一法师新著的《广清凉传》等佛教著述、佛画等众

---

① 李春光：《奝然和中日文化交流》，辽宁大学学报，1985 年第 6 期，p. 70-71.

多法宝和佛宝。回国后，奝然在日本京都西部的爱宕山几费周折，最后由弟子成算完成了建立新的日本大五台山清凉寺的夙愿，对中国佛教在日本的传播做出了重要贡献。寂昭师徒7人于1003年巡礼五台山圣迹，有关寂照的奇闻轶事在日本文学艺术中广为传颂。京都大云寺僧人成寻为追寻先人的足迹，于宋神宗熙宁五年（1072）率弟子7人入宋，同年11月巡礼五台山圣迹，著《参天台五台山记》，该书是研究我国佛教史和宋代社会史的珍贵文献。戒觉于1083年参拜五台山，并撰日记《渡宋记》一卷，载有五台山文殊信仰以及五台山普通民众文殊信仰的盛况，为宋日关系史与东亚佛教史的研究提供了珍贵的第一手资料。[①] 戒觉本人长居五台山真容院，并圆寂于五台山。

元明清时期的巡礼僧人较少，古源绍元是元代巡礼五台山的唯一日本僧人，领略了元代五台山藏传佛教的文化魅力。

近代日本佛教受到基督教的冲击，为保护佛教在日本的发展，小粟栖山顶于1873年来华留学，并在次年巡礼五台山，参访真容院住持，就佛教的传播途径以及藏传佛教提出诸多问题，为日后撰写《喇嘛教沿革史》奠定了基础。

3. 新罗、高丽僧人巡礼五台山

新罗僧慈藏久慕文殊菩萨盛誉，欲见文殊真身，于638年，率弟子僧实等十余人入华求法，参拜五台山圣迹，带回大藏经及其它，将五台山信仰传入韩国，将溟州白头山大根脉改名五台山，建寺塑像，弘法利生，使冥州五台山成为韩国著名的佛教圣地。慈藏是五台山与韩国文化交流的标志性人物。新罗国密宗高僧慧超于723年从广州出发沿海上丝绸之路前往印度诸国巡礼，又从路上丝绸之路返回长安。并于780年住于五台山乾元菩提寺，著有《往五天竺国传》，不空翻译、慧超笔授《大乘瑜伽金刚性海曼殊室利千臂千钵大教王经》十卷。[②] 朗慧禅师在唐20余

① 郭万平：《日本僧戒觉与宋代中国——以〈渡宋记〉为中心的考察》，《人文杂志》，2004年第四期。
② 崔正森：《唐代五台山乾元菩提寺高僧慧超》，《五台山研究》，1998年第4期。

年，曾巡拜五台山佛光寺。赴五台山巡礼的朝鲜僧人还有行寂、朗智、崇济、无染、道亮、竞让、圣林，高丽僧智泉、惠勤等。

跟随来华僧人随行巡拜的弟子、行者、译者与学问僧同甘共苦，砥砺潜行，备尝艰辛，一心向道，默默付出，功不可没，如圆仁弟子惟正、惟晓、丁雄万，奝然弟子成算、嘉因、祚壹，成寻弟子赖缘、快宗、惟观、心贤、善久、长明等，新罗僧慈藏的十余弟子等。还有途中不幸遇难、在历史上没有留下姓名的殉道者，其慕道之心、坚贞之志、舍生忘死之精神令人感佩，应该对他们表示极大的敬意。

五台山独特的自然景观与出世间语境复杂地交织在一起，成为世出世间的阈限之地，被认为是人类俗务的此岸世界与超越、神圣的彼岸世界的神秘门槛。[①] 五台山是世界佛教信徒心中的圣地，直到现在，五台山文殊信仰在国际上占有崇高的地位，依然是世界佛教文化交流的重要场所。五台山举行的各种佛事活动、学术会议、国际交流吸引世界各国的信众与学者交流学习，同时也吸引了大量国内外游客观光旅游。

第三节　国内外五台山的复制

如上所述，唐代五台山声望崇隆，成为中国最大的国际性佛教道场。唐以后一直到五代、宋、辽、金、西夏、元、明、清时期都是中国内地及亚洲各国和地区的主要信仰之一。由于地理、交通、政治等因素的限制，普通信众难以到五台山朝拜，于是信众在不同时期就仿制了自己的五台山或五台山寺庙、塑像等。《五台山图》也应运而生，或用于信徒交往的圣物，或者用于朝圣者参考，或者用于各地仿制五台山之用。

1. 《五台山图》的流行

唐代时期，由于五台山佛教之兴盛，《五台山图》在长安一带、

---

① Gimello, Robert M. Wu-t'ai Shan during the Early Chin Dynasty: The Tesimony of Chu Pien, Chung-Hwa Buddhist Journal, n.7, p.501-612, 1994.07.01.

敦煌地区、吐蕃、日本等地广为流行，是《五台山图》流行的黄金时期。此外五代、西夏、清代的五台山图也散布于国内外。

唐蓝谷沙门慧祥的《古清凉传》记载，"唐龙朔年中，频敕西京会昌寺沙门会颐，共内侍掌扇张行弘等，往清凉山检行圣迹。颐等祗奉明诏，星驰顶谒，并将五台县吕玄览、画师张公荣等十余人，共往中台之上。……颐等既承国命，目睹佳祥，具已奏闻，深称圣旨。于是，清凉圣迹，益听京畿，文殊宝化，昭杨道路……颐又以此山图为小账述略传一卷，广行三辅云。"[①] 会颐等所绘山图是最早的《五台山图》，并配以"略传"，在长安一带广为流行。

早在吐蕃赤松德赞时期（742-797），《五台山图》就已传入西藏，是西藏第一座寺院桑耶寺的模本。布达拉宫至今也保存着《五台山图》。[②]

824 年，吐蕃王向唐王朝索求《五台山图》。吐蕃求图一事在《旧唐书》《新唐书》《唐会要》《册府元龟》都有记载，但语焉不详。[③] 据扎洛考证，敦煌壁画中所存的四幅吐蕃时期的《五台山图》在形式、内容、风格上与《古清凉传》中所载"小账"渊源相联。[④] 说明吐蕃统治时期的敦煌地区五台山文殊信仰的兴盛。

据统计，敦煌石窟的五台山图共计 12 幅，另有文殊变、文殊塑像等多件，其中敦煌莫高窟第 61 窟《五台山图》是莫高窟现存规模最大、内容最为丰富的壁画，反映了历史上五台山与文殊信仰在敦煌地区的流布以及敦煌对五台山与文殊信仰的关注程度。榆林窟以及肃北五个庙石窟中亦分布有五代、西夏时期的五台山图数幅。西夏时期（公元 1036-1220）绘制的有榆林窟第 3 窟《五台山图》。

中国国家图书馆中也藏有两幅名为《五台山圣境全图》的舆图，根据《舆图要录》的记录，一幅时间为同治年间，没有作者，另一幅记录为"道

---

① 陈扬炯、冯巧英校注：《古清凉传·广清凉传·续清凉传》，山西人民出版社，1989 年，第 24、25 页。

② 同上。

③ 扎洛：《吐蕃求五台山图史事杂考》，《民族研究》1998 年第期，第 100 页。

④ 同上。

光二十六年造"，作者为"格隆龙住"。①

日本僧人圆仁在《入唐求法巡礼行记》中记载"头陀僧义圆，见雇博士，自出帔奥子一领，画五台山化现图，拟付传日本国"，画博士共花八天时间完成《五台山化现图》，这是圆仁临别时义圆赠送的礼物，"请将归日本供养，令观礼者发心，有缘者同结缘，同生文殊大会中也"。②

美国国会图书馆藏《五台山圣境全图》采用传统山水画的方法，以鸟瞰方式展现五座台顶的全景，内容包括寺庙、宝塔、灵迹、行宫、林泉、村庄、道路，各色人等，并用图的形式表现佛教传说，十分生动传神。图题用汉、蒙、藏三种文字表示。根据图左上方的图题，底板刻于清道光二十六年四月十五日，版藏慈福寺。③

布鲁塞尔皇家历史与艺术博物馆藏清代《清凉山圣境全图》，属 20 世纪 20-30 年代在天津开办工厂的比利时商人捐赠。④

2. 五台山、五台山寺庙及塑像的复制

据崔正森先生考证，至 2015 年计，国内有 12 座五台山，国外有 3 座五台山，而以五台山命名的寺（楼）等达 20 处。⑤ 国内五台山在陕西省有四处，浙江省五处，福建省五处，河北省两处，宁夏、河南、安徽、广东、江苏、湖南等地均有以五台山命名的山或寺、庵。此外还有敦煌的五台山、乾隆皇帝于 1762 年下诏在北京香山仿建的五台山殊像寺（命名宝相寺）、1771 年在承德避暑山庄近郊出资建造的名为殊像寺的寺庙。其中特别值得注意的是西夏、辽代、敦煌地区，西夏历来崇敬佛教重镇五台山，西夏文献多有朝拜五台山与信仰《华严经》的记述，在宋夏政治气氛紧张时期，

① 同上。

② 陈扬炯、冯巧英校注：《古清凉传·广清凉传·续清凉传》，山西人民出版社，1989 年，第 167、168 页。

③ 田萌：《美国国会图书馆藏〈五台山圣境全图〉略述》，《五台山研究》总第 95 期，2008 年 2 月。

④ 扎洛：《布鲁塞尔皇家历史与艺术博物馆藏〈五台山图〉初探》，第三届两岸四地佛教学术研讨会提交论文，2009 年 12 月 8 日。

⑤ 崔正森：《世界上有多少五台山及其命名的寺院》，《五台山研究》，总第 25 期，2015 年 4 月。

仿宋朝五台山建贺兰山北五台山寺寺庙群，其中就有清凉寺与佛光寺。辽代全民上下信仰佛教，在辽蔚州境内（今河北省蔚县）的小五台山，在汉辽关系紧张的漫长时期，辽国佛教徒难以实地参访的情况下，创造了方便朝拜的五台山替代地。唐代敦煌地区五台山文殊信仰十分兴盛，根据杜斗城先生的观点，敦煌莫高窟第 61 窟《五台山图》就是五台山在敦煌的缩写，是敦煌的五台山。第 61 窟原名文殊堂，是敦煌唯一将文殊菩萨奉为主尊的洞窟，洞窟佛坛中央原有骑狮文殊菩萨塑像，正壁画《五台山图》，以五台山文殊道场为主题，把华北的五台山再现到敦煌莫高窟，以满足祈福和巡礼的需要。[1] 国内其它小五台山在此不一一细数。

韩国、日本、加拿大都有仿制的文殊道场五台山与五台山寺院。朝鲜半岛把位于东北方的太白山主峰称作五台山，为韩国十大名山之一。公元 643 年唐贞观年间，新罗僧慈藏法师朝拜中国五台山，受文殊菩萨灵感，在朝鲜半岛太白山开辟了新罗五台山，并在五台山开创了真容院，真容院安放有文殊像，以真容院为中心，文殊信仰在朝鲜半岛扎了根。[2] 2004 年 6 月 26 日，中国五台山与韩国五台山结缘仪式在五台山显通寺隆重举行。中国佛教协会副会长根通法师及五台山各寺庙僧尼千余人参加了签约仪式。[3]

日本大和国矶城郡的多武峰，因山有五峰，被称作五台山。滋贺县比叡山延历寺文殊楼，"相传是圆仁大师把五台山带来的土石埋入基坛建造而成，从五台山请来的《三尊形骑狮文殊像》被安置在文殊楼内。"[4] 京都嵯峨爱宕山，奝然巡礼五台山后回到日本，向朝廷奏请将其改名五台山，1019 年在奝然弟子盛算的努力下最终付诸实施，创建了日本五台山清凉寺。日本四国岛高知县的五台山建有金色院竹林寺，相传是奈良时期的僧人行

① 张焕粉：《忻州师范学院学报》，2013 年 8 月第 4 期，p. 6。
② 镰田茂雄：《东亚地区佛教圣地五台山和五台山信仰在日本的传播》，《五台山研究》，1988 年 3 月。
③ 安虎生主编：《中韩两国五台山结缘仪式在五台山显通寺举行》，《中华佛教文化年鉴》，2000-2010 年。
④ 小岛裕子：《五台山佛教文化在日本的传播和发展》，《五台山研究》，2011 年 3 月

基在云游途中看到此山颇似五台山，遂向圣武天皇奏请，作为敕愿寺建造，寺内供奉"五尊形文殊像"。[①] 奈良的吉野山，据古文献记载，此山是中国五台山的一角驾着五色云飞到日本的，[②] 日本能剧"国楼"讲述的就是这一传奇故事。

加拿大为发扬中国大乘佛教、弘扬中国传统文化，由湛山精舍筹建佛教四大名山。四大名山总占地 1350 多英亩，其中五台山占地 550 英亩，建有雄浑壮阔、古朴大方的仿唐大雄宝殿（依据山西五台山佛光寺而建），以及观音殿、地藏殿、天王殿、大山门、钟鼓楼等建筑、八十八佛塔和四十八愿塔等。加国五台山于 2011 年 5 月奠基，拟于 2019 年秋落成开光。2011 年中国五台山向加拿大五台山捐赠了五方文殊圣像。2012 年 10 月，妙江法师与加拿大佛教会会长、加拿大多伦多五台山住持达义法师在加拿大签定了《山西省五台山竹林寺、安大略省五台山缔结友好寺院协议书》。2015 年 10 月 12 日，中国五台山和加拿大佛教五台山举行捐赠五爷圣像交接仪式。

第四节　五台山史料与文物在海外的流散与保存

1. 敦煌石窟五台山史料在海外的流散与保存

敦煌地处通往西域、中亚、欧洲的交通要道——丝绸之路东端、河西走廊的最西端，是世界文明的交汇之地。敦煌是中原与西域之间文化交往的必经之地，而五台山佛教声望崇隆，虽处华北腹部，与敦煌相隔数千里，两者却有密切联系。敦煌石窟中保存了大量的五台山资料，主要包括五台山文献与敦煌壁画中的五台山图，部分资料被斯坦因（S）、伯希和（P）劫掠至伦敦、巴黎等地，张焕粉对近百年来敦煌五台山佛教资料的整理与

---

① 小岛裕子：《五台山佛教文化在日本的传播和发展》，《五台山研究》，2011 年 3 月。
② 《奥义抄》第 343–44 页。

研究进行了大纲式梳理，①指出杜斗成先生的专著《敦煌五台山研究校录研究》是该领域的集大成之作。根据杜斗成先生的统计，敦煌石窟中的五台山文献史料主要有《五台山赞》《五台山曲子》《往五台山行记》等14种。其中《五台山赞》共有22个编号。这些卷子分别被斯坦因、伯希和等人窃去，现藏于英国的有 S.0370、S.0467、S.4039、S.4429、S.4504、S.5487、S.5573、S2080、S.4012 等，藏于法国的有 P.2483、P.3563、P.3645、P.4560、P.4608、P.4617、P.4641、P.4647 等编号，藏于俄国圣彼得堡的有列 0278、列 10099；《五台山曲子》有 5 个编号，即 S.0467、S.2080、S.4012、S.2985、P.3360 等编号；《往五台山行记》有 3 个编号，P.4648、S.0397、P.3973。此外还有《诸山圣迹志》（S.0529）、《诸道山河地名要略第二》（P.2511）、《礼五台山偈四首》（P.3644）、《游五台赞文》（据 S.6631 号）、《同光二年智严往西天巡礼圣迹后记》（据 S5981）、《长兴》二年唐河西释门故僧政京城内外临坛供奉大德兼阐扬三教大法师赐紫沙门范和尚写真并序》（据 P.3718）、《五台山志》残卷（P.2977）、《印度普化大师游五台山启文》（P.3931）等。②

还有不少流落在海外的敦煌五台山文物，如法国吉美博物馆藏五代时期敦煌藏经洞绢画《五台山文殊菩萨化现》（EO.3588）；法国图书馆藏唐代敦煌《渡海文殊图》（P.4049）；大英博物馆藏 10 世纪中叶木刻版画《文殊师利》；大英博物馆藏 9 世纪绢本设色画《文殊师利》等。

2. 五台山文献与文物在海外的流散与保存

五台山文献与文物在日本保存最多，其它国家也有不少，需要长期关注，广泛调查，通过数据库及实地调查收集资料信息，本书收集了部分文物文献资料，罗列如下：

日本比叡山文殊楼藏《三尊形骑狮文殊像》，此图由圆仁从五台山请回；

① 张焕粉：《近百年来敦煌五台山佛教资料的整理与研究》，《世界宗教文化》，2012. 12. 15. p.100–104.
② 张焕粉：《杜斗成先生与敦煌五台山研究》，《忻州师范学院学报》，2013 年第 4 期，p. 5.

日本比叡山文殊楼藏《五台山化现图》，圆仁回国时头陀僧义圆请画博士共花八天时间完成赠予；

日本京都嵯峨清凉寺安置的奝然在宋雕刻的释迦如来旃檀瑞像，胎内装有《文殊菩萨骑狮像》一纸版画；

宇治平等院的经藏中收藏着据传是奝然从中国请来的、被称为"五台山化现象"的文殊像，这在《平等院御经藏目录》中有记载；[①]

奝然巡礼五台山时得大华严主延一法师《广清凉传》；

988 年，奝然派弟子再次入宋登五台山，带回文殊菩萨像，被摄政藤原道隆迎回自宅。[②]

日本京都大学人文科学研究所藏五台山石刻文字拓本：[③]

GEN0188X 五台山大万圣佑国寺弘教大师碑 后至元 5 年（1339）8 月

MIN0098X 文殊菩萨眞容赴殿图 景泰 3 年（1452）5 月 24 日

MIN0105X 皇帝敕谕护持山西五台山显通寺付额 天顺 2 年（1458）5 月 28 日

MIN0116X 办善大国师加封西天佛子追封大通宝舍利碑塔实行□（五台山普恩寺）成化 4 年（1468）4 月 8 日

MIN0127X 诰封灌顶广喜国师塔铭（五台山普恩寺）成化 10 年（1474）8 月

MIN0140A 敕赐普济寺碑记（五台山碧山寺）成化 23 年（1487）正月

MIN0140B 敕赐普济寺碑记（阴）（五台山碧山寺）成化 23 年（1487）正月

MIN0143X 佛顶尊胜总持神咒（五台山碧山寺）弘治元年（1488）3 月 31 日

---

① （日）小岛裕子：《五台山佛教文化在日本的传播和发展》，《五台山研究》，总第 108 期，2011 年 3 月。P.37.

② 胡莉蓉：《奝然来华对五台山文殊信仰在日本传播的影响》，《中北大学学报》（社会科学版），2012 年第 28 卷弟 3 期，P.43.

③ https://max.book118.com/html/2018/1021/5014131322001322.shtm

MIN0151X 赵府重修五台山罗 .. 寺碑记 弘治 5 年（1492）4 月 8 日

MIN0152X 敕建大吉祥显通禅寺修净业长期之碑 弘治 5 年（1492）4 月 8 日

MIN0163A 铁林禅师行实碑记 弘治 12 年（1499）3 月

MIN0163B 铁林禅师行实碑记（阴）（五台山大殊祥寺碑记） 弘治 12 年（1499）3 月

MIN0165X 五台山重建殊祥寺记 弘治 13 年（1500）秋

MIN0172X 钦差山西御马太监韦敏盖造五台山东顶铜瓦殿碑 正德 2 年（1507）7 月 15 日

MIN0175X 钦差山西御马太监韦敏盖造五台山东顶铜瓦睿佛殿碑 正德 3 年（1508）8 月

MIN0193A 敕赐普济禅寺记（五台山碧山寺） 正德 9 年（1514）

MIN0193B 敕赐普济禅寺记（阴）（五台山碧山寺） 正德 9 年（1514）

MIN0199X 皇帝赐名广宗寺碑（五台山广宗寺） 正德 10 年（1515）11 月 5 日

MIN0231A 皇明五台山敕赐普济禅寺大空满禅师重修功德记 嘉靖 4 年（1525）7 月 29 日

MIN0231B 皇明五台山敕赐普济禅寺大空满禅师重修功德记（阴） 嘉靖 4 年（1525）7 月 29 日

MIN0258A 五台山敕赐普济禅寺开山第三代住持太空禅师灵塔记 嘉靖 16 年（1537）4 月 20 日

MIN0262X 五台山金刚窟般若寺重开山第一代住持嗣齐二十四 世宝山玉公大和尚缘起实行功德碑 嘉靖 17 年（1538）4 月 8 日

MIN0263X 五台山大塔院寺重修阿育王所建释迦文佛直身舍利宝塔碑并名 嘉靖 17 年（1538）7 月

MIN0271X 钦差敕建五台山大万圣佑国禅寺碑记 嘉靖 20 年（1541）3 月

MIN0272X 钦差敕建五台山大万寿佑国禅寺重建万人碑记 嘉靖 20 年

（1541）3月

MIN0299A 皇明五台开山歷代传芳万古题名记 嘉靖36年（1557）

6月10日

MIN0299B 皇明五台开山歷代传芳万古题名记（阴）嘉靖36年（1557）

6月10日

MIN0320X 僧録司焚修五台山牒碑 嘉靖45年（1566）10月20日

MIN0321X 五台僧録司免粮卷案碑付额 嘉靖45年（1566）10月21日

MIN0322X 敕赐普济禅寺第四代海公和尚灵塔碑记 嘉靖45年（1566）

MIN0326A 五台山凤林寺彻天和尚行实碑 隆庆3年（1569）4月

MIN0326B 五台山凤林寺彻天和尚行实碑（阴）隆庆3年（1569）

4月

MIN0327A 重修圆照寺碑记 隆庆3年（1569）

MIN0327B 重修圆照寺碑记（阴）隆庆3年（1569）

MIN0330X 碧山寺孙枝诗 隆庆5年（1571）8月25日

MIN0331X 五台山普济寺圆寂本师考公灵塔碑记 隆庆5年（1571）

MIN0351X 关中雁峰王傅七絶四首（五台山碧山寺）万历9年（1581）

正月

MIN0352X 五台山都纲司为大田敏清浮粮以苏民田事帖碑 万历9年

（1581）7月12日

MIN0354X 敕重建大塔院寺碑记付额及侧 万历10年（1582）7月

MIN0355X 清凉国师华严经疏缘起及碑帖 万历10年（1582）

MIN0358X 五台山普济寺和尚功行灵塔 万历13年（1585）4月1日

MIN0359X 复圣 万历14年（1586）2月

MIN0371X 邢云路诗五首（五台山大塔院寺）万历20年（1592）

5月

MIN0372X 邢云路诗二首（五台山大塔院寺）万历20年（1592）

5月

MIN0375X 五台山重建佛顶碑记 万历20年（1592）8月15日

MIN0400X 敕谕山西五台山敕建护国圣光永明寺住持福登及众人等碑付侧 万历 35 年（1607）9 月 4 日

MIN0401A 重修殊像寺碑记 万历 36 年（1608）4 月

MIN0401B 重修殊像寺碑记（阴）万历 36 年（1608）4 月

MIN0412A 五台山各寺免粮碑记 万历 41 年（1613）3 月

MIN0412B 五台山各寺免粮碑记（阴）万历 41 年（1613）3 月

MIN0429A 敕建清凉五台山翻修殊祥寺记 万历年间（1620）

MIN0429B 敕建清凉五台山翻修殊祥寺记（阴）万历年间（1620）

MIN0430X 重修文殊菩萨发塔碑 万历年间（1620）

MIN0514X 明碑阴题名付额（五台山显通寺）

MIN0515X 皇明五台山助修宝塔高僧檀信题名记

其它国家收藏的五台山文物主要有：

新罗僧慈藏于贞观十七年（643）从五台山请回绯罗金点袈裟、佛头骨和舍利，分别置于皇龙寺九层塔、通度寺戒坛和大和寺塔内；[1]

韩国国立中央博物馆藏《文殊菩萨五台山净土图》，十七世纪清代佛画；

美国国会图书馆藏 1846 雕版的拓片《五台山圣境全图》；

美国鲁宾艺术博物馆藏木刻着色版画《圣山五台山全景图》，1846 年由一位蒙古僧人在当地的蒙古寺庙慈福寺绘制；

法国吉美博物馆藏五代时期敦煌藏经洞绢画《五台山文殊菩萨化现》（EO.3588）；

布鲁塞尔皇家历史与艺术博物馆藏清代《清凉山圣境全图》，属 20 世纪 20–30 年代在天津开办工厂的比利时商人捐赠；[2]

俄罗斯圣彼得堡艾尔米塔博物馆藏 1909 年黑水城遗迹发现的骑狮文

---

[1] 崔文魁：《五台山与五台山图》，《五台山研究》，2004 年 2 月，P.20.

[2] 扎洛：《布鲁塞尔皇家历史与艺术博物馆藏〈五台山图〉初探》，第三届两岸四地佛教学术研讨会提交论文，2009 年 12 月 8 日。

殊菩萨图。[1]

第五节 成功入选《世界遗产名录》

世界遗产是指被联合国教科文组织和世界遗产委员会确认的人类罕见的、无法替代的财富，是全人类公认的具有突出意义和普遍价值的文物古迹及自然景观。世界遗产包括世界文化遗产、世界自然遗产、世界文化与自然遗产与文化景观遗产四类。其中文化景观的概念是 1992 年 12 月在美国召开联合国教科文组织世界遗产委员会第 16 届会议时提出并纳入《世界遗产名录》的，代表《保护世界文化和自然遗产公约》第一条所表述的"自然与人类的共同作品"。五台山即是以文化景观的类型被列入《世界遗产名录》的。

根据五台山旅游门户网提供的五台山申遗大事记，[2] 五台山申遗从 1999 年进入景区管理者的议事日程；2002 年，首次邀请国内遗产专家赴五台山就遗产资源进行实地考察、评估；2004 年，申遗工作正式启动，成立由国内省内自然与文化遗产专家组成的申遗专家组，进行系统的资源评估；2005 年，成立了由省长为组长，省级相关厅、局为成员，建设厅为牵头单位的申报世界遗产领导组，统一协调，组织遗产申报的全面工作；2006 年，被国家建设部授予"中国国家自然与文化遗产地"称号，顺利进入世界遗产提名地名录；2007 年，按照世界遗产组织的要求，在 9 个寺院以及台怀核心区进行了集中整治和新区服务基地建设；2008 年，申遗文本正式上报世界遗产委员会。五台山申遗的内容包括台怀核心区与佛光寺核心区的自然遗产资源与文化遗产资源，亦即从公元 4 世纪到 19 世纪（中国北魏、唐、宋、元、明、清）的佛教建筑及独特的圣山环境景观。涉及到的文化资源包括文物建筑、佛塔、经幢、雕塑、碑刻、壁画等，均以寺

---

① 孙晓岗：《文殊菩萨图像学研究》，甘肃人民出版社，2007 年 1 月，59 页。

② 五台山旅游门户网：http://www.wutaishan.com.cn/Index.shtml

庙为依托或载体，确定显通寺、塔院寺、菩萨顶、碧山寺、殊像寺、南山寺、龙泉寺、金阁寺、佛光寺等 9 处寺庙为核心区重要遗产寺庙。2009 年 6 月 26 日在西班牙塞维利亚召开的第 33 届世界遗产委员会会议上通过审议，将五台山作为文化景观遗产列入《世界遗产名录》，成为中国第 38 个世界遗产地、第二个世界文化景观遗产。世界遗产委员会一致认为五台山符合世界遗产第（Ⅱ）（Ⅲ）（Ⅳ）（Ⅵ）等四条标准，并作出如下评价：五台山位于中国山西省忻州市，是中国佛教名山之首，以浓郁的佛教文化闻名海内外。五台山保存有东亚乃至世界现存最庞大的佛教古建筑群，享有佛国盛誉，由五座台顶组成，将自然地貌和佛教文化融为一体，典型地将对佛的崇信凝结在对自然山体的崇拜之中，完美地体现了中国天人合一的思想，成为一种独特的、富有生命力的组合型文化景观。

世界遗产委员会所作的评价是对五台山文化价值及其世界性的权威解读。五台山入选《世界遗产名录》意味着五台山作为人类共同的宝贵遗产在更高层面得到保护，并接受世界遗产委员会的监督，在世界范围内引起关注。

第二章　欧美五台山文化研究

第一节　欧美国家五台山文化研究简述

　　欧美国家学者对五台山文化的注目，开始于他们对中国广泛的考察、探险、考古发掘以及汉学、东方学、近代佛教学的研究。自十九世纪以来，由于政治、经济、宗教等因素，英、俄、法、德、美、日等国家来中国新疆、甘肃、西藏乃至中国各地的学者络绎不绝，特别是法国人伯希和、英国人斯坦因从敦煌石窟盗走大量佛教文献与文物，其中的文献资料中就有大量关于五台山的内容。1872 年，被称为"蒙古的使徒"的英国传教士季雅各（James Gilmour）在其游记《在蒙古人中》（Among the Mongols）描述了五台山在蒙古人心中的神圣地位。1907—1908 年，法国汉学家爱德华·沙畹在华北考察，在巴黎出版了珂罗版精印的两卷本《华北考古考察图谱》，书中收集了大量佛教洞窟与寺院的图像记录，是研究五台山历史变迁的重要证据。德国建筑师、中国建筑摄影"鼻祖"恩斯特·柏石曼（Ernst Boerschmann，1873—1949）在 1906—1909 年对中国的古建筑进行全面考察，拍摄了大量照片，其中包括许多五台山的珍贵照片，根据考察记录的第一手资料，出版《如诗如画般的华夏大地：建筑与风景》（1923年德文版、1926年英文版）。由于照相机在当时的中国还是稀有之物，西方学者考察留下的许多摄影资料，具有珍贵的史料价值与研究价值，同时也是文物保护与修缮中"原真性"的重要依据。沙畹在华北考察时，他的学生伯希和正在新疆、甘肃一带考察，伯希和在《敦煌藏经洞访书记》中两次提到了《五台山图》《五台山赞》以及圣山简志，特别是对《五台山图》的断代、图中寺庙、悉堵波以及佛护、新罗国王、法照和尚等人物引起伯希和的极大兴趣，他在书中写道："在近代中国的三大朝山进香圣地中，文殊师利菩萨的道场在五台山，普贤菩萨的道场在峨眉山，观音菩萨的道场在普陀海岛。唯有第一处才在我们的写本中被提及，并出现过多处。"① "我另外还有意携带这些汉文和欧文记述，亲自赴五台山一次，以利用我们的千佛洞图以及我于此搜集到的有关这一著名圣山的其他写本资料"，② 由此可以看到这位汉学家对远在中原之地的五台山的惊喜发现与探究热情。英国著名传教士李提摩太（Timothy Richard）于1880年6月拜谒了五台山，详细考察了五台山佛教的仪轨和佛教音乐，在其《亲历晚清四十五年：李提摩太在华回忆录》记录了参访五台山的情景；1894年，李提摩太又与杨文会合作，将《大乘起信论》译为英文。俄国汉学家和外交家璞科第于1889年5月参访五台山，结合《清凉山志》等蒙汉资料撰写了《五台山的过去与现在——1889年5月旅行报告》，③1893年于圣彼得堡出版。1925年奥国人斐士（Fischer，Emil Sigmund，1865—1945）的《神圣的五台山，关于从太原府经过五台山到蒙古边境的现代旅行》。④1935年 Alley，Rewi 与 R. Lapwood 著《中国圣山：五台山之旅》。⑤

---

① 伯希和等著、耿昇译：《伯希和西域探险记》，云南人民出版社，2011年，p. 260.

② 同上，p.236

③ 俄文，1893。英译本名为：Wu-t'ai-Shan, Past and Present: Report of a Trip in May 1889.

④ The Sacred Wu Tai Shan, in Connection with Modern Travel from Tai Yuan Fu via Mount Wu Tai to the Mongolian Borer.——1925，上海

⑤ "The Sacred Mountains of China: A Trip to Wu Tai Shan." The China Journal 22（1935）：118–19.

除以上提到的探险、考察著作外，从上世纪上半叶至今的百余年间，出现的相关成果约 170 余篇（部），大量作品是在上世纪 80-90 年代尤其是进入 21 世纪以后才出现。笔者将搜集的研究成果分为五个部分：一、圣山研究；二、文殊菩萨研究；三、高僧研究；四、五台山华严研究；五、五台山佛教艺术研究。五台山是中国唯一一处汉藏两系并存的佛教圣地，藏传佛教自元代正式传入以来，至今已绵延七百余年的历史，汉藏共居、青黄并存一山是五台山独有的特点。本书收集的研究论文与论著中关于五台山藏传佛教的研究在以上五个部分中占有很大比重。从时间上来看，上世纪 70 年代以前的研究，堪称零散，欧美学者对五台山的关注，多数是在对东亚与敦煌研究过程中进行的"捎带"研究，专门进行论述的很少，从 70 年代开始，五台山文化研究持续升温，研究成果甚为可观，尤其是最近几年，召开了数次规模大、规格高的关于五台山文化研究的国际性学术会议，特别是 2015—2018 年在五台山连续举办的四届"五台山信仰"国际学术研讨会、2016 年举办的"文殊信仰暨能海上师诞辰 130 周年"国际学术论坛、2016 年"中国佛教讲经交流会·文殊信仰的中国化表达"、2016 年"法显大师——一带一路先行者"研讨会等会议令人瞩目，成绩斐然，硕果累累。

一、圣山研究

圣山研究的内容包括五台山信仰及其传播、五台山圣地形成之因缘与历史、皇帝与五台山、五台山化现等方面的研究，目前笔者收入的篇目有 50 余篇（部）。下文将摘其要者简述之：

美国加利福尼亚大学教授欧阳瑞（Birnbaum，Raoul）从事多学科的佛学研究，在山岳研究方面，广泛关注中国佛教界地理学的建构，特别是中国景观的各种概念地图的形成，数十年来对中国佛寺与山岳进行了深入细致的实地考察。欧阳瑞发表了不少关于五台山的论文与论著，如《圣光中的五台山与宗教体验》①《化寺：唐代神英的五台山经历》②《五台山文殊菩萨应化事迹》③《五台山佛光与宗教体验》④《秘魔岩：五台山岩洞》⑤《文殊师利神秘性研究》⑥（将在下文介绍）等。欧阳瑞也关注中国佛教徒有关的历史观与社会观：佛教徒（在特定的时间与地点）如何以独特的视角看待世界？意义何在？这些问题是以何种方式衔接与传播的？近年侧重于 19 世纪晚期至今的中国佛教徒，特别是围绕弘一法师（1880—1942）的活动范围与交往圈展开研究。

美国圣母大学教授罗伯特·M 詹密罗（Robert M. Gimello）是上世纪 80 年代以来的一位重要的佛教史专家，作品主要关注华严宗、禅宗、密宗，涉及五台山文化的研究成果也较丰硕。罗伯特·M 詹密罗 2006 年题为"佛教与生态学"的学术会议上发表论文《世间与出世间"环境"：五台山与其"神圣"佛山的由来》，⑦文章认为：传统的、前现代佛教中尽管没有今天所谓的"生态价值"的概念，但是佛教有评价自然环境的独特方式，佛教普遍的伦理价值观可以作为现代佛教环境伦理建构的基石。文章以中国佛教圣地五台山为例，考察佛教传统所指称的"神圣"景观是否具有"生

① Birnbaum, Raoul："Light in the Wutai Mountains in Presence of Light Divine Radiance and Religious Experience". Chicago Univ Press, 2004.

② Birnbaum, Raoul: The Manifestation of a Monastery: Shen-Ying's Experiences on Mount Wu-t'ai in T'ang Context. Journal of the American Oriental Society, Vol. 106, No. 1, Sinological Studies Dedicated to Edward H. Schafer（Jan.–Mar., 1986）, pp. 119–137.

③ Birnbaum, Raoul: Visions of Manjusri on Mount Wutai, Religions of China in Practice ed. by Donald Lopez.

④ Birnbaum, Raoul: Light in the Wutai Mountains in Presence of Light Divine Radiance and Religious Experience. Chicago Univ Press, 2004.

⑤ Birnbaum, Raoul: Secret Halls of the Mountain Lords：the Caves of Wu-t'ai'T'oung Pao vol 86, no. 4–5（Dec 2000）（Cahiers d'Extreme-Asie 5（1989—1990）, pp. 116–140.）

⑥ Studies on the Mysteries of Manjusri: A Group of East Asian Mandalas and their Traditional Symbolism）Boulder：Society for the Study of Chinese Religions Monograph no. 2, 1983.

⑦ Robert M Gimello："Environments" Worldly and Other-Worldly: Wutaishan and the Question of What Makes a Buddhist Mountain "Sacred"，"佛教与生态学"会议论文，韩国首尔佛教大学东国大学发起、哈佛大学世界宗教研究中心举办，2006 年。本文的汉语版（冀培然译）在中国佛教协会会刊《法音》（2014 年第 7 期）发表。

态"涵义。根据经典《清凉三传》以及编撰于 16–20 世纪的几种山志，阐述传统佛教如何通过圣者文殊菩萨的感应事迹在自然界发现价值，指出五台山兼具宗教价值与生态价值。本文对于国内学者将五台山生态价值与宗教价值结合研究、从佛教的角度考察五台山的生态价值与保护具有启示意义。《朱弁笔下的金国初期的五台山情况》[①]一文以朱弁为主讨论了由十世纪至十二世纪中叶五台山地区的佛教状况，以及由北宋末年至金国初期，佛教、特别是佛教灵感事迹在知识分子的生活中所扮演的角色。本文的翻译为五台山佛教断代史的研究提供了域外视角的学术参照。此外，他还发表了《澄观的华严三圣观》[②]《张商英在五台山》[③]《千手千钵文殊信仰》[④]等论文。

加拿大英属哥伦比亚大学亚洲研究学系教授、东亚宗教研究主任陈金华教授长期致力于中国和日本佛教史研究，在学界有着重要影响力，有大量学术成果面世。涉及五台山的主要有专著《佛教与中外交流》；[⑤]合编《一山而五顶：多学科、跨方域、超文化视野中的五台信仰研究》[⑥]《神圣空间：中古宗教中的空间因素》；[⑦]论文《"神圣地理学"：五台山研究的

---

① Robert M Gimello："Wu–t'ai shan during the Early Chin Dynasty: The Testimony of Chu Pien"，Zhonghua Foxue xue bao 7（1994）：501–612.

② Robert M Gimello："Ch'eng–kuan on the Hua–yen Trinity"，The University of Arizona，Chung–Hwa Buddhist Journal No. 9（July 1996）pp. 341–411.

③ Gimello，Robert："Chang Shang–ying on Wu–ta'i Shan"，in Naquin & Chen–fang Yu，eds. Pilgrims and Sacred Sites in China. Berkeley: U Cal Press，1992，pp. 89–149.

④ Robert M. Gimello:"The Cult of Manjusri of the Thousand Arms and the Thousand Bowls"，in T'ang Buddhism.

⑤ ChenJinhua: Buddhism and China's Communication with the world outside China（in Chinese）. Shanghai: Zhongxi shuju 中西書局 . 2016.

⑥ ChenJinhua: One Mountain of Five Plateaus: Studies of the Wutai cult in Multidisciplinary，Crossborder and Transcultural Approaches. Eds. Miaojiang 妙江，Chen Jinhua 陳金華 and Kuanguang 寬廣 . Hangzhou 杭州：Zhejiang daxue chubanshe 浙江大學出版社，2016.

⑦ ChenJinhua: Sacred Space: The Spatial Elements in Medieval Religions，Fudan Zhonghua wenming yanjiu zhuankan 復旦中華文明研究專刊（Fudan Monograph Series on the Studies of Chinese Civilization）1. Co–edited with Yinggang Sun. Shanghai: Fudan daxue chubanshe 復旦大學出版社，2014.

新视野与新思路断想》[①] 等，还有不少关于中国华严宗三祖法藏的研究成果，将在下文提及。

　　纽约市立大学柏鲁克分校历史系副教授，印度那烂陀大学理事会理事沈丹森（Tansen Sen）致力于亚洲史的研究，对佛教、中印交流、丝绸之路考古等问题尤为关注，著有《佛教、外交与贸易：600—1400 中印关系的重整》。[②] 该书以佛教 7-9 世纪期间在中国与南亚的联系中所起的重要作用为出发点，论述中印交往的盛世与变化。五台山文殊道场的建立是中国佛教发展的重要事件，书中对文殊道场的形成与兴盛倾注了大量笔墨。

　　瑞士探险家克里斯托夫·鲍默尔（Christoph Baumer）分别于 1993 年、2006 年、2007 年三次造访中国五台山，游历了五台山地区的许多地方，于 2011 年出版《中国的圣山》。[③] 本书首次对中国佛教圣地五台山进行了全面叙述。书中收集了 300 幅照片，捕捉了 60 座寺庙独特的精神风貌。《中国的圣山》用大量图表标示节日、仪式、朝圣以及僧人、男住持与女住持的生活，既是对东亚佛教史的精彩介绍，也是配有生动插图、再现寺庙与文物形象的志书。本书是亚洲宗教与哲学专业的学生不可多得的资料，同时对普通读者也颇有吸引力。哥伦比亚大学教授于君方认为该书提供了中国的哲学与宗教传统、佛教史以及中国佛教主要宗派的背景信息。最具吸引力的部分是对朝圣路线与作者亲历五个台顶现存六十多个寺庙的详细描述。弗吉尼亚大学东亚艺术系副教授王静芬认为本书会成为未来几十年乃至几个世纪的珍贵史料。

① ChenJinhua: Sacred Geography: Some Thoughts on the New Perspectives and New Ideas for the Studies of the Wutai Cult. In Eds. Miaojiang 妙江，Chen Jinhua 陈金华 and Kuanguang 宽廣，pp. 4-29. Yishan er wuding: Duo xueke, kua fangyu, chao wenhua shiye zhong de Wutai Xinyang yanjiu《一山而五顶：多学科、跨方域、超文化视野中的五台信仰研究》（One Mountain of Five Plateaus: Studies of the Wutai cult in Multidisciplinary），Crossborder and Transcultural Approaches;Hangzhou 杭州：Zhejiang daxue chubanshe 台北：新文丰出版公司，2017.

② Sen Tansen: "Buddhism, Diplomacy, and Trade: The Realignment of Sino-Indian Relations, 600-1400", University of Hawaii Press, 2003.

③ Christoph Baumer："China's Holy Mountain", I. B. Tauris & Co Ltd, 30 Sep 2011.

1992 年哥伦比亚大学于君方与韩书瑞合编《中国的朝觐与圣地》[1] 介绍了五台山信仰。

研究五台山藏传佛教的学者及其主要成果有美国普吉特湾大学客座副教授 Benard，Elisabeth 的《乾隆与藏传佛教》；[2] Berger，Patricia 的《嘉庆皇帝西巡五台山记》；[3] 美国独立学者安东尼·托拉巴（Tribe，Anthony）著有《现代五台山藏传佛教》[4]《清代五台山藏传佛教》[5]《文殊师利的来历、角色与价值》[6] 等；腾华睿（Tuttle，Gray）的《现代五台山藏传佛教》；[7] Uspensky，Vladimir 的《清代五台山藏传佛教场所的律法》；[8] 纽约市立大学亨特学院艺术史教授周文欣（Chou，Wen-Shing）的博士论文《十八至二十世纪五台山藏传佛教的视觉景观》；[9] 澳洲国立大学教授 Kohle，Natalie 的《康熙皇帝为何上五台山》；[10] 2015 年，法国学

---

[1]　Naquin，Susan，and Chün-fang Yü："Pilgrims and Sacred Sites in China". Berkeley，CA: University of California Press，1992.

[2]　Benard，Elisabeth: "The Qianlong Emperor and Tibetan Buddhism". In New Qing Imperial History: the Making of Inner Asian Empire at Qing Chengde，edited by James A. Millward et al.，129-31. London: Routledge Curzon.

[3]　Benard，Elisabeth: "The Qianlong Emperor and Tibetan Buddhism". In New Qing Imperial History: the Making of Inner Asian Empire at Qing Chengde，edited by James A. Millward et al.，129-31. London: Routledge Curzon.

[4]　"Tibetan Buddhism at Ri bo rtse lnga/Wutai shan in Modern Times"，Journal of the International Association of Tibetan Studies，no. 2（August 2006）: 1-35.

[5]　"Tibetan Buddhism at Wutai Shan in the Qing: The Chinese-language Register." Journal of the International Association of Tibetan Studies，no. 6（December 2011）.

[6]　Tribe，Anthony: Manjusri: Origins，Role and Significance. Western Buddhist Review 2.

[7]　Tuttle，Gray: "Tibetan Buddhism at Ri bo rtse lnga/Wutai shan in Modern Times，" JIATS，no 2.2006.

[8]　Uspensky，Vladimir: "Legislation Relating to the Tibetan Buddhist Establishments on WutaiShan during the Qing Dynasty". Paper given at the "Wutai Shan and Qing Culture" Conference at the Rubin Museum of Art，May 12-13，2007.

[9]　Chou，Wen-Shing Lucia: "The Visionary Landscape of Wutai Shan in Tibetan Buddhism from the Eighteenth to the Twentieth Century." PhD diss.，University of California，Berkeley，2011.

[10]　Kohle，Natalie: "Why Did the Kangxi Emperor Go to Wutai Shan？" Master's Thesis，Harvard University，2006.

者沙怡然（Charleux, Isabelle）出版《朝圣：蒙古人在五台山》；[①]意大利佩鲁贾大学教授黄晓星（Ester Bianchi）《能海上师留在五台山上的印记：1930年代五"台"间的汉藏佛教》《近代中国的菩萨戒——以五台山能海上师为例》等。

由五台山佛教与东亚文化国际研究院主办，伦敦大学国王学院、清华大学道德与宗教研究院、复旦大学佛学论坛、英属哥伦比亚大学佛学论坛协办，五台山大圣竹林寺承办的2015—2018年连续四次的"五台山信仰"国际学术研讨会上收获了大量国外学者的会议论文，集中展现了目前域外学者在该领域的最新成果和研究动态。已出版两部论文集：《一山而五顶：跨方域、超文化视野下的五台山信仰研究》《五台山信仰多文化、跨宗教的性格以及国际性影响力：第二次五台山研讨会论文集》（台北：新文丰出版公司，2018年6月），其余的论文集也将陆续出版。第一、二届研讨会的主要论文有：加拿大阿里森山大学安素桑《移山：五台山与镰仓时期（1185—1333）多武峰感应记》；美国斯坦福大学的李尚晔《五台山佛教信仰在朝鲜半岛的出现》；英国牛津大学的悟哲德·桑赛玛的《黑文殊：蒙古的五台山五爷崇拜》；德国柏林—勃兰登堡科学院吐鲁番研究中心的茨默研讨了《古代回鹘佛教中的五台山与文殊师利》；巴瑞特教授《五台山有多重要：禅宗视角中的一个神圣地域》；加拿大英属哥伦比亚大学教授陈金华发表《"神圣地理学"：五台山研究的新视野》；纽约市立大学杭特学院助理教授周文欣发表《转译神迹化现：从〈圣地清凉山志〉看清代五台山在藏文世界的定位》；意大利佩鲁贾大学教授黄晓星发表《能海上师留在五台山的印记：1930年代五"台"间的汉藏佛教》；法国国家科学研究中心沙怡然发表《阿拉善的密各瓦祺尔公爵1938年五台山巡礼记》英国牛津大学博士悟昝德·桑赛玛发表《蒙古人对五台山五爷的崇拜》。

---

① Charleux, Isabelle. Nomads on Pilgrimage: Mongols on Wutaishan（China），1800–1940. Leiden, Boston, Koln: Brill. 2015.

二、文殊菩萨研究

关于文殊菩萨研究的篇目共有 30 余篇（部）。从笔者所能检索到的资料来看，欧美学者的文殊菩萨研究主要集中在文殊传说、文殊来历、文殊信仰、文殊菩萨化现、密教文殊等方面，研究文殊经典、文殊义理方面的内容相对较少。

目前找到的最早关于文殊菩萨研究的专著有 Obermiller，E. 的《布顿的佛教史与〈文殊师利根本仪轨经〉》（1935 年）[①]；另有 Brough，John 的《于阗与尼泊尔传说》（1960 年）[②]，法国学者拉莫特（Etienne Lamotte）出版专著《文殊师利》[③] 等。还有一些成果属于文殊菩萨图像学研究，笔者将在下文提及部分作品。

其中法国学者拉莫特的《文殊师利》（法语）是西方研究文殊菩萨非常重要的著作，作者从九个方面考察文殊师利，引用了很多西方学者关于文殊菩萨的研究成果，具有开创性。

美国独立学者安东尼·托拉巴（Anthony Tribe）在五台山藏传佛教方面颇有研究。其中 1994 年著《文殊师利来历，角色与价值》[④] 是非常重要的研究成果。该文对文殊菩萨的来历、角色与价值进行了全方位的考察。第一部分《文殊师利来历》从五个方面考察了文殊师利的来历：文殊师利与梵语、巴利语文本中的乐神般遮翼的联系；文殊师利与香山（Gandhamadana）的联系；文殊师利与创世神梵天（Brahma）和梵童子（Brahma Sanatkumara）的联系；文殊师利与印度战神揭提迦耶（Karttikeya）

① Obermiller，E.: "Buston's History of Buddhism and the Manjusrimulakalpa". JRAS（1935，part 2）: 299–306.

② Brough，John: "Legends of Khotan and Nepal"，The Bulletin of the School of Oriental & African Studies XII，pp. 333–339.（1948）

③ Etienne Lamotte，"Manjusri"，T'oung Pao，48（1960）.（法语）

④ Anthony Tribe: "Manju'srii Origins，Role and Significance"，The Western Buddhist Review 2. 1994a.

的联系；文殊师利与尼泊尔的传说等。第二部分阐述文殊师利在大乘文献中的角色，作者从三个方面即文殊师利的作用、地位、以及大乘文献的编撰、保存与传播等方面说明文殊师利在大乘佛教中殊胜地位与重要作用。第三部分《文殊信仰》考察文殊师利的声望是否足以谈及文殊信仰的问题。作者按照佛教地域传播的模式，依次讨论印度、中亚和中国的资料。最后得出结论：文殊信仰起源于中国而非印度和中亚。敦煌壁画中的文殊造型反映了文殊师利在中国而非中亚的盛名。印度没有能与发达的五台山文殊信仰等量齐观的信仰。7世纪末，中国五台山已成为整个佛教界认可的文殊道场。安东尼·托拉巴发表的其他关于五台山与文殊菩萨的论文还有：《文殊与文殊师利圣号诵：印度大乘佛教文本中的智慧及其智慧的化身》；[①]《志书与金色琉璃瓦屋顶：清政府支持五台山藏传佛教的印证》[②]；《现代五台山的藏传佛教》[③]；《清代五台山的藏传佛教：汉语语言文献》[④]等。

美国斯坦福大学宗教学研究教授何离异（Paul Harrison），专门研究佛教文献与历史，特别是大乘佛教，研究梵语、汉语、藏语佛教写本。目前力耕于大乘佛教与主流佛教经典的编辑与翻译，包括《金刚经》与《维摩诘经》，以及对大乘佛教文本传播与创新的研究。其《文殊师利与神圣菩萨信仰》[⑤]通过审视公元2世纪末大月氏支娄迦谶（Lokak.sema）最早翻译的大乘经典，对菩萨理想与大菩萨崇拜进行探究。

美国西来大学 Miroj Shakya 的博士论文《加德满都谷地佛教文献中的

---

① Anthony Tribe: "Ma~nju'srii and The Chanting of Names"（Naamasa.mgiiti）: Wisdom and its Embodiment in an Indian Mahaayaana Buddhist Text, in S. Hamilton and J. Connolly, ed., Indian Insights: Buddhism, Brahmanism, and Bhakti. New York: Weatherhill.1997.

② Anthony Tribe: Gazetteers and Golden Roof-tiles: Publicizing Qing Support of Tibetan Buddhism at Wutai Shan." Paper given at the "Wutai Shan an Qing Culture" Conference at the Rubin Museum of Art, May 12–13, 2007

③ Anthony Tribe: Tibetan Buddhism at Ri bo rtse lnga/Wutai shan in Modern Times. Journal of the International Association of Tibetan Studies, no. 2（August 2006）: 1–35.）

④ Anthony Tribe: "Tibetan Buddhism at Wutai Shan in the Qing: The Chinese-language Register." Journal of the International Association of Tibetan Studies, no. 6（December 2011）

⑤ Paul Harrison: "Maojusr ī and the Cult of the Celestial Bodhisattvas", 发表于《中华佛学学报》Vol. 13, 2, 2000.

文殊菩萨》①探讨尼泊尔的文殊信仰。在尼泊尔，文殊信仰以多种方式影响着佛教徒的修行。瓦扬布那印度史诗（Swayambhu Purana）中文殊菩萨来自中国五台山，是加德满都谷地的创建者、尼泊尔佛教传统的重要发起人。神话与传说是加德满都谷地文殊信仰的基础，具有丰富的仪式传统，是尼瓦佛教徒完整修行的一部分。尼瓦佛教的《九法经》描述的文殊菩萨是首席菩萨，是非常重要的角色。在早期的大乘经典中，文殊菩萨偶尔被提到，但并不占有突出位置。般若文献中的《文殊师利所说摩诃波若菠萝蜜经》《法华经》与《华严经》更为具体地塑造了文殊菩萨的形象。本文以涉及文殊的瓦扬布那印度史诗的传说为中心，讨论现存的尼瓦佛教与上述三部经中文殊菩萨的角色。②

另有五台山佛教与东亚文化国际研究院主办的"五台山信仰"国际学术研讨会的论文：英属哥伦比亚大学教授陈金华《佛陀波利与五台文殊信仰的形成》；匈牙利罗兰大学郝清新（Imre HAMAR）的《于阗国与文殊信仰》；耶鲁大学金延美（Youn-mi KIM）的《神像中的替身：韩国五台山的晚期文殊师利信仰》；德国柏林自由大学教授茨默发表《回鹘佛教中的五台山与文殊菩萨》；匈牙利罗兰大学教授郝清新发表《于阗与五台山》；《乘云文殊与流动的五台山：敦煌石窟中所见的西夏五台山信仰》等。

三、高僧研究

高僧研究方面的论文与专著共搜集到 25 篇（部）。主要集中于法藏、能海、澄观、憨山德清、妙峰、圆仁、成寻等高僧大德的研究。

研究中国华严宗三祖法藏的研究成果最多，主要学者有加拿大英属哥伦比亚大学亚洲研究学系教授陈金华、阿拉巴马大学哲学副教授 Nicholas Jones、德国洪堡大学汉学系、台湾国立中山大学哲学研究所教授宋灏

---

① Miroj Shakya: "Bodhisattva Manjusri in the Buddhist literature of Kathmandu Valley"，University of the West，ProQuest Dissertations Publishing，2011. 3466509.

② 本段编译自 ProQuest Dissertations Publishing，2011. 3466509.

（Mathias Obert）、柯睿（Paul W Kroll）等，其中陈金华的研究最为突出，相关成果 11 篇（部）。陈金华教授的研究领域已在上文（圣山研究部分）简要提及，有关法藏研究的主要著作《不只是哲学家：作为政治家与创造奇迹的法藏》[①]，是对法藏生平事迹的考证、多重角色及其思想的研究。主要论文有《法藏新画像》[②]《法藏圣人》[③]《法藏与悟真寺：法藏与道教的特殊联系》[④]《韩国人所撰中国粟特僧人传记，附日本评论：崔致远的法藏传，其价值与局限》[⑤] 等。另外陈金华教授于 2006 年 7 月在德国汉堡大学举办的"中韩佛教的传记与史学"国际会议上发表论文《法藏生平的重构：历史学家能从僧传中获悉什么？》、2008 年 5 月在中山大学做题为《法藏新画像》的演讲、2008 年 5 月在香港大学做题为《法藏传记研究的新进展》的演讲。

　　宋灏的主要研究方向是现象学、跨文化哲学、美学、中国哲学与艺术等，涉及华严哲学的专著有《意义诠释与时间性——华严宗诠释学研究》[⑥]《中国佛教哲学对思想的开发：翻译与诠释之间论述僧肇、吉藏、法藏》[⑦]，

[①] "More Than a Philosopher: Fazang（643–712）as a Politician and Miracle-worker." History of Religions 42.4（May 2003）: 320–358.（2003）

[②] "Fazang xin huaxiang" 法藏新画像（A New Portrait of Fazang）（in Chinese）. Hanyu foxue pinglun 漢語佛學評論 1（2009）: 173–194.

[③] "Fazang the Holy Man." Journal of the International Association of Buddhist Studies 28.2（2005）:11–84.

[④] （2006a）: "Fazang and Wuzhen si: With a Special Reference to Fazang's Daoist Ties." Journal of the Royal Asiatic Society, Series 3, 16.2: 179–197.

[⑤] "A Korean Biography of a Sogdian Monk in China, with a Japanese Commentary: Ch'oe Ch'iwŏn's Biography of Fazang,Its Values and Limitations." Journal of Asian History 41.2（2007）: 156–188.（2007）

[⑥] Mathias Obert: "Sinndeutung und Zeitlichkeit. Zur Hermeneutik des Huayan-Buddhismus".〔Paradeigmata Bd. 22〕, Hamburg: Meiner, 2000.03.

[⑦] Mathias Obert（R. Elberfeld/ M. Leibold）: Denkansatze zur buddhistischen Philosophie in China. Seng Zhao–Jizang–Fazang zwischen Ubersetzung und Interpretation, Koln: edition chora〔http://www.uni-hildesheim. de/de/38727. htm〕（2009/5/8）

主要论文有《佛教思想家法藏〔643—712〕——从分别至统一之诠释哲学》^①《法藏的时间作为关联及跨越》^②等。

　　Nicholas Jones 的研究方向为华严哲学，其论文《法藏：阐释、因果和分体关系》^③认为法藏独到的世界观在于将佛教哲学与中国传统价值观融合在一起。文章重点讨论法藏的佛教判释、因果理论以及出自法界缘起论的六相圆融说，并与欧洲现代哲学家笛卡尔、斯宾诺沙以及莱布尼兹在分体关系方面的见解进行了比较。另有论文《法藏的总分学：解释分析的重构》（Fazang's Total Power Mereology: An Interpretive Analytic Reconstruction）发表。

　　研究华严宗四祖澄观的成果主要有匈牙利罗兰大学教授郝清新（Imre Hamar）于 2002 年出版的专著《唐代宗教领袖澄观传记》。本书由三个部分、两个附构成。第一部分讲述澄观生平资料，比如《华严经疏》序的相关信息、澄观塔的塔铭、《宋高僧传·澄观传》以及其它佛教史学著作、地方志等。通过分析这些材料的相互关系以及提供的资料信息，尝试确定它们的可靠性。第二部分论述关键性的澄观传记。重点落在资料的不同点与矛盾点上，因为这些在早先关于澄观的著作中常常被忽略。第三部分解决唐代是否存在一位、两位或更多澄观的问题。结论是唐代有两位名叫澄观的僧人。一位是伟大的华严大师，另一位是泗州的一位不太重要的僧人。大部分资料信息指向华严祖师，而关于泗州澄观的某些信息错误地混合于前者的传记中，比如《宋高僧传》提到的圆寂日期。附录包含两种传记文献、澄观塔的塔铭以及《宋高僧传·澄观传》的译文。Gergely Salát 认为郝清新的著作是现代佛教文献学不可多得的范例。本书不仅阐明了中国最有影响力的高僧的详细生平，而且对中国寺院史学的性质、传播及相互关系也

①　Mathias Obert：Der buddhistische Denker Fazang〔643—712〕."Eine hermeneutische Philosophie der Einheit aus der Differenz", Helmut Schneider ed., Philosophieren im Dialog mit China, Koln: edition chora, 83–101. 2000.12.

②　Mathias Obert, "Zeit als Relationalitat und Sprung bei Fazang"〈 〉, W. Schweidler ed., Zeit: Anfang und Ende. Time: Beginning and End, Sankt Augustin: Academia Verlag, 111–122. 2004.9.

③　Nicholas Jones：Fazang: Hermeneutics, Causation, and Mereology，汉语版（何亚琴译）发表于《世界宗教文化》，2016 年第 2 期。

提供了启示。

能海上师是近代显密圆通的爱国高僧。意大利佩鲁贾大学教授黄晓星对能海上师颇有研究，于 2015 年五台山信仰国际会议上发表论文《能海喇嘛留在五台山上的印记：1930 年代以来五台山汉－藏佛教》（Lama Nenghai's imprint on Mount Wutai: Sino–Tibetan Buddhism among the Five Plateaus since the 1930s），通过对五台山能海一系的道场进行实地考察，走访能海第二代、第三代弟子，较为客观地评估能海在 20 世纪五台山佛教发展过程中的贡献与影响。黄晓星在第二届五台山信仰国际会议上发表的《近代中国的菩萨戒：以五台山能海上师（1886-1967）为例》一文概述了近代瑜伽菩萨戒的兴起，在跨传统跨国家方面给予特别的关注。最后集中于瑜伽菩萨戒在能海教学与修行中的适用，同时揭示了与文殊信仰意想不到的联系。发表的相关论文还有《中国喇嘛能海（1886-1967）：中国格鲁派祖师的教义传统与教义策略》[①]《汉－藏佛教的连续与中断：当代能海遗产的案例》[②] 等。

四、五台山佛教艺术研究

五台山佛教艺术研究包括图像研究、五台山佛乐研究、诗歌研究、建筑艺术研究等方面的内容，共搜集到 25 篇（部）。其中大部分成果属于图像研究。

法国学者玛赛尔·拉露（Marcelle Lalou）于 1930 年出版佛教图像著作《〈文殊师利根本仪轨〉布画肖像图》。[③]该书对"Pata 绘制仪轨"进

---

① "The 'Chinese lama' Nenghai（1886–1967）. Doctrinal tradition and teaching strategies of a Gelukpa master in Republican China." In M. Kapstein, ed., 294–346; Buddhism between Tibet and China（Boston: Wisdom Publications, Boston）. 2009.

② "Continuities and Discontinuities in Sino–Tibetan Buddhism. The case of Nenghai 能海's legacy in the Contemporary Era." In Y. Bentor and M. Shahar, eds.; Chinese and Tibetan Esoteric Buddhism（forthcoming）. 2016.

③ Lalou, M. Iconographie des Etoffes Peintes（Pata）dans le Manjusrimulakalpa. Paris, 1930.（French）

行研究，并注意到菩萨信仰尤其是文殊菩萨与观音菩萨的信仰变迁，而对五髻文殊形象来源的探讨"对早期菩萨塑像的研究具有一定的启发意义，同时也为探析佛教各派系的演进关系提供了另一种选择"。[①]

法国学者（Marie-Therese de Mallmann）1964 年出版《文殊菩萨图像研究》。[②]

1978 年，美国加利福尼亚大学戴维·法夸尔（Farquhar, David）发表的《清帝国统治下作为菩萨形象的皇帝》，[③] 用图像学的方法对乾隆皇帝和文殊菩萨的关系进行了探讨。

欧阳瑞（Birnbaum, Raoul）所著《文殊师利神秘性研究》[④] 以日本11–14 世纪《图像抄》的部分图像为考察对象，概观性地研究唐代文殊信仰的发展过程，拓宽了对文殊菩萨特性与信仰的理解，而文殊概念外延的延伸与文殊信仰的流布与密宗的传播有关。克里斯蒂娜·古斯（Christine Guth Kanda）认为，这是一部颇有分量但又略带瑕疵的图像学研究著作。[⑤] 欧阳瑞涉及五台山的论文还有《文殊师利》（Ma~nju`srii）《米尔恰·伊利亚德与查尔斯·亚当斯笔下的文殊师利》等。

美国科罗拉多大学波尔得分校 Wright, Darren J. 的硕士论文《乾隆统治时期的曼荼罗与文殊师利》，[⑥] 论述乾隆（1736–95 在位）在位期间依据格鲁派教义用象征表现手段将自己描绘为密集文殊金刚佛，将大清帝国

① 牛海洋：《玛赛尔·拉露及其〈〈文殊师利根本仪轨〉布画肖像图〉》，《西藏民族大学学报》（哲学社会科学版），第 37 卷第 1 期，2016 年 1 月。

② Marie-Therese de Mallmann：Etude Iconographique sur Manjusri. Ecole Francaise D'extreme-orient，Paris，1964.（French）

③ Farquhar，David："Emperor as Bodhisattva in the Governance of the Ch'ing Empire"，Harvard Journal of Asiatic Studies 38，no. 1（1978）: 5–34.

④ Birnbaum，Raoul："Studies on the Mysteries of Manjusi"．Boulder: Society for the Study of Chinese Religions Monograph no. 2，1983.

⑤ 参见冀培然译，《文殊师利神秘性研究》书评，《东吴文化遗产》，2015 年 10 月第 1 版，第 363–65 页。

⑥ Wright，Darren J.："The weaving of a Buddhist empire—Mandalas and Manjusri in the reign of Qianlong"，University of Colorado at Boulder，ProQuest Dissertations Publishing，2008. 1455158.

绘为曼陀罗，将自己作为主尊居于帝国的中心。雍和宫与雨花阁均有乾隆御容佛像唐卡。乾隆通过把雍和宫——达赖和班禅喇嘛的参访之地以及蒙、藏僧人之家——改为喇嘛庙，使藏传佛教在北京树立了牢固的地位。乾隆把自己装扮成文殊菩萨的化身，在雨花阁举行《无上瑜伽续》的修行实践仪式活动，进一步巩固了其佛教转轮圣王的政治角色。伴随着万能君王角色的确立，行使强有力的意识形态，将各种佛教文化合法化，从而把前任留下的松散的思想统一起来，将汉、满、蒙、藏编织成政治和文化实体的存在。

美国弗吉尼亚大学艺术系王静芬（Dorothy C. Wong）教授专攻中国中古时期的佛教艺术，从事宗教与社会关系以及宗教文本与视觉表现之间的关系等艺术史课题的研究。敦煌莫高窟第 61 窟《五台山图》是莫高窟现存规模最大、内容最为丰富的壁画，反映了五台山与文殊信仰历史上在敦煌地区的流布以及敦煌对五台山与文殊信仰的关注程度。国内学者如宿白、孙修身、杜斗城、赵声良、党燕妮、崔正森，日本学者日比野丈夫、小山满等多有研究。王教授撰写的论文《敦煌 61 窟五台山图再探讨》[①]以壁画的宗教与图像两个功能作为诠释壁画的框架，从历史背景、壁画内容与布局、符号与联想、再现与史实、绘画叙事、绘画艺术的时空观、意识形态与空间结构等方面，结合佛典资料对壁画进行全方位考察，揭示壁画形式与内容的关系，认为该图是一幅宗教全景图，从整体上展现了文殊净土的特异景象，表现佛教形而上的空间构想，同时叙述五台山的历史、地理空间、文殊菩萨的教义以及信仰对于供养人的政治价值。王静芬教授 2005 年在中国佛教会议上发表论文《东亚的华严绘画》（The Huayan Paitings In East Asia）；2016 年王静芬教授在第二届《五台山信仰》国际学术研讨会上又发表题为《作为施神迹者的文殊菩萨其图像考释》（"Iconography of the Wonder-Working Mañjuśrī"）的论文，考察并比较文殊菩萨在中国的八世纪、印度大约九世纪左右的早期艺术表现形式，以及文殊图像与具体

---

① Dorothy C. Wong："A Reassessment of the Representation of Mt. Wutai from Dunhuang Cave 61", the Archives of Asian Art, 1993. 其中文版收于《东吴文化遗产》第五辑，2015 年 10 月。

佛典之间的关系。

哥伦比亚大学 Cartelli，Mary Anne 博士的研究主要关注敦煌文献、丝路文化与中古中国文献。她的博士论文《五台山的五色云——敦煌写本中的诗歌》[①]（1999 年）采用文献学与图像学等跨学科的研究方法考察敦煌写本关于中国佛教圣地之首五台山的系列诗歌。唐五代时期以来五台山诗歌反映了五台山成为文殊菩萨道场的转变，并提供了佛教在中国发展的重要文学证据。Cartelli 的论文还有《五色云上：五台山乐曲》[②]《金色世界："圣地五台山赞"》等。

美国刘易斯克拉克学院潘淑雅（Beth Szczepanski）所著《五台山佛寺器乐》[③]是西方学者首次对五台山音乐进行全方位考察的佛乐专著，为中国音乐家长期关注的题目带来了新的视角。对五台山及其音乐的政治、经济历史，以及五台山佛乐的乐曲研究、标记符号、传播与仪式功能，音乐如何适应中国当前的经济、政治与宗教气候提供了非常宝贵的洞见。潘淑雅在 2015 年五台山信仰国际学术研讨会上发表的题为《法照、金璧峰与五台山佛教唱赞音乐的历史建构》的论文，考察现行版本中地方佛教唱赞与音乐的两个事例，进而探究与地方元素起源传说的联系，并分析五台山佛教唱赞与音乐的历史建构如何与今天的寺院演出发生联系。[④]

美国芝加哥大学艺术史系副教授林伟正的主要研究领域为中国中古时期佛教艺术和建筑史。2014 年出版专著《营造圣山：中国五台山的佛寺建筑》，[⑤]该书认为，"五台山作为佛教在东亚的第一座圣山，其形成比其

① Cartelli，Mary Anne："The Five-colored Clouds of Mount Wutai: Poems from Dunhuang"，Leiden: Brill，2013.

② Cartelli，Mary Anne："On a five-colored cloud: the Songs of Mount Wutai"，The Journal of the American Oriental Society（Oct 2004）.

③ Beth Szczepanski："The Instrumental Music of Wutaishan's Buddhist Monasteries: Social and Ritual Contexts"，Reference and Research Book News，ISSN 0887-3763，08/2012，期 3。

④ 参见冀培然译：《法照、金璧峰与五台山佛教唱赞音乐的历史建构》，妙江主编《一山而五顶，多学科、跨方域、超文化视野下的五台山信仰研究》，2017 年 8 月，第 490 页。

⑤ Lin，Wei-Cheng：Building A Sacred Mountain: The Buddhist Architecture of China's Mount Wutai，University of Washington Press，2014. Marie-Therese de Mallmann

他名山更能揭示佛教在中古中国本土化的过程。而五台山与文殊菩萨的关联正好顺应了这个过程。建筑则是建构其佛教圣山地位的手段。本书中所讨论的建筑并不局限于佛教建筑的样式风格，而是试图以跨学科理论论述建筑如何界定空间、创造建筑环境、启发宗教性想象等方式，进而将五台山营造为佛教圣山的过程。同时，也只有明晰五台山概念建构的过程，何谓中国的'佛教建筑'才逐渐被定义和理解。"[①] 书中通过文献与实物材料的考证，从不同层面探讨建筑与五台山之间的联系。以华严寺、竹林寺、金阁寺、敦煌莫高窟第 61 窟为例，论述建筑作为建构其佛教圣山地位的手段，五台山如何营造为佛教圣山的过程。

美国宾州大学建筑历史系教授 Nancy Shatzman Steinhardt 于 2004 年发表《唐代建筑典范与中国建筑史的政治化》。[②] 佛光寺东大殿一经发现就成为神圣不可侵犯的具有象征地位的建筑偶像，之所以成为关注的焦点与佛光寺的发现者——中国第一位建筑史学家梁思成有关。今天的学者仍然坚信佛光寺与梁思成同样是不可取代的神话。本文的主要观点是：梁思成将唐代建筑研究局限于与绘画和建筑线描相结合的高等级建筑，特别是莫高窟壁画中发现的建筑，导致了一个理想化或标志性大殿形象的产生；把单体建筑作为标志性建筑典范已经证明阻碍了中国佛教建筑的后续研究；梁先生对莫高窟第 61 窟壁画中佛光寺的某些细节并没有引起注意；梁先生在自己的文字中有意识地突出佛光寺，而对中国其他现存的唐代木结构建筑较少关注，同时对佛光寺东大殿与日本奈良唐招提寺金堂的联系与比较，而忽视日本同时期的其它建筑，使人怀疑是否有意选择性地撰写历史；梁思成从佛光寺总结的唐代建筑的特点很多都是佛光寺独有，其他现存的唐代木结构建筑（如南禅寺、五龙寺等）都没有，比如屋顶构架没有中柱，开数和铺作数的关系。另外梁先生一直认为的唐代建筑早、中期的一个明显特征——人字架，在现存的唐代木建筑中，包括佛光寺都没有此种特征，

---

① 参见佳作书局：书籍简介，https://detail.youzan.com/show/goods ？ alias=3eu3u9v226u6m.
② Nancy Shatzman Steinhardt: "The Tang Architectural Icon and the Politics of Chinese Architectural History", The Art Bulletin （Volume 86，Number 2，2004 ）: 228–254.

只有在壁画中才能找到。梁思成对佛光寺的钟爱，源于他对唐代建筑的美好理想——这是中国经济文化最为发达的时代，他愿意把最好的东西呈现出来，与他受到的家庭教育以及美国留学教育背景有关，同时受个人意志、社会态度与政治环境的影响。

五、五台山华严研究

《华严经》是五台山确立为文殊道场所依据的主要经典之一，依《华严经》为宗经的华严宗与五台山的关系密切，华严祖师法藏与澄观对确立五台山文殊道场起了关键作用。目前笔者列出的华严研究论文、论著共 20 余篇（部）。内容包括华严义理研究、华严祖师思想研究、华严语言哲学研究、华严义理与修行关系研究，华严祖师研究收于"高僧研究部分"，在此不再重复。

主要论文有: Chang, Garma C.C 的《佛教整体性教义: 华严佛教哲学》①、库克（Cook, Francis）的《华严佛教: 因陀罗网》②、Cleary, Thomas 的《入不思议: 华严佛教导论》③、Gregory, Peter N. 的《中国佛教诠释学: 以华严为例》④、詹密罗 1996 年发表的《澄观的华严三圣观》⑤ 等。

美国西方学院（洛杉矶）宗教系莱特（Wright, Dale）教授的主要研究领域是佛教哲学，特别是中国与日本的佛教类型——华严宗、中国禅或日本禅。莱特独著与合著了许多著作，包括《六度: 佛教与人格的培养》

---

① "The Buddhist Teaching of Totality: The Philosophy of Hua Yen Buddhism", University Park, PA: The Pennsylvania State University Press. 1971.

② "Hua-yen Buddhism: The Jewel Net of Indra", University Park, PA: Pennsylvania State University Press, 1977.

③ "Entry Into the Inconceivable: An Introduction to Hua-yen Buddhism". Honolulu: University of Hawaii Press. 1983. Gregory, Peter N.

④ "Chinese Buddhist Hermeneutics: The Case of Hua-yen", Journal of the American Academy of Religion 51.2: 231–249. 1983.

⑤ Robert M Gimello: "Ch'eng-kuan on the Hua-yen Trinity", The University of Arizona, Chung-Hwa Buddhist Journal No. 9（July 1996）pp. 341–411.

（2009）《日本禅的哲学思考》（2008）。关于华严语言哲学的论文有《华严佛教诡论式语言的价值》[①]《华严佛教的语言与实相》。[②]《华严佛教诡论式语言的价值》一文将《华严经》之悖论分为三种类型：第一种悖论是早期大乘佛教经典强调的概念"空"，基于性空矛盾性的论断，即，x 是空（既然 x 是依缘起，那么它就是自性空）开始，进而推断 x 非 x；悖论的第二种类型基于华严"真空"的概念和华严对《大乘起信论》之"一心"的辨证阐释，认为任何现象空都是的第一义谛的表达和媒介；第三种基于事事无碍的教义，每一种现象含融其余的一切，如法藏金狮子喻。三种悖论都来源于真谛与俗谛之间的张力，所以要从二谛及其关系入手阐释悖论式语言的意义与价值。

德国学者宋灏（Mathias Obert）的华严哲学研究在上文（高僧研究部分）已略有介绍，在此不再赘述。

2017 年 7 月，五台山佛教与东亚文化国际研究院主办第三届"五台山信仰"国际学术研讨会，百余中外学者围绕《大方广佛华严经》、五台山和文殊信仰之间的联系展开讨论，共同探讨这一主题的深刻内涵与现实意义，荟萃了华严研究的最新研究成果。与会学者发表的论文主要有：中山大学教授邓启耀的《华严妙相：释迦说法的意像思维及视觉表达》；Eotvos Lorand Universit Hamar, Imre 的 Uphold the Tradition and Responses to Challenges: Chengguan's Role in Huayan lineage；中山大学洪绵绵的《〈辨宗论〉所见晋译〈华严〉对谢灵运的影响》；山西师范大学教授侯慧明的《李通玄〈新华严经论〉对五台山文殊信仰弘化之意义》；加拿大萨斯喀彻温大学 Keyworth, George A. 的 Where Linji Chan and the Huayan jing Meet: On the Huayan jing in the Essential Points of the Linji［Chan］Lineage（Linji zongzhi 临济宗旨，X. 1234）；驹泽大学教授李子捷的《法藏判教体系中

---

① Wright，Dale S.："The Significance of Paradoxical Language in Hua-yen Buddhism"，Philosophy East and West 32.3: 325-338. 1982.

② Wright，Dale S.："Language and Truth in Hua-Yen Buddhism"，Journal of Chinese Philosophy. 13: 21-47. 1986.

的真如与种性》；陕西师范大学教授雒少锋的《施肉与断肉：〈华严经〉中的伦理紧张》；中国社会科学院罗照的《中国佛教石经与华严信仰》；Brigham Young University-Hawaii McBride，Richard 发 表 Ŭich'ŏn，Ritual Repentance，and the Revival of Huayan Buddhism in the Northern Song Period；中国人民大学张文良教的《长水子璇的〈起信论〉观与宋代华严思想》；日本鹤见大学池丽梅的《〈续高僧传〉与志怪小说——论南北朝隋唐初期的华严经信仰》；复旦大学傅及斯的《俄藏敦煌文献》中的华严经刻本与辽代大藏经关系之考察；山西省太原理工大学许栋的《山西寿阳县新发现的新样文殊造像及相关问题讨论》；中国美术学院张书彬的《五台灵石与文殊七尊像：日本比叡山文殊楼的营建及相关问题探究》；英属哥伦比亚大学陈金华的《八十卷〈华严经〉译场考：以〈风峪石经〉的译场记为主》等论文。

　　欧美国家的五台山文化研究具有如下特点：一、欧美国家的五台山文化研究开始于他们对中国广泛的考察、探险、考古发掘以及汉学、东方学、近代佛教学的研究，但初期主要是考察、旅行报告，主要学术成果集中在20世纪70年代以后，尤其是近几十年来，涌现出一批佛教学者，涉及五台山文化的大量学术成果纷纷面世，呈现出异彩纷呈的繁荣景象。二、多视角、跨学科、跨方域，特别是近年来以陈金华为代表的学者将五台山置于东亚、亚洲甚至世界佛教史中进行考察，改变了过去对边缘的、域外的关注不足的局面，扩大了五台山文化研究的空间视野。三、欧美学者对五台山藏传佛教的研究所占比重很大。四、覆盖国家众多，但以美国的研究最为突出。英国、德国、法国、匈牙利、意大利、美国、加拿大等国家都有学者参与五台山文化的研究，但是美国的研究最为广泛与深入。五、研究方法多样，视角独特新颖。研究方法包括宗教学、图像学、考古学、文献学、建筑学、哲学、语言学、神圣地理学等方法。另外，欧美学者中有不少是外籍华人，如王静芬、陈金华、周文欣、纪赟等，也是研究者结构中的一大特点。

　　随着域外五台山文化研究的热潮，五台山作为佛教圣地的影响力会更加广泛，国际性更加凸显，"异域之眼"的观察使我们更有可能全面地、立体地、历史地、宗教与现实地认识与评估五台山的意义与价值。

第二节 欧美国家五台山文化研究文献目录

一、圣山研究

Alley，Rewi，and R. Lapwood："The Sacred Mountains of China: A Trip to WuT'ai Shan"．The China Journal 22（1935）：118–19.

Andrews，Susan："Transformation Monasteries（huasi）on Wutai Shan"．Paper given at the "Wutai Shan and Qing Culture" Conference at the Rubin Museumof Art，May 12–13，2007.

Barend TER HAAR 田　海（Oxford University）："The Way of the Nine Palaces and the Mountain of the Five Platforms（Wutai shan）：Thinking through Our Analytical Categories"，paper given at the Second International Conference on the Wutai Cult at Mount Wutai，August 2，2016.

Benard，Elisabeth："The Qianlong Emperor and Tibetan Buddhism"．In New Qing Imperial History: the Making of Inner Asian Empire at Qing Chengde，edited by James A. Millward et al.，129–31. London: Routledge Curzon.

Berger，Patricia："Records of the Jiaqing Emperor's Western Tour to Wutai Shan"．Paper given at the "Wutai Shan and Qing Culture" Conference at the Rubin Museum of Art，May 12–13，2007.

Berger，Patricia："The Jiaqing Emperor's Magnificent Record of the Western Tour"．Journal of the International Association of Tibetan Studies，no. 6（December 2011）．

Birnbaum，Raoul: The Manifestation of a Monastery: Shen–Ying's

Experiences on Mount Wu-t'ai in T'ang Context. Journal of the American Oriental Society, Vol. 106, No. 1, Sinological Studies Dedicated to Edward H. Schafer (Jan. -Mar., 1986), pp. 119-137.

Birnbaum, Raoul: "The Manifestation of a Monastery: Shen-Ying's Experiences on Mount Wu-t'ai in T'ang Context". Journal of the American Oriental Society, Vol. 106, No. 1, Sinological Studies Dedicated to Edward H. Schafer (Jan.-Mar., 1986), pp. 119-137.

Birnbaum, Raoul: "Secret Halls of the Mountain Lords: the Caves of Wu-t'ai", T'oung Pao vol 86, no. 4-5 (Dec 2000) (Cahiers d'Extreme-Asie 5 (1989-1990), pp. 116-140.)

Birnbaum, Raoul: "Light in the Wutai Mountains in Presence of Light Divine Radiance and Religious Experience". Chicago Univ Press, 2004.

Blofeld, John: "The Sacred Mountain of Wu T'ai". In The Wheel of Life, 114-55. Berkeley: Shambhala, 1972.

Brough, John: "Legends of Khotan and Nepal", The Bulletin of the School of Oriental & African Studies XII, pp. 333-339. (1948)

Charleux, Isabelle. "Copies de Bodhgaya en Asie orientale: Les stupas de type Wuta à Pékin et

Kokeqota (Mongolie-Intérieure), " Arts Asiatiques (L'autre en regard, Volume en hommage à Madame Michèle Pirazzoli-t'Serstevens) 61: 120-142. 2006.

Charleux, Isabelle: " Mongol Pilgrimages to Wutai Shan in the Late Qing Dynasty". Journal of the International Association of Tibetan Studies, no.6 (December 2011).

Charleux, Isabelle. Nomads on Pilgrimage: Mongols on Wutaishan (China), 1800-1940. Leiden, Boston, Koln: Brill. 2015.

Charleux, Isabelle (National Centre for Scientific Research): "Interactions between Chinese Buddhist and Tibeto-Mongol Buddhist Communities on

Wutaishan: Monastic Architecture, Iconography, and Material Culture, 18th-19th Centuries", paper given at the Second International Conference on the Wutai Cult at Mount Wutai, August 2, 2016.

Chou, Wen-Shing Lucia: "The Visionary Landscape of Wutai Shan in Tibetan Buddhism from the Eighteenth to the Twentieth Century." PhD diss., University of California, Berkeley, 2011.

Chou Wen-shing (Hunter College): "Miracles in Translation: An Indo-Tibetan Buddhist Engagement With Chinese Buddhism at Wutai Shan", paper given at An International Conference on the Wutai Cult at Mount Wutai, July 27-August 2, 2015.

CHOU Wenshing (Hunter College of the City University of New York): "Somewhen in Between: the Hagiographic Temporality of Qing-Gelukpa Wutai Shan", paper given at the Second International Conference on the Wutai Cult at Mount Wutai, August 2, 2016.

Chou Wen-shing: "In the Likeness of His Apparition: Resemblance and Referentiality in Qianlong's Replicas of Wutai Shan", 第五届西藏考古与艺术国际学术讨论会提交论文。

Chen Jinhua: Borderland Complex in East Asian Buddhism: Sacred Sites and the Constriction of Religious Lineages. Foxue yanjiu 佛学研究 21 (2012): 21-41.

Chen Jinhua: 《"神聖地理學":五臺山研究的新視野與新思路斷想》 (Sacred Geography: Some Thoughts on the New Perspectives and New Ideas for the Studies of the Wutai Cult). In Eds. Miaojiang 妙江, Chen Jinhua 陳金華 and Kuanguang 寬廣, pp. 4-29.《一山而五顶：多学科、跨方域、超文化视野中的五台信仰研究》(One Mountain of Five Plateaus: Studies of the Wutai cult in Multidisciplinary, Crossborder and Transcultural Approaches), 台北：新文丰出版公司, 2017 年; Chen Jinhua: Fojiao yu Zhongwai jialiu 佛教與中外交流 (Buddhism and China's Communication with the world outside China)(in

Chinese）. Shanghai: Zhongxi shuju 中西書局 .（2016）

Chen Jinhua: Yishan er wuding: Duo xueke，kua fangyu，chao wenhua shiye zhong de Wutai Xinyang yanjiu 一山而五顶：多学科、跨方域、超文化视野中的五台信仰研究［OneMountain of Five Plateaus: Studies of the Wutai cult in Multidisciplinary，Crossborder and Transcultural Approaches］. Eds. Miaojiang 妙江，Chen Jinhua 陳金華 and Kuanguang 寬廣 . 台北：新文丰出版公司，2017.

Chen Jinhua: 神聖空間：中古宗教中的空間因素［Sacred Space: The Spatial Elements in Medieval Religions］， Fudan Zhonghua wenming yanjiu zhuankan 復旦中華文明研究專刊（Fudan Monograph Series on the Studies of Chinese Civilization）1. Co-edited with Yinggang Sun. Shanghai: Fudan daxue chubanshe 復旦大學出版社，2014.

Chen Jinhua: Images，Relics，and Legends: The Formation and Transformation of Buddhist Sacred Sites，Essays in Honor of Professor Koichi Shinohara. Edited with James Benn and James Robson. Oakville: Mosaic Press，2012.

Chen Jinhua:《佛教神話研究：文本、圖像、傳說與歷史》（Studies on Buddhist Myths: Texts，Pictures，Traditions and History）. Eds. With Bangwei Wang 王邦維 and Ming Chen 陳明 . Shanghai: Zhongxi shuju 中西書局，2012.

CHEN Huaiyu（Arizona State University）： "A Study on the Bright-light Lamp Platform from the Guanyin Temple at Mount Wutai in Medieval China"，paper given at the Second International Conference on the Wutai Cult at Mount Wutai，August 2，2016.

Christoph Baumer： "China's Holy Mountain"，I.B.Tauris & Co Ltd，30 Sep 2011.

Chuan-ying Yen: "The Five Terraces Mountain——Sacred Site of Manjusrī Bodhisattva"，The Chinese PEN，No. 89（22-3），autumn 1994，pp. 91-104.

David Quinter （University of Alberta）: "Moving Monks and Mountains: Chōgen and the Cults of Manjusrī, Wutai, and Gyōki", paper given at the Second International Conference on the Wutai Cult at Mount Wutai, August 2, 2016.

Debreczeny, Karl: "Wutai Shan: Pilgrimage to Five Peak Mountain." Journal of the International Association of Tibetan Studies, 6 （December 2011）: 1-133.

Edouard Chavannes: 《北中国考古旅行记》（Mission archeologique daus la Chine）, 巴黎 Leroux 书局, 1913.

Ester Bianchi（Università degli Studi di Perugia, Italy）: "Lama Nenghai's imprint on Mount Wutai: Sino-Tibetan Buddhism among the Five Plateaus since the 1930s", paper given at An International Conference on the Wutai Cult at Mount Wutai, July 27-August 2, 2015.

Ester Bianchi（Università degli Studi di Perugia, Italy）: "Secluded Lives in Connection to the Outside World: The Transnational Dimension of Pushousi and its Academy for Vinaya Studies", paper given at An International Conference on the Wutai Cult at Mount Wutai, August 2, 2016.

Franke, Herbert: "Chang Shang-ying on Wu-ta'i Shan", In Pilgrims and Sacred Sites in China, edited by Naquin & Chen-fang Yu, 89-149. Berkeley, CA: University of California Press, 1992.

Fischer, Emil Sigmund（斐士）: "The Sacred Wu Tai Shan, in Connection with Modern Travel from Tai Yuan Fu via Mount Wu Tai to the Mongolian Border", Shanghai: Kelly and Walsh, Ltd., 1925.

Farquhar, David: "Emperor as Bodhisattva in the Governance of the Ch'ing Empire", Harvard Journal of Asiatic Studies 38, no. 1 （1978）: 5-34.

George KEYWORTH 纪强（Linguistics and Religious Studies, University of Saskatchewan）: "How the Mount Wutai Cult Stimulated the Development of Chinese Chan in Southern China at Qingliang monasteries", paper given at the

Second International Conference on the Wutai Cult at Mount Wutai, August 2, 2016.

Gimello, Robert: "Chang Shang-ying on Wu-ta'i Shan", in Naquin & Chen-fang Yu, eds. Pilgrims and Sacred Sites in China. Berkeley: U Cal Press, 1992, pp. 89-149.

Halen, Harry: "Mirrors of the void: Buddhist art in the National Museum of Finland: 63 Sino-Mongolian thangkas from the Wutai Shan workshops, a panoramic map of the Wutai Mountains and objects of diverse origin". Helsinki: National Board of Antiquities 1987.

Heller, Natasha: "Visualizing Pilgrimage and Mapping Experience: Mount Wutai on the Silk Road". forthcoming in a volume of papers from the conference Maps and Images: How They Have Transmitted visual Knowledge Along the Silk Road by Routledge.

Jeffrey F. Meyer: "The Miracles of Wutaishan, China: The Ambiguity of Place in Buddhism", National Geographical Journal of India 40 (1994): 141-148.

James ROBSON (Harvard University): "From the Purple Palace of Transcendents to the Abode of Manj$u$sr$\bar{\text{i}}$: What Can We Know About Wutaishan's Pre-Buddhist Religious Landscape?", paper given at the Second International Conference on the Wutai Cult at Mount Wutai, August 2, 2016.

JI Yun 纪赟 (Buddhist College of Singapore): 五台山国际化的关键性节点与要素, paper given at the Second International Conference on the Wutai Cult at Mount Wutai, August 2, 2016.

Kuan Guang 寬廣 (King's college London): "Monastic Officials on Mount Wutai under the Ming Dynasty", paper given at An International Conference on the Wutai Cult at Mount Wutai, July 27-August 2, 2015.

KUAN Guang (King's college, the University of London): "The Travels of a 15th Century Abbot of Bodh Gaya: the Chakma Monk $\acute{S}\bar{\text{a}}$riputra's

Journey to Wutai Shan", paper given at the Second International Conference on the Wutai Cult at Mount Wutai, August 2, 2016.

Kohle, Natalie: "Why Did the Kangxi Emperor Go to Wutai Shan？" Master's Thesis, Harvard University, 2006.

Lee Sangyop（Stanford University）："The Emergence of the Odae Buddhist Cult in Korea", paper given at An International Conference on the Wutai Cult at Mount Wutai, July 27–August 2, 2015.

Mathias Obert: "Sinndeutung und Zeitlichkeit. Zur Hermeneutik des Huayan–Buddhismus".〔Paradeigmata Bd. 22〕, Hamburg: Meiner, 2000.03.（德语）

Mathias Obert（R. Elberfeld/ M. Leibold）: Denkansatze zur buddhistischen Philosophie in China. Seng Zhao–Jizang–Fazang zwischen Ubersetzung und Interpretation, Koln: edition chora〔http://www.uni–hildesheim.de/de/38727.htm〕（2009/5/8）（德语）

Mathias Obert：Der buddhistische Denker Fazang〔643 – 712〕."Eine hermeneutische Philosophie der Einheit aus der Differenz", Helmut Schneider ed., Philosophieren im Dialog mit China, Koln: edition chora, 83–101. 2000.12.（德语）

Mathias Obert, "Zeit als Relationalitat und Sprung bei Fazang"〈〉, W. Schweidler ed., Zeit: Anfang und Ende. Time: Beginning and End, Sankt Augustin: Academia Verlag, 111–122. 2004.9.（德语）

Meyer, Jeffrey F: "The Miracles of Wutaishan, China: The Ambiguity of Place in Buddhism". National Geographical Journal of India 40（1994）: 141–148.

Mullikin, Mary Augusta & Hotchikis, annam: "The Sacred Mountains of China", Hong Kang, 1973.

Naquin, Susan, and Ch ü n–fang Y ü: "Pilgrims and Sacred Sites in China". Berkeley, CA: University of California Press, 1992.

Nietupski，Paul K: "Bla brang Monastery and Wutai Shan"，Journal of the International Association of Tibetan Studies，no. 6（December 2011）.

Peter Zieme（Brandenburgische Akademie der Wissenschaften，Berlin，Germany）: "Wutaishan and Manjusrī in Uigur Buddhism"，paper given at An International Conference on the Wutai Cult at Mount Wutai，July 27–August 2，2015.

Robert Borgen（University of California in Davis）: "The Wutai Mountains in Classical Japanese Literature"，paper given at An International Conference on the Wutai Cult at Mount Wutai，August 2，2016.

Robert M Gimello: "Wu-t'ai shan during the Early Chin Dynasty: The Testimony of Chu Pien"，Zhonghua Foxue xue bao 7（1994）:501–612.

Sen，Tansen: "The Emergence of China as a Central Buddhist Realm"，In Buddhism，Diplomacy，and Trade: The Realignment of Sino-Indian Religions，600–1400，55–101. Honolulu: University of Hawai'i Press，2003.

Sen Tansen（Baruch College，The City University of New York）: "The Globality of Mount Wutai: From a Pilgrimage Center to a Heritage Site"，paper given at the Second International Conference on the Wutai Cult at Mount Wutai，August 2，2016.

Sen Tansen: "Buddhism，Diplomacy，and Trade: The Realignment of Sino-Indian Relations，600–1400"，University of Hawaii Press，2003.

Susan Andrews（University of Mount Alison，Canada）: "A Leitmotif of Buddhist Sacred Landscape: Mount Wutai and the Creation of Sacred Sites across the Japanese Archipelago"，paper given at An International Conference on the Wutai Cult at Mount Wutai，July 27–August 2，2015.

Susan Andrews（University of Mount Allison，Canada）: "Recreating the Mountain of Five Plateaus in Contemporary Canada"，paper given at the Second International Conference on the Wutai Cult at Mount Wutai，August，2016.

Susan Naquin and Chun-fang Yu ed.: "Pilgrims and Sacred Sites in China", Berkeley University of California Press, 1992.

T. H. Barrett (SOAS, The University of London): "Why Mount Wutai is so Important？" paper given at the Second International Conference on the Wutai Cult at Mount Wutai, July 27-August 2, 2015.

T. H. Barrett (SOAS, The University of London): "Wutaishan and the Northern Wei: An Explanatory Hypothesis", paper given at the Second International Conference on the Wutai Cult at Mount Wutai, August 2, 2016.

Tribe, Anthony: "Gazetteers and Golden Roof-tiles: Publicizing Qing Support of Tibetan Buddhism at Wutai Shan", Paper given at the "Wutai Shan and Qing Culture" Conference at the Rubin Museum of Art, May 12-13, 2007.

Tribe, Anthony: "Tibetan Buddhism at Ri bo rtse lnga/Wutai shan in Modern Times", Journal of the International Association of Tibetan Studies, no. 2 (August 2006) : 1-35.

Tribe, Anthony. "Tibetan Buddhism at Wutai Shan in the Qing: The Chinese-language Register." Journal of the International Association of Tibetan Studies, no. 6 (December 2011).

Tuttle, Gray: "Tibetan Buddhism at Ri bo rtse lnga/Wutai shan in Modern Times, JIATS, no 2 (2006).

Uranchimeg B. Ujeed (Inner Mongolia Normal University; Cambridge University): "Tradition, Faith and Tourism: Contemporary Inner Mongolian Pilgrimage to Wutaishan", paper given at An International Conference on the Wutai Cult at Mount Wutai, July 27-August 2, 2015.

Uspensky, Vladimir: "Legislation Relating to the Tibetan Buddhist Establishments on WutaiShan during the Qing Dynasty". Paper given at the "Wutai Shan and Qing Culture" Conference at the Rubin Museum of Art, May 12-13, 2007.

Zhang Dewei (University of Macau): "Beyond Seeking for Sacredness:

Carving the Jiaxing Canon 嘉興藏 at Mount Wutai", paper given at An International Conference on the Wutai Cult at Mount Wutai, July 27–August 2, 2015.

二、文殊菩萨研究

Birnbaum, Raoul: "Studies on the Mysteries of Manjusi". Boulder: Society for the Study of Chinese Religions Monograph no. 2, 1983.

Birnbaum, Raoul: "Manjusri." In The Encyclopedia of Religion, edited by Mircea Eliade and Charles J. Adams, volume 9, 174–75. 1986.

Birnbaum, Raoul: "Visions of Manjusri on Mount Wutai", Religions of China in Practice ed. by Donald Lopez.

Brough, John: "Legends of Khotan and Nepal", The Bulletin of the School of Oriental & African Studies XII, pp. 333–339. （1948）

Chen Jinhua（The University of British Columbia）: "Buddhapā lita and the Formation of the Wutai-Manjusrī Cult", paper given at the Second International Conference on the Wutai Cult at Mount Wutai, August 2, 2016.

Chou, Wen-shing: Imperial Apparitions: Manchu Buddhism and the Cult of Manjusrī, Archives of Asian Art, Vol.65 No.1–2 139–179. 2015.

Davidson, Ronald M.: "The Litany of Names of Manjushri". In Religions of India in Practice, edited by Donald S. Lopez, Jr., 104–125. Princeton, NJ: Princeton University Press, 1995.

Davidson, Ronald M: "The Litany of Names of Manjushri". Tantric and Taoist Studies in Honour of R.A.Stein, edited by Michel Strickmann. Vol.1. Institut Belge Des Hautes Etudes Chinoises, 1981. Page 1.

Daniel Stevenson: "Visions of Manjusri on Mount Wutai". Religions of China in Practice, Donald S. Lopez, Jr., ed. （Princeton: Princeton University Press, 1996）: 211.

Etienne Lamotte: "Manjusri". T'oung Pao, 48（1960）, 1–96.（法语）

Farquhar, David: "Emperor as Bodhisattva in the Governance of the Ch'ing Empire", Harvard Journal of Asiatic Studies 38, no. 1 (1978): 5-34.

Hirakawa Akira: "Manjusri and the Rise of Mahaayaana Buddhism", Journal of Asian Studies, Vol.I, No.1, pp.12-33. 1983.

Harrington, Laura: "A view of Manjusrī: Wisdom and its Crown Prince in Pala-period India", Columbia University, PHD, 2002.

Lamotte, Etienne: "Manjusri", T'oung Pao 48, no. 1-3 (1960): 1-96.

Robert M. Gimello: "The Cult of "Marjusri of the Thousand Arms and the Thousand Bowls", in T'ang Buddhism.

Imre HAMAR 郝清新 (Eotvos Loránd University, Hungary): "Khotan and the Cult of Manjusrī", paper given at An International Conference on the Wutai Cult at Mount Wutai, August 2, 2016.

Matsunaga, Yukei: "On the Date of the Manjusrimulakalapa", In Tantric and Taoist Studies in Honour of R. A. Stein, Michel Strickmann (ed.), vol. 3, in vol. 22 of melanges Chinois et Bouddhiques. 1985. Brussels: 882-894.

Miroj Shakya: "Bodhisattva Manjusri in the Buddhist literature of Kathmandu Valley", ProQuest Dissertations and Theses, 2011.

Mimi YIENGPRUKSAWAN 杨靡芜 (Yale University): "Manjusrī's Many Marvels: On the Wutaishan Phenomenon in Eleventh-Century Japan from a Regional Perspective", paper given at the Second International Conference on the Wutai Cult at Mount Wutai, August 2, 2016.

Obermiller, E.: "Buston's History of Buddhism and the Manjusrimulakalpa". JRAS (1935, part 2): 299-306.

Paul M. Harrison: "Manjusrī and the cult of the Celestial Bodhisattvas" 《中華佛學學報》第 13 期（卷下. 英文篇）2000.

Quinter, David: Votive Text for the Construction of the Hannyaji Manjusrī Bodhisattva Statue: A Translation of "Hannyaji Monju Bosatsu Zō Zōryū Ganmon" Monumenta Nipponica, ISSN 0027-0741, 12/2007, 卷 62, 期 4,

pp. 469–479.

Quinter，David Ralph："The Shingon Ritsu school and the Manjusri cult in the Kamakura period: From Eison to Monkan"，2006，ISBN 0542895412，398 p.

Shakya，Miroj："Bodhisattva Manjusri in the Buddhist literature of Kathmandu Valley"，Dissertations & Theses – Gradworks，2011.

Sangseraima Ujeed（University of Oxford）："Black Manjusrī: Mongolian veneration of the Wutaishan Wuye（五爷）"，paper given at An International Conference on the Wutai Cult at Mount Wutai，July 27–August 2，2015.

Sen，Tansen："Buddhism，Diplomacy，and Trade: The Realignment of Sino–Indian Relations，600–1400"，Honolulu，HI: University of Hawai'i Press，2003.

Stevenson，Daniel B. "Vision of Manjusri on Mount Wutai"，In Buddhism in Practice，edited by Donald S. Lopez，203–222. Princeton: Princeton University Press，1995.

Tribe，Anthony："The Cult of Manju'srii"，Western Buddhist Review 1. pp. 23–49.

Tribe，Anthony. Manjusri: Origins，Role and Significance.Western Buddhist Review 2.

Tribe，Anthony："The Names of Wisdom. A Critical Edition and Annotated Translation of Chapters 1–5 of Vilaasavajra's Commentary on the Naamasa.mgiiti，with Introduction and Textual Notes"，Unpublished doctoral thesis，University of Oxford.（1994b）

Tribe，Anthony:Ma~nju'srii and "The Chanting of Names"（Naamasa.mgiiti）: Wisdom and its Embodiment in an Indian Mahaayaana Buddhist Text，in S. Hamilton and J. Connolly，ed.，Indian Insights: Buddhism，Brahmanism，and Bhakti. New York: Weatherhill.（1997）

Wayman，Alex："Chanting the Names of Manjushri，the Manjusri–Nama–Samgiti，Sanskrit and Tibetan Texts"，Buddhist Tradition Series，Motilal

Barnarsidass Publishers Private Limited, Delhi, 1999 (First published in 1985, USA).

Youn-mi KIM 金延美 (Yale University 耶鲁大学): "Surrogate Body inside a Statue: Later Manj*u*sr ī Worship on Korea's Wutaishan (Odaesan)", paper given at the Second International Conference on the Wutai Cult at Mount Wutai, August 2, 2016。

三、五台山高僧研究

Bianchi, Ester: "The 'Chinese lama' Nenghai (1886–1967). Doctrinal tradition and teaching strategies of a Gelukpa master in Republican China." In M. Kapstein, ed., 294–346; Buddhism between Tibet and China (Boston: Wisdom Publications, Boston). 2009.

Bianchi, Ester (Universit à degli Studi di Perugia, Italy): "Lama Nenghai's imprint on Mount Wutai: Sino-Tibetan Buddhism among the Five Plateaus since the 1930s", paper given at An International Conference on the Wutai Cult at Mount Wutai, July 27–August 2, 2015.

Bianchi, Ester: "Continuities and Discontinuities in Sino-Tibetan Buddhism. The case of Nenghai 能海's legacy in the Contemporary Era." In Y. Bentor and M. Shahar, eds.; Chinese and Tibetan Esoteric Buddhism (forthcoming). 2016.

Chen Jinhua: "More than a Philosopher: Fazang (643–712) as a Politician and Miracle Worker", The University of Chicago Press, 05/2003

Chen Jinhua: "A Reconstruction of Fazang's Life: What Historians Can Learn from Monastic Hagio-biography ？" for the international conference on "Biography and Historiography in Chinese and Korean Buddhism," Hamburg University, July 2006.

Chen Jinhua: "Fazang and Yunjusi", for the Conference on Chinese Buddhism sponsored by the University of West, LA, USA. June 2005.

Chen Jinhua: "A New Image of Fazang", public lecture at Zhongshan University, Guangzhou, Guangdong, China. May 2008

Chen Jinhua: "New Progresses in the study of Fazang's Biographies", public lecture at the University of Hong Kong. May 2008.

Chen Jinhua: " Buddhabadra's collaboration with Huiyuan in the casting of a Buddha-image Cave on Mount Lu: A New Reading of Old Evidence", public lecture at the Institute for Research in Humanities, Kyoto University. May 2008.

Chen Jinhua: "Philosopher, Practitioner, Politician: The Many Lives of Fazang（643-712）". Series Sinica Leidensia 75, Leiden: Brill Academic Publisher. 539 pages. Reviewed by（1）Max Deeg, Journal of Chinese Religions 36（2008）: 134-139;（2）Imre Hamar, Bulletin of the School of Oriental and African Studies 72（2009）: 408-410. 2007.

Chen Jinhua: "Fazang（643-712）as a Peace-maker and Trouble-shooter". In Buddhism and Peace: With a Focus on the Issues of Violence, Wars and Self-sacrifice（edited by Jinhua Chen and James Benn, Hua-lien: Tzu-chi University Press, 2007）, pp. 131-205.（2007b）

Chen Jinhua: "More Than a Philosopher: Fazang（643-712）as a Politician and Miracle-worker". History of Religions 42.4（May 2003）: 320-358.（2003）

Chen Jinhua: "Fazang the Holy Man". Journal of the International Association of Buddhist Studies 28.2（2005）: 11-84.（2005b）.

Chen Jinhua: "Fazang and Wuzhen si: With a Special Reference to Fazang's Daoist Ties". Journal of the Royal Asiatic Society, Series 3, 16.2: 179-197.（2006a）.

E.O.Reischauer: "Ennins Diary: The Record of a Pilgrimage to China in Search of the Law", The Ronald Press Co, 1955.

E.G. Pulleyblank: "Review of E.O.Reischauer（tr.）: Ennins diary: the record of a pilgrimage to China in search of the law, Bulletin of the School of

Oriental and African Studies" (University of London), Vol. xix, pt.1, 1957.

Hamar, Imre: "A Religious Leader in the Tang: Chengguan's Biography", Tokyo, The International Institute for Buddhist Studies of The International College for Advanced Buddhist Studies 2002, 90 pp. (Studies Studia Philologica buddhica, Occasional PaperSeries, XII)

Ho, Puay-peng: "Building for Glitter and Eternity: The Works of the Late Ming Master Builder Miaofeng on Wutai Shan", Orientations 27, no. 5 (May 1996), 67–73.

Jones, Nicholaos: "Fazang's Total Power Mereology: An Interpretive Analytic Reconstruction", Asian Philosophy 19.3: 199–211. 2009.

Leong, Markus: "Hanshan Deqing (1546–1623) on Buddhist ethics", 1994, 322 p.

Paul W Kroll: "A Jewel in Indra's Net: The Letter Sent by Fazang in China to Uisang in Korea", Journal of the American Oriental Society, ISSN 0003–0279, 07/2001, 卷 121, 期 3, p. 511

Pei-ying LIN 林佩莹 (University of California, Berkeley): "The Buddhist Network in Ninth-Century Mt. Wutai: A New Light on Ennin's (793‐864 A.D.) Travel Record", paper given at the Second International Conference on the Wutai Cult at Mount Wutai, August 2, 2016.

Robert M Gimello: "Ch'eng-kuan on the Hua-yen Trinity", The University of Arizona, Chung-Hwa Buddhist Journal No. 9 (July 1996) pp. 341–411.

Robert Borgen (University of California in Davis): "A Japanese Pilgrim's Visit to Wutai in the Winter of 1072", paper given at An International Conference on the Wutai Cult at Mount Wutai, July 27–August 2, 2015.

Sung-pen Hsu (徐颂鹏): "A Buddhist Leader in Ming China: The Life and Thought of Han-Shan Te-Ching" (《明代佛教領袖：憨山德清的生平與思想》). University Park: Pennsylvania University Press, 1979.

Vorenkamp, Dirck: "Evil, the Bodhisattva Doctrine, and Faith in Chinese Buddhism: Examining Fa Zang's Three Tests", Journal of Chinese Philosophy 31.2: 253–269. 2004b.

四、华严五台山研究

Chang, Garma C.C.: "The Buddhist Teaching of Totality: The Philosophy of Hua Yen Buddhism", University Park, PA: The Pennsylvania State University Press. 1971.

Cook, Francis: "Hua-yen Buddhism: The Jewel Net of Indra", University Park, PA: Pennsylvania State University Press, 1977.

Cook, Francis: "Causation in the Chinese Hua-Yen Tradition." Journal of Chinese Philosophy 6: 367–385. 1979.

Cleary, Thomas: "Entry Into the Inconceivable: An Introduction to Hua-yen Buddhism". Honolulu: University of Hawaii Press. 1983.

Francis Cook: Hua-yen Buddhism: The Jewel Net of Intra. University Park: Pennsylvania State University Press.1977.

Gregory, Peter N.: "Chinese Buddhist Hermeneutics: The Case of Hua-yen", Journal of the American Academy of Religion 51.2: 231–249. 1983.

Hamar, Imre (ed.): "Reflecting Mirrors: Perspectives on Huayan Buddhism", Wiesbaden: Harrassowitz Verlag. 2007a.

Hamar, Imre: "A Religious Leader in the Tang: Chengguan's Biography", Tokyo, The International Institute for Buddhist Studies of The International College for Advanced Buddhist Studies 2002, 90 pp. (Studies Studia Philologica buddhica, Occasional PaperSeries, XII)

Hamar Imre (Eotvos Loránd University, Hungary): "The Role of Wutaishan in the Religious Practice of Huayan Buddhism", paper given at An International Conference on the Wutai Cult at Mount Wutai, July 27–August 2,

2015.

Hawaii McBride，Richard: Ŭich'ŏn，Ritual Repentance，and the Revival of Huayan Buddhism in the Northern Song Period，paper given at The Third International Conference On The Wutai Cult，

Jones，Nicholaos: "Nyaya-Vaisesika Inherence，Buddhist Reduction，and Huayan Total Power"，Journal of Chinese Philosophy 37.2: 215-230. 2010.

Jones，Nicholaos: "Buddhist Reductionism and Emptiness in Huayan Perspective." In Y. Deguchi，J. Garfield，G. Priest，and K. Tanaka（eds.），The Moon Points Back（Oxford University Press）. 2015.

Jones，Nicholaos: "Fazang's Total Power Mereology: An Interpretive Analytic Reconstruction."，Asian Philosophy，Vol.19，No.3，P.199-211，2009.

Jones，Nicholaos: Fazang: "Hermeneutics，Causation，and Mereology".

Lai，Whalen： "The I-Ching and the Formation of Hua-yen Philosophy"，Journal of Chinese Philosophy 7: 245-258. 1980.

King，Winston L.: "Hua-Yen Mutually Interpenetrative Identity and Whiteheadian Organic Relation"，Journal of Chinese Philosophy 6.4: 387-410. 1979.

Odin，Steve: "Process Metaphysics and Hua-yen Buddhism: A Critical Study of Cumulative Penetration vs. Interpenetration"，Albany: State University of New York Press. 1982.

Robert M Gimello: "Ch'eng-kuan on the Hua-yen Trinity"，The University of Arizona，Chung-Hwa Buddhist Journal No. 9（July 1996）pp. 341-411.

Robert M Gimello & Peter Gregopory eds. "Studies in Chan and Hua-yen"，Honolulu: University of Hawaii Press，1983.

Thomas Cleary: Entry into the Inconceivable: An Introduction to Hua-yen Buddhism，Honolulu: University of Hawaii Press，1983.

Vorenkamp, Dirck: "Hua-yen Buddhism: Faith and Time in Fa-tsang's Thought". Ph.D. Dissertation, University of Wisconsin-Madison. 1997.

Vorenkamp, Dirck: "An English Translation of Fa-tsang's Commentary on the Awakening of Faith", Lewiston, New York: E. Mellen Press. 2004a.

Vorenkamp, Dirck: "Evil, the Bodhisattva Doctrine, and Faith in Chinese Buddhism: Examining Fa Zang's Three Tests", Journal of Chinese Philosophy 31.2: 253-269. 2004b.

Vorenkamp, Dirck: "Reconsidering the Whiteheadian Critique of Huayan Temporal Symmetry in light of Fazang's Views", Journal of Chinese Philosophy 32.2: 197-210. 2005.

Wright, Dale S.: "The Significance of Paradoxical Language in Hua-yen Buddhism", Philosophy East and West 32.3: 325-338. 1982.

Wright, Dale S.: "Language and Truth in Hua-Yen Buddhism", Journal of Chinese Philosophy. 13: 21-47. 1986.

五、五台山佛教艺术研究

A.M. Quagliotti: "Manjusrī in Gandharan Art: A New Interpretation of a Relief in the Victoria and Albert Museum", East and West 40（1-4）, 1990, pp. 99-112。

Ahn, Hwi-Joon; "Paintings of the Nawa-Monju - Manjusri Wearing a Braided Robe", Archives of Asian Art, ISSN 0066-6637, 1970, 卷 24, p. 36

Bartholomew, Terese: "Sino-Tibetan Art of the Qianlong Period from the Asian Art Museum of San Francisco." Orientations 22, no. 6 （June 1991）: 34-45.

Beth Szczepanski: "The Instrumental Music of Wutaishan's Buddhist Monasteries: Social and Ritual Contexts", Reference and Research Book News, ISSN 0887-3763, 08/2012, 期 3

Cao, Dapeng: "A Computer Model for Chinese Traditional Structure: the Foguang Temple." M Arch diss., University of Adelaide, 2005.

Charleux, Isabelle. Trade, Art and Architecture on the Mongols'Sacred Mountain. Paper

given at the "Wutai Shan and Qing Culture" Conference at the Rubin Museum of Art, May 12–13, 2007.

Cartelli, Mary Anne: "The Poetry of Mount Wutai: Chinese Buddhist Verse from Dunhuang." PhD diss., Columbia University, 1999.

Cartelli, Mary Anne: "On a five-colored cloud: the Songs of Mount Wutai", The Journal of the American Oriental Society (Oct 2004).

Cartelli, Mary Anne: "The Five-colored Clouds of Mount Wutai: Poems from Dunhuang", Leiden: Brill, 2013.

Chou, Wen-shing: "Fluid Landscape, Timeless Visions, and Truthful Representations: A Sino-Tibetan Remapping of Qing-Dynasty Wutai Shan". Paper given at the Journal of the International Association of Tibetan Studies, no. 6 (December 2011) 123 "Wutai Shan and Qing Culture" Conference at the Rubin Museum of Art, May12–13, 2007.

Chou, Wen-shing: " Maps of Wutai Shan: Individuating the Sacred Landscape through Color." Journal of the International Association of Tibetan Studies, no. 6 (December 2011).

Chou, Wen-shing: " Ineffable Paths: Mapping Wutaishan in Qing Dynasty China", Art Bulletin (March 07) pp. 108–129.

Choi Sun-ah (Myongji University, Seoul): "The Legacy of True Image: The Manjuṣrī Statues at Zhenrong yuan 眞容院 and Shuxiang Si 殊像寺 of Mount Wutai", paper given at An International Conference on the Wutai Cult at Mount Wutai, July 27–August 2, 2015.

Guo, Zhicheng: "Wutai Shan: A Museum of Chinese Temples". Orientations 27, no. 5 (May 1996): 64–66.

Dorothy WONG: "A Reassessment of the Representation of Mt Wutai from Dunhuang cave 61", Archives of Asian Art 46 (1993) pp. 27–52.

Dorothy WONG: The Huayan Paitings In East Asia, read at the "Chinese Buddhism Conference," Hsi Lai Temple, Los Angeles, May 2005; the Free University, Berlin, June 2005; the University of Munich, June 2005);

Dorothy WONG: "Iconography of the Wonder-Working Manjusrī", paper given at the Second International Conference on the Wutai Cult at Mount Wutai, August 2, 2016.

Elverskog, Johan: "Wutai Shan in the Mongol Literary Imaginaire". Paper given at the "Wutai Shan and Qing Culture" Conference at the Rubin Museum of Art, May 12–13, 2007.

Heyrman, Laura Gardner: "The Meeting of Vimalakirti and Manjusrī: Chinese Innovation in Buddhist Iconography" (Vol. I and II), University Of Minnesota, PHD, 1994.

Lee, Sonya S.: "Repository of ingenuity: cave 61 and artistic appropriation I tenth-century Dunhuang", The Art Bulletin, ISSN 0004–3079, 06/2012, 卷 94, 期 2, p. 199

LIN Wei-cheng (University of Chicago): "Beyond Iconography: Manjusrī Riding a Lion and the Cult of Mount Mutai", paper given at the Second International Conference on the Wutai Cult at Mount Wutai, August 2, 2016.

LIN Wei-cheng: Building a sacred mountain: Buddhist monastic architecture in Mount Wutai during the Tang dynasty, 618--907 C.E, Dissertation, The University of Chicago, 2006.

LIN Wei-cheng: "Building A Sacred Mountain:The Buddhist Architecture of China 's Mount Wutai", University of Washington Press, 2014.

Marchand, Ernesta: "The Panorama of Wutaishan as an example of tenth Century cartography", Oriental Art 22, no. 2 (1976), pp. 158–173.

Mary Anne Cartelli（Hunter College of the City University of New York）: "The Literary Wutaishan", paper given at An International Conference on the Wutai Cult at Mount Wutai, July 27–August 2, 2015.

Mukherjee, B. N.: "An Illustration of Iconographic Contact between Karttikeya and Manjushri in China". Buddhist Iconography. Sambhota Series II. Tibet House, 1989. pp. 138–141.

Robert Treat Paine, Jr: "Wenshu and Pu-hsien. Chinese Wood-block Prints of the Wan-li Era", Artibus Asiae, Vol24, No2.（1961）, pp87–9.

Rhie, Marylin M. "A Study of the Historical Literary Evidences and Stylistic Chronological Dating of the Buddhist Images in the Main Shrine Hall of the Fo-Kuang Monastery at Wu-t'ai Shan." PhD diss., University of Chicago, 1970. Reprinted as The Fo-Kuang Ssu: Literary Evidences and Buddhist Images. A Garland Series: Outstanding Dissertations in the Fine Arts. New York: Garland Pub., 1977.

S.C.Bosch Reitz: "Statue of Bodhisattva from Yung-Kang, The Metropoliton Museum of Artb Bulletin", Vol.17, No12 Part 1（Dec.1922）. pp.249+252–255.

Schaeffer, Kurtis: "Tibetan Poetry on Wutai Shan", Paper given at the "Wutai Shan and Qing Culture" Conference at the Rubin Museum of Art, May 12–13, 2007.

Siddheswar Chattopadhyaya: "Buddhist Iconography and the Manjusrī -mula-kalpa: A Note Journal of Department of Humanities , The University of Burdwan, West Bengal, vol. 1 , July 1968, pp. 45–50.

Steinhardt, Nancy: "The Tang Architectural Icon and the Politics of Chinese Architectural History". The Art Bulletin, 86, 2（2004）: 227–253.

Wright, Darren J.: "The weaving of a Buddhist empire——Mandalas and Manjusri in the reign of Qianlong", 2008, ISBN 0549596100

Zieme, Peter. "Three Old Turkic 五台山赞 Wutaishanzan fragments",

Studies of the Inner Asian Languages，17（September 2002）：223–239.

第三节　欧美国家五台山文化研究文献选译

本书收录了笔者近年来翻译的部分该领域研究的英语文献，内容涵盖圣山研究、文殊菩萨研究、五台山佛教艺术研究、能海上师研究、五台山的对外影响等方面，按照编排顺序依次是：罗伯特·M.詹密罗（Robert M. Gimello）的《世间与出世间"环境"：五台山与其"神圣"佛山的由来》与《朱弁笔下金国初期的五台山情况》、安东尼·托拉巴（Anthony Tribe）的《文殊师利来历概述》与《文殊信仰》、王静芬（Dorothy C. Wong）的《敦煌61窟五台山图再探讨》与《作为使神迹者文殊菩萨及其图像考释：中国与印度的早期菩萨图像》、崔善娥（Sun-ah Choi）的《真容之遗产：五台山真容院与殊像寺的文殊像》、潘淑雅（Beth Szczepanski）的《法照、金璧峰与五台山佛教唱赞音乐的历史建构》、黄晓星（Ester Bianchi）的《近代中国的菩萨戒：以五台山能海上师（1886-1967）为例》、包瀚德（Robert Borgen）的《日本古典文学中描写的五台山》、还有克里斯蒂娜·古斯（Christine Guth Kanda）为欧阳瑞（Raoul Birnbaum）著作《文殊师利神秘性研究：一组东亚曼陀罗及其传统符号系统》撰写的书评，共10篇文章。

世间与出世间"环境"：五台山与其"神圣"佛山的由来 [①]
罗伯特·M.詹密罗（Robert M. Gimello）

---

① 本文是罗伯特·M.詹密罗（Robert M. Gimello）在2006年由韩国首尔佛教大学东国大学发起、哈佛大学世界宗教研究中心举办的"佛教与生态学"会议上提交的论文。本文的翻译已获作者授权，其中文版发表于《法音》，2014年第7期，本书在收录时个别字句作了修正。

生态或环境保护意识是当下佛教的内容，有人认为它越来越成为未来佛教的一部分。不过，笔者认为并非过去佛教的重要组成部分。

关于这个问题，尽管我会欣然接受批评指正，但在此必须承认在前现代佛教中几乎没有发现明确、理性且热切地阐述对自然环境的关注以及对自然内在价值的认识，也没有因意识到自然环境受到威胁而产生紧迫感与焦虑感，"生态"或"环境论"等词汇只是出现在现代伦理与政治话语中。诚然，在佛教伦理视角下，在其形而上中有很多内容可作为佛教环境论赖以建构的基石，但也是相对而言，只是近来这样的潜能才被认识并利用起来。我们可能希望在佛教"不害"（ahimsā）[①]与"正命"（samyak-ājiva）[②]的教义中、在其对治"爱"（trsnā）[③]的复杂束缚中找到生态同情或环境意识的种子。佛教缘起或事事无碍的教义，即所谓佛教整体论的教义，意为佛教徒从根本上承认万物与人类是相互依存的，我们会从中发现环境伦理的合理性，实际上是出于需要或强求。我们甚至会认为，佛教徒的修行，诸如素食主义或放生——尽管从未得到全部佛教传统的普遍认可——但其实是一种无言的但又抑制不住的生态冲动的修行表达。不管怎样，佛教徒直到近来才从他们自身的信仰与修行推断出这样的结论。传统佛教对自然（有情的、无情但有生命的、无生命的世界）更典型的标准观点是，他们持有如此信念，即他们是业报的结果，但十分缺乏内在价值。就此而论，有助于频繁地提醒我们自己，如传统上中国佛教徒之所以禁止吃鸡，不是因为他们相信鸡有与生俱来的不被吃的权利，也不是因为他们关心健康与生物界自然的神圣性，或者因为鸡是生态系统的组成部分，而是因为他们更为普遍地相信被吃的鸡很可能是自己不幸的转世的母亲！换言之，这似乎例示传统佛教修行忠于某种更高道德准则的环境保护主义（素食主义），人类的社会关系与人类伦理关系（尤其是家庭）的秩序高于任何与人类以外的自然界的关系，皈依机制的价值高于生态价值。

---

① 不害（梵语 ahimsā）：指不杀、伤一切生物。乃印度宗教、伦理道德之基本思想。
② 正命（梵语 samyak-ājiva）：八正道之一。
③ 爱（trsnā）：十二因缘之一。又名爱支。也译为'渴爱'，意指如渴者求水般激烈的欲求。

这并不意味着佛经中没有对我们所认为的自然界抱有深层敬畏的表述。传统佛教中不乏其例。但笔者认为有别于现代环境保护论主张的观点。特别是大乘佛教的许多信仰与修行，或暗示、或明确主张自然界的元素是"神圣"的，因此值得敬畏并虔诚地关注的观点，与其说是凭借他们自身内在的价值毋宁说是依靠其内部超越的神圣存在——也就是说，自然界元素被视为象征或至少是表征佛性的无所不在。对自然更为传统的佛教虔诚模式仍然被实用地称为"生态虔诚"模式，但是我认为必须要理解的是：他们在自然界中发现的价值与其说是内在的不如说是赐予或注入的。无论如何，自然界是神的，要珍惜爱护，因为佛菩萨住在那里，这种古老的佛教观点不应该在任何关于佛教对现代的与"世俗的"环境主义的预测与选择的讨论中被忽视。

如果人们首先选择探索传统佛教用传统的佛教术语系统地阐述对自然界的评价（正如史学家必须做的），而不是费尽心思地在早期佛教中发现前"环境论"，那么许多研究手段都是可行的。例如，某人研究密教关于物质世界（catv ā ri mah ā bh ū t ā ni，四大）的存在是佛身、日本宗教地理概念的依据。某人也许在探究天台宗的派别与禅宗无情有佛性的概念。（这是天台教观与禅宗理论中非常具体而专门的条目，是二者的关键性问题，但是有关佛教对自然态度的一般性问题具有更宽泛的涵义。）不管怎样，这些问题已受到阿兰·格拉帕德（Alan Grapard）与罗伯特·沙夫（Robert Sharf）等学者的关注。笔者在此提议一种不同的途径。

让我们首先以"庄严"（"alaṃk ā ra"）一词为例探讨其核心含义。该术语译为"adornment"或"ornament"比译为"splendor"、"glory"或"grandeur"更合适。当然，最通常的用法是暗示佛教极乐世界的富丽堂皇与佛报身/应身的美好，或者描绘佛寺鎏金溢彩的装饰。而且充分具有富裕与美妙的内涵。它表明某物是有意创造的而不是自然演化的，例示了一种"天国"之美而非"尘世"之美，颇似拜占庭图像的风格。由此想到大乘佛教宗教想象的构想并在佛教艺术中描绘的梦幻世界：极乐世界的七宝池盛满了八功德不可思议妙用的水而不是尘世的水；其树为珍宝所做而非普通植物；

种种奇妙杂色之鸟和其他动物昼夜六时出和雅音，一切万物庄严清净、光明华丽、形状色彩殊胜奇特，等等。这些都是"庄严"让人们想到的。

在中国的佛教语境中佛教徒认为兼具宗教神圣性与自然美的某一自然地区，"庄严"二字与其他词如"光景"、"胜所"和"胜地"并置。这样的并置暗示宗教与世俗的融合，出世间与世间分别的消解，自然界的美也被认为是超自然秩序的显示或共鸣——的确，是"神的示现"的对应词。"庄严"与"胜所"或以其他方式搭配在一起并以此闻名于世的殊胜之地是山西省北部的佛教圣地五台山。多少世纪以来，中国佛教徒与整个佛教界珍视这一偏僻而荒凉的美丽山区——位于华北的最边缘，与古代中国五岳之一恒山毗邻——因为五台山被认定为文殊师利在娑婆世界的道场。文殊菩萨是诸菩萨之首——是古佛再来，化为菩萨，实为诸佛之师——人们相信文殊菩萨住于中国（而非印度），这是中国佛教徒得到内心深深的满足与充满鼓舞力量的关键所在。这足以证实中国佛教徒经常宣称"中国尽管远离释迦牟尼的故乡，但同样是突出的佛教国家"的观点。不仅激励中国的佛教徒，而且鼓舞其他国家的无数佛教徒克服千辛万苦朝圣五台山。五台山的传说包含大量圣迹的记载，自然被理解为是文殊化现的结果。值得注意的是，我们今天谈到的一般主题，即这些圣迹故事的频繁出现，是出于对圣地无与伦比的美的赞叹与敬畏的表达。佛教徒参访五台山的兴奋心情表现为亲近文殊菩萨与纯自然景观的反应、甚至是对令人畏惧的恶劣天气的某种反应。两种反应趋同的诸多例子之一让我注意到，中国佛教徒甚至认为五个台顶就是文殊菩萨头顶的五佛宝冠或五髻，从文殊菩萨寓居的地平面隆起。文殊显圣印证他们的信仰，泉水与溪流滋养着五台山、对疾病颇有疗效，山坡上的中草药与矿物质同样具有潜在而特别的治疗作用。

由于时间有限，不能全部展现或充分讨论五台山的丰富内容，五台山传统上被认为、今天仍然被认为是兼具自然意义与宗教意义的神圣环境，下文的事例引自五台山文献。

十二世纪的金国，五台有一位士大夫姚孝锡，字仲纯，祖籍江苏丰县。1114 年科举及第，调五台地区行政中心任代州兵曹参军。当金兵攻入雁门关、袭击代州时，大部分官员贪生怕死，议以弃城投降，姚氏却不以为虑，元好问说他依然"卧床大鼾，毫不在意。"胜利的金兵命姚氏为五台簿，但不久姚氏便称病辞职，闲居五台，靠消遣娱乐打发时光，当时其家亭榭园台富于游观，宾客日盈其门。一次，本地遭遇饥荒，姚氏捐出家中所藏万石粮食救济灾民。如此的慷慨之举赢得了当地人民的钦佩。晚年将家事托付儿子照料，取号醉轩，放浪于山水之间，咏诗饮酒自得其乐。据说他从来都"悲喜不形于色"。传记讲他辞职后约二十九年、84 岁去世。有不少诗词存世。

姚孝锡为五台山南的著名古寺佛光寺题写了一首诗。诗人把对地点的微妙感与平衡烦恼尘世生活和清静禅修生活之艰难的思考结合在一起。如果用佛家术语来读，它指的是难以兼顾践行清规戒律与顿悟本能。

题佛光寺

藏谷虽殊竟两亡，倚阑终日念行藏。

已忻境寂洗尘虑，更觉心清闻妙香。

孤鸟带烟来远树，断云收雨下斜阳。

人间未卜蜗牛舍，远目横秋益自伤。

我们知道姚孝锡 84 岁去世，确切日期不详。不过 1164 年他仍在世，在五台写下了《重雕清凉传序》。

重雕清凉传序

白马东来。象教流行于中土。玄风始畅。或示禅寂以探宗。或专神化而素法。亦犹水行地中。枝分别派虽异。至于济世利物之功。其归未始不同。故。唐刘梦得。已为佛法在九州间。随其方而化。因名山以为庄严国界。凡言神道示现者。必宗清凉焉。按经言。文殊师利。宅东北清凉山。与其眷属。住持古佛之法。降大慈悲以接引群生。或现真容以来归依。或发祥光以竦观仰。千变万化。随感而应。有不可形容拟议者。何其异哉。

昔有沙门慧祥与延一者。皆缁林助化之人。洎丞相张公天觉。皇华朱公少章。皆大臣护法之士。异世相望。同心赞翼。虑圣迹在远。未彰芳尘。经久或熄。乃广搜见闻。与目所亲睹。编次成帙。慧祥。始为清凉传二卷。延一。复为广传三卷。张相国朱奉使。又为续传记。以附于后。其他超俗谈玄之流。与夫高人达士。作为诗颂赞偈。附名传末。星联珠贯粲然。贝锦之文。流行于世。凡九州四海之内。虽未躬诣灵岩。目瞻圣迹。但览卷披文。自然回思易虑。益坚向善之心。其外护之益。未易可述。

偶回禄之构灾。致龙文之俱烬。不有兴者。圣功神化。岁久弗传。东安赵统。以酒官视局台山。慨然有感于心。即白主僧。愿捐橐金以助缘。僧正明净。语其属曰。兹事。念之日久。属化宫之灾。用力有先后。今因其请。尽出粟帛。以成其事。俶工镂板。告成有日。赵因造门。属余为序以冠其首。明净与前提点僧善谊。相继以书为请。仆尝谓。道不在衣。传衣可以授道。法不在文。披文因以悟法。仆既嘉赵侯用意之善。而二高僧。皆于清凉。有大因缘者。知非贩佛以眩众。故为之书。

大定四年九月十七日。古丰姚孝锡

姚孝锡的诗文与《清凉三传序》言简而义丰，提供了大量关于中古晚期及近代早期五台山以及中国人对中国佛教史态度的信息。如当时的政治、军事信息，以及当地古代的重要史料。两者均表达了俗人与信徒、文人与僧人向往的殊胜之地——人们禅修的清净之地，深幽静寂，远离尘嚣，让人离苦得乐，是因了保护神护佑的特别适合修行者过宗教生活的神奇地方，是值得慷慨供养的地方，是弘法之地与圣者道场，一个承蒙历史伟人关注与牵挂的所在。

可以说，从姚简短、虔诚且高明的评论中我们看到他对天造之物的那种崇敬之情。或许这种情感未能精确反映现代社会似乎最珍视的那种生态虔诚与伦理价值，但随着佛教的发展它依然必须得到重视和认识。佛教过去认为自然要么是人类苦难的深渊，要么是超自然神圣化的场所，如今为了其信仰本身，对自然存有虔诚的敬畏之心。

朱弁笔下金国初期的五台山情况 ①

罗伯特・M. 詹密罗（Robert M.Gimello）

佛法在九州岛间随其方而化……北方人锐武。摄武 莫若示现。故言
神道者宗清凉山。　　　　　　　　　　　　　　　　　　　　刘禹锡 ②

一、引言

诸如中国所有的圣山或绝大多数圣山，五台山历来是世出世间的"阈
限"之地。③ 当然，它首先是宗教意义上的"阈限"。最为重要的是，它
被认为是人类俗务的此岸世界与超越、神圣力量的彼岸世界的神秘门槛。
当五个台顶处于既非完全世间的也非彻底的出世间状态的时候，当它们既

---

① 本文译自 Wu–t'ai Shan during the Early Chin Dynasty ：The Testimony of Chu Pien（原载《中
华佛学学报》第七期，1994.07），中文版已获得作者罗伯特・M. 詹密罗（Robert M.Gimello）
的授权。

② 选自刘禹锡（772–842；字梦得）《唐故衡岳律大师湘潭唐兴寺俨公碑》。碑文收于
《刘梦得文集》，卷 30（《四部丛刊》，〈初编〉，〈集部〉，1936 年缩印版，182–183
页）。引用于 12 世纪《古清凉传》序。刘梦得以此有趣的比附方式将五台山与其它两座
佛教名山进行对照。五台，因其超自然的灵异现象及其与密宗的紧密联系，平息北方民族
好战的天性。（示现与神道），相比之下，著名禅宗中心河南嵩山尤其受到中原人民的敬
仰，刘说，"中夏之人汩于荣，破荣莫若妙觉"。第三座山是湘潭俨的衡山。在刘禹锡的
时代，嵩山显然是律学中心，律对于南方人具有举足轻重的地位，刘说，因为南方人天性
灵活、轻浮，所以需要律宗强迫性的戒律与庄重。由于诗人的声望与对佛教的虔诚，碑文
在以后的佛教传统中赢得了很高的尊崇。碑文经常在文集中被引用，以示佛教对中国唐代
文学的影响。比如，最新出版的颇受欢迎的 4 册丛书《中国佛教思想资料选编》（北京：
中华书局，1983），卷 2），（第四册），374–375 页。

③ 笔者在此借用比利时人类学家阿诺尔德・凡・根内普 （Arnold van Gennep）提出的阈
限概念，美国人类学家维克多・特纳（Victor Turner）在朝圣研究的阐发过程中发现并拓展
了阈限的概念。另一位人类学家、英国学者玛丽・道格拉斯（Mary Douglas）提出有序与无序、
冒险与鼓舞的相关概念。

是常境也是圣境时，[①]便被看作是不确定且不稳定之“阈限”，当日常经验模式暂停或削弱时，种种宗教机遇随之产生。支配世俗领域的规则——如自然法则或自然规则——似乎不完全适用于五台山，不过五台山还没有完全脱离世俗秩序，凡人仍然受到自然法则的极大限制，不能到达那里。[②]由于五台地处偏远，海拔很高，具有世出世间之动摇不定的特性，以及对神秘化现必然的易感性，五台山的台顶被视为——地球在此的伟大隆起处，在突出的台顶人们可以临时逃离自己，丢弃世俗世界，一睹瞬间呈现且不可思议的灵瑞，这是不可估量的精神能量，既是生活的资粮，也是救赎的诺言。

无以数计的朝圣者声称他们在山坡和山顶上见证了原本不怀疑但亲眼目睹更为坚定的信念，那就是平面、传统、习惯性的经验仅仅是一个维度，即神奇多维实相的水平层面。五台山峰以及文殊显圣带来的震撼给了他们极大的鼓舞，让他们从世间束缚中解脱出来，为游客提供了垂直感、高度感和深度感，解释了世界的精神特质或地形地貌。这是很多资料保存的关于五台山最重要的宗教信息。特别是著名的清凉三传——完成于679年之后不久的慧祥《古清凉传》；发行于约1060年（《续遗》约1个世纪后）的延一《广清凉传》；张商英撰《续清凉传》及随后四分之三世纪（即11

① 参见《清凉山志》，卷1. 明代高僧镇澄（1546–1617）采用僧人秋崖（d.u.）的早期草稿（已佚失）撰写，1596年出版。其增订版—《清凉山新志》—1694年由大喇嘛老藏丹巴编撰，1701年康熙皇帝敕令并作序，于18世纪初第一个十年间首次出版。镇澄与丹巴的著作多次重印，每次重印都增加新的内容，尤其是前者现有多种版本。1755年版镇澄著作于1933年再版，杜洁祥又将1933年再版的影印版收于《中国佛寺史志汇刊》（台北：丹青图书公司，1980–85）第二辑第29卷。丹巴新志增订版的影印版也收于杜洁祥汇刊第三辑，第30卷。参见李裕民根据1887年版的新版镇澄《清凉山志》；1989年出版，太原，山西人民出版社。此段引用于台北初版第16页，太原版第20页。当然，也有来自五台山寺院与机构的几种流行的再版志书。对镇澄及其与著名高僧憨山德清（1546–1623）哲学论辩的讨论，参见江灿腾《晚明佛教丛林改革与佛学诤辩之研究》（台北：新文丰出版公司，1990），尤见203–300页。

② 镇澄《清凉山志》开篇指出，五台山“如幻三昧之所现”；五台山本身“无方无体，非色非空，触类而彰，随缘而显”。接着写道：“染烟颠气，咸资般若之光；触石沾云，悉植菩提之种。”参见《清凉山志》卷1（台北编，16页；太原编，19页）。

世纪 90 年代到 12 世纪 60 年代期间）收集的类似之作。

然而，当我们把注意力从五台山的宗教现象学转移到历史学，从永恒价值转到瞬间价值，我们或许会对此阈限场所有别样的理解。

二、晚唐到金国初期的五台山

五台山地处山西最北部，历来是国家领土的边界。其南部与东部是中国固有的、有秩序且熟悉的文明世界；但其北部与西部则是野蛮人的草原、沙漠、沼泽、针叶林，令人生畏。那么五台山被视为"大国之屏蔽"[①] 和精神堡垒就不足为奇了，几个世纪以来朝廷持续而慷慨地扶持五台山，深信由此可使帝王的政治力量以及国家主权能够得到保证和强化。如此的宗教政治力量在唐朝意义重大，特别是外籍僧人不空（705-774）与唐代宗（762-779 在位）协作，新建了密教的主要中心金阁寺。金阁寺是一座富丽堂皇的宗教场所，用于帝国举行精心设计、造价高昂的密教仪式。[②] 唐代宗当然已是"威严而贤能的君主"，而他对五台山的扶持充分体现其作为法王的责任。换言之，他的资助为佛教披挂了权势的盔甲。五台山赢得并保持如此殊荣不仅因为它是一块圣地，更是因为它是一块处于文明最边缘的圣地。这是朝山历险的一部分，那些登高览胜的游客把自身带到了熟悉世界与外部世界的交界地带。这与五台山的险要与神圣有助于解释为什么记载五台山他异性与偏远性的资料大量涌现。五台山在这方面与其它山迥然不同，如天台山或庐山，或许同样神圣，但是显然更国内化。

把五台山标示为中国北部边疆的精神阵地具有某种反讽意味，因为五

---

① 镇澄：《清凉山志》卷 1，台北编，15 页；太原编，19 页。

② 周一良："Tantrism in China，"，Harvard Journal of Asiatic Studies 8. 3-4（1945.3）：241-331；Stanley Weinstein, Buddhism Under the T'ang，Cambridge: Cambridge University Press，1987，pp.79-83; Raoul Birnbaum, Studies on the Mysteries of Manjusr. A Group of East Asian Mandalas and Their Traditional Symbolism，Society for the Study of Chinese Religions Monograph No.2，Boulder，Colorado: Society for the Study of Chinese Religions，1983，pp. 25-38; also Charles Daniel Orzech, Cosmology in Action: Recursive Cosmology, Soteriology, and Authority in Chen-yen Buddhism with Special References to the Monk Pu-k'ung，Ph.D. dissertation，University of Chicago，1986.

台山也是国际佛教中心，是连接中国与其他国家人民与文化的通道与纽带。五台山以文殊道场闻名于整个亚洲，是来自中国各地乃至中亚、南亚与东南亚朝圣者的目的地，更不用提朝鲜与日本了。因此，这块原本为外国圣者的神圣领地也频繁地接受外国信徒的拜访。即使五台附近的中国边境局势紧张或处于敌对状态、某种程度形成旅游障碍甚至成为战场的情况下，五台山仍然保持其国际地位。

论及近代之前发现的最生动详细的五台山视觉图像，当属敦煌千佛洞61窟后壁的著名壁画。这幅高度程式化但又十分细致的绘画被认定为980到995年之间的作品，它表明10世纪末敦煌人对五台山关注的程度[①]。当时敦煌在地方军阀的统治之下，与西部的一些中亚城邦具有紧密的文化联系。然而，在普通地理与文化术语中，敦煌属西夏国的统治范围。大部分西夏人是吐蕃族人，大约在宋朝形成的同时，政治上合并形成了西夏国。西夏统治了今天甘肃、陕西省大部以及西部更远的疆域。这样，五台山实际上离西夏领土的最东端的边界不远；中国北宋时期的地图显示五台山的位置正处于宋、辽、西夏疆域的接合部。

有充足的证据表明西夏人尤其信仰华严宗。《华严经》本身及其大量重要的华严宗经典在现存的西夏宗教文献档案中占有重要地位，既保存在汉语文本中，也保存在西夏语文本与脚本中[②]。艺术领域也是如此：比如敦煌西夏壁画，其它西夏遗址也有很多绘画，如甘肃安西县榆林窟就有许多《华严经》图像[③]。由于《华严经》是与五台山有关的经典，所以西夏人对圣地的崇拜就有保证。因此西夏文献中的几个写本详细记述信徒从西夏出发到五台山旅行或者经过西夏疆域到达其目的地就不足为奇了[④]。中

[①] 日比野丈夫：《敦煌五台山图》，《佛教艺术》34（1958）：75–86；Ernesta Marchand, "The Panorama of Wu-t'ai Shan as an Example of Tenth Century Cartography," Oriental Art, New Series 22. 2（1976）：158–173.

[②] 史金波：《西夏佛教史略》，银川：宁夏人民出版社，1988。

[③] 史金波：《西夏佛教史略》，126–134。

[④] Richard Schneider, "Une moine indien au Wou-t'ai chan: relation d'un pelerinage," Cahiers d'Extreme-Asie 3（1987），27–40.

国历史记载中有丰富的西夏信仰《华严经》与五台山的绘画。例如，1007年西夏统治者李德明上表宋朝建五台山十寺，纪念已故的母亲。后来李元昊继位，于1037年又向宋朝请求朝拜五台山，并派使臣礼佛供养[①]。当然，从11世纪40年代开始，宋夏关系进入更为紧张与敌对的时期，所以继续从西夏通过垮台的北宋旅行到五台山是困难的，官员参拜是不可能的。然而，五台山对于西夏的重要性并不因此减弱，事实上正因为西夏人成为虔诚信徒的愿望受到政治气氛的阻挠反而增强了。据史金波校注，1885年由清代张鑑对早期资料的收集与研究编撰出版的《西夏纪事本末》附有《西夏地形图》。地图提供了贺兰山的参考信息，贺兰山是位于今西部兴庆府(译者注：今宁夏银川市)小山或平顶山。这里一度是西夏首府，有许多著名的西夏佛教建筑遗址。地图特别标明贺兰山寺庙群为"五台山寺"。显然，每一座寺庙都按山西真实五台山的著名寺庙命名——如清凉寺与佛光寺。换言之，西夏是如此彻底地信仰五台山及其神秘力量以至于他们被禁止参拜五台山时，在自己的腹地仿建了象征性的建筑[②]。

　　如果五台山对于西夏人与中原人是神圣的，那么对于契丹族则有过之而无不及。辽代（907-1125）全民上下都是虔诚的佛教徒。契丹人很快吸收了来自唐朝和西夏人的宗教，与其本土的萨满教结合，融合到文化的各个层面[③]。其首府之一大同是云冈石窟以及最辉煌的辽代寺庙遗址（即上下华严寺、善化寺，尽管后来重建的形制大幅度改变，但是今天仍然给该城市增色并带来荣耀）——正好跨越五台山的边界线，是朝山者的中途驿

① 史金波：《西夏佛教史略》，334 页

② 史金波：《西夏佛教史略》，118-119 与 156 页。

③ 神尾□春：《契丹佛教文化史考》，1937；再版，东京：第一书房，1982；野上俊静：《辽金佛教》（京都：平乐寺书店，1953），1-175 页；游侠：《辽代佛教》，中国佛教协会编，《中国佛教》卷1（北京：知识出版社，1980），89-94 页— 台湾以《佛教史略与宗派》再版（台北：木鐸，1988），92-97 页；Kenneth K.S. Ch'en, Buddhism in China, Princeton: Princeton University Press, 1964, pp. 409-411; Karl A. Wittfogel and Feng Chia-sheng, History of Chinese Society: Liao（907-1225）, Transactions of the American Philosophical Society, New Series, Volume 46, Philadelphia: American Philosophical Society, 1947, pp. 291-309, et passim.

站。事实上，唐末数年与五代（907-960）时期，五台山地区在辽代的直接统治之下。

五台山与密宗的联系正如与华严的联系一样广为人知。因此辽代的一些重要佛教思想家特别关注密教与华严宗的融合，两者都与五台山关系密切[①]。支持以华严与密教融合为特征的辽代佛教的重要人物是11世纪末12世纪初的僧人道真[②]，他明确认定自己是"五台山僧"。碰巧的是，与他发生联系的山岳与寺庙群与五台山同名，称"小五台山"。此山位于辽国境内蔚州附近，距五台山北有一段距离。但由此可以推断至少五台山及其表征的一切对于辽国非常重要，在汉辽关系紧张的漫长时期，辽国佛教徒难以实地参访的情况下，他们创造了一个更容易达到的替代地。一位辽代皇帝（圣宗，983-1030年在位）给孩子起名文殊奴。[③]

从960年代末到970年代末，五台山地区由北汉或东汉国短时间占据，北汉国是后汉附庸国的残余，由具有突厥族血统的刘氏家族统治，但实际上是于950年代在辽的支持下建立的。[④]新建宋朝的军队直到970年代末才成功地征服当地军阀的抵抗。[⑤]但是，此后的几十年间，华北大部分地区，包括五台山断断续续卷入宋辽持续的军事冲突。有时，圣山似乎在汉人的手里——比如，984年日本僧人奚然（938-1016）在宋朝的保护下花了三

[①] □谷撝谦：《辽金时代佛教》，《六条学报》126（1912年4月）；《辽金佛教中心》，《六条学报》，135（1913年1月）；《辽代密教》，《无尽灯》558页（1912）——《华严经要义》京都：兴教书院，0，256–285页；松永有见：《宋辽时代密教》，《密教研究》38，1930年10月；镰田茂雄：《中国华严思想思想研究》，东京：东京大学出版会，1965，604–618页。

[②] 《佛书解说大辞典》卷3，179页；《显密圆通成佛心要集》第2卷（T1955: 46. 988b–1006b）。

[③] 魏特夫与冯家昇（Wittfogel and Feng），294页。

[④] 王赓武：《五代时期北方中国的权力结构》，1963；再版，斯坦福：斯坦福大学出版社，1967，193–197页。

[⑤] John Richard Labadie, Rulers and Soldiers Perception and Manag ement of the Military in Northern Sung China （960–1060），Ph.D. dissertation, University of Washington, 1981, pp. 24–88.

个月的时间到达五台山 [①]。另有时候五台山辽军横行。直到 1105 年澶渊之盟宋辽双方停止战事，五台山才正式由汉族统治，12 世纪持续了二十年之久。即使如此，宋朝从没有彻底安全地控制过五台山。五台山十分靠近辽代边境。因此，澶渊之盟随后的一个多世纪，五台山深处宋朝边境防御之要害，可以说是"中国前线"的要塞。的确，此盟约似乎安定了五台山北部和西部宋辽边境的部分地区，距离从约 30 里到 50 里不等 [②]。

尽管局势如此紧张，但是北宋确实见证了中国人再度恢复朝觐五台山、官方支持重建其寺庙的事实。比如，宋太宗（976-997 年在位）就位当年下达限制佛教的命令，规定所有欲出家之僧人买度牒，同时颁布法令免征五台山的土地税。无需赘言，他由此恢复了早在两个世纪前唐代宗建立的皇家扶持的模式 [③]。大量资料记载宋初五台山的许多寺庙进行过重建和翻新。宋朝为五台山及周边布置的防卫军提供了支持与帮助，无疑为五台山的繁荣以及朝圣活动创造了条件。由此延一于 1060 年得以完成《广清凉传》；著名日本僧人成寻阿阇利 （1011-1081） [④] 于 1073 年在帝国的资助下得以参访五台山；张商英受命于五台总督得以在 1088—1090 年间完成他著名的五台山巡礼。

的确，张氏参访的几年以至此后的几十年，似乎是五台山的一段活跃时期。我们可以一睹张商英续传的几个附传以及 12 世纪中叶金大德沙门

① 塚本善隆：《清凉寺释迦像寺藏東大寺奝然手印立誓書》，《佛教文化研究》4（1954）：5-22. Gregory Henderson and Leon Hurvitz， "The Buddha of Seiryoji，" Artibus Asiae, 19.1（1956）：5-55；Robert M. Gimello， "Imperial Patronage of Buddhism during the Northern Sung，" Proceedings of the First International Symposium on Church and State Relations in China: Past and Present （Taipei: Tamkang University Press, 1987），pp.73-85.

② 魏特夫与冯家昇（Wittfogel and Feng），373 页，注释第 47 条。

③ 《清凉山史传》5，台北版，210 页；太原版，69 页；Robert M. Gimello， "Chang Shang-ying on Wu-t'ai Shan，" in Susan Naquin and Chun-fang Yu, eds., Pilgrims and Sacred Sites in China, Studies on China 15 （Berkeley: University of California Press, 1992），pp.89-149.

④ 平林文雄：《参天台五台山记：校本並研究》，东京：风间书房，1978；Gimello， "Imperial Partonage，"

明崇撰《广清凉传·续遗》记载的六则简短故事的某种生命力。[①]甚至长期以来一直与五台山相关但不再像唐代那么活跃的华严宗在北宋期间也经历着一种适度的复兴，我们在承迁身上得到了证实。在真宗年间（997-1022），承迁住五台山的中心寺庙真容院，是宋代著名华严大师晋水净源（1101–1188）的师父。他为法藏（640–712）《金狮子章》作注，即1096年版《注金狮子章》，保存在今日本帝国图书馆，这是在《大正藏》（T1881:45.667a-670c）发现的五台山华严宗复兴的文本依据。而且，西藏佛教徒认为西藏人朝觐五台山的悠久传统开始于北宋的最后几十年。正是在此期间，出使西藏的南印度使节与喜解派的创始人巴敦巴桑结（1117/11 18 卒）拜访了五台山 [②]。

必须指出的是，以上只是支持北宋五台山为繁荣宗教中心之观点的诸多资料中的几个例子。

三、金初五台山一瞥

12世纪初女真族的崛起再度引发动荡，吞没了更大范围的五台山地区。这种骚乱甚至在1125年金国灭辽、次年女真军队控制整个华北地区时还没有停止。[③]紧接着几十年军队频繁地劫掠骚扰着圣山周围的土地。五台山僧伽直接卷入冲突。金人入侵时五台山僧正司僧正是真宝师傅（d.u.）。真宝虽为僧人，但其功业千秋，《宋史》记载，真宝于1120年代中晚期组织五台山僧人在圣地周围勇猛抗击金兵，但因寡不敌众，抵抗失败。抵抗金军主力的战斗发生在五台山坡上，许多寺庙毁于战火。[④]

---

① 大正藏 T2099: 51. 1125c–1127a.

② Giuseppe Tucci, The Religions of Tibet, translated from the German and Italian by Geoffrey Samuel, Berkeley: University of California Press, 1970, p. 39; Helmut Hoffman, The Religions of Tibet, translated from the German by Edward Fitzgerald, New York: Macmillan, 1961, pp.133–135; and 'Gos Lo-tsa-ba Gzhon-nu-dpal, The Blue Annals（Deb-ther-sngon-po）, translated from the Tibetan by George N.Roerich, 1949; reprint, Delhi: Motilal Banarsidas, 1976）, pp.867–872.

③ 欣荣:《金代五台山佛教史》,《五台山研究》, No. 9（1987）: 15–19.

④ 《宋史》455。

不过，真宝事件持续时间短，不具有代表性。有证据表明，五台山大部分时期持续作为宗教中心颇有争议。无可否认，甚至在女真人彻底撤离辽宋统治地区后，萧墙之祸时有发生，成为金初几十年的历史标记——抗击金权统治的地方起义、不同集团之间发生内讧等——继续让五台山附近地区卷入纠纷。然而，圣山本身显然与圣所的一些标准相符，似乎很快从遭受的毁坏中复苏。比如，金末元初的诗人、史学家元好问（1190–1257）收录的出自金初一名小人物贾泳之笔的题记《题安生僧寺》。[1] 安生是8世纪五台山的雕塑僧，以雕塑真容院文殊像而著名。[2] 安生僧寺也许是真容院的别名，也许是完全不同的建筑，但不管何种情况它是五台山的寺庙。贾泳在题记中讲道，1129年他首次拜访五台山，与同伴在战争的废墟与伤亡中蹒跚而行，发现了真容院。但4年之后的1133年，他再次参访这座寺庙时，发现僧人们已经舒缓过来，寺庙也恢复了往日的繁荣。

下文将会看到，朱弁文章的主题证明了五台山在金初历史时期来临之际，因受到官方与私人的支持从战争的破坏中迅速复苏。这种复苏也有其它证据，首先考虑到的是扫描乱世中五台山普通人的生活质量。

元好问收编的相关资料表明，被人遗忘的士大夫姚孝锡的生活和著作与金国初期五台山的命运息息相关 [3]。据元氏记载，姚氏字仲纯，祖籍江苏丰县。1114年科举及第，调五台地区行政中心任代州兵曹参军。金军攻入雁门关、袭击代州时，大部分官员贪生怕死，议以弃城投降，而姚氏不以为虑。元氏讲到，"在被围攻期间，姚只是卧床睡觉，鼾声如雷，毫不在意。"胜利的金兵任命姚氏为五台主簿，但他不久称病辞职，闲居五台，靠消遣娱乐、旅游观光、接待宾客打发时光。一次，本地遭遇饥荒，姚氏

[1] 元好问：《中州集》第8卷 约1250；北京：中华书局，1962，卷2，396页。

[2] Gimello，"Chang Shang-ying on Wu-t'ai Shan，" pp.134–135，note no.36.

[3] 元好问：《中州集》，卷10，1962北京版，卷2，506–513页；张金吾（1787–1829）：《金文最》，卷113（ca.1822；北京：中华书局，1990，第2卷，1624页；陈衍（1856–1937）：《金诗纪事》卷5，杨家骆编《历代诗史长编》，台北：鼎文书局，1971，第12部分，76–78页。陈学霖，The Historiography of the Chin Dynasty: Three Studies，Munchener Ostasiatische Studien，Band 4（Wiesbaden: Franz Steiner Verlag，1970），pp.77，85，& 104.

捐出家中所藏万石粮食救济灾民。如此的慷慨之举赢得了当地人民的钦佩。晚年将家事托付儿子照料，取号醉轩，放浪于山水之间，咏诗饮酒自得其乐。据说他从来都"悲喜不形于色"。传记讲他辞职后约29年、84岁去世。有大量古体诗词存世（他的词不受元好问喜欢）。

元好问收集的姚诗之一《题佛光寺》，诗人把对佛光寺的细微感受与平衡烦恼尘世中积极宁静的禅修生活的思考结合在一起。同时在佛教意义上则暗示修行清规戒律与顿悟的艰难。①

题佛光寺

藏谷虽殊竟两亡②，倚阑终日念行藏③；已忻境寂洗尘虑，更觉心清闻妙香；

孤鸟带烟来远树，断云收雨下斜阳；人间未卜蜗牛舍，远目横秋益自伤。

元好问提到姚于84岁去世，确切时间不详。我们知道1164年他住五台，同年写下了重雕《清凉传》序④：

重雕《清凉传》序

白马东来⑤，象教流行于中土；玄风始畅，或示禅寂以探宗。或专神

---

① 元好问：《中州集》卷10（1962北京版，卷2，512页）。
② 出自《庄子·外篇·骈拇》的典故，讲到俩个家奴，男孩与女孩一起放羊却都让羊跑了——原因是男孩拿着书简读书，女孩在玩游戏。男孩代表尽责的价值，指姚孝锡早年的士大夫生涯；女孩代表随心所欲的生活，也指姚退隐之后的生活方式。但基点是俩人都弄丢了羊；姚似乎在表明两种情况都不是自己追求的生活，不管是早年的官宦生涯，还是晚年沉静悠闲的生活，最终都不尽人意。
③ "行藏"一词出自《论语》VII. 11，孔子赞扬颜渊说"用之则行，舍之则藏"，只有你我能做到这样啊。行指出仕任职，藏指在不被任用或者不愿违心供职时就从公众生活中选择有德行的退隐。无疑姚想到自己早年从活跃的官员生涯退隐之事。
④ 《大正藏》卷51，1127页；《金文最》卷38，1990北京版，卷1，547-548页。
⑤ 僧佑：《出三藏记集》卷6，T2145: 55.42c，等；汤用彤：《汉魏两晋南北朝佛教史》2卷，上海，1937；1卷，再版，台北：史学出版社，1974，16-30页。

化而素法①，亦犹水行地中。枝分别派虽异，至于济世利物之功，其归未始不同。故，唐刘梦得②，已为佛法在九州间，随其方而化，因名山以为庄严国界。凡言神道示现者，必宗清凉焉。按经言，文殊师利，宅东北清凉山，与其眷属，住持古佛之法。降大慈悲以接引群生，或现真容以来归依，或发祥光以竦观仰。千变万化，随感而应，有不可形容拟议者，何其异哉。

昔有沙门慧祥与延一者，皆缁林助化之人。洎丞相张公天觉、皇华朱公少章，皆大臣护法之士，异世相望，同心赞翼。虑圣迹在远，未彰芳尘，经久或熄。乃广搜见闻，与目所亲睹，编次成帙。慧祥，始为清凉传二卷；延一，复为广传三卷；张相国朱奉使，又为续传记，以附于后；其他超俗谈玄之流，与夫高人达士，作为诗颂赞偈，附名传末。星联珠贯粲然，贝锦之文，流行于世。凡九州四海之内，虽未躬诣灵岩，目瞻圣迹，但览卷披文，自然回思易虑，益坚向善之心。其外护之益③，未易可述。

偶回禄之构灾，致龙文之俱烬④，不有兴者。圣功神化，岁久弗传。东安赵统，以酒官视局台山，慨然有感于心。即白主僧，愿捐橐金以助缘。僧正明净，语其属曰：兹事念之日久，属化宫之灾。用力有先后，今因其请，尽出粟帛，以成其事。俶工镂板，告成有日。赵因造门，属余为序以冠其首。明净与前提点僧善谊，相继以书为请。仆尝谓：道不在衣，传衣可以授道；法不在文，披文因以悟法⑤。仆既嘉赵侯用意之善，而二高僧，皆于清凉，有大因缘者，知非贩佛以眩众。故为之书。

大定四年九月十七日　古丰姚孝锡

如果 11 世纪中叶像姚孝锡这样的人能安居五台，过着一种沉思、笔

---

① 织田德能：《佛教大辞典》，东京：大藏出版社，1969。注释的词条，675 页

② 刘禹锡（772–842）：盛唐诗人、文人，柳宗元（773–819）与白居易（772–846）的挚友，韩愈（768–824）的对手，尤以"深明世典，通达佛教"著称。此处姚孝锡提及刘禹锡的碑文，并引用了碑文中的隽语。

③ "外护"指对僧伽虔诚护持的佛教居士

④ 与回禄（火神）相遇引起的火灾导致"龙文"焚毁。

⑤ Gimello，"Chang Shang-ying on Wu-t'ai Shan，"particularly pp. 118–123.

耕、灵性思考并热衷慈善的生活——能以此序展现的方式把自己的文学才华奉献于五台山，那么我们有充分理由推断 12 世纪的五台山——即便在新建金国女真人统治下、局势动荡的岁月，仍然是宗教中心，甚至也是官方种种扶持的核心，政治权利往往会延伸到佛教机构，反过来得到佛教的精神庇护。的确，金国初期是五台山历史关键期。如果没有姚孝锡、使节晁说之等辅助再版，清凉三传能否保存下来、会不会成为后世了解五台山的重要依据不得而知①。

金国初期外国人巡礼五台山进一步表明五台山的活力与开放。当然，南宋的汉人不能随便参拜五台山，但其他地区的显然可以。元代的佛教史籍②记载了以下内容，时间是 1135 年：

> 法师苏陀室利，西竺人也。特礼文殊于五台。善闲咒术能通利。神异颇多，帝弥加重。时羽士萧真人③亦高士也，技术难问，皆为师伏，于是稽首后违世已。金国唐括相公④赞其真曰：似似是是（或云奇哉师子）苏陀室利西竺来游一百八岁。雪色连腮碧光溢臂，内蕴真慈外现可畏。在闵宗朝连阴不霁，特诏登坛咒龙落地，赭色伽黎后妃亲制，施内藏财度僧起寺。人半信疑，佛陀波利⑤借路重来五峰游，礼峨五佛冠曼殊何异。圆满月面色非红粹，真人萧生遥瞻拜跪。

另一种记载⑥更为全面而准确：

---

① 平林文雄：《参天台五台山记校本与研究》，162 页；义天：《新编诸宗教藏总录》，T2183:55.1164c.

② 念常：《佛祖历代通载》，1341 年，卷 20，T2036:49.685b19-29；明河编：《补续高僧传》，卷 1（SSZZ1524:77.369c21-370a11.）。

③ 《清凉山志》卷 3

④ 《金史》63。

⑤ 7 世纪末朝圣五台山的著名印度僧人，文殊菩萨为之创造五台山圣迹——金刚窟。

⑥ 《清凉山志》卷 3，台北版，131-132 页；太原版，162 页，提到苏陀室利由海路而非陆路到中国旅行，因为乱世中穿越中亚十分艰辛。

苏陀室利传

金苏陀师利，西域中印度那烂陀寺僧。内闲三藏，外徹五明[①]，能诵《华严经》。久慕清凉文殊住处。年八十五，与弟子七人航海来此土。七人三还三殒，唯佛陀室利一人随之。凡六载，始达清凉。每一台顶，诵《华严》十部。禅寂七日，不息不食。每入定则见紫磨金城、玻璃绀殿、宝莲香水、珠網交辉、功德庄严，不可称述，诸天童子游戏其中。后于灵鹫峰[②]化去，弟子室利，收舍利八合，璀璨如珠，持归西土焉。

另一位印度僧人的故事也很有趣，其印度名字不祥，但以吽哈罗悉利或吽哈为中国人所熟知[③]。据说他是北印度末光闧阇人，曾住云南鸡足山。鸡足山位于尊崇佛教的南诏国或大理国境内。众所周知，大理国与古印度（今缅甸与印度东北部的阿萨姆邦）保持着持续而密切的关系，直到12世纪，其佛教修行是汉传佛教与密宗的有趣融合[④]。因此，印度僧人在鸡足山念咒、治病、唤雨、训虎不足为奇。据说1140年代，吽哈罗悉利偕同弟子三磨耶悉利等七人，在王室的支持下，穿越或沿着南宋疆域到达五台山以及金人控制的其他北方地区，礼敬文殊菩萨与观音菩萨。特别提到他参访的"灵岩"。灵岩似为今岩山寺，位于五台山地区最北边的繁峙县境内。岩山寺建于北宋晚期1079年，在金统治期间明显遭受了巨大破坏，但是在1150和1160年代——吽哈罗悉利参访前后，——得到金国当

---

① 五明即声明、工巧明、医方明、因明和内明。

② "灵鹫峰"位于五台山腹地台怀镇。山顶的寺庙就是今天众所周知的菩萨顶，曾是著名的真容殿或大文殊寺；这是张商英1088年第一次见到文殊灵迹的地方。在更近时期，攀登108个台阶参拜清代喇嘛庙，是五台山朝圣的重点。"灵鹫峰"：借用释迦牟尼多次传法之地、王舍城外的小山"灵鹫峰"而命名。

③ 念常：《佛祖历代通载》，卷20（T2036：49.699c20–700a4）；明河：《补续高僧传》，卷1（SSZZ152 4：77.370a21–b6）。

④ Helen B.Chapin, A Long Roll of Buddhist Images, Revised Edition, Ascona, Switzerland: Artibus Asiae, 1972; 李霖灿：《南诏大理国新资料的综合研究》，台北：国立故宫博物院，1982。

局的青睐，支持寺庙的重建①。现存岩山寺的主要建筑都建于金代，引起了人们的极大关注，因为其中的文殊殿内绘有精美的壁画，是由宫廷画师王逵所作，完成于 1167 年，艺术史学家只是在近年"重新发现"并开始研究②。吽哈羅悉利正是在岩山寺礼敬观音，进行了绕行与斋戒活动。此后他旅行到山东的济南和棣州。在济南找到了文殊真容寺，在棣州发现了三学寺。1165 年吽哈羅悉利在金国圆寂，终年 63 岁。

诚然，苏陀室利与吽哈罗悉利的故事、姚的序以及安生僧寺贾泳的题记——构成的任何证据在一定程度上只是趣闻轶事而已，但达到的效果是一个灵性复原的五台山、一个宁静而有活力的宗教中心，从金国统治完整无缺地幸存下来并继续吸引远近的重要参访者与居民。不管是金国征服与真宝事件造成的严重摧残还是该地区持续多年动荡的军事局势带来的永久性损坏，五台山似乎都很快得以恢复。

看来官方的某种支持与有效措施有利于实现五台山的复苏。然而，没有太多的迹象表明对五台山的任何支持直接来自金王朝，或者对其资助是中央政府的明确政策，至少金国初期不是（1120 年代到 1160 年代）；即便某些修行人可能与朝廷有联系，但最初的资助似乎绝大多数来自当地居民。事实上，正如几位学者指出的，金国统治者对佛教的态度很难彻底了解，必须注意区分作为"官员"的态度与他们个人的观点。女真族的上层集团在其王朝建立之前就对佛教具有浓厚的兴趣，已经从高丽国对佛教有所了解。金国建立之后，他们打败了契丹人，控制了华北，逐渐吸收了辽代与北宋的佛教文化，对佛教的认知与尊崇相应增加。不过，最初的几十年影响佛教的官方决策相对较少，可数的几种记载主要是关于金国的两个首府上京与燕京附近的都市佛教团体的情况。有时，金国的个别统治者会颁布某种支持佛教的规定，以表达他们个人对佛教的尊崇或者庆祝特殊事

---

① 李宏如：《五台山佛教：繁峙篇》，太原：山西高校联合出版社，1992，119–125 页。
② Particia Eichenbaum Karetzky， "The Recently Discovered Chin Dynasty Murals Illustrating the Life of the Buddha at Yen-shang［sic］ssu, Shansi，" Artibus Asiae 42（1980）：245–261；山西省古建筑保护研究所编《岩山寺金代壁画》，北京：文物出版社，1983。

件，但是直到世宗（1161–118 年在位）统治时期，金王朝才开始制定关于佛教的官方国家政策，名义上支持佛教，实际上力图迫使僧伽隶属于国家当局并占用其财富[①]。总之，历史记载似乎并不支持金国初期指定五台山为特殊资助对象的观点。我们也没有找到证据表明他们遵循唐太宗的模式，将五台山作为防御外敌侵略与巩固政治权利的特殊精神力量。即使金国初期统治者确实以这样的视角看待五台山，迄今还没有发现他们留下的记载。

我们所发现的是一种地方保护或赞助的模式而不是国家或朝廷的支持。尽管五台山确实享誉整个佛教界，对远至印度的朝圣者依旧具有吸引力，但是它似乎明显保持地区财产，之所以在金国初期幸存下来，主要取决于当地信徒的虔诚与慷慨。就其本身而言，尽管它具有普适愿望，但在历史上经常并入皇家意识形态，中国佛教素来在独特的地区与场所根深叶茂。文殊菩萨确实受到世界各地佛教徒的敬奉，但是山西最北部与内蒙古边境地区的人民尤其感恩文殊菩萨选择五台山作为世间道场。必须提到金国初期的另一种文献，即宋代著名参访者的朝山游记，记录了大量宗教圣迹异相。

四、朱弁与五台山

1. 晁說之、天台宗与朱弁

从 1120 年代金国征服北方到蒙古重新统一中国的一百五十余年间，中国的主要人口汉人居住在淮河以南，对于他们来讲朝圣五台山几乎是不可能的。然而，就在征服之后的随后几年，宋金关系的格局无意间给五台山周围带来了影响，至少有一位南宋政要与学者留下了有趣的五台山游记。

---

① 野上俊静：《辽金的佛教》，179–297 页；游侠：《金代佛教》，中国佛教协会编，《中国佛教》，卷 1，北京：知识出版社，1980，95–101 页；Kenneth K.S. Ch'en, Buddhism in China, pp.411–414; 姚道中，《金代佛教与道教》，田浩、奚若谷（Hoyt C.Tillman and Stephen H.West）编，《女真统治下的中国》（China Under Jurchen Rule），Albany: State University of New York Press, forthcoming）；桂华淳祥《金代帝室の仏教信仰に関する一資料》，《印度学仏教学研究》32.1（1983.12）：298–301.

正如附传所述，朱弁（1144 卒）是安徽的一位士大夫，年青时以诗见重于晁说之（1059-1129），晁说之出身北宋望族，是当时知识分子与文学界的领军人物。12 世纪 20 年代末 30 年代初朱弁定居开封与古都洛阳之间的新郑。该地区不仅是晁氏家族，而且是许多其他显赫的上流社会家族的家乡。朱弁以晁说之弟子的身份进入了诗人、画家、书法家、哲学家与僧人——当时新郑与附近首府繁荣而有教养的上流社会。早在几十年前，文坛由苏轼（1037-1101）、黄庭坚（1045-1105）、米芾（1051-1107）、李公麟（1049-1106）、晁补之（1053-1110）等名流所引领。朱弁多年收集北宋朝野、名人轶事，晚年编撰《曲洧旧闻》与文学评论系列《风月堂诗话》，其北宋晚期文学史观对后世颇有影响。[①]事实证明，《风月堂诗话》对北宋伟大诗人特别是苏轼、黄庭坚、陈师道（1052-1102）与梅尧臣（1002-1060）的评论最为权威，其理论主张对金代诗坛具有倾向定势的作用。

应该指出的是，朱弁处于宋代文艺复兴时期，学术界是容教而非排佛的。宋代的道学运动在朱弁最欣赏和认同的年轻侄子、学者朱熹（1130—1200）的思潮中达到了顶点，与大多数道学运动的学者不同，文人学士发现佛教的教义、修行与机构完全与道家观点兼容[②]。某些朝觐五台山的文人，像朱弁的前辈张商英（1043-1122），——建构了深奥复杂的儒道佛综合体系，其中佛教明显占有重要位置[③]。即使那些没有形成系统阐释佛

---

① 本书的最佳版本是由陈新 1981 年编校、1988 年出版——与慧洪（1071-1128）《冷斋夜话》和吴沆（1116-1172）《环溪诗话》一并由北京中华书局出版。1973 年台北广文书局出版的版本（同一卷收有 3 种诗话）；还有《四库全书》版本。

② 关于佛教作为宋代文艺复兴、特别是文学传统的重要组成部分，参见 Robert M.Gimello, "Marga and Culture: Learning, Letters, and Liberation in Northern Sung Ch'an," in P 572. Robert E. Buswell, Jr. and Robert M.Gimello, eds. Paths to Liberation The Marga and Its Transformations in Buddhist Thought Studies in East Asian Buddhism 7 （Honolulu: University of Hawaii Press，1992），pp.371-438.

③ 参见 Gimello, "Chang Shang-ying at Wu-t'ai Shan," pp.91-97. 张商英《护法论》（T2114: 52. 648c-667c），与契嵩（1007-1072）早期的《辅教编》（T2115: 52. 637a-646c）是北宋儒道佛融合最重要的论述。两者都提出普通佛教包含中国本土传统的最优秀部分，认为人文社会与自然宇宙和谐的理想如果建立在佛教基础上，就最有可能实现。

法的学人，也有许多人广泛地阅读佛教三藏，与博学而圣洁的僧人交往甚密，在他们的诗歌、绘画中借鉴佛教意象，当生活被失望与冲突困扰时，通常求助于佛教的安慰。

朱弁的导师晁说之便是这样的人 ①。就像许多思想家后来被朱熹所谓狭隘的正统标准界定为"非正统的"一样，他是 11 世纪儒学复兴的一员。1182 年进士及第之后，他备受文化名人官员苏轼和范祖禹（1041-1098，字淳夫）的青睐，获得官方资助 ②。正是与范祖禹的接触把他带到了司马光（1019-1086）的交往圈里，司马光很快成为他的首席导师。因对司马光仰慕至极，甚至借用司马光的号自称景迁生。而司马光也认为晁说之是其得意门生。司马光的弟子中唯独晁氏研究源于《易经》传统的宇宙论与形而上学，包括司马光特别关注的杨雄（53 BC-28 AD）的《太玄经》。其间他与邵雍（1011-1077）弟子杨贤宝（d.u.）研究先天之学。据说他还在孙甫（992-1057）的弟子姜潜（字至之）指导下研究《尚书》之《洪范》章 ③。由于孙甫以《易经》研究著名，我们可以假设晁氏与孙甫弟子尽管专注于《尚书》，但对《周易》及相关文本的宇宙论与形而上学也有持续研究。同样，张载（1020-1077）之学也是晁氏关注的内容；可以推断这与他对《易经》类主题的持续关注有关。事实上，虽然他撰写了儒家经典的重要评论，但在弥留之际，认为只有论《易》的著作值得保存；文集的

① 参见黄宗羲（1610-1695）与全祖望（1705-1755），《宋元学案》，卷 22（约 1755 年；北京：中国书局，1987），895-900 页；王德毅，《宋代澶州晁氏族系考》，衣川张编，《刘子健博士颂寿纪年宋史研究论集》（京都：同朋社出版，1989），21-28 页。

② 参见福赫伯（Herbert Franke）编《宋代名人传记词典》卷 1（Sung Biographies Vol.1）中迈克尔·弗里曼（Michael Freeman）所撰范祖禹传，Munchener Ostasiatische Studien，Band 16.1（Wiesbaden: Franz Steiner Verlag，1976），338-345 页。

③ 参见 Wm.Theodore de Bary，"A Reappraisal of Neo-Confucianism，"in Arthur F.Wright，ed.，Studies in Chinese Thought（Chicago: University of Chicago Press，1953），pp.81-111；Michael Freeman's short biography of him in Franke，Sung Biographies Vol.3，pp.973-975. 笔者没有找到关于姜潜本人的资料。

其余部分都应该焚烧①。晁氏在政治上当然是保守派，是王安石（1021–1086）直言不讳的批评家。他甚至要求把孟子从国子监的课程中剔除出去，因为孟子特别受到王安石敬仰。当钦宗（112 年在位）批准该建议时，国子监的的学者都欢欣鼓舞②。

应当引起格外注意的是，晁氏学术才智发展的巅峰是在晚年，即到12 世纪的 20、30 年代，已对佛教产生了浓厚的兴趣。对于大多数支持北宋文人佛教者主要意味着禅宗。晁氏当然了解禅。他曾在著作中对禅有过评论。他一生中的大部分时间住嵩山附近，由此我们可以推断他对嵩山钟情至甚，并以嵩山名为号。必须指出的是，嵩山地区尤以历史上伟大的禅宗中心少林寺所在地而闻名遐迩③。

不过，作为一名佛教徒，与晁氏联系最为紧密、知识关联性最强的是天台宗。晁氏信奉天台教法④，尤其是宋初天台宗大师四明知礼（960–

---

① 所幸，晁氏要求焚毁文集的嘱咐没有兑现；文集的重要部分得以幸存。《中庸传》、《儒言》和《晁氏客语》等分别收在几部著名集子中，其余作品收于晁氏二十卷著作称为二十一分册的《景迂生集》或《嵩山文集》，收于《四库全书》，《四部丛刊》续编，集部（Lo no.375）也有收录。后者是修订本，由晁氏后裔于 1167 年、晁氏死后 38 年印制的罕见的宋代影印版。参见学生书局（台北，1975）重印的晚清版《历代画家诗文集》。集子的附录是几项家庭档案，合为二十一卷——生平介绍，纪念文等等。——与《宋元学案》的编撰者一样，这也是我们依据的晁氏生平信息。

② 晁氏最重要的老师司马光怀疑孟子。鉴于后来"正统"的道学传统坚决主张孟子的主导地位，晁説之与司马光对孟子的批评对哲学思潮的多样性以及维护宋朝起到了良好的启发作用。钦宗批准禁孟的确切时间是 1126 年至 1127 年初。

③ 嵩山位于新郑区，又名曲洧，与晁氏及其家族以及朱弁联系密切。

④ 晁氏对佛教的关注在许多佛教资料中都有提及，在王德毅等，《宋人传记资料索引》（台北：鼎文书局 1977），卷 3，1954–1955 页词条中被忽略。因此在列表中至少可以补充以下几条：宗鑑 1237 天台年谱，《释门正统》，卷 7（SSZZ1513: 75. 341c342a），志磐1341 从天台的角度撰写的佛教通史，《佛祖统纪》，卷 15，22，24，49，& 50（T2035: 49. 226a，245a，253，438a，444c，& 446a）。

1028）所谓的"正统"或"山家"宗①。晁氏其实是明智中立（1046-1114）②第三代传法弟子，他还与其他几位天台高僧如智立的第四代传人智涌了然（1076-1141）关系密切。这些还不足以说明晁对天台宗的兴趣；其佛学著作表明他是颇为热心的佛教支持者和护卫者。他根本不愿意参与宋初就已展开的天台宗与禅宗之间的持续论辩。他会不失时机地强力支持天台的观点③。我们可以完全确定晁氏决定自称"国安堂老法华"与"天台教僧"④不只是出于心血来潮或钟爱之情，而是如传记记载，出于虔诚的信仰而日诵《法华经》，并选择一处佛寺作为他的安葬地。

显然晁説之学识广博，智慧通达，精通儒学，对宋代的文艺复兴贡献突出，同时他又是虔诚的佛教徒，通晓佛法。因此他对儒佛关系的任何评论都值得认真关注。特别要提到的是他写给智涌了然的"惧说"一文⑤。

---

① 关于天台宗的两个流派之分以及知礼的重要作用，参见安藤俊雄，《天台学论集：止观净土》（京都：法藏馆，1975）；郭朋，《宋元佛教》（福州：福建人民出版社，1981），102-106 页；王志远，《宋天台佛学窥豹》（台北：佛光出版社，1992）；陈至华，《知礼（960-1028）与宋代天台正统之形成》，博士论文，加利福尼亚大学，洛杉矶，1993 年。

② 关于明智中立的生平，参见《释门正统》，卷 7（SSZZ1513: 75. 339a-b）；《佛祖统纪》卷 15（T2035: 49. 226c-227a），以及如惺 1617 传记集，《大明高僧传》，卷 1（T2062: 50. 902b）。

③ 关于北宋年间天台与禅宗的争鸣关系，参见高雄义坚，《宋代佛教史研究》（京都：百华苑，1975），75-93 页。晁氏对禅或多或少抱有挑剔态度，其中有 1127 年为宝月和尚（1057-1117）写的纪念碑文—《嵩山文集》卷 20，36a-39b。这名高邮军（现江苏高邮县）乾明禅院的无名教士作为一名禅僧开始了他的宗教生活，并与当时一流的禅师研习。比如，他的第一任师傅是云门大师天衣义怀（993-1064）的大弟子长芦英夫（d.u.），曾一度受教于临济黄龙派的东林常总（1025-1091），也遇到了几位其他禅派的杰出禅师。然而，当晁氏错误地解释天台术语时，宝月对这种当时流行的愚蠢、笨拙、伪造的禅感到失望（也称亚禅、魔禅或暗证禅）。因此他转而从事基于经教与禁欲的、更具传统风格的佛教。最后，晁氏讲到，他如此成功地抹去早年的相关痕迹，甚至没有人知道他曾经是禅僧。（笔者找不到宝月僧人的其他记载，但是传统的禅谱系图把一个叫宝惠、也叫乾明宝惠的人列为长芦英夫的弟子；此宝惠会是晁氏碑文的宝月吗？）晁氏给老师明智中立写的纪念碑文的结论部分更强力地主张天台优于禅，参见《嵩山文集》，卷 22，34a-35a 页。

④ "教僧"一词具有复合的意义，晁氏自称是某种"教士"，是根据教义而不是根据寺院戒律"授予"的。

⑤ 此文收于《嵩山文集》卷 14，21b-23a 页。笔者只引用了开头部分。此处晁氏所说的"惧"是指心胸狭窄，对所有陌生新奇、或另类的事物心怀恐惧。

惧说　　赠 然公

子尝怪，韩文公欧阳文忠公力排浮图，而其门多。浮图之雄，如澄观契嵩辈，虽自能传于后世，而士大夫今喜称道之君，实二公之力为多也。夫毁其教而进其徒，岂非一反哉！

往年孤山智圆[①]凛然有名当世自成一家之学，而读书甚博性晓文章经纬师法。韩文公常责其学者不如韩能有功于孔氏。近则嵩力辩欧阳之谤有古义士之风。是二人者，忘其雠而慕其善，又一反哉！

窃尝思之是惟公乎好恶而务乎厚，不自窘束而坛宇广大者，能为如此若其反乃其合也。

在此我们看到晁说之遵循当时许多中国知识分子建立的模式，认为佛教与中国传统十分一致。他明确拒绝了韩愈或欧阳修的无理排佛，极力主张包容但非不加批判的宗教与学术的多元化。从这个角度，他认为可以承认对佛教的两种排斥所存在的价值，但不能忘掉或原谅他们的狭隘。他进一步指出，人们在掩掩饰饰地从个别佛教作者那里汲取灵感的同时可以摒弃公开指责佛教的虚伪。这样，在晁氏建立的更宽广的天蓬下，澄观与契嵩等佛教徒对道学做出的贡献就会得到承认。

由于晁氏主张普世主义，他甚至准备温和而间接地表达对自己尊敬的

---

① 孤山智圆在天台宗"山外"派所处的地位相当于同时代的知礼在"正统"或"山家"派享有的地位。不过他崇隆的声望已经超越了宗派斗争，甚至山家的支持者晁说之也极为尊重他。智圆著述颇丰，尤其是佛典注疏（部分收入《大藏经》），他还是儒学家、成就斐然的诗人。《闲居编》是智圆陆续写的诗文杂著集，研究北宋佛教主要的但仍然很大程度上未利用的资料，可提供有价值的信息。最初于1116年以60卷出版，其中9卷在1248年重印时佚失。而重印版在中国不久就佚失了，但在日本保存了下来，成为后来日本几个版本的依据。今天很方便就能在日本《续藏经》中找到。（SSZZ9 49: 56. 865a-948a）。毫无疑问是智圆的博学与兼容使他成为晁说之倡导的"宽容"的典范。关于智圆的生平与书目信息，参见《佛祖统纪》，卷10 & 25（T2035: 49，205b-c，259b-c）；《佛祖历代统载》，卷18（T2036: 49，661b-c）；觉岸1354著，《释氏稽古略》，卷4（T2037: 49. 863c-864a）；袾宏1584集，《往生集》，卷1（T2072: 51. 136c）。

老师司马光对佛教蔑视的反对意见。1124 年创作的庆祝成州大梵寺^①重建的文章开头这样写道：

　　古代国王都认为佛陀是"西方圣人"，但是司马光对此不屑一顾，说"圣人岂有所邪！"如果大学者的言论能修改，必期从"放诸四海而皆准"的束缚中解脱出来。

　　当然，晁说之深知这并非司马光的本意。他主张没有"西方圣人"并非真的主张圣境的普遍性。相反，是对佛教的另一种拒绝，只是因为它是外来的。换言之，司马光的真实意思是，唯一且真正的圣境是中国的圣境。晁如此崇敬司马光，却被迫在关键问题上与老师意见相左。在同一篇文章他继续证明在某种意义上佛教在中国已经存在。他一个接一个地揭穿历史上佛教传入中国的所有传说，表明每一则故事都是以不可解释的先验佛教知识为先决条件的。例如，如果佛先前不为中国人所知，傅毅如何将汉明帝夜梦金人解释为佛的显灵？再者，（在此他直奔文章主题）诸如文殊住于五台山、普贤住于峨眉山、阿罗汉住于雁荡山和鼓山的超越与永恒的现实^②，人们的确不能追溯到仅仅是汉明帝的历史时间。这便是"以不思议境照不思议心"。圣者在圣地的出现不能历史地解释，必须理解为原始的（存在）。因此，这种存在无论在中国这块陌生的土地还是与之相关的外国的某些地方没有合法拒绝佛教的理由。终极真理无边界，"没有犹太人，也没有非犹太人"，没有汉人和野蛮人之分。总之，晁氏巧妙地将佛教的区域信仰调到佛教跨区域的普适性，从而表明司马光对佛教的敌意只是狭隘的表现。

　　笔者不厌其烦地解释晁说之对佛教的论辩，以期建立合适的框架诠释其弟子朱弁的佛教态度。传统的假设是像朱弁等博学并爱国的中国文人——通过他的老师以及他们的老师继承了宋代儒学复兴的理性主义以及

---

①　成州，今甘肃同谷县，晁氏于 1120 年代初为成州知县。晁氏杂文《成州新修大梵寺记》收于《嵩山别藏》，16 卷，39a—41a. 页。

②　雁荡山位于今浙江乐清县东约 40 里，是宋代古刹能仁普济寺所在地，当时重要的禅宗道场；鼓山位于福建省闽县东约 15 里，是古刹涌泉寺、又称华严寺的遗址，宋代另一处著名的阿罗汉信仰的禅宗中心。

对佛教的担忧——充其量会怀疑五台山及文殊显圣的记载。但是由于晁氏对佛教虔诚而深入的了解，加之他对朱弁的赏识和影响，对如此假设提出尖锐的质疑。对于他们两人以及更多公认的同龄学者，佛教仍然是可作选择的信仰与学问，是其知识领域的重要内容。考虑到后来儒学与现代西方偏见的共同作用导致佛教在宋代文化中的重要性被遮蔽，这个问题怎么强调也不过分。

2. 使臣朱弁、史君折彦文与文殊菩萨灵迹

假设朱弁在 12 世纪的第二个十年的某个时候受到晁说之的庇护，我们可以进一步推定，在俩人的生活、也是普通中国人的生活被金国征服华北时暴力破坏之前，他们的亲密关系至少持续了十年。几年来女真人的压力在日益加剧，但是对中国中心地区的实质性攻击是 1126 年末开始的，开封最后于 1127 年 1 月 9 日遭到袭击。我们很容易忘记这种地缘政治的灾难对个体生活造成的浩劫。当然，许多宋代精英设法逃往南方。还有许多人没有逃离。现任与前任皇帝连同许多家眷均被金军俘虏北上。不计其数的人在激烈的战斗中丧生。晁说之与家人如何对付生活我们不得而知。他自己幸存下来，但只活了两年；于 1129 年、69 或 70 岁时去世。朱弁也幸存下来，但他的大部分家人被杀。惨痛的个人损失与国家的失败激起了他的爱国义愤，于 1127 或 1128 年挺身自荐应征出使金国，商议徽宗与钦宗回国并议和。结果出使没能实现目的，其使者、包括朱弁被隔离羁留，当为人质。在被监禁中朱弁不懈地履行使者的职责，反复投书，言辞恳切，代表被俘国君议和。负责看管朱弁的官员粘罕置之不理。后来，他试图胁迫朱弁背叛宋朝，出仕南宋叛臣刘豫的伪齐供职，伪齐是金国树立的短命傀儡大齐国。金人威逼利诱，囚困他于营地，断绝饮食，生死关头，朱弁严正拒绝。发誓宁愿饿死都不愿背叛。他一再声称他要坚定地忠诚于宋朝，行使使臣的强大防御权利，最终赢得了金军的尊重，更不用说在宋朝国志

的荣耀地位了①。金人极力让他叛变，从此大礼待之。尽管他从未接受金国官方的任命，但他愿意以个人身份为女真族精英子弟当老师。这些相对体面的身份为他赢得了崇隆的地位，金人允许他小范围的自由活动。朱弁羁留的大部分时间因于西京，即大同城。不过，他可以在都城附近旅行，包括五台山（可能也包括统辖五台山的代州行政中心），实际上有机会参观那些地方。正是在这种情况下，朱弁认识了雁门史君折彦文。雁门是位于战略关隘的边防哨所，控制先前大同辽城与台州的中国领土之间的大部分旅行，位于五台山西北35公里处。据记载，1141年折彦文率领部队远征，平息地方叛乱。叛军被驱赶到五台山附近。为了庆祝远征的成功，折彦文在五台山的一座寺庙做了一场大型的公开进香活动，以此表达对文殊菩萨的感恩。这次进香活动是一次令人印象相当深刻的仪式，也是带有文殊特色的五台山圣迹的重大活动。折彦文记载当他和在场的人凝视着香云直上云霄，众人都看到奇妙幻象。有的看到奇异形状的五色云；有的看到不可思议的光或射线；有的看到天桥；有的看到冠冕、金网、传说中的动物、敷纷的仙花、王冠形状的彩虹；还有的荣幸地看到了文殊端严相。

朱弁告诉我们折彦文难以言说此种事迹。事实上，史君也承认不知如何用语言表达；毕竟，他只是一名军阀，缺乏种种文学技巧适当表达如此美妙而不可言喻的事迹。因此，他请求著名学者朱弁替他做记录。显然，朱弁知道折氏家族长期负责本地区的军事。折氏家族尽管世代都在云中城（即大同），但是控制今山西北部和西北部的大部分地区并开始执政是在五代时期。随着宋朝的建立，他们发誓效忠朝廷，保卫国家边境，有效防御契丹人与西夏人的威胁长达一个半世纪之久。然而，女真族征服之后，

---

① 朱弁持节不屈，已成为中国传统文学描写的传奇人物。例如，明代剧本《朱弁别公主》讲述了一段虚构故事，朱弁在被俘期间，女真族公主爱上了他，他们保持柏拉图式的关系，朱弁拒绝公主结婚的要求，与她悲伤告别之后回到了南方。这部剧没有完整地保存下来，但是场景与唱段属于闽南与晚近台湾的戏曲传统。今天在台北音乐商店可以买到《朱弁别公主》的唱片。参见龙彼德（Piet van der Loon），《明刊闽南戏曲弦管选本三种》，（The Classical Theatre and Art Song of South Fukien: A Study of Three Ming Anthologies）（台北：SCM 出版社，1992）。

他们转而效忠金国。

朱弁知道只要折彦文在本地区掌握军权，就会对五台山慷慨资助，折家四五代人一直在供养并保护着五台山的很多寺庙。正如朱弁对此的解释——折彦文家族对五台山的长期资助——提出了一个令人困惑不解的问题。五台山的灵瑞现象一般被理解为菩萨为了让民众或非宗教徒生起信心或促进信仰而赐予的善行。然而，这并非赐予折彦文圣迹异相的理由，因为折氏家族长久以来是五台山的虔诚信徒。所以朱弁用了一个恰当而恭维的比喻。他把折彦文比作给孤独——释迦牟尼的大施主。给孤独长者也是佛为之化现的对象。一次，佛陀入王舍城，给孤独把园子布施给僧团，佛举身放光，绕祇陀园，照耀盘旋在给孤独房舍上空。显然佛并非为了唤醒大施主的信仰而现神通；须达多，当他被这么称呼时，已经是最虔诚的信徒了。佛化现圣迹异相的目的是宣告给孤独的伟大虔诚并回报他的慷慨。朱弁认为为了同样的原因，文殊菩萨为折彦文化现神迹。

接着朱弁从更近的历史中选用了另一个类比恭维折彦文。他把折彦文比作张商英，张商英是著名文人、政治家、是朱弁的导师晁说之同时代的居士。张氏卒于 1122 年，距当时不到 20 年。很可能朱弁与晁说之认识此人，至少他们在开封朝廷供职时见过。鉴于晁与朱都是政治上的保守派，张晚年加入保守派，所以就更有可能认识了。在任何情况下，朱弁对张商英的声誉都记忆犹新。因此朱弁或许知道就在 50 年前，1087 年至 1090 年期间张商英因公务在五台山停留，借此机会朝拜了五台山的主要景点，有幸见证了折彦文描述的灵瑞事迹。朱弁记录了这些事实，也提到了张商英写的宗教之旅《续清凉传》。假定朱弁读过张商英记述的感应事迹，我们可以猜想他特别注意到张商英对所见现象表达的几点"疑情"。张最后明确表示他相信所见异相是对事物真谛的真正顿悟，但是他也指出这些启示对他的影响远远大于起初的疑情。张氏的怀疑并不只是理性主义的知识分子对所有神秘事物下意识的反应，而是怀疑感官的作用或寻求自然的解释。张氏对所见神化变异的怀疑倾向某种程度是因为他的禅宗背景。禅宗对宗教信仰感应事迹的怀疑是先天的，也是众所周知的。禅师经常警觉此起彼伏的意识状态，潜在的诱惑与幻想、出神忘形与狂喜常常会降临到禅修者身上。换言之，禅的旨趣就是平常心是道[①]、神通并妙用，真正的道不是在超自然范围而是在日用行事作务中，如"运水及搬柴"[②]。张商英游记在几处关键处停下来反思禅的态度与朝圣之旅中生动而令人信服的文殊异相圣迹之间的张力。假设朱弁自身的佛教倾向更像他的老师晁说之，那就是天台宗而不是禅宗，那么这种紧张关系对他不像对张商英那么严重。天台——更多的保持苦行坐禅的传统，特别强调仪式的转化力量——并不像禅宗那样对幻觉体验如此怀疑。不过，朱弁既了解禅宗对此的典型态度，也知道禅宗态度的广泛影响，甚至自己都会感觉到某些影响。因此，他不是简单地忽视张商英的感应事迹与折彦文所见异相被疑为幻觉的可能性，不管是出于禅的种种原因还是出于一般的怀疑，他都正面解决问题。他指出"味禅悦者，或有为病"，暗示更深的怀疑，即，也许张氏撰写的游记有世俗的不可告人的动机。后者的怀疑的确难以避免，因为张氏在游记的附录中写道，他撰写并流传游记是希望政府对五台山寺庙遭受的毁坏给予救助。朱弁没有马上拒绝这种怀疑；他没有直截了当地说张商英所见是真实的而非虚幻的、或没有写作动机。而是采取了更为微妙的、佛教本身提供的、与圣迹异相相关的途径，以及随后的叙述，阐发佛教首要的慈悲理想。将其观点意译为："有人说张氏所见是幻觉，但我认为他只是仿效诸佛菩萨的慈悲模式，借用文学技巧和他在教内外享有正直、诚实的崇高声誉，纪录宗教圣迹异相以唤醒、培养、坚定人们的信仰。"[③]接着祝贺史君折氏以张氏为楷模，将其世俗的责任（平息叛乱）作为弘法的机会。为此，朱弁表示愿意答应折氏的请求，为折氏所见感应事迹做一记录。就此问题还没有最后解决。文章的最后几行，朱弁承认尽管他答应了折氏的请求，但仍有犹豫，还没有做好充分准备。在其他著名目击者的敦促下他才最终

[①]　出自洪州禅祖师马祖道一（709-788）语录，参见入矢义高编译，《马祖语录》（京都：《禅文化研究所》，1984），32-34 页。

[②]　出自马祖弟子、禅居士庞蕴（d.808）语录，——参见入矢義高编译，《庞居士语录》，《禅语录》7（东京：筑摩书房，1973），15-18 页。

[③]　译者按：原文是"无尽平生，运佛、菩萨慈以济世拯物，清凉之述。所以化导未悟。"

落笔。

那么我们如何理解朱弁所记的奇异事迹呢？是设想他认为折氏说的可靠，还是他只是礼貌且巧妙地回应一位名人的请求、一个或许难以粗鲁地拒绝的请求？近来校注该文献的两位学者支持后者的解释。《清凉三传》最新校注版的编者陈扬炯与冯巧英，认为朱弁对张商英发表五台山灵迹"亦为众人设耳"颇有微词。他们呈现的朱弁形象——错误地认定朱弁是理学家！——这是怀疑论者进行的讽刺，初读者大概不会察觉的讽刺。他们指出朱弁认为史君折氏所言灵迹是迷信而荒谬的，张商英早期记载的灵迹只是利用了普通人对宗教的轻信。再者，关于折彦文的感应事迹，朱弁煞费苦心地记录的圣迹异相不过是目击者注视香云的过程，难道不是真实的吗？在庄严仪式的影响下，唤起充满激情的想象力，迫使香烟呈现特定的、期待的和热盼的形状，难道不能这么认为吗？这样的解读起初似乎是合理的，但是笔者认为最终不具有说服力。它忽视的太多、要求的也太多。比如，它忽视了朱弁对佛教的敬仰；没有说明他对佛教显而易见的博学；而要求我们对文章的其余部分进行最大限度的前后一致的、简单化和粗略化的诠释。

文学评论家早已认识到作者的结论往往在文章的开头就明确提出，而不是在最后[①]。前言常常是作者完成文本写作、审阅了文章主体部分之后，在开篇给予特别关注，对文章主旨进行介绍，宣告或表明文章整体的格调或意图。朱弁的短文就是这样。因此，笔者认为朱弁在开篇就阐明了文章的观点，为读者阅读下文提供了最好的线索。特别应该提到的是，第一句宣告的主题是慈悲。朱弁认为在诸佛、菩萨、阿罗汉的慈悲心与庄严的山岳景观之间具有某种特殊的联系。但人们不能不注意朱弁这里巧妙地运用了模糊性。不好确定他是在谈论山岳与景观本身，还是此地的灵瑞现象。然而，不管山岳景观如何美妙或神奇，都是自然现象。没有什么一定是超自然的。相反，巨大的骑狮文殊像盘旋在山顶，映衬着彩色祥云，装饰着

---

① 参见 Edward Said's insightful but unnecessarily obscurantist and tendentious work, Beginnings: Intention and Method（Baltimore and London: Johns Hopkins Press, 1975）.

发光的宝石，排列在水晶塔之间，被标致的诸神围绕，放射不可思议的流光溢彩与光晕——所有这些都是非自然的，甚至是超自然的。但是朱弁意指哪一种呢？他说"凡山地胜所，示现境界，有趾斯至，有目斯睹。"换言之，他们是"世间的"。由此看来，人们很可能设想他谈及的庄严崇高的风景是十分自然的。人们不需要成为佛教徒或者信仰文殊才能遭遇如此令人鼓舞的奇观。另一方面，借以敷演神圣慈悲的场所，是否意味着山岳景观的自然美本身就是佛菩萨爱的表达呢？还是意味着唯如此自然壮观景象才适合超越的实在与人物在世间的示现，好像文殊只有在适当的庄严场景下才肯垂示真容？据说诸佛、菩萨和阿罗汉经常创造"光景"，信徒与非信徒同样受到鼓舞，但是"光景"一词也是含糊不清，因为它或者指令人敬畏的景色，或者指发光的灵瑞现象。笔者认为，贯穿文章始终的模糊性是作者有意安排的，朱弁对此驾轻就熟。

关于这一点，朱弁开篇的句子把壮丽的山景与政要和僧官需要的种种感召力联系在一起。皇帝需要山岳，或至少需要山岳引人入胜的图像，提醒他们不忘嘱累的重托。同样，住持与其他寺院权力需要五台山与天台山这样的神灵感应——山峰的力量通过呈现"庄严的精神"与"辉煌的庙宇"变得神圣。——如果他们要认真履行与佛教信仰同样神圣的职责。这种联系也有一种模糊性或双重意义，因为山岳在此展现了宗教意义与政治意义。又一次提醒人们在五台、佛寺与皇权制度之间复杂而古老的连接。现代思维方式迫使我们停留在政治与宗教的融合，怀疑宗教用作政治的借口、权力的工具。但是不是允许我们把对这种问题的焦虑放回到十二世纪中国人的思维呢？难道我们不会更好地接受一种可能性，即把政治当局与制度影响看作圣地的自然共鸣吗？

最后提到朱弁对山岳自然特点的评论，包括实际的山岳与绘画和图纸上表现的山岳。五台山是自然的"气象制造者"，山上多有云雾，降水丰富。天气晴朗时，阳光照射在山脉上，形成五彩奇光，神奇而瑰丽。但是朱弁认为阳光、云、雨与山岳的联系不只是缄默的自然现象，它们还有象征意义。阳光象征智慧或顿悟；云则隐喻慈悲；雨表示佛法的摄受力。这在其他文化传统称显灵。暗示自然是神的容貌、超然性的服饰。

就此对贯穿全文且涵义丰富的模糊性就有更深入的理解。"模糊性"这一术语对于佛教与中国都是外来的，促使人们想到朱弁对山岳景观持有一种神圣观点。如此独特的位置与不期而遇的圣迹，是他接受"恩泽"的媒介。它们不仅仅是呈现出来的样子，而且从来都是平常理解的面貌。人们甚至会大胆地延伸这种神圣的类比用于说明——像朱弁对佛教抱有同情的文人如张商英，怀有某种接近"实相"的信念。或许会让人想起亚里士多德与阿圭那的哲学思想即化质说的理论来源，能够提供概念性的框架，其中有一个模糊的断言——认为面包与酒其实是基督的身体与血液的观点——是可以理解的。同样，佛教思想，如天台教义的"三谛"，十分适合解释五峰山如何会是文殊的五髻王冠，香云怎样形成文殊化身，山坡上落日的余晖如何成为文殊的光环，所有这一切是真实的，而山岳、云、阳光永远还是山岳、云和阳光。晁说之的弟子朱弁一定看到过五台山及其灵瑞现象，灵瑞现象是"假"，即拥有相互作用的本体地位；而又把同样的事物看做"空"，亦即没有确定的本体地位；最终他对实相的理解在于小心或细致地平衡着"中道"（甚至可以说是"最有限的条件"），是"真"也是"非真"。基于这样的标准，文殊化现可能被认为是真空，如同梦、幻、泡、影，或者是视觉在捉弄人（而佛教认为一切如"梦、幻、泡、影"）[1]；也可被判断为妙有，即真实地发生并且是灵验的。当然，最终的分析一定是，既非一，也非另一，既非二，也非另二。

人们或许不愿深钻这样的教义；史学家和其他社会科学家往往是这样，更不用说"后现代理论家"。然而，这是十分主观而简单地将佛教思想的基本范畴打了折扣，这些基本范畴朱弁肯定是熟悉的，我们有理由相信他会接受。但是只有通过如此武断的方式、当代学者经常抨击的姿态，才能把五台山灵瑞事件的始终模棱两可的资料当做讽刺，当做熟练的文学手法，企图掩饰傲慢与怀疑。

---

① 《金刚经》著名偈子："一切有为法，如梦幻泡影，如电亦如露，应作如是观"。

笔者浏览了朱弁在流亡期间或回国后不久撰写的《曲洧旧闻》，文中略记四个五台山轶事。这些记述没有背负重要价值，实为轻松的短文，迷人的故事意味着更多的轻微想象力而不是刺激智力。尽管带有戏谑语气，但并非完全没有严肃的意图。笔者认为，这些篇章最好以轻微惊讶的心态阅读，提醒我们世界是一个神奇的地方而不是一般的假设①。

代州五台山太平兴国寺者，直金刚经窟之上，乃古白虎庵之遗址也。相传云，昔有僧诵经庵中，患于乏水。适有虎跑，足涌泉鸟觜沸徐清、把酌无竭，因号虎跑泉。而庵以此得名。

代州清凉山清凉寺，始见于《华严经》盖文殊之地也。去寺一里余，有泉鹈一口泉一。一口许把之不竭，或久之不把，虽盈不溢。其理不可解，亦一异也。清凉山数出光景，不可胜纪。甲寅年腊月八日，夜现白圆光通夕不散。人往来观瞻，如身在月中。比他日所见，尤为殊异。

秘魔严②灵迹甚多。尝有飞石入厕，度其石之尺寸，则大于户。不知从何而入也。僧有不被袈裟而登岩者，则必有石落中路，或飞石过耳如箭声，人皆恐怖。

长松产五台山治大风有殊效，世人所不知也。文殊指以示癞僧。僧如其所教，其患即愈。自此名著于清凉传，而本草未之载也！

五、结论

总之，笔者认为朱弁的《台山瑞应记》讨论几个议题。它为其他种种资料描绘的金国初期五台山画面提供了更为详尽的细节。由此可以看到五台山即使在相对昏暗和混乱的历史时期，仍然是持续而富有活力的宗教中

---

① 参见《曲洧旧闻》卷一，丛书集成版，27-28页。《曲洧旧闻》多次再版，现有多种版本，包括四库全书鲍廷博（1728-1814）《知不足斋丛书》（本身就有七种版本），以及其他至少十二种文集中的版本。
② 秘魔岩是五台山的著名岩洞，位于五台中心西北方、佛光寺东南，是朝圣五台山的必到之处。参见 Gimello, "Chang Shang-ying on Wu-t'ai Shan," pp.98, 100–110, 126, and 136.

心。再者，朱弁讲述了关于史君折彦文幸遇感应事迹的故事，认为当地或区域的供养对于五台山持久的生命力起了举足轻重的作用。换言之，五台在大多数中国人不能参访的年代没有在国家记忆中消失，五台山实为附近地区人们的特殊信仰中心。区域信仰与公共机构的支持使双方互利互惠。当地政府给予地方保护与资助、供养僧职人员并保护名寺和其它宏伟建筑；回馈他们的是精神利益，他们渴望公开赞美以表达感激之情。

朱弁文不仅讲述了 12 世纪中叶的五台山情况，细读此文，还有许多关于朱弁自身的和关于像他这类人对佛教的态度以及佛教对知识分子信仰的要求等。朱弁对不可思议的灵感事件做了谨慎评论，展示了一种深谙佛教教义、士大夫认同的观点，——也许会发现可观的价值——这都在与知识阶层不相关联的宗教体验与虔诚模式中呈现出来。以更为专业的历史术语而言，他表明自己是中国思想史上常常被忽视的宋代世界观的倡导者。他毕竟是文人、爱国人士、忠实的儒家官员，但同时也是佛教徒。对他而言，佛教义理是道之根本，在本质上事物平等秩序的信心增强了，因而没有受到文殊感应事迹的干扰。

文殊师利来历概述 [①]

[美]安东尼·托拉巴（Anthony Tribe）

文殊师利是大乘佛教最负盛名的菩萨，与佛智慧联系甚密。文殊师利自公元一、二世纪的初期大乘佛教经典中开始出现以来，其声望跨越了将近两千年之久。他是发心、教义、保佑的力量源泉，也是祈祷与冥想的对象，其声誉从印度流传到中国、朝韩、日本等大乘佛教国家。时至今日，文殊师利不仅在传统的佛教界，而且在现代西方大乘佛教中享有盛誉。美国、欧洲和澳大利亚佛教徒将文殊师利具像化，诵念文殊名号并观想文殊形象业已成为他们修行的一部分，认为是破迷开悟的有效手段。

关于文殊师利的来历众说纷纭，不像佛经或印度教经文中许多人物一样有直接明确的答案。文殊师利的形象没有明显的发展轨迹，在上座部巴利文三藏或任何其他非大乘经文中都没有出现，而在大乘佛经中，文殊师利是一位成熟的十地菩萨。本文从五个方面考察了文殊师利的来历：文殊师利与梵语、巴利语文本中的乐神般遮翼（Pa~nca'sikha）的关系密切；文殊师利与香山（Gandhamadana）的联系；文殊师利与创世神梵天（Brahma）和梵童子（Brahma Sanatkumara）的联系；文殊师利与印度战神揭提迦耶（Karttikeya）的联系；文殊师利与尼泊尔的传说等。

一、与乐神般遮翼的密切关系

法国学者玛尔赛勒·拉露（Marcelle Lalou）指出，文殊师利与梵语和巴利语文本中的乐神般遮翼有相似性，[②] 一是两者名字的意义的相

---

① 本文编译自安东尼·托拉巴（Anthony Tribe）"Manjusri: Origins, Role And Significance（Parts I & II）"，Western Buddhist Review，Volume 2，1997. 其中文版已获得作者的授权，已发表于《法音》，2016 年第 3 期，译者在收录时个别地方进行了修订与补充。

② Marcelle Lalou, Iconographie des é toffes peintes dans le Ma~nju'sriimuulakalpa（Paris: 1930），pp. 66–70。

似，Pa~nca'sikha 一词的本义为五峰、五顶，与描述文殊师利面貌的词 pa~ncaciiraka（意为五髻）[①] 意义相近；觉音（Buddhaghosa 公元 5 世纪印度著名上座部佛教论师，著《清净道论》）认为，Pa~nca'sikha 指的是人的发型，般遮翼得名于他梳着年轻人流行的五髻。[②] 根据此种解释，Pa~nca'sikha 是 pa~ncaciiraka 的同义词。然而，"五峰"并不一定指人的发型，觉音的记载或许应该谨慎对待，他可能是试图理解一个令人费解的名字，其他解释也是可能的，例如，"顶"（0ikha）表示山顶或山峰，因此 Pa~nca'sikha 可能暗示般遮翼的地理起源。与此同时，觉音笔下般遮翼的发型演化成一种习俗也有可能是真实的。8 世纪的 Vilasavajra 也把 Pa~nca'sikha 解释为"五髻"。二是两者具有相似的音质和演讲风格。在《释提桓因问经》（Sakkapa~nha Sutta）中，般遮翼扮演着三十三天天主帝释天与世尊的中间人的角色。[③]"如来至真甚难得睹"，所以帝释天让般遮翼以清净音、琉璃琴供养佛，其音悲和哀婉，感动人心，受到世尊赞叹。众所周知，文殊师利也以柔美流畅的演讲闻名，许多称号或名字就是形容他的音质。文殊师利最著名的名字或许是 Mabjughosa，意为"甜美的声音"；[④] 其另外为人熟知的名字比如 Mabjusvara、[⑤]Mabjurava，也都是"甜美的声音"之意。其称号 vaadiraaja、vaagii'svara 与 gii.spati，全都意为"演讲王"。三是两者均为童子，象征"无有变迁，永不衰老"的了义实相。作为天神的般遮翼年轻而又标致，而文殊师利往往被设想成年轻人或童子形象，通过他的标准称呼 kumaarabhuuta（意为童子与王子）可以得到证实。

---

① 关于 pa~ncaciiraka 一词用于描述文殊师利，拉露（Lalou）参阅的原始材料是《文殊师利根本仪轨经》（the Ma~nju'srii-muulakalpa），（见 Ma~njMuuK IV, 62; V, 68, cited by Lalou, 1930, p. 66）。

② Suma'ngalavilaasinii II, p. 647. Quoted by Etienne Lamotte, 'Ma~nju'srii,' T'oung Pao (1960), pp.1-96. 见 p. 2, note 3.

③ DN II, 263-289。

④ 文殊师利在《法华经》中三次被称为 Ma~njugho.sa：第一品弥勒菩萨称呼两次、第十三品释迦牟尼佛称呼一次。参见 H. Kern, The Saddharma-pundar1ka or The Lotus of the True Law, 1884, pp. 11, 15, 280。

⑤ Ma~njusvara 也是《法华经》第一品弥勒菩萨称呼文殊师利的名号。（Kern, 1884, p. 16）。

然而，由于与其他神相比般遮翼的年轻并不突出，所以这种相似性的价值并不清晰。拉露认为，般遮翼与文殊师利可能来自同一个神话源头，即相信有一个永远年轻的神。不管这些对般遮翼是否属实，但就文殊师利而言，此种提法没有考虑到文殊作为最重要的菩萨之一在佛教中所起到的特有的作用。虽然"童子相"无疑赋予了文殊师利魅力与吸引力，但不是影响其声望的决定性因素；童子相并不是文殊师利特有的形象，是佛教诸神尤其是众菩萨的共同特点，但并非所有的佛教人物都享有文殊师利那么高的声望。而且，在中国，尤其在唐朝，文殊师利化现为老人或乞丐的形象，广受尊崇。[①] 最后，般遮翼和文殊师利都以佛的对话人、请法人和闻法者的角色出现。《大典尊经》（Mahagovinda Sutta）记载般遮翼亲近在灵鹫山说法的佛陀，并复述他在三十三天的亲历事件，包括常童形梵天化现般遮翼。[②]《大事》（Mahavastz）也有相同的故事，但在巴利文版本中没有，其中般遮翼是对话人的角色。[③] 上述经文中描绘的释迦牟尼与般遮翼的关系比其他任何文本中更为亲密，可以把般遮翼视为平行于或先行于文殊师利在大乘经典中主要对话人的角色。

根据名字、外貌、品质与角色等方面的相似性，能否推断般遮翼是文殊师利的早期形象呢？大卫·施耐尔格罗夫（David Snellgrove）认为，乐神般遮翼最初叫般遮翼·曼殊伽沙（Pabcawikha Mabjughosa），曼殊伽沙

---

① 见 Raoul Birnbaum，'Ma~nju'srii，' in M. Eliade，ed.，Encyclopedia of Religion（New York: 1987），pp. 174–5; also H. Welch, The Practice of Chinese Buddhism 1900–1950（Harvard: 1967），p. 307; C. Luk，trans.，Empty Cloud，The Autobiography of the Chinese Zen Master Xu Yun（Shaftesbury，Dorset: 1988），p. 14ff.

② DN II, 230. 关于英译版，参见 T. W. Rhys Davids 译，Dialogues of the Buddha，Part II（London，1910），p. 266. 这一悖论暗示了许多巴利语文本的复合性质，许多不同长度的段落连接在一起形成一部佛经。这或许源于早期口口相传的传统。关于这一点的有益讨论，请参阅 L.S.Cousins 'Pali Oral Literature，' in P. Denwood and A. Piatigorsky，eds.，Buddhist Studies Ancient & Modern（London: 1983），pp. 1–11.

③ Mahaagovindiiya Suutra（MV III 197–224）. 英文版见 J. J. Jones，tr.，The Mahaavastu，Vol. III，（London: PTS，1956），pp. 193–219. 此段中 Pa~nca'sikha 扮演对话人的角色，如 MV III 215ff. 所见。

（Mabjughosa）是表示般遮翼的音质，[①]后来这个名字倒了过来，成了曼殊伽沙·般遮翼（Mabjughosa Pabcawikha），般遮翼成为一位名叫曼殊伽沙的人物的别称。由于这一原因，曼殊伽沙必然是文殊师利最初的名字，比利时学者瓦雷·普散（Louis de La Vallée Poussin）最先提出该观点，[②]不过两位学者都没有提出足以支持其观点的理由和文本依据。

大卫·施耐尔格罗夫对般遮翼与文殊师利关系的解释貌似合理，但仍然没有摆脱困境。首先，缺乏 Manjugho.sa 与般遮翼联系的文本证据。施耐尔格罗夫本人没有提供支持其观点的文本依据，据作者查证，巴利文经典中般遮翼没有曼殊伽沙这一别称。不过，乾闼婆王在某种场合这么叫。般遮翼是乾闼婆，但是不是乾闼婆王并不明确。《长阿含经》（Dirghagama）是早期主流佛典的梵文修订本，其中有一段描述喜马拉雅山香山的经文提到：

"乾闼婆之王'妙音'（Mabjughosa 曼殊伽沙），被五百乾闼婆围绕，居住于此。"[③]（卷十八）

此段经文只有汉译本中有，Manjugho.sa 是重构的名字，原梵语版可能不是这样。[④]

以此段经文作为 Panca'sikha 与 Manjugho.sa 联系依据的另一个争议是文中指的乾闼婆王。般遮翼无疑是一名乾闼婆，但是并不明确是不是乾闼

---

① David L. Snellgrove, Buddhist Himaalaya（Oxford: Cassirer 1957）, pp. 61–2.

② 见 Louis de La Vallée Poussin, 'Ma~nju'srii, ' in Encyclopaedia of Religion and Ethics, ed. James Hastings（Edinburgh and New York: 1908）, p. 405.

③ Lamotte, 1960, p. 34, 译自《长阿含经》（P. Diigha Nikaaya）, T1.K.30 p.117a. Alex Wayman（1985, p. 5）认为此段中乾闼婆王就是般遮翼。笔者认为 Wayman 的观点出自拉莫特的总结性段落： "en tout tat de cause, le Gandhamaadana tait frquent par les .R.si et les Pratyekabuddha et servait de rsidence au roi des Gandharva Ma~njugho.sa, encore nomm Pa~nca'sikha"（1960, p. 34）.

④ 汉字音译为"妙音"，通常用于妙音菩萨、觉音尊者或 Arhat Gho.sa. 参见 William Edward Soothill and Lewis Hodus, A Dictionary of Chinese Buddhist Terms（London: 1937; reprinted Delhi: Motilal Banarsidass, 1977）, p. 236a.

婆王。巴利文本没有提过。①《帝释所问经》中般遮翼指冻母啰是乾闼婆王。②经文最后，帝释天主因为般遮翼助帝释天主问询佛并以妙乐供养佛的缘故，满足般遮翼所愿，以冻母啰之女日光女为妻。帝释天也说般遮翼未来将为乾闼婆王，因为他娶了日光女。③根据拉露校注，④帝释天主的许诺说明作者设想般遮翼王位的倾向。拉露还引用了般遮翼被描绘成"乾闼婆王"的两个事例，一则出自密教著作《文殊师利根本仪轨经》，另一则出自藏文大藏经《甘珠尔》。但这些资料不足以认定般遮翼就是上文引用的汉译《长阿含经》中的"妙音"。

施耐尔格罗夫观点的第三个争议是般遮翼是文殊师利的一个名号，或者据称他的原名是 Manjugho.sa。⑤施耐尔格罗夫本人没有提供例证，拉露在论证般遮翼与文殊师利的相似关系时也从未表明般遮翼是文殊师利的名号。拉露指出，文殊师利有 paftcacfra 的别称 paftcacira-kumdr 头顶五髻的童子见于《成就法鬘》中记载的可视化形象。⑥ Marie-Thdrdse de Malfmann 在文殊师利图像学研究中没有提到般遮翼，尽管般遮翼一词出现于与文殊师利有关的《文殊师利根本仪轨经》中，但是与其说是一个别称，不如说是一个象征性的手印。⑦在重要的密教文殊经典《文殊师利圣号诵》中般遮翼作为其名号之一出现。一般而言，该经圣号是指智慧本尊文殊师利而

① 有关 Pa~nca'sikha 的巴利文经典参见 G. P. Malalasekera, Dictionary of Paali Proper Names, 1937, vol. II, p. 107.

② Eg. MV III 197; MV III 215; Av'S I 95; Av'S I 113; SaRaa 19; SaRaa 37（cited in Edgerton, 1953, p. 315）.

③ DN II 268.

④ Lalou, 1930, p. 69, note 2.

⑤ Snellgrove, 1957, p. 61; 1987, pp. 59, 367.

⑥ Mallmann, 1964, note 40.

⑦ Ma~njMuuK II 26, 15; II 37, 8; II 37, 26-7; IV 58, 24. 本段的法语版参阅 Lalou, 1930, p. 25. 然而，Edgerton（1953, p. 315, s.v. 'pa~nca'sikha'）指出 pa~nca'sikha 是女性形象，即 pa~nca'sikhaa.

不是菩萨。①

概括文殊师利与乐神般遮翼之间的微妙关系颇有难度。拉露所指的密切关系并不像她认为的那样令人信服，而施耐尔格罗夫的观点也没有确切的证据。

二、与香山的联系②

在上文引用的《长阿含经》中，香山指的是乾闼婆王"妙音"居住地。香山是喜玛拉雅山脉的一部分，喜马拉雅山有一著名的湖泊，名为"阿耨达池"（Anavatapta），③ 该湖是阎浮提四大河流之源，池东为恒河，南为信度河，西为缚刍河，北为徙多河。阿耨达池由五座山峰环绕，分别是Sudarwana，Citra，Kala，Gandhamadana（香山）和Kailasa。④

由此可知，香山乃是五峰（梵语 Pabcawikha 或 Pabcawirsa）之一。'pa~nca'sikha' 一词与乾闼婆王及其眷属生活地的联系，意味着乐神般遮翼作为为人熟知的乾闼婆，可能得名于该地的地理特征。印度传统通常认为，喜马拉雅山是乾闼婆的家，故而"五峰"也是其经常光顾之地。⑤

文殊师利也与香山有联系。《文殊般涅槃经》（拉莫特译为法文）描述，文殊师利曾参访喜马拉雅山，度化五百仙人。⑥ 之后，文殊师利以无

---

① 《文殊师利圣号诵》中文殊的名号没有直接的归属。关于《文殊师利圣号诵》的名号的讨论请参见笔者的 Ma~nju'srii and "The Chanting of Names"（Naamasa.mgiiti）: Wisdom and its Embodiment in an Indian Mahaayaana Buddhist Text' in S. Hamilton and J. Connolly，ed.，Indian Insights: Buddhism，Brahmanism and Bhakti.（New York: Weatherhill，1997）.

② 译者按：香山（Gandhamadana）：《俱舍论》谓香醉山。汉文所谓昆仑山，今地理学家所谓脱兰斯喜马拉雅山。《长阿含经》："佛告比丘。雪山右面有城，名毗舍离，其城北有七黑山，七黑山北有香山，其山常有歌唱伎乐音乐之声。山有二窟：一名为昼，二名善昼。天七宝成，柔濡香洁，犹如天衣。妙音乾闼婆王从五百乾闼婆在其中止。"

③ 译者按：阿耨达池（梵 Anavatapta）：意为无热恼池。《长阿含经》中描述，雪山顶上有阿耨达池，纵广为五十由旬，其水为清冷，澄净而无秽污。

④ 引用于 Lamotte，1960，p. 35.

⑤ 佛教大量沿用婆罗门教宇宙论的观点，乾闼婆住在默鲁山麓。虽然他们拥有自己的城市，但经常在天界为帝释天演奏乐器。他们以对女人的喜爱和控制，及厌恶龙族而著称。参见 V. Ions，Indian Mythology（London: 2nd. ed.，1983），pp. 77，118-9.

⑥ 关于《文殊师利般涅槃经》的讨论与引用参见以下 Part II 1.i & ii.。

量神通、无量光入般涅槃,经名由此得来。据说,文殊师利的舍利被带到"香水山"山顶,受到无量天道众生、龙和夜叉的膜拜。拉莫特认为,香水山即是香山,意为用香水陶醉的山。①

当文殊师利的声誉崇隆时,他就渐渐与佛教界的其它山也有了联系,尤其是于阗的牛头山和中国的五台山、"五峰山"。②牛头山和五台山两者附近都有湖。五台山,顾名思义有五座山峰。文殊师利以"五髻"(pabcacira)的称谓为人们所知,所以与数字"五"有关的地方一定会适合于他。或者说,由于与"香山"所在的"五峰"地区有着更早的联系,所以五台山被视为合适的文殊道场。

三、与梵天③和梵童子④的联系

对文殊师利产生某种影响的人物还有印度经典的创世神梵天。理查德·罗宾逊(Richard Robinson)认为,文殊师利与梵天都叫"语自在"(Vagiwvara),意为演讲王。⑤巴利语长部经第18经《阇尼沙经》(Janavasabha Sutta)描述了梵童子的演讲风格。早期的巴利经典《典尊经》(the Mahagovinda Sutta)较早地论述了梵童子的五角髻形象,因为他经常演说佛法,故而比其他神更为出色。经文中描述他的声音"和雅流畅、言

---

① Lamotte, 1960, pp. 33-4.

② 关于文殊师利与五台山的联系,参见笔者 Ma~nju'srii—Origins, Role and Significance. Part 3: The Cult of Ma~nju'srii, Western Buddhist Review 1, 1994, pp. 30‑37. 也可参阅 Raoul Birnbaum, Studies on the Mysteries of Ma~nju'srii: A group of East Asian ma.n.dalas and their traditional symbolism (Boulder: Society for the Study of Chinese Religions, Monograph no. 2, 1983), pp. 7‑39.

③ 译者按:梵天(Brahma):印度教的创造之神,梵文字母的创制者。与毗湿奴、湿婆并称三主。后被佛教吸纳为护法神之一。

④ 译者按:梵童子(Brahma Sanatkumara):印度文明的英雄,从金星来,教给祖先种植小麦和养蜂的办法,并带来许多东西教他们。

⑤ R. H. Robinson and W. L. Johnson, The Buddhist Religion (3rd edition, Belmont, California: 1982), p. 104.

辞清晰、甜美、柔软、延绵不绝、尊慧、深沉和洪亮"，[①] 八种特征圆满地融合成清净之音。拥有这八种特征的声音，就可称为"梵音"。[②]

梵童子卓越的音质与演讲风格并不是与文殊师利唯一的联系。梵童子的名字意为"童真永驻"，与文殊师利的别称"童子"的意义几乎一致。觉音提供了更为个性的理由，过去世梵童子孩提时修禅定，头发扎着五结，禅定状态中转世到了婆罗门家。[③] 文殊师利"童子"的称呼，表明他梳着童子的发型，更为明确的描述是其"Pabcaciraka"的称呼，意即"顶结五髻"。

梵童子与文殊"童子"名字的相似显而易见，其与五顶、五髻的相似性也无需再解释。梵童子的演讲风格比般遮翼更明显符合文殊师利的风格。在《长部·人中公牛经》中，他不仅被描述为佛陀弟子，而且是弘法人，像文殊师利一样扮演请法人的角色；也像文殊师利一样，用神通使教学更为有效，该经还描写他能变化三十二种形象。别的一些经典，将梵童子与智慧联系在一起。巴利语《相应部》中被认为是赞美智慧的偈颂的作者，[④] 而《旃陀格耶奥义书》说他教导了最高真理——"Narada"。

印度《往世书》中，梵天的配偶是辩才天女，掌管艺术与知识，在一些佛教语境中她是文殊师利的妻子。辩才天女在与梵天产生联系之前的吠陀时代是一位非常重要的人物。作为吠陀时代的女河神，她多智善辩，传说是"语言女神"。在后吠陀时代，辩才天女的角色并不固定，有时是毗湿奴的配偶，有时是梵天的女儿同时又是他的妻子。因此，她作为文殊妻子的角色是否转借于她与梵天的关系尚不清楚。当然，由于文殊个性中语言的重要性，辩才天女作为其配偶是显而易见的选择。还应当指出的是，

---

① T. W. Rhys Davids, tr., Dialogues of the Buddha, Part II（London, 1910）, p. 245（vissa. t.tho ca vi~n~neyyo ca ma~nju ca savaniiyo ca bindu ca avisaarii ca gambhiiro ca ninnaadii ca: DN II 211）.

② 金刚乘赞美妙音的声音，将其声音描述为六十四重，"声音响亮如雷，唤醒沉睡的kle'sa-s，解开业力的铁镣，驱散无明的黑暗。"（引自 Sangharakshita, The Three Jewels, An Introduction to Buddhism（London: 1967）, p. 191）.

③ 参见 Malalasekera, 1937, vol. II, p.1022, s.v. 'Sana'nkumaara.'

④ SI153.

辩才天女在佛教后期（密教）的背景中只表现为文殊师利的配偶，所以，如果有来自梵天的任何影响，也是文殊师利作为智慧菩萨的角色与地位确定之后才有的。[①]

四、与印度战神揭提迦耶的联系

拉露认为，文殊与印度战神揭提迦耶也有相似之处。[②] 传统上认为《诃利世系》（（The Harivajsa））是《摩诃婆罗多》（The Mahabharata）的续章，主要内容是对毗湿奴与黑天的赞颂。《诃利世系》把梵童子等同于揭提迦耶。揭提迦耶，又名室建陀（Skanda）与鸠摩罗（Kumara）。《文殊师利根本仪轨经》对揭提迦耶—文殊师利(Kaarttikeya-Māṇju'srii)有一段描述，提到战神揭提迦耶的坐骑是孔雀。[③] 经中的揭提迦耶—文殊师利咒专门赞颂文殊师利，[④] 文殊师利也被称为战神鸠摩罗。拉露认为，这是借用印度战神揭提迦耶的名号，因此，文殊师利与揭提迦耶有诸多对应的地方。[⑤]

目前尚不清楚拉露是否认为揭提迦耶是文殊师利的原型或祖先。如果

---

① 据我所知，关于辩才天女是文殊师利配偶的梵语资料还没有找到。相关讨论请参阅 Alex Wayman，'The Goddess Sarasvatii-From India To Tibet，' in George R. Elder，ed.，Buddhist Insight. Alex Wayman 的论文（Delhi: Motilal Banarsidass，1984），pp. 431-9。

② Wayman 在文中写道 Mallman（1964）在其图像学著作中没有发现辩才天女与文殊师利的联系。《成就法鬘》中的文殊师利一般是单独描绘的，只有一种形式的文殊师利，即 Ma~njuvajra，有一位未命名的配偶，称为他的智慧；（Ma~njuvajra 是《密集金刚根本续》中的一位重要神明。不过，密宗的经典 saadhana collections 中有文殊师利配偶的记载（Wayman，ibid.，pp. 438-9）。

③ Wayman 认为涉及文殊愤怒相的梵文经典，如 Yamaari 或 Yamaantaka，可能是将文殊师利与辩才天女联系起来的起源。如果事实果真如此，那么直到 8 世纪——当瑜伽（或大瑜伽）经典出现——辩才天女才扮演文殊师利的配偶。一般而言，从瑜伽经典，如《密集金刚根本续》开始，佛教人物，即使在坦陀罗背景下，也被描绘出性结合形式。辩才天女最早出场在《金光明经》（Suvar.naprabhaasottama Suutra），她有占天术。参阅 R. E. Emmerick，tr.，The Suutra of Golden Light（London: Luzac & Co.，1970），pp. 44-6。

④ 文殊师利也被认为有占天术，在《文殊师利圣号诵》（Davidson，1981: verse 103）有简短记载，西藏莲花生传记中有更多记载。见 W. Y. Evans-Wentz，ed.，The Tibetan Book of The Great Liberation（London: OU P，1954），pp. 135-6. 参阅 Tribe，1994a，note 45－6.，line 12.. 33，line 2。

⑤ "...parait bien tre l'equivalent Mahaayaaniste du Kaarttikeya brahmanique."（Lalou，1930，p.69.）

是后者，那么他依据的原始资料太晚，《摩诃婆罗多》附录《诃利世系》可以追溯到公元300-500年，[①] 而文殊师利这个人物在公元2世纪支谶翻译的大乘经典中就已被确立为菩萨。就《文殊师利根本仪轨经》而言，它是一部编撰的著作，其中包含了波罗王朝[②] 初期的佛教史，所以不会早于8世纪。但是部分内容很可能更为古老，韦曼（Wayman）认为可追溯到公元4世纪。[③]《文殊师利根本仪轨经》有梵天传统影响的痕迹，但是文本的编撰一定是在文殊师利出现之后。《文殊师利根本仪轨经》是一部密宗经典，揭提迦耶—文殊师利咒表明，它把外来材料嫁接到了早已存在的人物身上。另一方面，拉露认为揭提迦耶在外形或"人格"方面与文殊师利相似的观点，同样是缺乏证据的，揭提迦耶与文殊师利没有多少共同之处。作为火神阿格尼（Agni）之子，由 The Krttikas 抚养长大的揭提迦耶成为印度万神庙的主要战神。[④] 建立战功似乎是他的主要兴趣，尽管文殊师利至少在《文殊师利根本仪轨经》被称为鸠摩罗，但就揭提迦耶的独身情况而言，大多数观点认为是他憎恶女人的结果。这个普通的称谓"鸠摩罗"或许既有助于识别梵童子与揭提迦耶的身份，也有助于解释文殊师利形象的演变。然而，相同的名号不足以建立其相似的基础。

五、关于尼泊尔的传说

巴达恰里雅（（Benoytosh Bhattacharyya）[⑤] 提出，文殊师利是把文明从中国带到尼泊尔的伟人，后来被奉为神明。据尼泊尔《苏瓦扬普史书》（The Svayajbhu Purana）记载，[⑥] 文殊师利来自中国，并把湖水排干创造了尼泊尔，即当时的加德满都山谷。该传说记载，文殊师利住于中国的五峰山，有众多弟子，以神通创造了加德满都，随后又返回中国。

---

① J. L. Brockington，1981，p. 61.

② K. Warder，Indian Buddhism（Delhi: Motilal Banarsidass，1970），pp.494.

③ Wayman，1985，p.6.

④ 参见 Ions，Indian Mythology（1967），pp. 84-8; revised ed.（1983），pp. 80-2.

⑤ Bhattacharyya，The Indian Buddhist Iconography（2nd ed. Calcutta: 1958），pp.101-3.

⑥ Bhattacharyya 采用了尼泊尔梵语佛教文献 R. Mitra《苏瓦扬普史书》的描述，（1882; repr. New Delhi: Cosmo Publications，1981），pp.249-258.

巴达恰里雅阐释的根据是什么呢？首先《苏瓦扬普史书》不是一部早期作品。温特尼兹（Winternitz）认为它不会早于16世纪。[①] 尽管涉及文殊师利的传说资料当然会早一些，但其关键词之一"苏瓦扬普"、在尼泊尔化现的佛促成文殊师利造访尼泊尔，其佛号在6世纪之前几乎不被使用。[②] 因此他们坚持认为，传说一定不如汉译佛经中提到的文殊师利更早，可以通过汉译确定佛经的时间。巴达恰里雅盲目地使用原始资料。可能有两个原因，一是认为菩萨是神化的人；二是将神话当成精心设计和神秘化的人类事件。

布腊夫（John Brough）关于文殊师利来历的叙述同样站不住脚。[③] 他提出有关尼泊尔的许多传说源于和阗，大约在10世纪由藏族人把这些传说与尼泊尔联系在一起。布腊夫详尽地阐释了和阗传说与尼泊尔传说的相似。有两则例子特别引人注目：一是和阗国也是通过排干湖水创造的。《于阗国授记》（The Gowrvga Vyakarana）详细叙述了释迦牟尼率众弟子到达此地，让舍利弗和毗沙门用杖端和锐枪排干湖水，把湖泊及其居民转移到附近的另一个地方；二是同一文本也详细阐述了文殊师利赋予牛头山上的一座寺庙以殊胜祝福和保佑，这座寺庙后来得以兴盛。牛头山是和阗首要的佛教中心，正如苏瓦扬普山之于加德满都山谷。布腊夫举出了许多理由，说明和阗是这些传说的起源地。由于篇幅所限，不能尽述，在此只提到《苏瓦扬普史书》把牛头山作为苏瓦扬普山早期的名字。布腊夫认为，这些传说传到尼泊尔的原因可能与于阗有关。于阗是古代和阗的藏文名字，但是它作为曾经兴盛的独立王国消失之后其方位有了某种不确定性。到西藏编纂《甘珠尔》时，已将于阗与尼泊尔等同起来了。与于阗国相联系的传说也就与尼泊尔相关了，尼泊尔人已经接纳了这些传说。最后，讲到文殊师利尼泊尔传说的元素或者来自中国，或者来自印度，因为7世纪时印度人

---

① 参见 Maurice Winternitz, History of Indian Literature, vol. II（Calcutta: 1927; 2nd ed. 1972），pp.377–8. Mitra（1882，p.249）states that the author was Ma~nju'srii and that he lived in the 10th century CE.

② 笔者采纳 David Snellgrove（1957，p.95）的观点。

③ John Brough，1948. Snellgrove 简要地提到了 Brough 的著作（1987，p.366）。

认为文殊师利住于中国。[①]

总之，尽管文殊师利在初期大乘经典中的出现表明他可能是印度人，但其来历仍然扑朔迷离。他与乐神般遮翼的密切关系并不像拉露和其他学者的观点那样引人注目或者带有结论性；另一方面，梵童子在许多方面显示与文殊师利更为密切的相近关系，包括名字、面貌、角色和相关的品质。印度战神与文殊师利的联系也似乎值得怀疑。文殊师利是中国圣者的观点，无论是从历史角度，还是从严谨性方面都是不足信的。从地理上讲，文殊师利与香山的联系提供了一种可能性，即五峰山脉可能影响他随后与中国五台山的联系。

讲到文殊师利作为一个人物的来历可能是印度，并不意味着文殊信仰之起源是印度。人物享有盛誉的地理位置可能离他本身的出生地很远。[②]正如瓦雷·普散（Louis de la Vallée Poussin）所言，不管在文殊师利诞生过程中有没有佛教之外的重要促成因素，"即使在来历上不是佛教人物，也仍然可以认定他是彻底的佛教人物"。[③] 当我们研究大乘佛教文献中文殊师利的角色时就会清晰地感受到这一点的真实程度。

---

① 见 Tribe，1994a，pp.36 – 7.

② 文殊信仰的起源是本研究第三部分的主题，已出版。（参见 Tribe，1994a）.

③ La Valle Poussin, in Hastings（ed.），1908, p. 405. 我只知道一种关于文殊师利出生的明确记载。藏传宁玛派经典《莲花遗教》记载文殊师利出生于中国五台山。他从树上的树瘤成形而出。这个树瘤是由于释迦牟尼放光而产生，文殊师利生在中国，乃是为了度化抗拒佛陀教义的中国人。参见 Kenneth Douglas and Gwendolyn Bays（tr.），The Life and Liberation of Padmasambhava（Berkeley，California: Dharma Publishing，1978），pp.224–5.

文 殊 信 仰 ①②

安东尼·托拉巴（Anthony Tribe）

本文考察文殊师利的声望是否足以谈及文殊信仰的问题。③本系列的第二篇文章阐述文殊师利在大乘佛教文献中作为主要菩萨之一的角色与重要性。④常规文本叙述的往往是作者喜欢什么而不是是什么。因此，以文殊师利为主要角色的文献所涵盖的时期，文殊师利在佛教徒修行过程中拥有的真正宗教价值与他在该文献中的重要性就隔离开来。并不是文本在特定的时间和地点对现实宗教形势的评估不起作用，而是文本不能以面值形式出现。正如其它任何形式的历史证据，其意义必须加以评估。探索文殊师利的声望于何时何地在印度和中亚发展的资料充其量是不完整的碎片。中国佛教徒、特别是玄奘（公元 629—645 年的旅行）的游记有所记载。也有以雕塑和壁画形式保存下来的表现文殊师利和其他菩萨的图像资料。更多实质性的证据在中国，尤其是以文献形式保存下来的《大藏经》。下文将按照佛教地域传播的模式依次讨论印度、中亚和中国的资料。

---

① 本文译自安东尼·托拉巴（Anthony Tribe）Manjusri: Origins，Role And Significance（Part 3）（Western Buddhist Review）（Vol.1），其中文版已获作者授权。

② 作者注：本文在多年以前（1987-8）撰写的第一学位论文的基础上增加了大量内容。本文展现了更为生动的画面，特别是关于中国佛教中文殊菩萨的作用，但结论跟以前的论文没有明显差异，没有新的研究贡献。笔者的基本意图没变，即对文殊信仰问题的有关资料做一记述并加以适当评论。但也深感处理资料的有不足之处。首先，笔者不是历史学家，而现有的主题却以历史数据的评估为中心。希望不因笔者在历史问题与分析方面缺乏正规训练而产生重大的判断失误。其次，中国佛教不属于笔者研究的领域，希望该领域的学者原谅作者对细节或观点的疏漏。再次，笔者没有北京政府采用的汉语拼音系统。所查的学者著作使用的是较早的系统，而我用的是最新的。最后，尽管本文从学者的角度立笔，但我希望对现代智慧孺童菩萨文殊师利的当代修行者有所裨益。

③ 尽管"信仰"（Cult）一词的现代用法具有否定的暗示，但其主要意义在于对人与物的信仰，并不意味信仰性质的更多内容。

④ 参见注释 1，前两篇文章的具体情况。

一、印度

巴达恰里雅（Benoytosh Bhattacharyya）的《印度佛教造像研究》宣告在犍陀罗和马图拉没有发现文殊造像。[①] 拉莫特（Lamotte）补充道，不管是阿玛拉瓦提（Amaraavatii）还是龙树山（Naagaarjunako.n.da.）都没有发现文殊造像的痕迹。[②] 玄奘《大唐西域记》仅提到一尊文殊造像，而英国著名印藏佛学家大卫·斯内尔格罗夫（David Snellgrove）认为印度在 6 世纪之前没有可识别的文殊造像。[③]

保罗·威廉姆斯（Paul Williams）根据以上证据得出"文殊造像的开发相对较晚"的结论。[④] 这种说法尽管未必不准确，但可能会有误导。以造像形式表现文殊师利形象的时间确实比佛经晚。不过，中国朝圣者的记载与现存造像的证据表明文殊造像艺术相对于其他菩萨不是特别晚。

玄奘记录了许多弥勒像与观音像。而度母只提到两次，唯一涉及文殊菩萨的是马图拉供养文殊菩萨的神龛。[⑤] 提及的供养其他菩萨的神龛没有名字。玄奘尽管是唯识宗的大乘佛教徒，但是特别关注释迦牟尼前世今生（佛传与本生故事）及其大弟子今生经历的遗址与传说，并做了详细记载。斯内尔格罗夫认为玄奘记载的文殊菩萨与其他菩萨的图像资料缺失的原因是当时图像的数据并不受到充分注意。他主张被普遍认可的佛、菩萨像的演变很可能比佛经的面世晚得多，佛经的出现反映了佛、菩萨在特定范围的声望。

玄奘记载的证据得到了现存造像遗迹的支持。文殊造像不仅在犍陀罗与马图拉，而且在 1—7 世纪的阿旃陀岩洞（Ajantaa）中也未被发现。不

---

① BHATTACHAYYA BENOYTOSH. The Indian Buddhist Iconography. Calcutta，1958，100.

② LAMOTTE，ETIENNE. 'Manjusri.' T'oung Pao，1960，4.

③ David Snellgrove, SNELLGROVE, DAVID. Indo-Tibetan Buddhism: Indian Buddhists and their Tibetan Successors. London and Boston（1987，314）

④ WILLIAMS，PAUL. Mahayana Buddhism: The Doctrinal Foundations. London 1989，240.

⑤ BEAL，SAMTIEI. Si-yu-ki，Buddhist Records of the Western World. London，1884. Reprinte4 Delhi，1981，I. 180. 下文依据 David Snellgrove, Indo-Tibetan Buddhism（前揭）（1987，312‑7）

过，在埃洛拉石窟（Ellora，公元 7–10 世纪）以及奥里萨邦（Orissa）勒德纳吉里（Ratnagiri）（6–12 世纪）的寺庙废墟中发现了文殊、度母、观音、弥勒和辩才天女造像（第 10 窟）。斯内尔格罗夫所指的公元 2 世纪初以来五百年的一个时期，造像不能明确归类为大乘的或非大乘的。卡拉（Karla）、巴贾（Bhaja）、贝德萨（Bedsa）的早期石窟寺与雕刻显然不属于大乘佛教，而那烂陀寺与勒德纳吉里的造像属于大乘佛教，中期的阿旃陀岩洞作品（场景主要是释迦牟尼本生故事）与纳西克（Naasik）石窟作品，不能清楚地被认定。根据斯内尔格罗夫的观点，未来佛弥勒造像与观音造像一样在两种传统中都被认同。[1] 因此，直到 6 世纪末，只有以下佛、菩萨像具有明显的个性特征：释迦牟尼：各种造型的佛或菩萨；燃灯佛：释迦牟尼发愿成佛之前的佛（过去佛）；弥勒；观音。金刚手仍然表现为夜叉，特征明显的文殊与度母的造像出现于这一时期末。

形制独特的文殊造像的出现相对于佛经中刻划的智慧菩萨较晚，但不晚于其他大乘菩萨像。除观音菩萨外，文殊菩萨与度母是最先问世的。

该证据引发了许多关于印度大乘佛教的起源与发展的争议。基督纪元初的几个世纪伴随着大乘佛教越来越占主导地位，提出大乘与非大乘佛教之间明显区别的模式受到怀疑。[2]

大乘瑜伽行派的玄奘对释迦牟尼与阿罗汉的事迹极为关注，表明他植根于印度前大乘佛教传统。[3] 他详细记载了当时盛行于全印度的传统，阐述当时印度一般佛教徒的情况，不管他们是不是大乘佛教徒。[4] 没有独立的大乘戒律。[5] 据法显（公元 400 年）记载，大乘与非大乘的僧人共居

---

[1] Snellgrove 1987（前揭），313.

[2] 该观点见于 LAMOTTE, ETIENNE. 'Mahayana Buddhism.' In The World of Buddhism. Bechert H. and Gombrich R.（ed.）London 1984，P.90–3. 认为大乘佛教实质上是一场分裂运动。然而，更新的研究表明早期大乘佛教是植根于非大乘传统的基于寺院的、非整体的现象。其形成不牵涉僧侣的内部分化，教义上也没有超越非大乘的任何观点。参见 Williams（前揭）（1989，1–33）对本书所作的摘要。

[3] ibid. 312.

[4] 应该知道玄奘记载的是亲眼所见以及他对所见的解释，未必是简单的客观记述。

[5] ibid. 305 7 世纪末义净的记载。

某些寺庙。图像证据的考察为大乘佛教与非大乘佛教在修行上没有明显分歧的观点提出了有力证据。公元 6 世纪之前没有明确的大乘佛教图像，G. Schopenxiv① 对碑文的研究显示，在印度直到 4、5 世纪才发现大乘佛教的铭文。进入基督纪元之后的许多世纪，大乘佛教很可能在印度是少数人的追求。

　　因此，在纪元初关于印度文殊信仰的起源与价值的问题引发了就大乘佛教的总体地位更为宽泛而复杂的争议。由此推断，即使把以造像确定人物信仰、使之在历史上凸显的时间考虑在内，印度在 7 世纪前不可能有大范围的文殊信仰。没有人认为有任何特定的地方成为文殊信仰中心。占主导地位的信仰基本上是非大乘佛教的：释迦牟尼与弥勒信仰。印度后期的证据很难评估，因为 7 世纪以降没有像中亚与中国一样保存下来的壁画。② 后者的证据有助于估定文殊信仰是否引进于印度之外的地方。

二、中亚

　　中亚的证据主要来自沿印度西北部与中国西部之间丝绸之路的城市。从公元 1 世纪初起，印度与中国的政治形势使得两种文化得以密切接触。

---

① SCHOPEN, G. 'Mahayana in Indian Inscriptions.' Indo-Iranian Journal, No. 21, 1979, pp.l-19.

② 印度佛教晚期（7–12 世纪），密教经典越来越占主导地位，文殊菩萨是佛典中的重要人物。他是各种密教的代表。大型密教经典《文殊师利根本仪轨经》的许多仪式与曼荼罗都以文殊师利为中心。《文殊师利圣号诵》列举的文殊师利名号意为不二智慧或证悟，归类为瑜伽密，"智慧文殊师利乃一切如来之智慧本尊"（DAVIDSON, RONALD M. 'The Litany of Names of Manjusri.' Tantric & Taoist Studies in honour of Professor R. A. Stein, vol. I MCB No. 20, 1983, 61）.《文殊师利圣号诵》的巨大影响在《丹珠尔》中能够看到，《丹珠尔》所收集梵语论典及其他文本的藏文本中，有 129 部著作与《文殊师利圣号诵》有关，范围从大型论典到简单修行与供养仪轨。瑜伽密中，文殊师利名为文殊金刚，是《秘密集会怛特罗》两尊主要圣者之一。西藏历史学家多罗那他（1575 年生）记载了印度论师月官的生平事迹，涉及到文殊像，表明文殊师利在当时至少在那烂陀非常重要。但是多罗那他几乎将 7 世纪的月官与后来（8 世纪）藏传佛教的月官混合，后者曾做过许多论，包括《文殊师利圣号诵》。布敦也讲到，一次，月官诵妙音赞时，妙音塑像低头倾听（OBERMILLER, E. History of Buddhism. Being an English translation of Bu-ston's Chos-'byung.2 parts. Heidelberg l931-2.（2nd ed. of part 2, published as The History of Buddhism in India and Tibet. Delhi, 1986, 132 – 3）. 虽然故事有趣，但是不能置之于史实。

贵霜王朝征服巴克特里亚王国（中国史籍称大夏）（今北部的阿富汗），其疆域覆盖了中亚大部与北印度全部。中国东汉时期统治了中国大部分地区，包括丝绸之路东端。由此产生的政治的稳定性使商品与思想从印度流入中亚成为可能。沿着贸易路线出现了富裕的中印商业区，佛教以大乘与非大乘的形式在商业区确立下来。佛教正是通过这些商业区传播到了中国。后来，随着贵霜王朝与东汉的衰落，这些贸易中心凭着本身的实力建立了城邦。本文关注三个地区：位于塔克拉玛干沙漠边缘、丝路南支的于阗；丝路北支的龟兹与吐鲁番；以及丝路东端的敦煌。[①]

于阗的大乘佛教似乎比丝路的其他任何地方更根深蒂固。现存的有7-10世纪的于阗语佛教文献以及涉及于阗的藏语文献。这些文献资料表明释迦牟尼信仰仍然是主要信仰，而弥勒菩萨是众菩萨中最重要的。没有证据表明文殊菩萨地位突出，尽管某些建寺的传说记载中提到了他。[②]关于印度佛典资料反应的实际情况，必须谨慎对待。但其描述的基本情况与法显与玄奘（他们都去过于阗）的记载或本地区微乎其微的考古遗迹不相矛盾。

丝路北部的龟兹与吐鲁番[③]有许多遗址。这里的文献遗存不完整，但保存有非常可观的石窟寺壁画。有许多表现释迦牟尼的内容，特别是佛陀说法、被僧人与俗弟子恭敬围绕的场景。弥勒与观音或许在场，但是没有高度发达的大乘佛教的标志，又一次证实了玄奘的记载。又一次表明文殊菩萨没有受到重视。

文殊菩萨在敦煌更为突显，敦煌保存了跨越4-10世纪的大量壁画。文殊菩萨与弥勒菩萨是描绘最多的菩萨。[④]不过，释迦牟尼仍然占主要地位。

[①]　见 Snellgrove's, section 'Traces of Buddhism in Central Asia' in Indo-Tibetan Buddhism（1987, 324–762）. VON HINUBER, OSKAR. 'Expansion to the North: Afghanistan and Central Asia., In the World of Buddhism. Bechert, H. and Gombrich, R.（ed.）London, 1984. 文中对中亚佛教也有不错的简短记载。关于本世纪发现的主要艺术遗存的讨论，见 BUSSAGLI MARIO. Central Asian Painting.（trans. from the ltalian）New York 1979. First Edition Geneva, 1963.

[②]　Snellgrove（前揭）, 1987, 331–43.

[③]　ibid. 343–9.

[④]　ibid. 349–50.

最常见的文殊菩萨是依据《维摩诘经》中文殊菩萨和维摩诘辩论的场面为主要表现内容的画面。取材于《维摩诘经》叙事情节的特定图像并不表明任何文殊信仰。尽管文殊菩萨在此经中扮演着重要角色，但是最后还是让在家居士维摩诘超越了。唐代（公元 618-906 年）末期的文殊菩萨像表现为信仰对象。文殊菩萨的形象常常描绘为坐于狮子宝座上，与骑象普贤并列。有一幅版画与最近发现的壁画，描绘文殊师利端坐在狮子宝座上，祥云围绕。

总之，零散的证据表明中亚佛教与印度佛教没有多少差别：大乘佛教不是关注的焦点；大乘佛教内部，文殊菩萨没有凸显的地位，只有敦煌例外，直到 8 世纪晚期吐蕃人入侵汉族的影响才强大起来。[①] 最早的绘画是汉族艺术家的作品，可以说是表现早期中国佛教的作品。

三、中国

公元 2、3 世纪，大量题目中包含文殊菩萨名字、或文殊菩萨在经中扮演重要角色的佛经译成了汉语。2 世纪后半叶支娄迦谶 翻译了《首楞严三昧经》（现已佚失）、《阿阇世王经》（T. 626）和部分《华严经》（T. 280）。《维摩诘经》（T. 474）在中国比在印度更受欢迎，公元 3 世纪前半叶由支谦翻译。3 世纪翻译的以文殊菩萨为重要角色的佛经包括聂道真所译《佛说文殊师利般涅槃经》、昙无谶所译《妙法莲华经》（T.263）与《文殊师利佛土严净经》（T. 318）。

法国学者玛尔赛勒·拉露（Marcelle Lalou）在研究《文殊师利根本仪轨经》[②]的过程中，列出东汉（公元 25-220 年）至 12 世纪（公元 1127 年）之间的两个汉译佛经目录。目录是根据题目中是否含有文殊师利与观音名字而编排的。[③] 她发现公元 557 年前（梁朝末）含有文殊师利名字的佛经

---

① ibid. 356

② 《文殊师利根本仪轨经》归为作怛特罗现存梵语本、藏译与汉译本。见 Saastri（ed.），1920-5.

③ LALOU，MARCELLE. Iconographie des Etoffes Paintes dans le Manjusrilusrimulakalpa. Paris，1930，11.（using the Nanjio catalogue）.

有 17 部，但有观音菩萨名字的仅有 2 部。557 年之后，尽管含有文殊师利名字的目录占主要地位，但两种目录的总数都有增加。

拉露在此回应了普祖鲁斯基（Jean Przyluski）的著作。普祖鲁斯基认为《文殊师利根本仪轨经》中文殊师利处于重要地位的部分先于观音菩萨。[①]拉露对含有两者名字的汉译佛经题目的统计似乎表明中国早期佛教中俩位菩萨的相对重要性。拉露通过考察现存的考古证据研究文殊师利在中国的重要性。他发现 7-8 世纪龙门石窟的石刻铭文根本没有提到文殊师利。另一方面，有 80 个铭文提到了观音菩萨。石窟寺的铭文跨越公元 531—867 年，也没有提到文殊师利。6 世纪末的 Tsien-po-shan 碑铭也是同样。[②]拉露因此推断文殊信仰在洞窟开凿时期的中国佛教中没有流行。[③]她认为这个时期关于文殊师利的汉译佛经占主导地位的原因是印度的文殊信仰优于观音信仰，那些佛经在中国佛教徒的眼中已经有了足够权威，从而导致此类佛经的翻译。这与普祖鲁斯基对《文殊师利根本仪轨经》中文殊与观音角色的分析相符。

正如我们已经看到的，印度造像（不同于文本）的证据表明，观音像比文殊像时间更早、在这个时期数量更多。最新研究表明，拉露关于中国文殊信仰研究的结论也是错误的。保罗·戴米维勒、拉莫特、与欧阳瑞（Raoul Birnbaum）等学者的研究说明文殊菩萨在唐代（618-906 年）佛教中是举足轻重的人物。[④]8 世纪末，以五台山为中心的文殊信仰是中国最重要的信仰之一。

---

① PRZYLUSKI, J. 'Les Vidayarnja.' Bulletin de I'Ecole Francaise d'Extreme Orient，l923，pp'301-68.

② Lalou 依据 Mission archeologique dans le Chine septentrionale，Chavannes，E. Paris，1913.

③ "Le culte de Maju'srii etait peu pratiqué dans le bouddhisme chinois à l'époque où ces grottes ont été aménagées." op. cit. p.12.

④ 参见 DEMIEVILLE，P. La Concile de Lhasa. Paris，I 952.; Lamotte（前揭），1960; BIRNBAUM RAOYL. Studies on the Mysteries of Manjusri: A group of East Asian mandalas and their traditional symbolism. Society for the Study of Chinese Religions，Monograph No-2，Boulder.1983. 特别是文中关于不空（705-774 年）提升中国文殊菩萨信仰的作用。

五台山

五台山位于（印度）东北部的中国山西省。公元 5 世纪或许更早的时候，这里就确立了文殊信仰。五台山被视为文殊菩萨的世间应化道场。文殊菩萨显圣事迹的大量记载越过中国传播到世界各地，因此，唐代中期五台山已成为国际朝圣中心。

五台山的许多特征适合作文殊道场。它有五个台顶，[①]山脚附近有湖，被认为是不朽之地。尽管山峰不是特别高，最高峰也不足一万英尺，但因其河流清凉、异花芬馥、景色优美而闻名遐迩。[②]五台山是《文殊师利般涅槃经》中提到的文殊菩萨在雪山为五百仙人说法的理想之地。[③]

五台山文殊信仰的重要证据是记载文殊菩萨感应事迹的大量文献资料。《大正藏》收录的《清凉三传》载有大量此类故事。[④]另一种重要文

---

① panca'sikha 意为"五髻"或"五峰"。文殊师利与之有很多联系。在《文殊师利般涅槃经》与香山（喜马拉雅山脉中五峰之一）、与描述文殊发型的词 pancaciira、与乐神（与文殊有好多共同的品质）等均有联系。关于 panca'sikha 与文殊的深入讨论可参见 'Manju'srii: Origins, Role, and Significance（Part 1 –Origins）'.The Order Journal 2, 1989, p.15 – 26）.

② 1930 年代早期五台山旅行的描述见 BLOFELD JOHN. The Wheel of Lfe: the Autobiography of a Western Buddhist. 2nd ed. London, 1972, 114 – 155. 欧阳瑞认为五台山是中国第一座与佛菩萨联系的山，佛教圣地的确立标志着独特的中国化佛教发展的重要一步，Birnbaum（前揭），1983, p.10. 五台山与其余三座山成为中国的四大佛教圣地：西部的峨眉山为普贤菩萨道场；南部的九华山为地藏菩萨道场；东部浙江海岸的普陀山为观音菩萨道场。普陀与印度南部的补陀落伽山对应。MIGOT, ANDRE. Tibetan Marches.（trans– from the French by Peter Fleming）London, 1955（First published as Caravane vers Bouddha, 1954, 29 – 40）描述了 1947 年参访峨眉山的情景。MULLKIN, MARy AUGUSTA & HOTCHIKIS, ANNA M.. The Nine Sacred Mountains of China.（Hong Kong 1973.）记载了他们于 1935-6 年朝圣九大圣地——中国的五大道教与四大佛教圣地。参见 DUDJOM RINPOCHE, The Nyingma School of Tibetan Buddhism, Its Fundamentals and History.（trans. & ed. Gyurme Dorje）2 vols, Boston, 1991, I, plate facing p.596, 现代五台山图集。

③ 《文殊师利般涅槃经》于公元 3 世纪译成汉语，讲述文殊师利住于喜马拉雅山度化伍佰仙人。为利益众生而般涅槃，其舍利被带到香山顶上。虔诚之人得见或梦中得见文殊师利。之前关于文殊师利的两篇文章讨论了《文殊师利般涅槃经》：见 The Order Journal 2, 1989, p.19; The Order Journal 3, 1990, p.16.

④ T. 2098 – 2100. T. 2099 是延一写于 1060 年的《广清凉传》。

献是华严宗三祖法藏的《华严经传记》，也被收入《大正藏》。[①] 日僧圆仁于 840 年巡礼五台山时所作日记也有诸多此类内容。[②] 该文献记载了文殊菩萨化现的种种形象：乞丐、孩子或老人；或五彩云、或圆光。

公元 676 年北印度罽宾沙门佛陀波利参访五台山、希望得见文殊菩萨真容的事迹是早期的著名传说。他在山上五体投地向文殊菩萨祈祷时，一位老翁告诉他《佛顶尊胜陀罗尼经》是专为中国佛教徒消除罪业所造，佛陀波利须重返本国取此经典方可得见文殊菩萨。佛陀波利心中欢喜向老翁鞠躬答礼。当他抬起头来时，老翁已经不见了！佛陀波利于 689 年持梵本入于五台山。又一次遇到给他讲解五台山及其奥秘的文殊菩萨。[③]

《大正藏》五台山传记中最重要的文殊菩萨化现故事是道义和尚入化金阁寺，促成五台山重要寺庙之一金阁寺的修建。

道义禅僧于 736 年到达五台山，与僧友入住中台清凉寺。欧阳瑞对道义赤足行脚值遇文殊菩萨的经历做了概括。故事妙趣横生，意味深长，部分内容如下：

道义自恨末法出家，只有在五台山才有可能目睹菩萨圣迹。回顾自己参访圣地并没有经历多少艰辛，全凭菩萨仁慈的保护力量。

正这么思维，忽然看见一位老僧骑着白象沿着小径缓缓而来。相互行礼之后，老僧说他知道道义的来意。老僧谈了圣山的神秘性，建议道义次日拂晓得见文殊菩萨显圣。道义礼谢离开时，大象像风一样杳然消失，空气中弥漫着佛地特有的芳香。

次日破晓，他独自从清凉寺向西台顶出发。当他顶着寒风登上台顶时，看到各种化现物体：祥光、佛塔。再向前走，又遇乘像老僧。老僧让他相

---

① T. 2073. 法藏《华严经传记》部分已由 Lamotte 译为法语（LAMOTTE, ETIENNE. 'Manjusri.' T oung Pao, 1960, pp. 55–60）。

② 英文版见 REISCHAUER, EDWIN. Ennin's Diary. New York, 1955.

③ 主要依据 Lamotte（前揭）（1960, 86–88）法语版《佛顶尊胜陀罗尼经》序（译自 689 年汉语版）。序中所讲佛陀波利参访五台山的故事也是《广清凉传》（T. 2099）第 12 章的主题。见 Birnbaum（前揭），1983, 104, 注 6。

随前行，荒野中有一供养所，众僧正在用斋。道义登岭翘望，挈瓶行脚，一心注想文殊菩萨真仪。

向前数步，突然看见一位十三四岁的童子，自称觉一。说他在金阁寺。道义跟随童子向东北走了二三百步，过一金桥，就到了金阁寺，一切用金所制。

在童子的引领下，瞻仰了寺院各区域，堂殿之内皆是金制物品，道义又一次遇到了乘白象的老僧。此刻他意识到老僧就是文殊菩萨。①

道义内怀惊叹，神智若失，待他回过神来，与文殊谈所来之处佛法如何；佛法精髓为何。随后文殊命人供给道义食物，食毕，觉一与道义遍历诸院修谒。之后，他告别文殊，离开寺院。行至百步，环顾周围，寺院消失了。

道义把他的经历报告了玄宗皇帝，皇帝无比震惊，决定拨款修建金阁寺。金阁寺最后于8世纪末竣工，主要通过印度僧人不空于766年向代宗皇帝争取，获得资助得以完成。②

日本僧人圆仁于公元840年巡礼五台山。其日记描述了入山两个月的见闻经历。天空半阴半晴的时候，他与众人多次看到五色云。他曾有过如下的经历：

"初夜，台上，东隔一谷，岭上空中，见有圣灯一盏。众人同见而礼拜。其灯光，初大如钵许，后渐大如小屋。大众至心，高声唱大圣号。更有一盏灯进谷现，亦初如笠，向后渐大。两灯相去，远望十丈许。灯光焰然，直至半夜，没而不现矣。"③

① Birnbuam（前揭），1983，14–5.
② Birnbaum（前揭），1983，30.
③ Reischauer（前揭），1955，260，欧阳瑞引用，1983，18. 1937年夏，英国佛学家蒲乐道（John Blofeld）在南台顶证实了相似的事件。
译者按：圆仁日记的中文部分参见陈杨炯、冯巧英校注《古清凉传·广清凉传·续清凉传》，山西人民出版社，165、158页、。

圆仁也记载了山上的一些寺庙与大殿，包括大华严寺著名的文殊像：

"骑师子像，满五间殿在，其师子精灵，生骨俨然，有动步之势，口生润气，良久视之，恰似运动矣。"①

据负责大殿的僧人讲，造此文殊像，六遍粗作，六遍颏裂，第七遍才获得成功。雕塑家推断一定是自己的工作出了问题，祈请文殊菩萨亲现真容。圆仁写道：

"才发愿了，开眼见文殊菩萨骑金色狮子子，现其人前，良久，乘五色云腾空飞去。博士得见真容，欢喜悲泣，方知先所作不是也。"②

这则故事的意义在于其描述的五台山文殊菩萨像业已成为中国文殊菩萨形象的标准。骑狮文殊菩萨出现于五色云中。1975 年发掘的敦煌 220 窟 10 世纪初的壁画所绘文殊菩萨就是这种表现形式。还有 10 世纪的两幅相似的版画，一幅来自敦煌，另一幅是 1954 年在日本京都发现的中国释迦牟尼像内的版画文殊菩萨像，两者都是手持如意而不是剑，有两位驭者跟随，一位是汉人双手合掌做礼拜状，另一位是胡人，双手执缰驭狮。

除了志书、游记等文献记载五台山文殊菩萨感应事迹，佛经中也有文殊菩萨与五台山相关的段落。法国佛学家保罗·戴米维勒③研究公元 5 世纪初（418–420 年）佛驮跋陀罗的《华严经》译本中文殊菩萨与清凉山的联系。清凉山被描述为文殊菩萨住处，是罗盘上八个指针所指八座山中东北方的那座。清凉山是五台山的别名。公元 7 世纪末（695–699 年）由实叉难陀翻译的《华严经》也有确认文殊菩萨与清凉山的内容。不过，拉莫

---

① Reischauer（前揭），1955，232，cited in Birnbaum，1983，18.

译者按：圆仁日记的中文部分参见陈杨炯、冯巧英校注《古清凉传·广清凉传·续清凉传》，山西人民出版社，159 页。

② Reischauer（前揭），1955，232–3，cited in Birnbaum，1983，18.

③ Demiéville（前揭），1952，372.

特断言那是译者的篡改而非原文。他认为实叉难陀修改了早期佛陀跋陀罗译本的相应段落,当时以《华严经》为宗经的华严宗[1]正值盛行。[2]尽管如此,结合公元676年佛陀波利参访的有关文献,表明7世纪末,中国五台山确已被认定为文殊道场。

该资料也表明《华严经》越来越高的声望是推动五台山文殊信仰的因素之一。文殊菩萨在《华严经》地位崇隆,尤其是最后一品《入法界品》,文殊菩萨作为善财童子的善知识,开示善财童子参访善知识、修持菩萨道。文殊菩萨住于中国是非同寻常的事件!这件事把中国牢牢地放在佛教版图上。正如欧阳瑞所言,"通过这件事,就佛教宇宙论而言,中国由遥远的南瞻部洲的边地变成了一块用真正教义保佑的土地。"[3]

法藏的《华严经探玄记》强化了《华严经》关于文殊菩萨信仰的影响。法藏(643–712年)在著作中记载了五台山历史,[4]提到北魏孝文帝(5世纪后半叶)在五台山建寺。如此,这可能是五台山第一座寺庙。他还提到北齐王子入山求见文殊菩萨、烧身供养的故事。

法藏讲到北齐(550–577年)时期五台山有二百多座寺庙,文殊菩萨在此宣讲《华严经》。寺庙的数量或有夸张:《广清凉传》(1060年)列举了72座(唐以后有所减少)。不过,《华严经》并非把文殊菩萨与五台山联系起来的唯一经典。公元710年菩提流支翻译的《佛说文殊师利宝藏陀罗尼经》[5]有文殊菩萨与五台山联系的预言。经中金刚密迹主菩萨请问世尊佛法灭后,于赡部洲恶世之时,众生怎么办?佛言:

"我灭度后,于此赡部洲东北方,有国名:大振那,其国中有山,号

---

[1] "华严"是中国人对 Avata.msaka 一词的翻译。

[2] Lamotte(前揭),1960,60f.

[3] Birnbaum(前揭),1983,12.

[4] 法藏与实叉难陀共译《华严经》——包括窜改文殊菩萨与五台山联系的内容。因此,我们应该谨慎对待他的主张。见 Lamotte(1960,55–60)。

[5] 《文殊师利法宝藏陀罗尼经》(T. XX,1185A/1185B),拉莫特重译为(Manju'sriidharmaratnagarbhadhaara.nii Suutra(Lamotte,1960,85)。

曰：五顶。文殊师利童子游行居住，为诸众生于中说法，及有无量诸天龙、神、夜叉、罗刹、紧那罗、摩睺罗伽、人非人等，围绕、供养、恭敬。"①

　　要查明是否对印度原稿进行篡改是不可能的，因为梵语版本没有保存，已知的藏语典籍中也没有。不管怎样，汉语版《华严经》的相应内容表明到 8 世纪初，某些中国人认为文殊菩萨住五台山说法并受到崇拜。②这是文殊菩萨住五台山的经典依据。如果佛经被篡改，也是为此信仰提供合法依据的手段，而大量传说已有倾向定势的作用。

　　强化五台山文殊菩萨信仰的意义还有更进一步的因素。文殊菩萨住于五台山的信仰正好与末法时期的信仰一致。在无明、苦、冲突与错误的教义增加而提升精神境界的机会减少或难得的时代，五台山作为文殊菩萨道场，为众生亲近菩萨提供了殊胜机缘。五台山在末法时期象征一种特殊机缘，这种情感在圆仁日记与五台山志书中可以看到。上文提到的菩提流支翻译的佛经中提到：末法时期，文殊菩萨住于中国，为诸众生演说佛法。③

　　唐代晚期，五台山文殊信仰达到了高潮。文殊菩萨寓居中国成为整个大乘佛教界的信仰。

　　七世纪末义净旅行印度时写道：

　　"印度人民赞美中国"，"智慧文殊目前在平正，他的存在保佑着那里的人民。因此我们应该尊敬并赞美那个国家。"④

　　《文殊师利根本仪轨经》也提到了中国，为文殊信仰提供了进一步依

---

①　引自 Birmbaum（前揭），1983，11.

②　有理由怀疑本段是否曾有过梵语原本。菩提流支不仅加入了宣扬华严经的活动，从而得到了推动文殊信仰的动力，并参与了实叉难陀的《华严经》翻译。他可能也是添写认定五台山与文殊菩萨关系的当事人。

③　Birnbaum（前揭），1983，12.

④　TAKAKUSU，J.（trans.）I-tsing: A Record of the Buddhist Religion as practiced in India and the Malay Archipelago，A.D. 671–695. Oxford，1896.

据。① 相关内容见于现存梵语经典而不是汉译本。这一点非常重要，因为如果是这样，文殊菩萨与中国的联系不可能是中国人杜撰的。

到 7 世纪末，五台山已经成为国际朝圣中心。正如我们所知，公元676 年，罽宾僧人佛陀波利巡礼五台山；公元 8 世纪，无垢友参访五台山，其密教教义对早期藏传佛教颇有影响；② 公元 840 年，日僧圆仁巡礼五台山。③ 敦煌 61 窟的巨幅壁画描绘了 10 世纪五台山的各种景观：建筑、寺庙、信徒等全景图。④ 以后的文献证实了文殊菩萨住于五台山：14 世纪的《莲花生大师传》记载莲花生大师到五台山请教文殊菩萨占星术；⑤ 尼泊尔人记述文殊菩萨来自五台山，众多弟子跟随，创造了加德满都谷地，随后在当地创立佛教。⑥ 直到现代，五台山一直是重要的朝圣中心。著名的虚云

---

① bodhisattvo mahaadhiiro manjugho.so mahaadyuti.h / tasmin de'se tu saak.saad vai ti.s.thate baalaruupi.na.h // （MmK 36.568）. 引自 Lamotte（前揭），1960，85（作者译）.

② 无垢友尊者到中国西藏，13 年后到达五台山（DUDJOM RINPOCHE, The Nyingma School of Tibetan Buddhism, Its Fundamentals and History. （trans. & ed. Gyurme Dorje）2 vols, Boston，1991，I，555）. 根据西藏史学家布敦，西藏国王松赞干布也参访过五台山，并在五台山建 108 座寺庙，Obermiller（前揭），1931-2，II，184。但 Paul Demiéville 对此记载持有怀疑态度，Demiéville（前揭），1952，188，note1。

③ Lamotte（前揭），1960，89.

④ MARCHAND, E.（"The Panorama of Wu-t'ai shan as an Example of Tenth Century Cartography". Oriental Art n.s. 22, 1976）对该壁画做过研究。

⑤ 印度文本《文殊师利圣号诵》（8 世纪中叶前）中文殊菩萨与占星术有联系。经中第103 节描述如下："辉煌的，拥有月宫的光环。" 见 Davidson（前揭），1981; WAYMAN, ALEX.（1985）Chanting the Names of Mafiluirl: the Manjusri-nama-samgiti, Sanskrit & Tibetan texts, translated with Annotation and Introduction. Boston and London，1985.《文殊师利圣号诵》的两种译本。不过，在中国，这种联系似乎已被详尽阐述，文殊菩萨没有占星的负面影响，见 Birnbaum（前揭），1983，92ff。莲花生拜见文殊菩萨的故事揭示了在佛教语境下占星术使用的模棱两可性。

⑥ 该传说的概要见于梵文《苏瓦扬普史书》（1981，249-258）。也可参见笔者Manju'srii pt.1: Origins, p. 21-2 的论述。《苏瓦扬普史书》载有印度僧人在加德满都谷地遇到文殊菩萨的故事（参见 Mitra，1981，255）。这则故事认可文殊菩萨住于中国，也可以被理解为文殊菩萨在加德满都谷地，从而使佛教在尼泊尔的地位与五台山传说之于中国佛教同等重要。

法师于19世纪末朝礼五台山，三步一拜，经过三年圆满。[1]

不空

如果要遴选一位提升中国文殊信仰的关键性人物，那就是印度密教祖师不空（公元705—774年）。不空的生平展现了7世纪大乘（与密教）佛教的国际性。不空生于印度西北部的商人家庭（撒马尔罕—今乌兹别克斯坦的城市），12岁时同舅父旅行到爪哇岛，遇到密教祖师金刚智（公元671—741年），即拜其为师，随之到了中国。金刚智圆寂后，不空回到东南亚，在斯里兰卡同龙智研究密教，公元746年重返中国，直到28年后示寂。[2]

欧阳瑞以下列文字评价不空的重要性：

"不空是中国佛教史上最突出的人物：他是魅力非凡的演讲者，激情奔涌的教士，不知疲倦的翻译家，卓有成效的作家，主持仪式的大师和术士，是三代皇帝的国师、主要寺庙的建设者、中国密教教义的传播者和融合者。"[3]

不空一生最突出的贡献是把瑜伽密教传入中国。集中善无畏（公元637—735年）等人、特别是义净带回的梵文经夹，他翻译了瑜伽密宗主要经典《一切如来真实摄持经》略本等，第一次引进密教修法——用咒语、手印、曼荼罗等辅助修行者成就。

汉语文献表明不空关注的另一件事是文殊信仰的提升。由不空弟子圆

---

[1] WELCH, HOLMES. The Practice of Chinese Buddhism 1900–1950. Harvard. 1967，p.307；LUK，C.（trans.）Empty Cloud，the Autobiography of the Chinese Zen Master Xu Yun. Shaflesbury，1988，14f.

[2] 引自 Birnbaum（前揭），1983，25. 传记的早期部分不确定。拉莫特的叙述稍有不同。欧阳瑞与拉莫特都依据周一良《密教在中国》（1944-5），笔者没有查证。本次研究包含汉语版不空传带注释的译本以及相关问题的探讨。

[3] Birnbaum（前揭1983，25）。

照于 8 世纪末整理编辑、收于《大正藏》（t. 2120）的不空著作，包括给两任皇帝的进表以及三藏和尚遗书。欧阳瑞所著《文殊师利神秘性研究》中对不空的叙述主要依据以上资料。笔者将其研究结果简述如下。

正如我们所看到的，不空于公元 766 年在代宗的支持下负责完成了金阁寺的建造。看来通过皇帝的扶持，不空也能把住于五台山的文殊菩萨转变成不同寻常的护国者。公元 770 年代宗皇帝敕准不空上书：在天下所有寺院食堂于宾头卢尊者像外，安置文殊像以为上座。① 上书写到：大圣文殊师利菩萨"今镇在台山"。大约八个月以后，经不空提议，在唐朝皇帝的祖籍并州建造文殊阁，反映了对文殊菩萨护佑作用的重视。公元 772 年，代宗皇帝又一次敕准不空奏表，下令在天下寺院拣择圣处修建文殊院。每座寺庙雇沙门诵《仁王护国经》。在京城大兴善寺不空的翻经院修建"大圣文殊镇护之阁"。

由于篇幅所限，对不空以此方式推动文殊信仰的动机不进行详细探讨。有人可能以一种冷嘲热讽的态度认为，他的行为或者是为了自己或者是为了佛教稳定的地位获得权利和威望。然而，欧阳瑞认为不空把唐朝皇帝视为转轮圣王——能够通过他们的威势提升佛法，并由此解脱众生烦恼。既然文殊菩萨住于五台山，那么他与中国的特殊联系就是显而易见的，必然会扮演国家护佑者的角色。②

不空地位尊优并影响深远的另一个因素是中国文殊菩萨与密教仪式的结合。佛陀波利于 676 年朝礼五台山，文殊菩萨指点他从印度取回的《佛顶尊胜陀罗尼经》就是突出的例子。8 世纪末真言宗已经确立，来自印度的密教教义得到了系统化的发展。举行仪式的直接目标就是开悟、救赎，保护人们免受痛苦的侵袭（恶劣的天气、饥荒、疾病）等。现存的中国密教仪式手册描述了祈求文殊菩萨保佑力量的过程。③

---

① 关于阿罗汉宾头卢的资料，参见 STRONG，J.S. 'The Legend of the lion-Roarer; A Study of the Buddhist Arhat pindola Bharadvaja，' in Numen 261979-80.

② 欧阳瑞从另一角度指出，文殊菩萨自己提升了文殊信仰，文殊菩萨在五台山频繁显圣，对当时的佛教界是无可置疑的，Birnbaum（前揭），1983，36.

③ Birnbaum（前揭），1983，68-90.

总之，7 世纪末五台山文殊信仰已完全确立，吸引着来自国外的佛陀波利等朝圣者。几年以后，新译佛经显示佛陀曾预言文殊菩萨寓居于中国五台山。很难估计发展为如此上升势头的五台山文殊信仰花了多长时间。如果我们认同法藏的记载，那么五台山文殊信仰的确立可能在公元 5 世纪或更早时期。

早在公元 3 世纪，《文殊师利般涅槃经》与《华严经》①就译成汉语，极大地推动了早期文殊信仰。拉露在别处发现的否定性结果不必担忧。佛经表明早期大乘佛教存在与特定佛经与禅定联系的佛菩萨信仰的竞争。此种归类很可能与特定的地理位置有关。因此，某位佛、菩萨在特定的地方或地区也许很突出，但在别处未必如此。

中国唐代或更早时期，对文殊角色较全面的记载远远超过现在讨论的范围，尽管文殊菩萨不是唯一重要的人物。最早的汉译佛经表明，信仰对象是阿弥陀佛而不是文殊菩萨。②而考古证据的最新研究表明，中国的弥勒信仰早于阿弥陀佛与其他任何佛菩萨信仰，除了释迦牟尼。对现存造像的研究显示 6、7 世纪有一个明显的转向。6 世纪时有五十五尊释迦牟尼像、三十五尊弥勒像、仅有九尊阿弥陀佛像。相反，7 世纪后半叶，共有二十尊释迦牟尼和弥勒佛像，一百四十四尊阿弥陀佛与观世音菩萨像。③因此，7 世纪之前，中国不太可能盛行阿弥陀佛信仰。

总之，文殊信仰起源于中国而非印度和中亚。敦煌壁画中的文殊造型反映了文殊师利在中国而非中亚的盛名。印度没有能与发达的五台山文殊

---

① 部分《华严经》于 2、3 世纪由支谶（T. 280）、支谦（T. 281）与昙无谶（T. 283，285，288，291，292）译为汉语。

② 11 个文本的集子译于公元 2 世纪，Paul Harrison 分析的重点。参见 HARRISON, PAUL M. 'Who gets to ride in the Great Vehicle？ Self-Image and Identity Among the Followers of the Early Mahayana.' JIABS Vol.l0，no.1，1987，79 – 80. 研究结果进一步证实至少在文本上，文殊师利作为信仰对象的角色是随后取决于阿弥陀佛像被接受的角色。

③ 这些佛像出自 Williams（前揭）（1989，258）引用的 WEINSTEIN, S.（Buddhism under the T, ang. Cambridge，1987.） 与 TSUKAMOTO, Z. A（History of Early Chinese Buddhisrn. trans. L. Hurvitz, 2 vols，Tokyo，1985）。重要的是中国净土宗前三代祖师昙鸾、道绰与善导在世期间，阿弥陀佛与观世音菩萨像的增长。

信仰等量齐观的信仰。不管怎样，到 7 世纪末，中国五台山已成为整个佛教界认可的文殊道场。

作为施神迹者文殊菩萨及其图像考释: 中国与印度的早期菩萨图像[①]

王静芬

引言

文殊师利作为大乘佛教的大菩萨之一, 受到了许多学者包括佛学家和艺术史学家的关注。我们从较晚的佛教传统中熟知东亚骑狮文殊菩萨绘画, 或南亚与喜马拉雅手持宝剑与般若经等象征之物的童真法王子画像。然而, 文殊菩萨早期图像的演变仍不清晰。例如, 初期大乘经典中文殊菩萨的出场与视觉图像记录的信仰人物的出现之间存在着很大差距, 令人困惑。半个多世纪之前拉莫特 (Etienne Lamotte) (1960 年) 撰写的论文指出了这一点, 其他学者也在重复这一论断。[②] 还有几位学者探讨早期经典记载的文殊师利的角色, 包括拉莫特与平川彰 (1983 年)。[③] 平川彰的讨论集中于某些早期汉译大乘佛典, 特别是西域高僧支娄迦谶的译籍, 包括般若类经典以及某些华严类经典 (如《兜沙经》, 见下文)。此类经典中文殊师利已经获得青年、王子、童子的称号。他的宗教修行已经圆满, 成为佛智慧的化身。文殊菩萨虽在东方拥有自己的佛土, 但同其他菩萨一起到此娑婆

---

① 译者按: 本文系笔者为 2016 "五台山信仰" 国际学术研讨会翻译的论文, 收录于本次会议论文集《五台山信仰多文化、跨宗教的性格以及国际性影响力: 第二次五台山研讨会论文集》(释妙江主编, 陈金华、释宽广、纪赟副主编), 台北: 新文丰出版公司, 2017 年 7 月。

② 参见 Étienne Lamotte, 1960. " Mañjusrī ", T' oung Pao XVVIII: 1–96; David L Snellgrove, Indo–Tibetan Buddhism. Indian Buddhists and their Tibetan Successors, p. 314 (London & Boston: Serindia, 1987); Anthony Tribe. "The Cult of Mañjusrī ". Western Buddhist Review. Pt. III. Western Buddhist Review, 1994.http://www.westernbuddhistreview.com/vol1/ Mañjusrī.html; and Paul Harrison, " Mañjusrī and the Cult of the Celestial Bodhisattvas". Chung–Hwa Buddhist Journal 13: 162, 2000 (全文: 157–93)。

③ 参见 Tribe, "The Cult of Mañjusrī "; Harrison, "Mañjusrī and the Cult of the Celestial Bodhisattvas".

世界。身为一位大菩萨，文殊能以特立独行的方式救度众生。有的经典记载他是诸菩萨之父母。由于文殊菩萨位居众菩萨之首，平川彰推断他是与大乘佛教的兴起相关的重要人物。[①]保罗哈里森（Paul Harrison）通过深入细致地研读支娄迦谶翻译的同类型经典，思考我们是否应该区分文学创作的文殊菩萨与信仰人物的文殊菩萨。他提出由菩萨扮演的许多角色都是作者为达到阐释目的而使用的文学策略，从而为菩萨在众多考古记录中的缺席提供了解释。[②]他也指出公元二至三世纪初第一部大乘经典翻译成汉语，这个时期所谓的"大菩萨信仰"尚未有所记载。[③]

弥勒菩萨（未来佛）是大乘佛教诸大菩萨中第一位在视觉图像记载中出现的信仰人物，因为上座部与大乘佛教传统都认同弥勒菩萨。健陀罗地区的早期印度艺术绘制了许多菩萨，但是除了弥勒菩萨没有一位得到稳定的图像身份。大慈大悲的观音菩萨是全亚洲最重要的信仰对象，但是对观音菩萨的艺术表现也没有确定性。早期的研究没有确认文殊菩萨的存在，只是近来的研究成果认定了某些可能性（见下文）。

还有一种观点认为，作为信仰人物的文殊菩萨崇拜起源于中亚或中国。[④]《维摩诘经》在中国的的重要性无疑促成了文殊菩萨的突出地位，因为表现文殊菩萨与智者维摩诘辩论场景的绘画从五世纪开始在中国流行，而文字记载的时间更早。此外，文殊菩萨与中国五台山的联系早已确立，甚至闻名于古印度，吸引了国际的朝圣者参拜这座圣山。到七、八世纪后期，文殊菩萨被确立为佛教国家信仰的保护形象，特别是在不空的推动下，代宗皇帝（763－79 在位）命令天下寺院广设文殊阁，供奉文殊菩萨像。[⑤]

---

① Hirakawa, "Manjusrī and the Rise of Mahāyāna Buddhism". Journal of Asian Studies 1, no. 1: 12–32, 1983.

② Harrison, "Manjusrī and the Cult of the Celestial Bodhisattvas", 180–81.

③ Ibid., 185–86.

④ Williams, Mahāyāna Buddhism: The Doctrinal Foundations. 2nd ed. p. 227（London and New York: Routledge, 2009）.

⑤ 参见 Tansen Sen, Buddhism, Diplomacy, and Trade: The Realignment of Sino-Indian Relations, 600–1400, pp. 76–86（Honolulu: Association for Asian Studies and University of Hawai'i Press, 2003）.

华严教义在唐代佛教中的重要性也促成了文殊与普贤信仰；两位菩萨与弥勒菩萨在《入法界品》中引导善财童子的求道之旅，起着至关重要的作用，该品收编于宏大的《华严经》，是此经之高潮部分。毗卢遮那佛是释迦牟尼的法身佛、《华严经》的主尊，与文殊菩萨和普贤菩萨合称为华严三圣，是后来东亚艺术的表现题材。两大菩萨在表现《十地经》的敦煌绢画中占有突出地位。《十地经》是收入《华严经》（图 1a，1b）的另一部经典。

图 1　1a，1b. 文殊菩萨（右）与普贤菩萨，《十地经》变局部

此外，现存许多文殊菩萨与五台山信仰相关的雕塑、绘画、木刻。那么在什么条件与背景下文殊菩萨成为后来我们熟知的信仰对象？本文旨在重新考察并比较这位菩萨在中国的八世纪、印度大约九世纪左右的早期艺术表现形式，不可能提供修订图像。通过新的探讨勾勒出文殊菩萨图像身份在两种传统中的早期演变，笔者的研究希望脱离某些佛教思想与宗教活动方面的束缚，这些佛教思想与宗教活动早在文殊菩萨并入五台山信仰之前，就已成就了该菩萨作为信仰人物在中国和印度的突出地位。同时，本文还要考察文殊图像与具体佛典之间的关系。首先回顾中国的佛教艺术，因为中国佛教艺术不同于早期印度佛教艺术，其铭文对认定佛教人物能提供更多准确的信息。

早期中国艺术的文殊菩萨像

1．文殊菩萨与维摩诘居士

早期中国佛教艺术的文殊菩萨最著名的绘画场景是文殊菩萨与维摩诘居士的辩论场面，云冈与龙门的石窟寺均有此类图像，时间可以追溯到五世纪后半叶。[①]这一主题在公元六世纪的石碑上也多有描述（图2）。构图集中在一对人物上：文殊师利大菩萨，端坐在须弥座上，手执如意，维摩诘居士坐在宝盖下的木榻上，手中执扇。该主题在以绘画形式表现的反映全经内容的大型壁画或变相中达到高潮。七世纪以后的敦煌石窟就有很多这类图像，著名的有敦煌第220窟与103窟的壁画（图3）。

图2　佛教造像碑上的文殊菩萨与维摩诘居士（右上与左上），563年

图3　文殊菩萨与维摩诘，敦煌第103窟

[①]　参见 Bunkerd，"Early Chinese Representations of Vimalakīrti". Artibus Asiae 30，no. 1: 28–52，1968.

2. 文殊菩萨与观音菩萨

六世纪中国佛教艺术中也有其它形式的文殊菩萨像。在公元 535 年制作的少林寺矩形石碑的壁龛里（图 4）建有文殊、观音、释迦牟尼三尊像。

不过，现存石碑的正面拓印没有显示浮雕的细节。无论如何，从碑文可以得知人物的身份。主龛上面是描绘过去七佛的小壁龛。背面有四十二尊相同的佛雕像，这些佛像都有名字。笔者曾有过阐释，佛号源自两部重要的大乘经典:《法华经》和《金光明经》，指出石碑与念佛和忏悔的修行仪轨有关。[①] 该石碑仍属于中国佛教艺术的初始阶段，我们注意到只有少数佛教人物有独特的视觉图像的现象，因此需要述诸文字来给予他们身份（印度的佛教艺术也有同样的现象，许多宗教人物需要一段时间才能获得其独具个性的图像与视觉身份，没有

图 4　文殊菩萨与观音菩萨，少林寺石碑，535 年

碑文的解释就不易确定）。我们不知道壁龛里的观音与文殊像的姿容；或许他们只是两尊站立的菩萨像（观音手持莲花）。观音和文殊分别是慈悲与智慧的化身——这两种特性是大乘佛教的理想境界、菩萨果位的根本条件。因此释迦牟尼与左右两侧的文殊与观音的布局表明了大乘佛教的背景，健陀罗的雕塑也有同样的布局（见下文）。

3. 佛菩萨神殿中的文殊菩萨

到六世纪中叶，中国佛教艺术的主题普遍发生了变化。北魏最常见的

① Dorothy Wong, "What's in a Buddha's Name: Case Study of a Sixth-Century Chinese Buddhist Stele from the Shaolin Monastery". In Leo Swergold, Eileen Hsu, et al., Treasures Rediscovered: Chinese Stone Sculpture from the Sackler Collections at Columbia University. pp. 17–26, 111, （New York: Miriam and Ira D. Wallach Art Gallery, Columbia University, 2008）.

佛教艺术题材（释迦牟尼、弥勒菩萨、燃灯佛、过去七佛、千佛、《法华经》的二佛并坐、文殊菩萨与维摩诘的辩论）已经让位给更宏大的万神殿，那是与发达的大乘佛教紧密联系的佛、菩萨。图像上的宗教圣者更加确立，包括文殊菩萨。除了释迦牟尼佛与弥勒菩萨在北魏时期十分流行外，无量光佛、无量寿佛、药师如来佛，以及观音、文殊、普贤等大菩萨也被频繁地提及。河南浚县佛时寺的四面造像碑就是展示宏大万神殿的典型例子，这通四面造像碑每一面有三个壁龛，共有 12 个壁龛（图 5，5a）。塑造的佛像有释迦牟尼佛（坐佛、立佛、入涅盘的卧佛）、无量光佛、无量寿佛、并坐佛（释迦牟尼佛与多宝佛）以及药师佛。菩萨包括交脚弥勒坐像、弥勒与观音造像、文殊菩萨、普贤菩萨。普贤菩萨表现为骑象普贤，而文殊菩萨仍然是与维摩诘辩论的装饰性图案。

图 5　诸佛、菩萨中的文殊菩萨，佛时寺造像碑，572 年

5a. 佛时寺碑线图

　　这通石碑上雕刻的佛菩萨阵容在时间上先于七、八世纪的重要宗教神明。弥勒是诸菩萨中确立的第一位信仰对象，在健陀罗与中亚佛教艺术中享有盛名。公元五世纪的后半叶，观音崇拜在中国也很兴盛（文本数据更早），可以从华北复原的许多镀金青铜莲花手观音菩萨造像得到左证。六世纪后半叶制作的大型观音菩萨造像手中持物为净水瓶、莲花或柳枝，顶

戴花冠无量寿佛像。作为中国佛教万神殿的新来者，碑上的文殊菩萨与普贤菩萨没有成对出现，文殊菩萨的坐骑还没有得到表现。

在敦煌六世纪的几幅壁画的题记中发现了文殊菩萨的名字，但文殊菩萨只是主尊佛（释迦牟尼佛或无量寿佛）的几位站立的随佛菩萨之一，没有明显的图像特征。[①] 敦煌 285 窟的东北壁所绘佛像有明确榜题，可以识别人物；石窟寺开凿于东魏，榜题显示的时间是 538、539 年（图 6）。无量寿佛右侧是无尽意菩萨，左侧是文殊菩萨，依次右左侧分别是观音菩萨与大势至菩萨。注意无尽意菩萨与文殊菩萨都与东方有关，而观音与大势至菩萨是西方阿弥陀佛净土世界的大菩萨。[②]

图 6　文殊为协侍菩萨之一，敦煌第 285 窟，西壁北面，东魏（534–550）

图 7　骑象普贤，四面造像碑，6 世纪

4. 文殊菩萨与普贤菩萨成对出现的图像

至此我们看到的例子没有文殊菩萨的坐骑。不过，在第五、六世纪的中国佛教艺术中有许多骑象菩萨像（图 7）。[③] 尽管佛时寺碑附有铭文，可以确定所绘人物是普贤菩萨（见图 5a），但是很多菩萨的身份并不确定。

---

① 敦煌 285、401 窟的实例；参见潘亮文，《敦煌唐代的文殊图像试析》，《敦煌研究》，2013，卷 3 86–102，87–88.

② 无尽意菩萨在《法华经》25 品中是对话人 / 请法人的角色，观音菩萨是救世人物。无尽意菩萨也是东方净琉璃世界教主药师佛的八大菩萨之一。

③ 参见孙晓刚《文殊菩萨图像学研究》（兰州：甘肃人民美术出版社，2007）插图，图 33、36.

塑造于六世纪初的甘肃庆阳北窟 165 号大型造像，表现的也是普贤菩萨。入口处两侧有菩萨与阿修罗（三头四臂）并列的浮雕。[①] 如果早期的普贤菩萨骑着大象，那么塑造二菩萨组合的图像也应该有文殊菩萨的坐骑（见下文）。[②] 这种配对人物的视觉与构图逻辑在早期中国佛教艺术中相当普遍，诸如释迦牟尼与多宝佛、文殊菩萨与维摩诘等。佛本生故事也是早期中国佛教艺术共同主题。敦煌壁画有许多成对人物的绘画实例，隋代 278 窟壁画绘有悉达多王子骑着大象和一匹马，主壁佛龛的另一侧表现摩耶王后怀孕与夜半逾城的场景（图 8）。

图 8　摩耶王后怀孕与夜半逾城，敦煌第 278 窟，西壁，隋

促成成对纵列的大菩萨像的另一个因素是四方佛、十方佛概念的流行，两者是一起发展的。佛教的时空界定是大乘佛教的核心教义，从而发展了根据空间划分的佛与较早的根据时间划分的佛（如三世佛或过去七佛）。由于重视中国传统宇宙论的基本方向，结合佛经提到的各自佛土世界的方位，几尊佛就与主要方向联系起来。六、七世纪的实例如置于四面塔中心柱四面的四方佛。日本法隆寺壁画的佛面板表现的也是四方佛及其协侍。

---

① 见孙晓刚，《文殊菩萨图像学研究》，图 30. 石窟寺有一组大型雕像：七佛（侧面的佛矮小），两尊交脚弥勒菩萨坐像。

② 日本法隆寺壁画文殊与普贤并列刻在 8、11 的面板上；普贤骑着大象，但文殊菩萨依然没有坐骑；参见 Dorothy Wong "Reassessing the Mural Paintings of Hōryūji". In Dorothy C. Wong, ed. Hōryūji Reconsidered. pp. 131–190, 172–73, 图 5.10, 5.11（Newcastle, UK: Cambridge Scholars Publishing, 2008）。

这些面板绘制的是净土世界的场景还是简单的佛像组合尚有争议，不过，在区分不同佛及其协侍方面捕捉了一些重要的图像元素：

释迦牟尼佛（南方）：二菩萨与十大弟子

药师佛（东方）：二菩萨与十二药叉大将

阿弥陀佛（西方）：观世音与大势至菩萨

弥勒佛（北方）坐像：二菩萨与天龙八部[①]

只有阿弥陀佛的协侍是两位著名的大菩萨——观音菩萨与大势至菩萨，这是因为净土信仰的繁荣与《无量寿经》的描述。文殊菩萨与普贤菩萨是释迦牟尼佛或毗卢遮那佛的协侍，日光与月光菩萨是药师佛的协侍，可能是受无量寿佛/无量光佛三圣的启发。同样，大菩萨赴会的场景演变为净土场景，纵然释迦牟尼佛与弥勒佛的道场仍处于没有净化的有相世界。

那么图像中的文殊菩萨何时获得坐骑？何时与普贤菩萨成对出现？有些学者指出《陀罗尼经》有骑狮文殊的描述，如阿地瞿多（act. 约633-54）的《陀罗尼杂集》译本。[②] 然而，视觉证据表明在大部分《陀罗尼经》翻译之前，公元六世纪已有零星的骑狮文殊像。隋代有鎏金骑狮文殊像，但遗存数量很小。带坐骑的两位菩萨最早的图像保存在芝加哥艺术研究院的石碑，造于551年（图9）。他们被刻在塔的左右两边，塔在石碑背面的佛龛上面；协侍菩萨尺寸很小，他们的地位微不足道。七世纪更大的石碑雕刻有更复杂的作品（图10）。

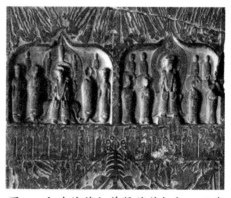

图9　文殊菩萨与普贤菩萨拓印，石碑局部，芝加哥艺术研究院，551年

---

① 法隆寺壁画中弥勒菩萨身边安置大将，而第9、10面板对对佛像的身份产生不同的意见；参见 Wong，"Reassessing the Mural Paintings of Hōryūji"，166 - 68.

② 《佛说陀罗尼集经》T. 901. 分别乘坐各自坐骑的文殊与普贤描绘为金轮佛顶的协侍；T. 901, 18: 790b1 - 2. 关于文殊菩萨图像学的文献数据，参见孙晓刚，《文殊菩萨图像学研究》，8–14.

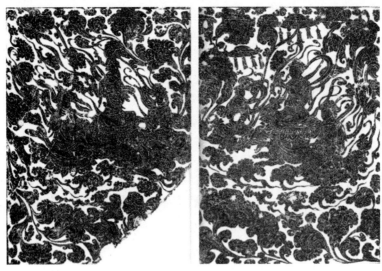

图 10　文殊菩萨与普贤菩萨版画拓印，7 世纪

　　几个七世纪的敦煌石窟寺绘有文殊、普贤以及他们的坐骑：第 68、220、331、340、401 窟。[①] 二菩萨一般绘在主佛龛外面西壁的上部分。例如第 331 窟，位于顶部的二菩萨尺寸很小，表明其容姿的不确定性（图 11）。他们的安置与早期的悉达多太子骑象和骑马的场景相同（见图 8）虽然创作具有相似性，但是人物身份的变化标志着从较早的艺术主题（佛本生故事）向更为高级的大乘佛教内容转变。第 220 窟（公元 642 年）的壁画更加突出了两位菩萨；两位大菩萨及其小菩萨协侍占用了墙面高度的三分之二。[②]

图 11　文殊菩萨与普贤菩萨（左上与右上），敦煌第 331 窟，西壁，7 世纪上半叶

① 潘亮文，《敦煌唐代的文殊图像试析》，87–89.
② 参见 Qiang Ning, Art, Religion and Politics in Medieval China: The Dunhuang Cave of the Zhai Family, pl. 1（Honolulu: University of Hawai'i Press, 2004）.

5. 文殊菩萨 / 普贤菩萨与《法华经》

这组敦煌七世纪壁画的另一个重要特征是画中的两位菩萨与《法华经》的联系密切。第331窟《法华经·见宝塔品》描述的文殊与普贤二菩萨绘于西壁上方，再次进入观者的视野（图12，12a）。释迦牟尼佛与多宝佛并坐在宝塔中，位于画面水平构图的中心。在二佛前面与两边画有众多人物——僧众与菩萨众——来集于此，听闻二佛说法。因此这一场景称为《法华经》的"虚空会"。骑狮文殊与骑象普贤坐于宝塔两侧（图12a，12b）。除第331窟之外，还有几个七世纪的石窟寺的壁画表现文殊与普贤二菩萨，其主题也与《法华经》有关，尤其是"见宝塔品"。二菩萨与《法华经》的这种联系一直持续到八世纪，可以在第23、21窟看到。①

图12　法华经见宝塔品变相，敦煌第331窟，西壁，入口上方

图12a，12b　文殊菩萨与普贤菩萨是，图13局部

作为开导大乘教义的主要经典，《法华经》在中国的重要性不能低估。该经带来了流行图案如"见宝塔品"的二佛并坐，并发起了观音信仰，观

---

① 潘亮文，《敦煌唐代的文殊图像试析》：89—90.

音成为主要的信仰人物（"观世音菩萨普门品"也被单独描绘）。初唐敦煌壁画的《法华经》主题大多数展示从佛经中选择的章品，有时绘制的是单个的一品。虽然这样的主题仍可称为法华经变，但是描绘《法华经》全经内容的壁画大多数出现在唐代中后期。①

七世纪时，文殊菩萨与普贤菩萨最终赢得了他们的尊贵地位。文殊菩萨在《法华经》中是突出的对话人（请法人）的角色，有时称为法王子，其地位是指定的法王继承人（法王即佛法之主；参见下文的深入讨论）。文殊菩萨也是《提婆达多品》的一位关键性人物。

此品中文殊师利入水下龙宫宣说《法华经》。文殊菩萨发现娑竭龙王女年仅八岁，身为女身，速得成佛。当老比丘舍利弗提出质疑时，龙女持一宝珠献佛，世尊纳受，然后忽然之间变成男子，成正等觉，具佛相好。②"提婆达多品"的龙女成佛常常是《法华经》绘画的情节之一，也是佛经确认女性可以成佛的稀有案例。③以《法华经》为宗经的天台宗六世纪以来在中国已经占有一席之地，特别是智顗（538-97）等大师的著作，我们也需要考虑七世纪另一层面的背景，即为武曌称帝做准备的政治、宗教氛围。除了使用预言女性称帝的其它文本数据外，《法华经·提婆达多品》强调以全新的角度看待女性的角色。④正是在同一时间框架内推动了与国家信仰关联的文殊菩萨和五台山（见下文）。至于普贤菩萨，《法华经》的最后一品专讲此菩萨是《法华经》的大守护者，劝说信徒信仰、受持此经。

我们可以从这些七世纪的壁画推断，两位大菩萨之间的关系与华严宗

---

① 张元林指出初唐只有第331窟（东壁）与第23窟（窟顶南坡与北坡）绘有较多法华经变；大多数只绘《见宝塔品》或《普门品》；参见张元林，《也谈莫高窟第217窟南壁壁画的定名》。

② 参见 Jan Nattier, 2009. "Gender and Hierarchy in the Lotus Sūtra". In Stephen F Teiser and Jacqueline I. Stone, eds. Readings of the Lotus Sūtra. pp, 95–97 （New York: Columbia University Press, 2009）（全文：83–106）。

③ 参见 Ryūichi Abe. "Revisiting the Dragon Princess". 文中对日本中古时期女性修行的重要性展开讨论。

④ 关于与武曌统治相关的政治、宗教宣传的内容，参见 Antonino Forte, Political Propaganda and Ideology in China at the End of the Seventh Century （Napoli:Istituto Universitario Orientale, 1976. 2nd ed. Kyoto: Scula Italiana di Studi sull'Asia Orientale, 2005）.

没有直接的关系（尽管他们在佛经中的突出地位增加了他们的关注度）。《法华经》的主佛是释迦牟尼佛，文殊菩萨与普贤菩萨是佛的协侍。[1] 即便澄观（738-839）的华严学说确立了毗卢遮那佛－文殊菩萨－普贤菩萨的华严三圣，主张将华严三圣作为观想和宗教修持的指引，这种联系也没有减弱。[2] 例如，敦煌61窟（图13）绘制的法华经变，文殊菩萨与普贤菩萨分别乘各自坐骑，在宝塔两侧云中引领聚集在宝塔中的释迦牟尼佛与多宝佛周围的四众（虚空大众），第331窟相同（见图12，12a）。位于佛右侧的骑狮菩萨旁边的榜题标出的名字是妙德菩萨，另一个名字是文殊菩萨。实际上文殊菩萨及其眷属在这幅壁画中反复出现：宝塔下的大众会叫法华会或法华经序品。虽然画中菩萨没有乘坐骑，但根据榜题可以识别位于佛两侧的两大菩萨是文殊菩萨与普贤菩萨。佛众右上部的另一位菩萨标为妙吉祥菩萨，也是文殊菩萨的名号。左上部的涡卷饰榜题显示：文殊菩萨请安药品，指第十四品"安乐行品"，文殊菩萨请佛宣说《法华经》。壁画的局部展示了一位立佛在给一组菩萨与众人说法。敦煌61窟是描绘文殊菩萨与五台山最重要的石窟寺，因此在同一个石窟的法华经变相中反复强调文殊菩萨不足为奇。

图13　法华经变相，敦煌第61窟，南壁，10世纪

① 　Willa Tanabe 指出，由于《法华经》在日本宗教文化中的重要性，佛与两位协侍文殊菩萨和普贤菩萨组成的三圣更有可能是《法华经》的象征；Willa Tanabe，"Art of the Lotus Sūtra". In Stephen F Teiser and Jacqueline I. Stone, eds. Readings of the Lotus Sūtra, p. 182（New York: Columbia University Press，2009）（全文：151-84）。
② 　参见 Gimello，"Ch'eng-kuan's Medidations on the 'Three Holy Ones'". 收于鎌田茂雄博士古希记念会编辑，《华严学论集》（东京：大藏出版，1997），页131-213.

从现有的证据来看，早期的中国佛教艺术中文殊菩萨不如弥勒与观音菩萨流行。随着大乘佛教万神殿的扩大，文殊菩萨在各种不同的配置中出现，但是还没有明显的图像特征。《维摩诘经》在中国的盛行促进了文殊菩萨的出场，即在菩萨与居士之间展开的著名论辩场景。到七世纪时，文殊菩萨与普贤菩萨各自乘坐骑常常成对绘制，《法华经》的兴盛是出现这一现象的重要背景。七世纪的后半叶五台山信仰确立并日益兴隆，文殊菩萨发展为独立的信仰人物并与圣山联系在一起。文殊菩萨及其神圣道场开始在敦煌中唐时期的石窟寺艺术中得到表现，包括像第159窟这样的实例。

早期印度艺术的文殊菩萨像

文殊菩萨在早期印度艺术的登场比中国早期艺术更难确定。虽然早期学者的观点认为文殊菩萨在印度艺术中出现很晚，但最近的研究力图在健陀罗佛教艺术（公元1–4世纪）中发现文殊菩萨的图像。夸利奥蒂（Anna Maria Quagliotti）注意到有许多图像描绘菩萨有童子相，结跏趺坐，手持一本书（图14）。[1] 因为经典描述文殊菩萨是童子（见下文），并且是智慧的化身（书便是知识与智能的象征），夸利奥蒂认为这些菩萨很可能代表文殊菩萨。

图14　持书青年文殊（？），健陀罗

韩国学者吕朱亨（Rhi Juhyung）的犍陀罗艺术菩萨研究发现有很多与大乘佛教兴盛有关的菩萨造像。不过，除了弥勒之外大部分菩萨没有标准

---

[1]　Anna Quagliotti, "Mañjuśrī in Gandharan Art: A New Interpretation of a Relief in the Victoria and Albert Museum". East and West 40: 99–113, 1990.

的或稳定的图像。①虽然不确定后来顶戴小佛像的观音图像是否与这个时期的菩萨有关，但手持莲花的菩萨可能是观音菩萨（莲花手观音，是观音菩萨的另一种称号）。②吕朱亨也指出犍陀罗后期的持书菩萨像，表现的很可能是文殊菩萨。罗里央·唐盖（Loriyān Tāngai）的一幅浮雕上的佛像有两位菩萨相随，一位手持莲花，另一位手持一本书；这些特征表明他们分别代表观音菩萨与文殊菩萨（图15）。三尊像的构图使人想起建于535年的少林寺碑柱（图4）。

笈多时期（约300-600年）的文殊造像非常稀少。七世纪玄奘记载参拜印度圣地菩提伽耶的大菩提寺，寺内有三尊像，弥勒与观音菩萨是主佛的协侍菩萨。白文殊像是文殊菩萨的一种形象，制作于七世纪、笈多后期（图16）。③由于菩萨宝冠上小佛像的手势是触地印，据此可以判断这尊佛像是阿閦佛，而童子便是文殊菩萨形象。

图15 文殊菩萨（左）与观音菩萨（右），
Loriyān Tānngai，健陀罗晚期

图16 白文殊（文殊菩萨的
一种形象），鹿野苑，7世纪

公元七、八世纪时文殊菩萨地位崇隆，在印度各地，包括东北印度如

① 关于该主题的最新论述：见 Rhi Juhyung，"Bodhisattvas in Gandhāran Art: An Aspect of Mahayana in Gandhāran Buddhism". In Pia Brancaccio and Kurt Behrendt, eds. Gandhāran Buddhism: Archaeology，Art，Texts，pp. 151-82（Toronto: UBC Press，2006）.
② 中国的早期弥勒造像也有头戴王冠的小佛像，指释迦牟尼是弥勒的先祖。
③ 参见 Joanna Williams, The Art of Gupta India: Empire and Province，pp. 169-70，pl. 260（Princeton，NJ: Princeton University Press，1982）；Frederick Asher. The Art of Eastern India，300-800 .p. 82（Minneapolis: University of Minnesota Press，1980）.

菩提伽耶与勒德纳吉里，以及西印度的埃洛拉石窟遗址。这些地区发现了大量的菩萨像，他们的组合以及图像特征表明当时金刚乘流行的背景，包含了曼荼罗佛教诸尊的布局。[①] 文殊图像具有标准的特征：呈三髻童子相。颈上饰有项链，项链配两个虎爪和一个护身符。右手执青莲（优钵罗花），花上放《般若菠萝蜜经》，表征般若教义，而左手施与愿印。八到十世纪东北印度的文殊菩萨像往往是立姿像，并有女协侍与大威德明王相伴（图17）。勒德纳吉里的两尊大菩萨像头戴宝冠。[②] 文殊呈右舒游戏坐姿，有时两腿自然下垂（图18）。再者在北印度的中央邦发现了同一时期的青铜雕塑（图19）。随后又在爪哇中部发现了类似的造像，很显然东印度帕拉时期的文殊崇拜已经传到印度尼西亚并在此地昌盛一

图 17　大威德明王相随的文殊菩萨站姿像，8-9世纪　　图 18　右舒游戏坐姿的文殊菩萨与坐姿女神像（上角），拉利塔吉里地区，8世纪

图 19　右舒游戏坐姿的文殊菩萨与女祈祷者，中央邦锡尔布尔，8世纪中叶

---

① 例如，《文殊师利宝藏陀罗尼经》（依据事部系列经典）与《文殊师利根本仪轨经》（编纂于8世纪）都是图像学引用的文献数据；参见 Hock，"Buddhist Ideology and the Sculpture of Ratnagiri of Ratnagiri, Seventh through Thirteenth Centuries". pp. 55–56. Ph.D. dissertation, University of California, Berkeley, 1987.

② Hock, "Buddhist Ideology and the Sculpture of Ratnagiri", 102 - 3.

时。^①此外，文殊师利也被刻画为青年；这些图像没有经书这样的象征物。

图 20　作为协侍菩萨之一的文殊菩
　　萨（左 1），埃洛拉 12.2 圣坛，右壁，
　　　　　约 750-850 年

图 21　曼荼罗中的文殊菩萨（右下），
　　围绕大日如来的八大菩萨之一，埃洛
　　　　拉第 12 窟，约 750-850 年

　　再如，七世纪以来的大型文殊菩萨像在埃洛拉非常引人注目，他是成组协侍菩萨或者八大菩萨等主题造像中的一员（图 20、21）。^②然而后一主题与勒德纳吉里地区没有关联，尽管有各种形式的观音、文殊、金刚手以及其他重要菩萨的造像。^③金刚乘文献含有各种描述菩萨肖像的数据，包括《成就法鬘》所述文殊菩萨成就法的相关形象，通常与视觉证据相吻合。^④尽管菩萨造像在两个地区的数量激增，但是最常见的是文殊菩萨与

①　在中爪哇发现的一尊精致的银制文殊菩萨右舒游戏坐姿像与图 20 的造像非常相似，该像制于十世纪初；参见 Fontein，The Sculpture of Indonesia，pl. 46. 文殊菩萨的声望在中爪哇的其它地方很兴盛，包括八世纪巴兰班南北部的以菩萨为主尊的千陵庙；参见 Mark Long，"An Eighth-Century Commentary on the Nāmasangīti and the Cluster of Temples on the Prambanan Plain in Central Java". Nalanda-Sriwijaya Centre（NSC）Working Paper Series，no. 20，2015，作者认为寺庙可以理解为与密教文殊信仰有关的曼荼罗。
②　Geri Malandra，Unfolding a Mandala: The Buddhist Cave Temples at Ellora. pp.82-83，101-3（Albany: State University of New York Press，1993）
③　Hock，"Buddhist Ideology and the Sculpture of Ratnagiri"，69‑70.
④　译为《成就法鬘》，编纂于五至十一世纪之间密教成就法文献。书中描述了礼敬佛教诸神的仪式与宗教活动，各篇成就法均有关于密宗金刚乘诸神形象特征的图像绘制。Nancy Hock 留意到经典资料中顶戴王冠的文殊菩萨；Hock，"Buddhist Ideology and the Sculpture of Ratnagiri"，102‑3.

观音、弥勒、金刚手菩萨在一起的造像。似乎没有与普贤菩萨成对的造像，即便后者也是八大菩萨之一。

粗略考察健陀罗时期到帕拉早期的文殊造像证实了中国与印度具有不同的菩萨信仰与艺术表现。首先，两种传统有不同的图像表现形式。在印度艺术中童子相与经书是文殊菩萨视觉形象的恒定元素。（鉴于后来的图像也有稳定的特征，健陀罗的菩萨持书的造像视为文殊菩萨就有更大的确定性；见图15、16）。在中国佛教艺术的早期阶段，主要是公元六世纪，也有人尝试在大乘佛教万神殿的诸佛与众菩萨之中绘文殊菩萨。在这些早期图像中菩萨还没有明显的图像特征，经常依赖于榜题标明他的身份。同一时期，文殊菩萨在《维摩诘经》的背景下得到了重点刻画。七世纪时，出现了文殊与普贤并置，并伴有动物坐骑的图像。日益兴盛的《法华经》也有助于提高这对菩萨的可见率。《法华经》的主佛是释迦牟尼佛，二菩萨是佛的大协侍。之后，随着《华严经》的盛行，二菩萨成为毗卢遮那佛的协侍，正如敦煌的《十地经》变相所展示（图1a、1b）。

大约到了七、八世纪，印度艺术的文殊菩萨在金刚乘的背景下得到了展现。在艺术表现形式上，菩萨的图像特征是根据《成就法鬘》的描述刻画的，与同时代的中国图像没有相似之处。通过对比早期中国与印度的文殊图像，我们可以得出结论：尽管早期的大乘佛教经典记载文殊菩萨从东方来，是法王子与继承者，是智慧的化身，但是菩萨信仰地位的兴起在中国与印度迥然不同。中国的几部大乘经典的信仰地位——《维摩诘经》、《法华经》与《华严经》——以及相关宗派促成了文殊菩萨的突出地位。还有一个层面是七、八世纪五台山信仰与国家信仰的繁荣，创造了我们今天熟知的圣山道场的骑狮文殊菩萨像。

尾 声

关于不空活动之前、武曌称帝期间文殊菩萨与五台山信仰的最后一点意见是文殊菩萨法王子的形象源自与佛教王权论有关的女王的隐喻。我们已经考察了文殊菩萨在《法华经·提婆达多品》中的角色，《法华经》是强调女性成佛潜质的重要经典资料。在某些初期大乘著作如形成《华严经》的原始小部诸品中亦有菩萨重要性的线索。例如，《兜沙经》（T.280，支娄迦谶译）与《菩萨十住行道品》（T.283，竺法护译）列出了菩萨十住，第九住与第十住分别是法王子住与灌顶住，之前的八地是童真住，即文殊菩萨的称号。最后两地是印度王室仪式中使用的比喻，与印度的佛教王权概念有关，佛教王权与早先转轮圣王的模式合并。这不同于《十地经》所列的菩萨十地，《十地经》属于发达的大乘版本。但是，较早的"菩萨十地"在五世纪和七世纪末翻译的《华严经·菩萨十住品》重复描述，表明《华严经》的原始小部经典与大部华严一起保存下来。[①] 本品由法慧菩萨列举出十住。最后两住分别称为"法王子住"与"灌顶住"，与早期翻译的术语不同。[②] 这两住在《大事》中也有复述，《大事》是一部梵文经典，尚未译成汉语。[③]《大事》是最古老的佛陀传记，它是塑造佛陀超凡脱俗性格的首部经典。它是说出世部的藏经，属于大众部的原始大乘宗派；七世纪初玄奘参访时巴米扬王国的说出世部正值繁荣。德博拉·克林伯格·塞尔特（Deborah Klimburg-Salter）指出《大事》是一部非常重要的经典，因为它与戴王冠与宝石的佛陀图像有关，这种形象于七、八世纪在兴都库什山（包括巴米扬）和克什米尔地区开始以艺术形式表现。[④]

　　罗纳德·戴卫森（Ronald Davidson）认为初期的大乘经典"把神话加冕仪式深植于菩萨十地的叙述当中"。[⑤] 佛教的灌顶仪式借用了古印度国王就职或授权王储时施行的皇家加冕仪式，并且成为密教中传达神秘教义的重要仪式。这种仪式与佛教的王权糅合在一起，成为皇帝、庄严的隐喻，

---

① Hamar, "Buddhāvatamsaka".

② T. no. 278, 9: 445a01; T. no. 279, 10: 84a23-24.

③ 《大事》英文版见 J. J. Jones, trans. 1952-73. The Mahāvastu. 3 vols. 1st ed. 1949-56（London: Pali Text Society）. Jan Nattier 指出《大事》的编纂不可能在五世纪之前，因此与原始华严经典没有关系：个人交流。

④ Deborah Klimburg-Salter, The Kingdom of Bamiyan: Buddhist Art and Culture of the Hindu Kush, pp. 61-64（Naples: Istituto universitario orientale, Dipartimentodi studi asiatici; Rome: Istituto italiano per il medio ed estremo oriente. 1989）.

⑤ Davidson, Indian Esoteric Buddhism, 125.

后来在日本与西藏传统中众所周知。[①] 武曌登上王位前夕，戴王冠与宝石的佛陀像也被传入长安与洛阳，在龙门就发现了典型的实例，如龙门东山擂鼓台南洞中央的大型雕像。[②] 作者认为引进这种与皇家隐喻有关的新的造像类型是为了增强武曌对佛教权威的要求；武曌的宫廷内有许多来自克什米尔与东北印度的僧人与翻译家，他们不仅带来了造像，也带来了相关的思想与宗教活动。[③] 文殊菩萨除了童子相外，还有法王子的称号，是继承佛陀的下一位精神领袖。在七世纪的宗教与政治背景下，提升与原始《华严经》所述的王权隐喻相关的文殊菩萨的地位，可以看到武曌当权时为了推动中国成为佛土所做的全方位、精心策划的努力。

① 关于密教灌顶仪式的讨论，参见 Davidson, Indian Esoteric Buddhism, 123–31; Abe, The Weaving of Mantra, 133–36.

② 参见中国石窟雕塑全集编辑委员会编辑，《中国石窟雕塑全集》（重庆：重庆出版社，2000-2001，十卷本），第 4 卷，图版 220.

③ 作者即将出版的著作《佛教朝圣僧》对此论题将有探讨：Dorothy Wong, Forthcoming, BuddhistPilgrim–Monks as Agents of Cultural and Artistic Transmission: The International Buddhist Art Style in East Asia, ca. 645–770. Singapore; National University of Singapore Press.

真容之遗产：五台山真容院与殊像寺的文殊像①

崔善娥 Sun-ah Choi

（台山名刹凡十二区，而藏佛真容者，唯殊像焉）②.

引言

1762 年，乾隆皇帝（1736-1796 在位）下诏在北京西郊的香山修建佛寺，命名宝相寺。寺庙于 1767 年落成，据宝相寺御制碑记载，建寺目的是为避免圣母皇太后瞻礼五台山（又名清凉山）文殊菩萨的旅途劳顿之苦③。五台山以中国四大名山之一闻名于世，至少自 7 世纪以降，就被认定为文殊菩萨道场，据记载，旅行者与常住僧人见证过种种感应事迹④。五台山声望崇隆，在以后的时期一直是朝圣中心并得到皇家资助，清代（1636-1912）也不例外。皇家的扶持与朝台几乎没有中断过，可以通过

---

① 本文系笔者翻译的 2015"五台山信仰"国际学术研讨会论文，收录于本次会议论文集《一山而五顶：多学科、跨方域、超文化视野中的五台山信仰研究》（释妙江主编，陈金华、释宽广、纪赟副主编），台北：新文丰出版公司，2017 年 7 月。

② 引自 1608 年镇澄《重修殊像寺碑记》。详细内容及碑文将在下文讨论。

③ 《御制宝相寺碑文》转引于张羽新《清政府与喇嘛教》（拉萨：西藏人民出版社，1988），409–411.

④ 关于五台山与文殊信仰，参见小野胜年．日比野丈夫《五台山》，东京：座右宝刊行会，1942; Birnbaum，"Thoughts on T'ang Buddhist Mountain Traditions，" T'ang Studies 2（1984）：5–23; 同氏，"The Manifestation of a Monastery: Shen-ying's Experiences on Mount Wu-T'ai in T'ang Context，" Journal of the American Oriental Society 106.1（1986）:119–137; 同氏，"Secret Halls of the Mountain Lords: The Caves of Wu-T'ai Shan，" Cahiers d'Extrême-Asie 5（1990）：115–40; Daniel Stevenson，"Visions of Manjuśrō on Mount Wutai，" in Donald S. Lopez Jr. ed.，203–222; Religions of China in Practice（Princeton:Princeton University Press，1996）；等等。

皇帝巡幸次数以及投入大量资金修缮佛寺得以证实①。

显然，乾隆皇帝乘銮驾朝礼距京城一千里（北京西一百五十五英里）的五台山需要花很大力气。皇帝已经三上五台山（分别是 1746、1751、1761 年），第三次朝山后决定把圣地移植到附近地区，他用言简意赅的文字表达了这个愿望："若香山则去京城三十里而近，岁可一再至"②。将圣地五台山搬到皇家别院富有成效：乾隆为圣母皇太后在香山仿建了圣山，直到 1781 年皇太后驾崩他才再次朝礼五台山。

乾隆把五台山移植到皇家别院的想法付之实施有其特别之处。他本来可以有多种选择。比如，类似于在颐和园修建苏州街，他可以在香山复制许多五台山建筑。或者他可以模拟五台山景观制作香山景观图，正如他与祖父康熙皇帝在承德仿建江南景观的避暑山庄一样。然而，他却只选择了五台山的一座寺庙并在香山仿建了它。乾隆选择的寺庙是殊像寺（即供奉大文殊像的寺庙）、位于五台山台怀镇的一座并不太大的寺庙。

乾隆在京城仿建五台山为何选择了殊像寺？关于这个问题，应该注意的是殊像寺并非乾隆在香山仿建的第一座五台山寺庙。早在十年前，1750 年乾隆巡礼五台山后就任命在香山仿建五台山寺庙③。不过，他当时选择

---

① 清代对五台山的资助，参见 Farquhar，"Emperor as Bodhisattva in the Governance of the Ch'ing Empire，"Harvard Journal of Asiatic Studies 38.1（1978）:5-34; Evelyn S. Rawski, The Last Emperors: A Social History of Qing Imperial Institutions （Berkeley:University of California Press，1988），252-63; Natalie Kohle，"Why Did The Kangxi Emperor Go To Wutai shan？Patronage，Pilgrimage，and the Place of Tibetan Buddhism at the Early Qing Court，"Late Imperial China 29.1（2008: 73-119; Mark C. Elliot，Emperor Qianlong: Son of Heaven，Man of the World （New York: Pearson Longman，2009），72-6 等等。

② 清凉距畿辅千余里，披辇行庆，向惟三至焉。若香山则去京城三十里而近，岁可一再至。张羽新《清政府与喇嘛教》，408.

③ 窦光鼐《钦定日下旧闻考》卷 103，7; 黄颢《在北京的藏族文物》（北京: 民族出版社，1993），85; 林士铉《清代蒙古与满洲政治文化》（台北，政治大学历史学系，2009），136-38。宝相寺是在香山仿建的五台山菩萨顶，二十世纪初大部分建筑被损毁。但是一些文本与图片资料如《颐和园八旗兵营图》与二十世纪初的照片显示了寺庙的位置及其酷似菩萨顶的气势恢宏的石牌坊。更多内容参见 Chou Wen-shing 周文欣，"In the Likeness of His Apparition: Resemblance and Referentiality in Qianlong's Replicas of WutaiShan，"unpublished paper，presented at AAS，2012，非常感谢文欣与我分享她的未刊论文。

的是菩萨顶。菩萨顶规模不大，但历史悠久。菩萨顶又名真容院，原为大华严寺的一部分，创建于北魏年间，中古时期为最重要的朝圣与皇家扶持的寺院。菩萨顶是清代皇家朝山的行宫。考虑到菩萨顶的历史价值与现代地位，不难理解为什么皇帝第一次选中菩萨顶代表皇上青睐的五台山。而殊像寺与菩萨顶及其他许多寺庙相比，历史相对较短 ①。那么后来是什么原因使得乾隆以殊像寺为载体将五台山的神圣性移植到皇家别院？

本文以此简单而有趣的问题为出发点，讨论在圣地的形成与发展过程中涉及造像作用的更为理论性的问题。通过追溯特殊佛教造像"真容"成为朝礼五台山焦点的过程，文章第一部分阐明神圣空间的模糊概念如何通过造像崇拜具象化，如何在中古时期影响信徒与非信徒的经历。最后一部分论述 18 世纪热衷于造像作用的乾隆皇帝对"真容"的认可。回到以上问题，我呈现了重新发现的真容遗产，乾隆着力将五台山转化到皇家御园香山与承德。

五台山文殊示现与"真容"

现代学术研究对于诠释五台山如何成为文殊菩萨合法道场的问题做了许多努力。以拉莫特（tienne Lamotte）的开创性研究为开端，中国佛教史学家全面考察了在皇家支持下，通过对佛经内容的窜改，成功地将五台山列为 7 世纪末到 8 世纪中叶的菩萨住处之历史过程 ②。这一由来已久的观点解释了五台山获得文殊菩萨应化道场的合法地位的历史过程与经典依据。不过，以此视角难以解释将山岳概念的五台山转化为"真实"体验菩萨显圣的文化历程。佛教领袖与皇家支持者力图通过操纵佛经为其合法性辩护，与此同时，虔诚的信徒们仍然面临着另一个重要问题，即如何根据佛经的预言，通过亲身体验能够感应并证实圣者的存在。

---

① 菩萨顶（原名真容院）与殊像寺的历史将在下文详细讨论。

② tienne Lamotte，"Manjusr ī，"T'oung Pao 48（1960）：1–96. 对于唐朝皇帝、特别是武皇而言，五台山地位的提升与其政治利益紧密联系。关于这方面内容，参见 Tansen Sen 沈 丹 森，Buddhism, Diplomacy, and Trade: The Realignment of Sino-Indian Relations, 600–1400（Honolulu: University of Hawai'i Press, 2003），76–86。Lamotte，1–96.

　　圣者以什么方式正好住于某地是个重要的问题，特别是当我们提到五台山在中国四大佛教名山中的特殊地位时 ①。以五台山为开端，中古时期中国佛教徒在佛教背景下通过将中国特定的山与特定的菩萨相联系逐渐发展成山岳信仰。因此，最晚到 17 世纪，五台山、峨眉山、普陀山、九华山合称四大名山，分别成为文殊菩萨、普贤菩萨、观音菩萨、地藏菩萨的道场。中国四大佛教名山的概念就是以佛教本土化与中国化为特征，除此之外，现代学者通过研究其文化历程揭示中国佛教的主要方面，特别是关于空间发展中的宗教作用，反之亦然 ②。尽管需要深入研究，但显而易见的是四大名山的发展似乎具有共同的模式，正如何瞻（Hargett）对峨眉山的综合研究所做的概述 ③。五台山是四大佛教名山之首，五台山如何形成与重新塑造菩萨道场在某种程度上开创了中国圣地、特别是其余三座佛教圣山的模式。

　　于君方的研究显示，普陀山经历了在不同历史阶段的不同地区之间相争不下的历史过程 ④，最终被公认为观音菩萨道场。另一则例子是南岳。南岳尽管不属于四大佛教名山，但也是不同人群由于不同宗教目标争夺所有权的地方 ⑤。然而，五台山从来没有与其他地方竞争，也没有在不同宗

---

① 韩书瑞（Susan Naquin）、于君方的观点相同。Susan Naquin & Chun-fang Yü （ed.），Pilgrims and Sacred Sites in China （Berkeley:University of California Press，1992），xii⊝

② Bernard Faure，"Space and Place in Chinese Religious Traditions，" History of Religions 25.4（1987）：337-56; Naquin & Yü，Pilgrims and Sacred Sites; James Robson，"Buddhism and the Chinese Marchmount System （Wuyue）: A Case Study of the Southern Marchmount （Mt. Nanyue），" in John Largerway ed.，341-83; Religion and Chinese Society （Hongkong: Chinese University Press，2004）；同氏，Power of Place: The Religious Landsape of the Southern Sacred Peak （Nanyue） in Medieval China，Harvard East Asian Monographs 316. Cambridge: Harvard University Asia Center，2009。

③ James M. Hargett，Stairway to Heaven: A Journey to the Summit of Mount Emei，Albany: State University of New York Press，2006.

④ Yü，Chün-fang，"P'u-t'uo Shan: Pilgrimage and the Creation of the Chinese Potalaka，" in Susan Naquin and Yü Chün-fang eds.，190-245; Pilgrimage and Sacred Places in China （Berkeley: University of California Press，1992）.

⑤ Robson，"Buddhism and the Chinese Marchmount System."

教或宗教团体之间发生涉及管辖权的严重冲突①。由于没有这样的竞争或冲突，在五台山信仰形成阶段，教内外真正需要解决的问题是如何定位并确认菩萨住于此地，这是一种单纯的自我审视。这是与生俱来的，与五台山的命运休戚相关，从佛教史的产生到随后几个世纪被中世纪人不断论证的问题。

对现存五台山志书文献的考察揭示了认识并经历感应事迹之模式的重大变化，在五台山神圣性的具象化过程中，这些变化对作者们面临的不同类型的问题有实际价值。在漫长的文化历程中，五台山成为无可置疑的文殊菩萨道场，期间要解决的第一个问题就是用佛教术语重新定义圣地超验存在的性质。7世纪的著名律师、佛教史学家道宣用清晰的文字支持五台山灵迹，勾勒了五台山的早期历史：

古称神仙之宅也。……经中明文殊将五百仙人。往清凉雪山。即斯地也。所以古来求道之士。多游此山。遗踪灵窟奄然即目。不徒设也②。

道宣首先承认不同超自然力量的遗踪，进而重新界定五台山为佛教圣地。他把这些遗踪存在的理由归于佛教——圣地文殊菩萨灵迹是五台山内在活力的源泉。通过用佛教术语重新定义加深印象，是7世纪中叶佛教史学家把圣地菩萨显圣实例化的方式③。

道宣接着对五台山做了概述。比如，他描述中台的地貌特征以及佛教活动的实物遗迹，诸如北魏文帝所立小石浮图、太华泉附近的文殊师利像、还有据称汉明帝所造大孚灵鹫寺，寺内供奉的塑像仍然矗立在大殿内。尽管数量不多，但是这些古代实物遗存支持皇家扶持五台山之悠久历史的观点。道宣在文中记述了人们在山上的神秘体验：钟声香气无日不有，以及太华泉附近神僧瑞像往往逢遇等事。其中，贞观年间（627-650）著名僧

---

① 关于中国圣地宗派之争的事例参见 Faure, "Relics and Flesh Bodies."

② 《集神州三宝感通录》，T no. 2106, 52: 424c22–424c27. 欧阳瑞（Birnbaum）根据此段文字论述了初唐对五台山的认识。Birnbaum, "The Manifestation of a Monastery," 120–126.

③ 笔者借用 Presenajit Duara 的 "superscribe" 一词来表达。Duara, "Superscribing Symbols: The Myth of Guandi, Chinese God of War," Journal of Asian Studies 47.4（1988）：780（全文在 778–95）。

人解脱禅师的故事最为震撼："于花园北四度见文殊师利翼从满空。①"

道宣在再现山岳的文本中设立了三大要素——前佛教史、地理特征描述与种种感应事迹——延伸为关于山岳的其他专著的基本组成部分。道宣的同时代人慧祥撰写了现存最早的论著《古清凉传》。该著作写于道宣著述不久，基于慧祥游历五台山的个人经历，包括大量引自现已佚失的早期著作的内容②。本书由五章组成，对五台山进行了更全面的描述，详细记载了五台山超自然的品质。五台山发展的初始阶段植入超验色彩是慧祥必须解决的问题之一③，他用两章的笔墨有条不紊地呈现人们如何亲历台山圣迹。第三章"古今胜迹"描写山上某些地方的神迹，第四章"游礼感通"按时间先后叙述个人巡礼五台山时值遇圣迹的见证④。

《古清凉传》介绍的神迹可以分为五种：闻殊香之气、听钟磬之音、见神光之灯、遇神异之僧、见证菩萨肉身化现。其中嗅觉与听觉的经历——芳香与钟鸣——似乎比视觉的更为普遍。同时，相对于二手记载，亲证菩萨化现人身的一手资料极其缺乏：仅有两人——北齐第三王子与隋朝解脱大师——据说都"看见"菩萨或菩萨肉身化现。值得注意的是，他们发愿亲历菩萨显圣并非偶然：解脱禅师时常诵经获得功德，成就稀有佛果。北

---

① 解脱是五台本地人，以禅定成就与研习华严著称。六世纪末负责重修佛光寺，在佛光寺弘法五十年，642 年圆寂。Birnbaum，1986，"The Manifestation of a Monastery，" 123.

② 序中提到慧祥于 667 年巡礼五台山。

③ 慧祥同样没有忽视深植于五台山的土生土长的道教色彩。他引用道教经典云："五台山名为紫府，常有紫气，仙人居之。"他也提到自然界的奇异景象——神秘的泉水源出山峰，寒冷的冬天仍有奇花异草——是山上宗教活动的基本标志。

④ 欧阳慈住（Birnbaum）指出，第四章慧祥以传记的形式介绍了山上的超自然现象，通过证明五台山超自然品质的真实性说明它的威力。虔诚的朝圣者经历的一系列灵瑞对圣地的发展起了重要作用。由支持信仰者经历与收集的证明，首先强化了圣者的存在，从而验证了圣地的合法性。圣者在山上不同地点的频繁化现并由信徒在不同瞬间见证，通过地理空间的分布以及时间顺序的超越证实了圣者的永恒性。圣者的存在以这样的证据在想象中构建，与此同时，起到另一个作用：它起到了媒介的功能，圣地的信息与见闻传给信仰之外的普通人，由此推动了更进一步的朝圣。Birnbaum，"Light in the Wutai Mountains，" 200.

齐王子不得不进行更加严酷的修行——自焚其身供佛成愿[1]。这种虔诚行为作为亲历化现的先决条件，强调见证文殊菩萨真身的稀有难得[2]。

9世纪中叶的日僧游记详细阐述了见证菩萨肉身化现的稀有难得。日本学问僧圆仁（793-864）入唐求法并获佛教典籍，撰写了著名游记《入唐求法巡礼行记》（圆仁日记），详细记录了840年阴历4月到7月的入山见闻。圆仁在山上呆的三个月中，见证了各种感应事迹，如五色光与极端的天气变化，无疑，圣地的菩萨化现强化了他的信仰[3]。7月2日，日僧到南台顶虔诚礼拜，望能见证大圣化现。但他什么都没有看到，傍晚无奈返回僧舍。圣者文殊菩萨以不同方式对日本巡礼僧做了回应：菩萨没有化现真身，而是呈现了一种震撼外国僧人的奇异的幻觉现象。圆仁讲述他的经历如下：

初夜，台东隔一谷许，后渐大如小屋。大众至心，岭上空中见有圣灯一盏。众人同见而礼拜。其灯光初大如钵许，后渐大如小屋。大众至心，高声唱大圣号。更有一盏灯进谷现，亦初如笠，向后渐大。两灯相去，远望十丈许。灯光焰然，直至半夜，没而不现矣[4]。

目睹圣灯形式的光标志着圆仁的旅行达到最令人兴奋的时刻，也许这种惊人的场面足以满足日本朝圣者；文中表达了他没有更高的奢望得见圣者化现、特别是菩萨化身。

圆仁日记写于慧祥《古清凉传》之后的两个世纪，文中没有亲证圣者

---

[1]　中国佛教中的自焚现象及其与圣地修行的关系，参见 James A. Benn，Burning for the Buddha: Self-Immolation in Chinese Buddhism（Honolulu: University of Hawai'i Press，2007），133-37。

[2]　同样值得一提的是纪念宗教事件的就地而建的遗址：王子烧身寺与解脱禅师塔。

[3]　早期山志中记载的主要灵迹——闻殊香之气、听钟磬之音——在九世纪游记中没有频繁的记载。更突出的是光的体验。.

[4]　《入唐求法巡礼行记》；英文翻译见 Edwin O. Reischauer 赖世和（trans.），Ennin's Diary: The Record of a Pilgrimage to China in Search of the Law（New York: Ronald Press Company，1955），260。

的记载，表明追寻圣迹模式的重大变化。因为圆仁日记是一部个人游记，详细描述了游历五台山的过程。文章开始呈现的五台山全景，使他伏地礼拜，不觉流泪，之所以如此感动，是因为他终于到达了"文殊师利境地"，圆仁的旅行日记从他入山开始就清晰地记下参访与留宿的寺院。例如：竹林寺、大华严寺、金阁寺是他活动的主要地方——见到圣物并与高僧相遇。以寺庙的出现作为旅行标志使这个9世纪参访者的旅行比《古清凉传》记载的更有资料价值。寺庙供奉的圣物，诸如大鞋和尚像或大鞋，据载该和尚得大圣加被，从菩萨处得大鞋；各种从过去佛传承下来的音乐宝藏；圣者化现老僧与佛陀波利相遇的绘画等取代了圆仁亲历菩萨显圣与圣地祥光。通过这些建筑与实物标示，外国僧人迂回曲折地旅行。

五台山游记中作为重要标识的寺庙与圣物的作用可以追溯到10世纪的文本资料，敦煌藏经洞发现的一部写本有详细说明。该写本中收有印度僧人普化于926年来华巡礼五台山的简介与日志。普化简要记录了在圣地度过的十三天。像圆仁一样，他的旅行路线也是寺庙接着寺庙，包括大华严寺、王子寺、金阁寺，主要观看文物与传说中有过各种圣迹的自然遗存。尽管两者有诸多相似之处，但是10世纪巡礼僧的日志表明了一种重要变化。不像圆仁从竹林寺出发开始他的旅行，普化始于大华严寺。此外，这种不同的旅行与寺庙供奉的实物标示的新作用有关：被称做"真容"的菩萨像是印度僧到达五台山第一天经历感应事迹的核心与起因。普化讲到：

> 昨四月十九日平（午？）达华严寺寻礼真容，呆谐凤愿。瞻虔至夜，宿在殿中持念更深，圣灯忽现，举众皆睹，无不忻然。
>
> 廿日，再启虔诚，重趋圣殿。夜观真相，忽现毫光；晃辉佛颜，如悬朗月睹期圣端，转切殷勤[1]。

---

[1] P. 3931. 昨四月十九日午，达华严寺。寻礼真容，果谐凤愿。瞻虔至夜. 宿在殿中。持念更深，圣灯忽现。举众皆睹，无不忻然。二十日. 再启虔诚，重趋圣殿。夜现真相，忽现毫光。晃耀佛颜，如悬朗月。睹其圣瑞，转切殷勤。笔者转引自杜斗城，《敦煌五台山文献校录研究》，太原：山西人民出版社，1991，221–22.

　　两种不同类型的光化现让他感到惊讶：一种是圣灯忽现，数十年前曾让圆仁惊叹不已；另一种是塑像的面容忽现毫光。值得注意的是，塑像发光在已有的五台山资料中没有先例。更不寻常的是，灵瑞的发生与一尊特定的塑像关联。圆仁入山第五天参拜大华严寺时也看到了这尊塑像，下面将详细进行讨论。然而，他记载的在塑像面前既没有超自然的体验，也没有入深禅定。相反，普化陈述了通过瞻礼文殊像最终实现得见灵瑞的凤愿，展现了他对塑像的特殊态度。这些文字表明不仅他在到达五台山之前就知道这尊塑像的特殊地位，而且礼拜塑像是他巡礼五台山的重要目标之一。与圆仁游记相比，普化对其他寺庙的记载简洁明了，与详细铺陈前两天的经历形成强烈对照，证实了这尊塑像在他整个旅行过程中的突出地位。

　　在关于 10 世纪晚期的另一位朝圣者巡礼五台山的文本资料中，我们发现五台山朝圣日志中塑像的突出作用不只限于普化的个人偏好。另一位日本巡礼僧奝然于 984 年参访五台山，于此相关的系列文本记载了直接源自塑像的瑞相。奝然为获得朝廷的准许多次发誓，表明他入宋的重要目的是朝拜五台山、"欲逢文殊之即身[1]"。当攀登五台山这一期盼已久的愿望终于得以实现时，他得知将要留宿的大华严寺内菩萨真容院菩萨像的右肩曾现白光之瑞。于是他冲到寺庙见证这一瑞像，瑞像持续了四个小时，到了傍晚时分，吸引了三百多位僧俗[2]。

　　此外，奝然见证了文殊像的相似灵迹。这一次，是他在文殊像前虔诚祈祷的结果。有一部写本讲述奝然传略以及他入宋旅行的详细日志：

　　　　奝然到达大华严寺之菩萨真容院驻泊，寻而礼谒得不虔诚，其日申时

---

①　奝然为获朝廷入宋圣旨所写的誓愿收于《本朝高僧传》，现已编进《大日本佛教全书》vol. 67, 373. 他曾写过两次誓愿，一次是在 970 年，另一次是 982 年，誓言解释他入宋的动机是参拜五台山，完成他的凤愿。为翻译这些文字，笔者查询了参见王贞平，"Chōnen's Pilgrimage to China, 983–986," Asia Major 3rd ser. vol. 7（1994）: 65–7（全文在 63–97）。
②　宋史，卷 491.

菩萨右耳上化出白光，移时不散①。

9世纪的游记没有记载此类灵迹经验，10世纪大华严寺菩萨像的感应事迹表明朝山出现的新热点。这些记载中，塑像功能不仅是产生灵瑞的殊胜之物，而且是一种礼拜对象，瞻仰者在塑像前虔诚地坐禅与祈祷。成为参访五台山、巡礼圣迹的人们必看的项目。有了新的焦点，朝觐五台山寻觅文殊菩萨不可思议的化现就不再"徘徊与疑虑"了：对菩萨像兴起的关注树立了一种新模式。普化与奝然的事例说明参拜大华严寺真容院与礼拜菩萨像成为旅行的起点。

文殊化现的具象化

现存最早提到大华严寺大殿菩萨像的文本是圆仁日记。这位日本巡礼僧不像普化与奝然，没有提到围绕塑像的任何瑞相。然而，他确实在菩萨堂院听过一位僧人讲这尊塑像的来历。作为一位目击证人，对菩萨像存有生动的记忆：

开堂礼拜大圣文殊菩萨像，容貌颙然，端严无比。骑师子像，满五间殿在，其师子精灵，生骨俨然，有动步之势，口生润气，良久视之，恰似运动矣。

老宿云：「初造此菩萨时，作了便裂。六遍粗作，六遍颣裂。其博士惆怅而云：『吾此一才，天下共知，而皆许孤秀矣。一生来粗作佛像，不曾见裂损之。今时作此像，斋戒至心，尽自工巧之妙，欲使天下人瞻礼，特为发心之境。今既六遍造，六金颜，即遍皆摧裂，的应不称大圣之心。若实然者，伏愿大圣文殊菩萨为我亲现真容。亲仿与而造。』缠发愿了，

---

① 这是在日本嵯峨释迦瑞像胎内发现的资料。奝然从中国带回的释迦像胎内纳入品中有许多有关奝然的资料，包括该写本。中国僧人鉴端写有奝然的传记性描述以及旅行中遇到的种种事件。带注释的英文翻译，参见 Gregory Henderson & Leon Hurvitz, "The Buddha of Seiryōji: New Finds and New Theory," Artibus Asiae 19.1（1956）：49–55（全文在 5–55）。

开眼见文殊菩萨骑金色师子现其人前良久，乘五色云腾空飞去。博士得见真容，欢喜悲泣，方知先所作不是也。便改本样，长短、大小、容貌髮取所现之相。第七遍租作此像，更不裂损，每事易为，所要者皆应矣。其人造此像了，安置此殿，露光眼中，注泪乃云：『大奇。曾来未曾见者，今得见也。愿劫劫生生常为文殊师利弟子。』言竟身亡[①]。

　　这种传说的叙事手法充满了戏剧性，几乎没有提供任何传统艺术的历史信息。既没有准确的时间，也没有对造像系统而正规的描述。我们甚至不知道那位被称为"师父"的工匠的名字。相反，这则故事详细说明了这尊菩萨像诞生的经过：工匠得见文殊菩萨"真容"，才成功地铸成此像；没有见到菩萨所现之相时，不管他的技术有多娴熟，都不可避免地开裂。按照工匠的理解，塑像多次裂损是大圣文殊菩萨发出的信号，表示对塑像的不满。于是菩萨回应工匠的虔诚祈祷，为他修改造像而亲现真容。灵瑞现象稍纵即逝，殊胜难得，但这是在菩萨形象的具象化过程中不可或缺的.
　　文殊像的传说虽然具有虚构的性质，但对五台山信仰发展的意义重大：就在此刻，形式上更接近菩萨"真身"的造像诞生了。如上所述，从很早时候起，圣地五台山就以神秘景观为标识，后来人造特征的景观如佛塔、寺庙建筑与圣者像比比皆是。纵观其发展轨迹，许多物化形式的事物占据了原本空旷的自然空间，而造像就是其中之一。造像的产生被视为神圣空间不断具象化进程的一部分。不过，就性质而言，文殊像体现了不同类型的具象化。倘若五台山的自然环境与人工艺术品是为记录神迹而造，或者起着记录的作用，那么它们与文殊菩萨的关系从逼真性的角度考虑的话比较间接。换言之，它们起着提示的作用，借用皮尔士（Pierce）的三重符号学模式，这样的提示是指示性与象征性的而不是图像性的。为此，它们的价值往往源自自己的历史，强调事件的主人公（人）。但是，在塑造文殊像时，工匠没有署名，没有成为纪念的对象。作为菩萨示现真容的

---

① 《入唐求法巡礼行记》；参见 Reischauer, Ennin's Diary，232–33.

忠实模仿，这尊塑像的价值在于它与菩萨的直接关系。按照皮尔士的观点追求逼真就是赋予造像图像地位，并与山上其他表现手段的塑像区分开来。尽管与五台山信仰有关的许多（或大部分）实物的制作涉及文殊菩萨显圣，但是这尊造像还是占有特殊地位，不只是简单的视觉提示：它的塑造是文殊菩萨形象具象化的过程。在此意义上，它是具象化的文殊菩萨真容。

当我们聚焦两个不同的但相互关联的问题来检视这个传说时，这尊文殊像的宗教与文化价值就厘清了。一个是菩萨化现具象化的问题。追溯五台山的历史，我们发现这尊塑像其实并不是唯一将文殊示现的形象直接转化为实体的事例。一般看来，至少有四次将化现的寺庙建成了真实的寺庙。11 世纪的著作《广清凉传》介绍了如下四个寺庙——法华寺、金阁寺、般若寺、竹林寺，据说这四座寺庙都是模仿高僧亲历化现寺庙而建的。四座寺庙建造的传说大同小异，所有的传说都是构成梦一般的幻像，僧人进入奇异美幻的寺庙并与大圣文殊菩萨互动交流[1]。比如，竹林寺的故事就是围绕著名净土祖师法照 770 年巡礼五台山的经历展开的。一天晚上，他在佛光寺看见不思议圣光，引领他走过一座大金桥。过了桥，进入一处一百二十院组成的寺院，每一处院都有宝塔庄严，到处是清澈的溪流与奇花异果。讲堂内，文殊菩萨与普贤菩萨正在说法。法照游历了整个寺庙群之后，走出门外，整个寺院都消失了。于是他在化寺处立石题记，几年后，按照法照所逢化寺式样建造了竹林寺[2]。

这则化寺故事告诉我们在五台山信仰发展中把化现转化为实物表达的思想很流行。图像产生的故事具有共同的叙述元素，看到的化现寺庙是建

[1] 关于法华寺，参见 Birnbaum，"The Manifestation of a Monastery." 关于竹林寺，参见 Daniel Stevenson，"Visions of Manjuśrō on Mount Wutai，" in Donald S. Lopez Jr.ed.，203-222; Religions of China in Practice（Princeton:Princeton University Press，1996）；关于金阁寺，参见 Birnbaum，"Thoughts on T'ang Buddhist Mountain Traditions，"18-19. 也可参见 Lin，Wei-cheng 林伟正，Building a Sacred Mountain: The Buddhist Architecture of China's Mount Wutai（Seattle and London: University of Washington Press，2014），181-95.Lin（2006）：181-95.

[2] 林伟正建议将"化寺"一词译为"manifested monastery"而不是 Stevenson 所译"visionary monastery"，Lin，Building a Sacred Mountain，182.

寺的模型。无疑，这四座寺院模仿传说中的化寺建成，比其他任何寺庙赢得了更高的声望。或许是因为这个原因，《广清凉传》的编撰者延一挑出这四个化寺故事作为独立的篇章，与文殊像诞生的传说一样，对化寺的实体化也有所描述[①]。

　　传说故事提出的另一个问题是中古中国佛教文化的瑞像概念[②]。这尊塑像具备瑞像范畴的两个方面，一是能显现灵瑞，一是具有超自然的来历。它不仅是现灵瑞的造像，发光并通过光的作用化现，而且该传说述说了它不同寻常的来历，以此满足普通人接受的瑞像标准。

　　文殊像的传说在某些方面超越了典型模式。大多数情况下，通过叙述瑞像的神秘来历，用"非人力所为"或"神奇发现"等词语表达其不可思议，预示并保证瑞相的超自然力量[③]。然而，根据传说记载，这尊文殊像不是 achaeopoita，一副意味着"非人力所为"的希腊人表情的图像：它出自人类工匠之手，对大圣真容的了知非常有限。它也不是一尊"神奇发现"的造像：它只是一个世俗的人工艺术品，尽管有圣者的干预。相反，这则

---

① 《广清凉传》是清凉三传中最大、最精心安排的圣地传说汇集，欧阳慈住 Birnbaum 认为序与二十三章分为三卷，可以按题目分类，这样就能表达书的内容：文殊功德与神力及其与五台山的特殊联系（序、1–3、23 章）；神圣地理——圣地，自然与人工的以及稀有植物证实五台山的神圣品质（第 4–7、22 章）；菩萨殊胜应化事迹（第 8–10 章）；著名巡礼僧和重要官员与菩萨的不寻常遭遇（11–18 章）；僧尼事迹（19–21）。其中，化寺故事（13–16 章）；造像传说（10 章）。Birnbaum，"Thoughts on T'ang Buddhist Mountain Traditions，" 17–8.

② 对"瑞相"的定义，参见 Roderick Whitfield，"Ruixiang at Dunhuang，"in K.R.van Kooij and H.van der Veere eds.，149（全文在 149–56）；Function and Meaning in Buddhist Art（Groningen: Egbert Forsten，1995）；Ning Qiang 宁强，Art，Religion，and Politics in Medieval China: The Dunhuang Cave of the Zhai Family（Honolulu: University of Hawaii Press，2004），122–23；Wu Hung 巫鸿，"Rethinking Liu Sahe: The Creation of a Buddhist Saint and the Invention of a 'Miraculous Image，'" Orientations 29.6（1996）：36（全文在 32–43）；Sun-ah Choi 崔善娥，"Zhenrong to Ruixiang: The Medieval Chinese Reception of the Mahōbodhi Buddha Statue，" Art Bulletin 97.4（December 2015）:379（全文在 364–387）。

③ 前者最著名的是尤填王旃檀瑞像，据称是为尤填王所造佛像。参见 Martha L.Carter，The Mystery of the Udūyana Buddha，Naples: Istituto Universitario Orientale，1990；Sun-ah Choi，Quest for the True Visage: Sacred Images in Medieval Chinese Buddhist Art and the Concept of Zhen（Ph.D. dissertation，Department of Art History，University of Chicago，2012），61–72。

故事强调以逼真作为判断造像真实性的标准。逼真是造像的决定性因素，用所有有限的材料成就圣者真实的画像。把转瞬即逝的灵瑞转化成表现"真身"的实体以及圣者向人类工匠显现真身作为制作模型的思想十分新颖，中世纪的中国佛教中很少有此先例①。这样就出现了瑞相不同寻常的作用：它不仅决定了具象化表达的外形，而且保证了塑像本体的合法性。这是菩萨干预的另一种模式，即按照瑞相传统刻划文殊像的独特性。

或许是因为这个原因，以后的版本更强调塑像如何获得不可置疑的文殊真仪。延一《广清凉传》用独立的篇幅介绍了文殊像的制作，题为"安生塑真容菩萨"。延一与圆仁不同，圆仁是一名朝圣者，见证了文殊像，而延一是真容寺常住僧人，将故事放在更具历史性的框架内：

> 大孚灵鹫寺之北。有小峰。顶平无林木。岿然高显。类西域之鹫峰焉。其上。祥云屡兴。圣容频现。古谓之化文殊台也。唐景云中。有僧法云者。未详姓氏。住大华严寺。每惟大圣示化。方无尊像。俾四方游者。何所瞻仰。乃缮治堂宇。募工仪形。

> 有处士安生者。不知从何而至。一日应召。为云塑像。云将厚酬其直。欲速疾工。生谓云曰。若不目睹真像。终不能无疑。乃焚香恳启移时。大圣忽现于庭。生乃欣踊躄地。祝曰。愿留食顷。得尽模相好。因即塑之。厥后。心有所疑。每一回顾。未尝不见文殊之在傍也。再期功毕。经七十二现。真仪方备。自是灵应胼胝。遐迩归依。故以真容目院焉②。

与早期版本相比，此版本把我们带入了看似真实的境域：它说明了文

---

① 尽管佛教资料中很少记载，但是圣者通过显现真身干预造像的思想值得注意—在九世纪道教经典《道教灵验记》有此内容。关于《道教灵验记》的更多信息参见 Franciscus Verellen, Evidential Miracles in Support of Taoism: The Invention of a Buddhist Apologetic Tradition in Late Tang China," T'oung Pao 78（1992）：217–263。

② 《广清凉传》，T no. 2099, 51:1110a13–1110a26. 笔者的英文翻译参用 Mary A.Cartelli, "The Poetry of Mount Wutai: Chinese Buddhist Verse from Dunhunag"（Ph.D. Dissertation, Columbia University, 1999），212–22。Cartelli, "The Poetry of Mount Wutai," 212–22.

殊像制作的具体日期、资助者以及塑像工匠的名字。虽然没有发现更多的文本资料，不管传说有没有历史的可靠性，文本列出的细节使之成为可被接受的历史，而不是随意的情节。

　　该版本对传说故事做了详尽阐述与修正、重新组织故事情节，更强调塑像创作过程中文殊示现的作用。例如，新版本的文殊示现并不是工匠在数次失败之后才意识到的必需过程，而是工匠开工之前要求的必要条件。这种修改可能与安生为何为工匠有关。根据宋明秋《长安志》，安生为塑造之妙手，最长于传神[1]。即使他是一名凡人工匠，他有捕捉圣者精神的天赋，保证圣像的真实性，与其它"非人力所为"奇妙造像不相上下。值得注意的是新版本中菩萨化现更为慷慨，而早期版本中只是短暂的瞬间。任何时候只要工匠需要就能目睹真仪，圣者化现增至七十二次，多于早期版本的十次化现。

　　强化造像的真实性有助于缩小制作的圣像与示现的圣者之间的内在差距。圣像被称作真实的容貌或真容，获得了与表现内容相同的地位，即使不完全一样，圣像也是圣者的象征。圣像为文殊菩萨真身的具象替代，延一文中有这样精彩的文字表达其被接受的理由："俾四方游者，何所瞻仰？[2]"这句话置于故事的开始，使圣像获得新的地位成为可能：作为朝山的必经步骤，塑像本身能够吸引朝圣者，为朝圣者提供了难得的文殊菩萨感应事迹。居士王在的故事很好地阐释了这一点：

---

[1]　宋明秋《长安志》介绍了安生与宋法智、吴志敏，三人都工于泥塑，最长于传神。其中宋法智与王玄策一行于643年赴西国图写菩提伽耶"金刚座真容"。关于此像的更多信息，参见 Choi，"Zhenrong to Ruixiang，"364-87."传神"一词，参见 Susan Bush & Hsio-yen Shih（comps.& eds.），Early Chinese Texts on Painting（Cambridge，Mass.: Harvard University Press，1985），20-3

[2]　本句提醒读者延一是真容院的常住僧人。僧人撰写的文本与塑像信仰紧密相联，在复述的过程中倾向于强调塑像的本体地位并将之理想化。《广清凉传》中的理想化表达，参见 Birnbaum，"Thoughts on T'ang Buddhist Mountain Traditions，"18. 至于延一与寺庙的联系，塑像的经济与社会价值也不容忽视，特别是寺庙拥有塑像并提升塑像地位对其财富与声望大有裨益。笔者感谢 Paul Copp 为此提供的见解。

德州市户王在。家甚殷富。元祐庚午仲夏。挈妻仆游台山。晚宿真容院。翌日弹冠整衣。诣文殊像。既而晚。睹微有不敬之色出声。就馆。

知客僧省彦。求谒。与在语曰。山僧住此。仅四十余年。所接众多。今日君拜谒之礼。似有初谨后怠。加之。容色不怡何也。

在怒而言曰。在此一来。出于过听。谓。有肉身菩萨。故不远千里而来。今观之。乃一泥块耳。反思跋涉之劳。宁不为苦。

彦曰。是何言欤。昔大圣。于此鹫台。屡见瑞相。安生亲塑。意有所疑。祈而复现七十有二。故。唐睿宗。以真容目为院额。公何言之易也。且此山。龙神守护。或若以怒。公身窜之无地也。

在曰。岂一龙。焉能祸我乎。彦曰。君此一来。轻侮像貌。痛斥龙神。第恐祸生不测。可速悔过。不然。公之身。必碎于龙神之爪牙矣。在意不悛。

后三日游东台。与众百余人。宿于台顶化现堂。甫及夜半。大雷忽发。若天坼地裂。堂之壁已为穴。火焰随入。俄顷。火从穴出。在之身已碎矣[①]。

王在不像普化与崳然值遇塑像示现灵瑞，他对塑像与圣者原型的融合所持的否定态度给他带来了灾难性的后果。这个后果进一步强化了塑像的本体意义：塑像保持与圣者真身相当的地位，通过与圣者沟通信息储蓄能量，能够报复那些怀疑其尊严的人们。对塑像不敬直接传达给圣者，消除了实物表达与圣者原型的内在差距。那么，塑像与它表现的圣者没有什么不同。

真容的遗产

虽然中古时期五台山享有盛誉，但是真容院之"真容"像却下落不明。

---

① 《广清凉传》，T no. 2099，51:1125c18-1126a14.

据称真容院就坐落于现在菩萨顶的寺庙建筑群中[①]。明永乐年间（1403–24）开始用新名，菩萨顶依然是现代朝圣、甚至也是五台山休闲观光旅游的高峰[②]。不过，寺院的建筑景观多种多样，在清代扩展为藏传佛教中心，同时也是清代皇帝朝礼五台山的行宫，因此具有多方面的历史价值，对游客富有吸引力[③]。再者，文殊殿是寺院里最知名的大殿，殿内安置明代青铜铸菩萨三大士像的现代复制品：文殊、观音、普贤，而不是向人致意、让人惊异或沮丧的"真容"。现在"真容"像只是尘封在文献中，只有那些铭记其辉煌过去的人们才会追寻它的踪迹[④]。

相对于历史上认可的唐代"真容"像，十七世纪载有："台山名刹凡十二区，而藏佛真容者，唯殊像焉"的文字，一方面确认了这个时期真容院之"真容"的失踪[⑤]，另一面，告诉我们十七世纪殊像寺的另一尊"真容"像的存在。此段文字出自 1608 年镇澄法师（1546–1617）为重修殊像寺撰写的碑文（《殊像寺碑记》）。镇澄是《清凉山志》的作者，《清凉山志》是五台山三大志书之一，另外两部是《古清凉传》与《广清凉传》。书中介绍了五台山殊像寺等 64 座寺庙的历史。大显通寺，即从前的大华严寺放在首位，殊像寺是第 21 座。镇澄记载的殊像寺十分简短，但是对寺内塑像倾注的笔墨却富有感染力："有殊像驾狻猊像，神人所造，见着肃然，

---

① 真容院于 977 年在宋太宗的敕令下重建。不久之后又建藏经楼，宋太宗敕令用金字雕刻五套大藏经，真容院藏有其中一套。关于真容院后来的历史，参见参见小野胜年. 日比野丈夫《五台山》，77–128；肖雨，《菩萨顶的佛教历史》，《五台山研究》1（1996），3–17，48。

② 例如，攀登 108 级台阶上菩萨顶仍然是旅行的一大重点。

③ 除了明代重建的寺庙，清代顺治皇帝（1644–61 在位）将其用黄色琉璃瓦大规模地翻修成皇家建筑，并从北京任命了一位藏传佛教喇嘛。康熙与乾隆皇帝多次巡礼五台山，下榻真容院。

④ 尽管它已经不在了，但是通过追踪真容像的原貌可以找到一些线索。关于此问题的更多信息，参见 Choi，"Quest for the True Visage，"174–201.

⑤ 很有可能塑像在元末明初丢失。真容院所在的大华严寺在明初被毁，皇家出资重建，恢复明（1368–1644）初寺庙的面貌。在大华严寺的废墟上建起三座独立的寺庙：第一座是大显通寺，由洪武帝（1368 年在位）修建；接着是永乐年间（1403–24）修建的菩萨顶与塔院寺。Puay-peng Ho 何培斌，"Building for Glitter and Eternity: The Works of the Late Ming Master Builder Miaofeng on Wutai Shan，"Orientations 27.5（1996）：67（全文在 67–73）。

生难有想。[①]" 有趣的是，镇澄为殊像寺撰写的碑文赞文殊像之神圣性："寺有古殿，供奉文殊大圣真像，故以名文殊，据传唐神人所造也。"

镇澄认为文殊像塑于唐代，而镇澄之前的殊像寺记载显示此造像塑于五世纪晚期。撰写于弘治年间（1488-1505）的行实碑碑文叙述了十五世纪铁林果禅师如何发现并重修殊像寺[②]。根据碑文记载，铁林果禅师在五台山漫步时发现了一座荒废的古庙，寺内古碑记载此庙为元代皇太后（1271-1368）所建。寺庙原名殊祥寺，因为大殿供奉的文殊像声誉日增，广为人知，后改名殊像寺[③]。

文殊像的声誉在传说中有详细记载[④]：大殿修缮快要完工时，僧人想雇工匠为大殿塑像，速疾完工。一天，工匠应招前来塑像。当塑像的大部分都已塑好，就差文殊菩萨的头部时，工匠犹豫犯难了，不知道该如何塑文殊的面容。几天过后，文殊菩萨骑着狮子突然出现在天空。众人纷纷跪拜，只有工匠跑进厨房，拿出一团生面，照着他看到的文殊真容塑造了文殊菩萨的头部。即将塑完时，菩萨不见了。最后，工匠根据面团的模样完成了塑像。尽管故事本身听起来很世俗，但是熟悉唐初文本的人很容易意识到两者的梗概与叙述方法不无两样。两则故事最重要的一点就是塑像不是随意造的，而是根据工匠亲目所睹的菩萨显圣而创造的。由此，殊像寺文殊像被称做"真容"，最后被认为是十七世纪五台山唯一的"真容"。殊像寺拥有的著名塑像与传奇来历使之赢得了古真容院逝去的荣耀。从这个意义上讲，按照佛雷（Bernard Faure）的观点，圣地永远不是简单既定之物，而是处于不断变化之中，根据常住僧人与参访者的活动与认识发生

---

① 镇澄《清凉山志》（北京：中国书店，1989），卷3，55。

② 向文编，《殊像寺碑文》，44.

③ 镇澄 1608 年撰写的碑文表明造像历经六朝动荡而幸存下来，但这是不太可能的，因为在《古清凉传》与《广清凉传》中没有记载。同时，竺颖写道文殊像与五百罗汉像是由铁果林禅师于 1496 年主持塑造的。竺颖，《殊像寺佛教简史》，《五台山研究》，1996，3：3-7。

④ 高明和《殊像寺建筑与塑像》，《五台山研究》，1996，3:37（全文在 35-43）；还玉，《殊像寺里的传说故事》，《五台山研究》，1996，3：47（全文在 47-48）。

变化①。

被称为"真容"的文殊像足以让乾隆把注意力转移到殊像寺,把五台山搬迁到香山是乾隆所做的第二次尝试。乾隆为宝相寺撰写的碑文中赞美文殊像的吉祥②。他在回京途中御写文殊像并赞词,命镌刻于宝相寺碑,并临摹碑刻文殊像为宝相寺造像③。同年,乾隆传旨让宫廷画师丁观鹏仿画御笔文殊像④。追踪乾隆1761年左右的活动,很显然殊像寺的文殊像是他选择该寺作为载体、把五台山的神圣性转化到香山的主要原因。

殊像寺真容像拥有至高无上的地位,已经压倒了菩萨顶看似无可置疑的史实性,一般认为菩萨顶是失踪"真容"像的原址。大约十年后,乾隆在承德实施另一项工程,进一步强化了以部分代表整体、从菩萨顶到殊像寺权威的转移。1771年,乾隆通过仿建西藏布达拉宫,成功地把观音菩萨道场搬迁到承德之后,在承德需要再建一座寺庙,他又选择了殊像寺并直接以殊像寺命名作为文殊菩萨的道场,并明确表明选择殊像寺的原因:"文殊示现处。⑤"真容像的地位在圣地移植的过程中以更明确的方式在新的区域确立下来。

---

① Bernard Faure, "Relics and Flesh Bodies: The Creation of Ch'an Pilgrimage Sites," in Susan Naquin & Chün-fang Yü eds., 150 (全文在150–189);Pilgrims and Sacred Sites in China (Berkeley and Los Angeles: University of California Press, 1992)。

② 《御制宝相寺碑文》(張羽新《清政府與喇嘛教》,409):"中台现身,寺曰殊像。我昔瞻礼,发大宏愿,虔诚祝釐,普诸佛缘。

③ 《御制宝相寺碑文》(張羽新《清政府與喇嘛教》,409):岁辛已,值圣母皇太后七旬大庆,爰奉安舆诣五台,所以祝釐也。殊像寺在山之麓,为瞻礼文殊初地,妙相端严,光耀香界,默识以归。既归,则心追手摹,系以赞而勒之碑。香山南麓,向所规菩萨顶之宝谛寺在焉。乃于寺右度隙地,出内府金钱,饬具庀材、营构蓝若,视碑摹而像设之。窦光鼐,《清定日下旧闻考》,vol.103,7:宝相寺乾隆二十七年建。先是岁在辛已,驾幸五台,回銮后御写殊相寺文殊像而系以赞,并命于宝谛寺旁建兹寺肖像其中。

④ 乾隆二十六年四月十八日:十八日接得员外郎安泰押贴一件,内开本月十七日奉旨著丁观鹏用旧宣纸画文殊菩萨像着色工笔画,得时裱挂轴,钦此(中国第一历史档案馆编,清宫内务府造办处档案总汇,vol. 26,693);乾隆二十六年十二月十五日接得达色押贴一件,内开十四日太监胡世杰持来御笔文殊像两幅,丁观鹏画文殊像一幅,传旨著观鹏仿身样法身起稿,仍用旧宣纸另画三幅,其塔门暂且放下,先画文殊像,钦此(同上,729–730)。

⑤ 張羽新,《清政府与喇嘛教》,443.

　　无论如何，圣地的移植并不简单。奇怪的是，乾隆指定了修建承德殊像寺的两种不同模式。根据皇帝的旨意，营造方案与文殊像仿照香山宝相寺制作，而堂殿楼阁基于五台山殊像寺原型建造[①]。换言之，承德的文殊像不是仿照真正的五台山殊像寺的文殊像制作，而是模仿香山的文殊像复制品铸造的。那么，乾隆把真实的与仿制的混为一体，模糊了两者之间的本体区别；按照乾隆的逻辑，仿真品可以喻为另一种真品，在一定程度上，可以作为另一种复制的模型。

[①]　营构兰若，庄校金容，一如香山之制；而殿堂楼阁，略仿五台山，亦名殊像，从其朔也。张羽新，《清政府与喇嘛教》，443.

法照、金璧峰与五台山佛教唱赞音乐的历史建构[①]

潘淑雅（Beth Szczepanski）

引言：五台山的佛教音景

五台山是地方佛教唱赞与音乐的发源地。行走在五台山景区腹地台怀镇时，许多商铺放着各种佛教咒语音乐，游客的听觉空间内梵音袅袅，呈现出一副五彩缤纷的宗教音乐景观。当地乐队吹奏的曲调来自地方戏曲、流行音乐、以及当地葬礼与婚礼上营造气氛的一些冗长而庄严的器乐组曲。丧礼上，当地乐队常用唢呐、笙及电子琴伴奏僧人诵经唱赞，诵经是为了超度死者投生到更好的去处。人们在五台山寺庙可以听到藏蒙语与大号的声音、中国南北常见的以诵经为特征的千僧斋法会、独特的地方唱赞与器乐演奏。五台山的地方唱赞属北方佛教唱诵风格或北方梵呗，当地寺庙的器乐演奏是笙管乐的一种。

在五台山的四个佛乐活跃的寺庙，某些特殊法会的唱赞有笙管乐伴奏。笙管乐由笙、管子、笛子，兼有一系列的打击乐器合奏而成。两种不同传统的笙管乐共存于五台山：一种是青庙音乐（现只有殊像寺与南山寺），另一种是黄庙音乐（现有菩萨顶与镇海寺）。笙管乐也流行于中国北方道观与寺院的其他仪式中。五台山的两种笙管乐传统在曲牌与表演方面有所不同。

五台山独特的北方梵呗与两种笙管乐的发展过程很大程度上仍然不为人所知。本篇的第一部分主要介绍八世纪净土祖师法照因遇文殊菩萨显圣而得"五会念佛"，即念诵阿弥陀佛名号的方法，本章分析这种广受欢迎的念佛方法的发展情况。今天的某些学者将五台山北方梵呗追溯到法照的

[①]　本文系笔者翻译的 2015 "五台山信仰"国际学术研讨会论文，收录于本次会议论文集《一山而五顶：多 学科、跨方域、超文化视野中的五台山信仰研究》（释妙江主编，陈金华、释宽广、纪赟副主编），台北：新文丰出版公司，2017 年 7 月。

"五会念佛"。第二部分考察十四世纪的金碧峰禅师在五台山笙管乐发展中的作用。结论部分将探讨法照与金碧峰的事迹何以在建构五台山独特的佛教音景历史中继续起着重要作用。

法照与"五会念佛"

法照是唐代传播净土信仰与修行的重要人物。法照的殊胜功德是把净土念佛法门传入上层社会。770 年代晚期，法照被指定为唐代宗的国师，成为获此殊荣的第一位以净土为核心教学的国师[①]。法照之前，净土修行在普通人中间已很流行，但是中国的富裕阶层与权力中心的佛教徒几乎全部专注于密宗。法照经历的许多佛菩萨显圣给作为国师的他带来尊荣，法照传授念佛方法是往生极乐世界与成就无上菩提的方便法门，影响极为深广。

法照与五台山及北方梵呗的联系在于他经历的菩萨显圣。据《广清凉传》记载，在 760 年代，法照在钵中看到一座化寺。有人告他此化寺场景疑似五台山，于是法照于 770 年至佛光寺探察。一道白光引领他从佛光寺到化寺地、一座隐藏在竹林中的寺庙。寺庙周围的竹林也是灵异境相；其实当时既没有寺庙也没有竹林。

法照在寺内看到了文殊菩萨与普贤菩萨。他问文殊菩萨如何能解脱生死轮回。文殊菩萨传授法照念诵阿弥陀佛名号的方法，让他坚信只有这种方法能往生极乐世界并证无上菩提。

据称法照于 774 年亲自撰写了《净土五会念佛略法事仪赞》[②]，其中详细记述了文殊示现传承的法事念佛方法。此处"会"译为"方式"，其字面意思是"集会"。有的资料译为"调"[③]（根据中国音乐的五调），

① Patricia E. Karetzky, Court Art of the Tang （New York: University Press of America, 1996）: 110.

② Ui Hakuju, "The Nenbutsu Zen of the Disciples of the Fifth Patriarch," Eastern Buddhist 29.2 （1996）: 217.

③ 例如 Mark Blum, The Origins and Development of Pure Land Buddhism: A Study and Translation of Gyōnen's Jōdo Hōmon Genrushō （Oxford: Oxford University Press, 2002）: 188.

还有的译为"节奏"，但是既然本文为"五会念佛"的五个部分标示了音高与节奏，我还是喜欢更宽泛的词"方式"。

《净土五会念佛略法事仪赞》列举了法照亲历文殊菩萨化现教导的五种音："第一会平声缓念，南无阿弥陀佛；第二会上声缓念，南无阿弥陀佛；第三会非缓非急念，南无阿弥陀佛；第四会渐急念，南无阿弥陀佛；第五会四字转急念，阿弥陀佛。①"这些说明非常特别；中国文本描述佛教唱赞很少如此清晰地安排音高与节奏。标出的乐谱从慢拍与沉音到较高的音高，并不断增加节拍，最后在高音区将音乐推向高潮：边走边快速念诵。强度逐渐增加，结合重复念诵"南无阿弥陀佛"，类似其他重复，由弱变强的音乐是为了达到出神或超越状态。Ui 认为演出"通过'五会'方式，去除了散乱的思想，达到"无心"、"无声"的境界②。这种念诵形式的影响远远超出了五台山与中国，在东亚佛教的声誉无疑有助于彰显它的价值，即围绕这种演出方式建构五台山地方唱赞的历史。

"五会念佛"与五台山的地方唱赞方式

法照的"五会念佛"与五台山的地方唱赞方式相关联的观点具有很大吸引力。法照的目睹圣异、修行与教义综合了唐代上层社会以文殊菩萨为中心的密宗修行与以阿弥陀佛为中心的平民化的净土宗修行。通过得文殊菩萨传承念诵"南无阿弥陀佛"的正确方法，法照的经历也巩固了文殊菩萨的世间道场五台山在中国净土宗的地位。再者，法照记载的"五会念佛"的精彩细节为创造新的唱赞方式提供了可靠佐证。考虑到大师与五台山的联系，肖雨与韩军把"五会念佛"引证为五台山独特的地方唱赞方式就不足为奇了③。

我们不知道原"五会念佛"的念诵方式听起来是什么样子，但是"五

---

① 原文："第一会平声缓念，南无阿弥陀佛；第二会上声缓念，南无阿弥陀佛；第三会非缓非急念，南无阿弥陀佛；第四会渐急念，南无阿弥陀佛；第五会阿弥陀佛；五会念佛竟，即诵《宝岛》诸杂赞。"Chinese Buddhist Electronic Tripataka Collection vol. 47, no. 1983（2002）: 3.
② Ui, "Nenbutsu Zen," 233.
③ 韩军《五台山佛教音乐》（上海：上海音乐出版社，2004 年），10-11。

会念佛"的名称与思想在五台山之外的中国佛教修行方面一直很重要。在法照目睹圣异的随后几年,"五会念佛"在中国催生了各种各样的念诵方式。时至今日, "五会念佛"的形式在寺院沿用,并有佛教唱诵的商业录音带流行。每一种都保留了如上描述的"五会念佛"元素,如节拍逐渐增加等。我遇到的现代流行的"五会念佛"形式没有严格遵循《净土五会念佛略法事仪赞》的原则。"五会念佛"多种版本的广泛流行对此种唱诵方式构成五台山地方唱赞基础的观点提出质疑。

但是,类似"五会念佛"的念诵在五台山佛教音景中继续扮演重要角色。五台山汉传佛教僧人的一种独特的地方曲调、著名的"千声佛"在殊像寺绕行佛塔或佛像的仪式上表演。其曲调有点类似"五会念佛",有可能是受到法照幻象的启发而创作并保存下来的唐代版本。

对比"千声佛"与"五会念佛"会发现一些相似性。"千声佛"的第一种念诵"南无阿弥陀佛"的方式,即下面五线谱的1–8音节 尽管在一个相对狭窄的音高范围,但是没有保持在单一的音高。第二种方式,音节8–16,按照指示的音高提高,接着落回到它的起点。以下一段是从17–29音节是长音的重复与加速,大体与"五会念佛"的第三会与第四会对应,尽管不清楚这一段如何分成两会。最后可以总结:"千声佛"是一种念诵方式,如下29–33音节显示,曲子音速不快,也没有去掉"南无"二字。

即使"千声佛"是"五会念佛"的版本,它也是《净土五会念佛略法事仪赞》很远的一个分支。作为"五会念佛"的变异,其来源还是值得怀疑,因为不像流行的念佛模式,其题目没有涉及"五会念佛"。五台山之外的"五会念佛"大量版本的存在,使本地区的地方唱赞以"五会念佛"结构为特征的任何观点都受到怀疑。

五台山地方唱赞与其它中国佛教唱赞的不同表明单独基于"五会念佛"的发展不可能导致全部地方唱赞的形成。与更普通的中国佛教唱赞方式相比,五台山唱赞通常在单个的气息方面更快并要求更长的念诵。某些当地仪式如放焰口,充分利用别处没有的曲调与文本。五台山地方佛教唱赞的独特性之深度与广度表明将此种方式起源指向一处毫无意义。法照亲

历圣迹在五台山地方唱赞方式的起源神话树立了一块重要的里程碑。现存
当地曲子"千声佛"可能是受文殊菩萨指示的地方唱赞版本，但是没有理
由相信法照亲历圣异是所有的、或者大多数五台山地方唱赞的源头。

图 1　千声佛 [①]

金碧峰与五台山笙管乐

五台山寺庙如何存有笙管乐合奏的问题吸引着音乐学者们，因为很少

[①]　此曲谱基于作者于 2005、2007 年的田野调查与殊像寺保存的工尺谱。这些曲谱只是
音乐的基本旋律，不是实际表演中完整的支声织体形式。

发现中国僧人演奏委婉动听的乐器。当新皈依的佛教徒执行寺院的清规戒律时，他们同意遵守基本的十戒，从"戒杀生"到"不坐高广大床"。戒律的目的是引导新信徒破除障碍开悟的执着。第七戒是"不歌舞及旁听"①。音乐分散精神成就的观点是早期佛教经典的共识；悉达多的父母安排美丽的宫女演奏美妙音乐阻止太子离开皇宫追求灵性生活。对僧尼禁止音乐很少有例外；尽管全世界寺庙的佛教徒每天唱赞，但是严格的传统主义者把唱赞归类为演讲形式而不是音乐。因此，五台山寺庙使用美妙的乐器一定有不同寻常的理由，特别是乐器由僧人演奏②。韩军与其他学者引证了第二位名僧金壁峰作为五台山的独特寺庙笙管乐的源头。

图 2　殊像寺僧人吹奏笙

　　本地区的笙管乐与五台山的地方唱赞不同，没有关于其起源的传说。现存笙管乐曲目中的地方民间曲调在数量上占优势，因此笙管乐可能吸收了地方民间仪式表演的元素。也有可能通过音乐家运动以及华北其它佛教中心的曲目采用这种形式。明代以来北京智化寺就一直演奏笙管乐，五台山的表演可能是京城乐僧参访或迁移到当地之后发展来的。有证据表明，这种演奏在唐代还没有扎根；日本巡礼僧圆仁于 840 年去五台山，详细记录了竹林寺举行的两次大规模的仪式。圆仁提到几种不同类型的唱赞与仪

---

① Ernest J. Eitel, Handbook of Chinese Buddhism, 2nd ed. (New Delhi: Asian Educational Services, 2004), 107.
② 我们不应该夸大五台山笙管乐的独特性；北京、天津也有相似的合奏曲，在华北的佛教与道教仪式上演奏。

式使用的打击乐器，但是没有动听的器乐。[①]

如果金壁峰对五台山笙管乐的发展起到关键作用，那么一定是发生于十四世纪。金法师在元明之际（1344–1368）带领弟子去过五台山。韩军引用禅师语："元明之际，由金壁峰（宝金）'尝制华严经，赞音清雅，凡四十二奏盛行于世'。[②]"韩指的这段话就是五台山器乐的开始，用金壁峰的词"奏"指器乐乐曲。这就是"奏"一词在现代汉语中广泛使用的原因。如果《华严经》确实要求使用器乐，那么就无需寻找五台山寺庙使用器乐的理由了。但是这种语境下的解读并非无懈可击。

事实上，现存《华严经》版本没有提到四十二奏。崔文魁认为此段文字指的是《大方广佛华严经》卷29列出的四十二个华严字母，有"我唱如是字母时，入无量无数般若波罗蜜门"之语[③]。这种解释令人信服，未提及《华严经》四十二奏。

普庵咒曲调使此种解释变得复杂起来。该曲牌已经成功进入中国各种法事与世俗节目，但它是以一首源自佛教唱赞的曲调流传的。皮卡尔（Francois Picard）认为普庵咒是在五台山谱写的，五台山历来是研习《华严经》的重镇。[④]今天，殊像寺僧人在某些供养法会上由笙管乐伴奏唱赞华严字母。那么普庵咒或许指五台山佛教音乐与华严字母之间的联系。

华严字母、普庵咒与五台山笙管乐的发端没有多少联系。普庵禅师生活在十二世纪，在此很久之前五台山寺庙已经采用笙管乐。再者，目前已知普庵禅师与五台山没有联系。最后，普庵咒的曲调有多种版本，所以无

---

① Ennin（tr. Edwin Reischauer），Ennin's Diary: The Record of a Pilgrimage to China in Search of the Law（New York: Ronald Press，1955），218–225。

② 原文："元明之际，由金碧峰（宝金）'尝制华严经，赞音清雅，凡四十二奏盛行于世'，把乐器引入五台山佛教，使五台山佛教音乐最终完善。"引自 Han 2004A，28.

③ 崔文魁《明清时期的五台山佛教音乐》，《五台山研究》2005年第3期，第25页（全文在第23–27页，）。

④ Francois Picard，"The Musical Avatars of a Buddhist Spell: Pu'An Zhou，" CHIME: The Newsletter of the European Foundation for Chinese Music Research 3（1991）: 22–24。

法确定其起源地。现存最早的版本是十七世纪初的古琴曲子①，普庵圆寂后五个世纪，远远超过了五台山寺庙演奏笙管乐的可能时间。有可能普庵咒是五台山地方曲子，反映了华严字母与根据金碧峰作品创作的器乐之间的联系，也有可能这种连接是在金碧峰时期之后建立的。他的作品也许被后来的五台山寺庙领袖用于证明在寺庙法事仪式中使用乐器的合理性，并与华严字母的唱诵同等看待。

图 3 普庵咒

关于五台山笙管乐起源的时间问题，图像材料的证据表明这种演奏始于明代。佛光寺壁画描绘的阿罗汉演奏笙管乐乐器，表明笙管乐在 1408-

---

① John Thompson, "Incantation of the Monk Pu'An," available on line: http://www.silkqin. com/02qnpu/27sjts/puanzhou.htm（accessed July 15, 2015）.

1505 年间大殿建造时在本地区的寺庙中就可能确立了。弹奏乐器的佛教壁画未必代表世间的演出。净土绘画如敦煌莫高窟壁画描绘的诸多乐器是由菩萨与天人演奏的，不应该被诠释为对庙堂演出的描绘。佛光寺壁画描绘的是佛陀的世俗弟子而不是天界菩萨与飞天演奏乐器，由此看来，其表现对象是僧人而不是天人。

今天五台山寺庙笙管乐的演奏者不确定它的起源；2005 年，佛乐活跃的殊像寺住持释果详从师父处得知这种演奏只能追溯到清代（1644–1911），但他相信一定更久远（2005 年 8 月与作者面谈）。由于起源时间不明，所以不可能确定五台山笙管乐是否并如何与北京、天津以及中国北方农村类似演奏的联系。但是，精确的演奏时间不是今天从业人员关注的热点。笙管乐是五台山佛教传统的一部分就足够了；其来历不明与与寺院戒律相关的微妙身份并没有减损它的价值。

结　论

把五台山佛教唱赞与器乐的发展归因于名僧缺乏历史的可靠性。传说的价值在于为地方佛乐提供了权威性。五台山的唱赞方式深植于法照值遇文殊菩萨化现的观点为其提供了珍贵的宗教系谱，否则不会成为更广泛应用的演奏方式。虽然"千声佛"与"五会念佛"只是略有相似之处，但关于其起源的传说支持当地唱赞的可信性与五台山为文殊菩萨世间道场的观点。既然地方寺院笙管乐违反寺院的基本戒律，那么就需要更强有力的说服力。金碧峰开创的寺院乐器曲牌的观点使五台山僧人使用笙管乐具有了权威性。

这两种观点为五台山独特的佛教音景的历史与发展提供了很好的解释。五台山佛教音景的复杂性与独特性表明音乐发展必然是漫长而复杂的过程。法照与金碧峰也许鼓舞了五台山地方唱赞与音乐的一些革新者，但是他们的贡献不足以导致本地区种类繁多的佛教音乐的产生。

近代中国的菩萨戒：以五台山能海上师（1886–1967）为例 [1][2]

黄晓星

（意大利佩鲁贾大学）

汉藏佛教传统在五台山根深蒂固，能海上师（1886–1967）是五台山汉藏佛教传统的主要代表之一，也是竭力主张恢复寺院戒律、包括大乘佛教戒律必要性的倡导者。

值得注意的是，尽管中国佛教徒遵循《梵网经》菩萨戒并在传戒仪式上以此授戒，但是能海却非常重视并最终选择藏地传统的瑜伽戒。

本文旨在研究菩萨戒在能海汉藏佛教中的作用与性质。笔者对中国菩萨戒做一般性介绍的基础上概述了近代瑜伽菩萨戒的兴起，在跨传统跨国家方面给予特别的关注。最后集中于瑜伽菩萨戒在能海教学与修行中的适用，同时揭示了与文殊信仰意想不到的联系。

1. 中国佛教的菩萨戒：概要

东亚佛教传统具有两种不同的菩萨戒。最有影响的是 5 世纪鸠摩罗什翻译的伪经《梵网经》所述菩萨戒。该经的戒律分为 10 条重戒、48 条轻

---

[1] 本文是作者与同事 Daniela Campo 共同进行的 "20 世纪中国与台湾的戒律复兴" 研究专案（CCKF 研究资助，2015– 2017）的一部分。关于 20 世纪前半叶的戒律复兴参见 Daniela Campo，"A different Buddhist revival: The promotion of Vinaya（jiel ü 戒 律 ）in Republican China." In Modern Buddhisms in China: Between Resistance，Secularization and New Religiosities，edited by Dan Smyer Yu，and Axel Schneider（forthcoming），后半叶参见 Ester Bianchi（黄晓星），"Restoration，adaptation andstandardization of 'cor rect' ordination procedures in contemporary Chinese（eds.），Buddhism after Mao: Exploring Chinese Models of Religious Production（forthcoming/1）。

[2] 译者按：本文系笔者为 2016 "五台山信仰" 国际学术研讨会翻译的论文，收录于本次会议论文集《五台山信仰多文化、跨宗教的性格以及国际性影响力：第二次五台山研讨会论文集》（释妙江主编，陈金华、释宽广、纪赟副主编），台北：新文丰出版公司，2017 年 7 月。

戒。① 另一方面，藏传佛教与日本佛教传统的大部分佛教徒遵循瑜伽菩萨戒，② 此戒在《瑜伽师地论·菩萨地持经》有详细阐述。③ 它们等分为两种

---

① 参见 William Chu（朱倍贤），"Bodhisattva Precepts in the Ming Society: Factors behind their Success and Propagation." Journal of Buddhist Ethics 13: 1–36, 2006; Paul Demiéville（戴密微），"Bosatsukai." In Dictionnaire encyclopédique du Buddhisme d'après les sources chinoises et japonaises, vol. 2, 142–147,（Tokyo:Hobogirin, 1930）。Daniel Getz, "Popular Religion and Pure Land in Song–Dynasty Tiantai Bodhisattva Precept Ordination Ceremonies." In Going Forth.Visions of Buddhist Vinaya. Essays Presented in Honour of Professor Stanley Weinstein, edited by William M. Bodiford, 161–184（Honolulu: University of Hawai'i Press, 2005）。

② 日本天台僧人遵守《梵网经》（9世纪初由最澄传入日本），其它宗派的佛教徒遵循《瑜伽师地论》。参见 Deiméville（1930: 146）与 Groner（1990），"The Fan–wang Ching and Monastic Discipline in Japanese Tendai: a Study of Annen's Futsu Jubosatsukai Koshaku." In Chinese Buddhist Apocrypha, edited by R. E. Buswell, 251–290（Honolulu: Universiti of Hawaiii Press, 1990）。

③ 关于中国佛教的《瑜伽师地论》菩萨戒，参见隆莲，《菩萨戒本》，《中国佛教》，卷3，210–216（上海：东方出版中心，1996、1989初版）；圣严 "On the Temporal and Spatial Adaptability of the Bodhisattva Precepts, with Reference to the Three Cumulative Pure Precepts." In Buddhist Behavioral Codes and theModern World. An International Symposium, edited by Charles Wei–hsun Fu, Sandra A. Wawrytko, 3–50（Westport – London: Greenwood Press, 1994）。关于《菩萨持地经》，参见 Michael Zimmermann, "The Chapter on Right Conduct in the Bodhisattvabhumi." In The Foundation for Yoga Practitioners: The Buddhist Yogarcarabhumi Treatise and its Adaptation in India, East Asia, and Tibet, edited by Kragh, Ulrich Timme, 862–883（Cambridge: Harvard University Press, 2013）。关于西藏传统，参见 Panchen Sonam Dragpa, Overview of Buddhist Tantra. General Presentation of the Classes of Tantra, Captivating the Minds of the Fortunate Ones. Translated by M. J. Boord and Losang Norbu Tsonawa, pp. 92–94（Dharamsala, 关于菩萨戒在印度的起源以及进一步的演变，参见 Nobuyoshi Yamabe, "Visionary Repentance and Visionary Ordination in the Brahma Net Sutra." In Going Forth. Visions of Buddhist Vinaya. Essays Presented in honour of Professor Stanley Weinstein, edited by William M. Bodiford, 17–39（Honolulu: University of Hawai'i Press, 2005），与 Giuliana Martini, "Bodhisattva Texts, Ideologies and Rituals in Khotan in the Fifth and Sixth Centuries." In Buddhism among the Iranian peoples of Central Asia, edited by De Chiara, Matteo–Maggi, Mauro – Martini, Giuliana（Multilingualism and History of Knowledge, Veroffentlichungen zur Iranistik 1），11–67（Vienna: Osterreichische Akademie der Wissenschaften, 2013）。注意汉译瑜伽戒被视为弥勒所造，而西藏译本认为系无著之作品。

类型，戒条分为：重戒 4、8、18 条，轻戒 42、43、45、46 条。[①]

瑜伽传统的戒法分为三聚：1）摄律仪戒；2）摄善法戒；3）摄众生戒。虽然《梵网经》没有提到这三个分类，但是三聚净戒对中国佛教的影响很大。[②]

中古时期瑜伽菩萨戒用于忏悔仪式，从 6-7 世纪开始，梵网戒在中国获得了显著地位，主要归功于两位高僧的倡导，一位是天台宗的主要代表人物智顗（538-597），一位是南山正宗的创立者道宣（596-667）。[③] 瑜伽戒随着唐代之后唯识宗的衰落逐渐消失了。最后，明朝末期兴起了律学复兴运动，[④] 梵网戒最终胜过瑜伽戒：古心如馨（1541-1615）及其弟子

① 更确切地说，汉译大藏经有四种《瑜伽菩萨戒》版本：I.《菩萨戒本》T（T1500），北凉昙无谶（414-421）译，包括 4 条重戒、42 条轻戒；依据《菩萨地持经》（汉译《菩萨地持经》T1581），又名《地持戒本》。II.《菩萨善戒经》（T1583），刘宋求那跋摩译，汉译《菩萨善戒经》（T1582）；此经将戒律分为三聚，包含 8 条重戒，43 条轻戒（见下文注 7）。III.《优婆塞五戒威仪经》（T1503），译者不明，包含 4 条重戒、41 条轻戒。IV. 最后一部是《菩萨戒本》（T1501），玄奘于 649 年译，道宣助译（Sato 1994: 72），包含 4 条重戒、43 条轻戒；节选自玄奘译本《瑜伽师地论》（T1579），重戒有不同的分类，数量达到 45 条。对这些版本的概要性介绍，参见隆莲《菩萨戒本》（1996）与 Rulu（tr.），Bodhisattva Precepts（Bloomington IN: Author House, 2012）。藏传佛教的戒律，参见下文，第三部分。

② 这三种分类亦见于《华严经》（279:35）. 参见戴密微（Demiéville）（1930: 142-143）。

③ 道宣是南山律宗的创立者，研习、著述"四分律"（T1428），在中国备受推崇。同时，他的著作注释本利用《梵网经》与其他大乘文献建立了适合当时寺院与中国僧人的具体行为规则。关于道宣，参见 Huaiyu Chen, The Revival of Buddhist Monasticism in Medieval China（Bern:Peter Lang, 2007）。

④ 明末戒律复兴最突出的大师有：古心如馨（1541-1615）及其第一代、第二代弟子汉月法藏（1573-1635）、读体见月（1601-1679）、书玉（17 世纪）等。这一代律学大师之后，即 18 世纪起，"没有更深入的律学著作诞生直至清末民国初年弘一大师（1880-1942）的出现"（圣严 1991:52）。"The Renaissance of Vinaya Thought during the Late Ming Dynasty of China." In Buddhist Ethic and Modern Society. An International Symposium, edited by Charles Wei-hsun Fu, Sandra A. Wawrytko, p. 52（New York-Westport – London: Greenwood Press, 1991, 全文页：41-54）。关于明末清初的戒律复兴，参见圣严 "The Renaissance of Vinaya"（前揭）；刘红梅，《明末文化交流背景下的佛教戒律复兴——以莲池祩宏为中心》，《淮北煤炭师范学院学报》，2014；Jiang, Wu（吴疆），Enlightenment in Dispute. The Reinvention of Chan Buddhism in Seventeenth-Century China（Oxford-New York: Oxford University Press, 2008）。

创立了"三坛大戒"，这种受戒制度包含了梵网戒的内容，注定成为中国唯一的传戒标准。[①]

实际的授戒程序包括"发菩提心"，佛菩萨前露罪忏悔，接受 58 条菩萨戒。虽然前两坛（沙弥戒与具足戒）指定必须针对出家众，菩萨戒可以授予在家居士。仪式由一位大德引领，一般是寺院住持或在以前的仪式中担任过首席大德的僧人。其他的传戒大师被认为是主持仪式的佛菩萨的化身：释迦牟尼佛为其得戒和尚，文殊菩萨为其羯摩师，弥勒菩萨为其教授师。[②] 仪式结束时发给新戒僧尼《梵网经》与《戒本》（编录所有戒条）。这个传戒制度的改革一直到当代，半月诵戒（布萨）[③] 包括诵戒本戒条（依据法藏部戒律，比丘 250 条，比丘尼 348 条）以及 58 条梵网戒。

梵网戒何以在中国佛教中迅速崭露头角并最终使瑜伽戒黯然失色，一般的解释是中国人的伦理与世界观的封闭性，特别是儒家思想诸如孝道与社会等级的尊崇所致。[④] 如朱倍贤（William Chu）所言："虚构的的菩萨戒律［…］是为儒家伦理规范而设计的"，因此"控制了大乘戒律的领地"；朱还认为，"由于关于其真实性的问题在中国历史上早就出现了，最终在

[①]　按照这种制度，僧尼必须在短期之内在同一个地方参加三个不同的授戒仪式（沙弥戒、具足戒、菩萨戒），一般在 20 到 60 天之间完成。华严宗法藏在《传授三坛弘戒法仪》（X 1127）中弘扬这种传戒制度。1660 年，古心的第二代弟子读体见月出版了《传戒正范》（X 1128），进一步详述了仪式程序。"三坛大戒"制度最近被选为中国遵循的规范性程序。关于这种传戒制度的历史与仪式程序，参见黄晓星"Restoration，adaptation and standardization"（前揭）。

[②]　根据《梵网经》与《瑜伽师地论》，菩萨戒可以在没有戒师在场的情况下进行（Démieville1930:144 与 145）。受戒人可以在佛菩萨像前发誓礼拜，直接得到戒体。自己举行仪式受戒的实践在藏传佛教中非常普遍，但在汉传佛教中不常见，汉传佛教受菩萨戒与受具足戒同时进行。尽管如此，明末在受戒仪式难以举行的时段为了重建传戒程序，仍然使用这种方式。关于这个问题的讨论，参见朱倍贤，"Bodhisattva Precepts in the Ming Society"（前揭），p. 13，与吴疆，Enlightenment in Dispute（前揭），pp. 9–31。

[③]　布萨是律藏规定的一种忏悔仪式，一月两次诵戒。

[④]　《梵网经》说明"行孝包含了佛教戒律的全部。"（朱倍贤"Bodhisattva Precepts in the Ming Society"（前揭），p. 5）；也可参见隆莲，《菩萨戒本》（前揭），页 214–215。

所有的经典目录中被接受是因为受持梵网戒的巨大利益及其吸引力"。[①]
正如下文所述，现代佛教形势的改变发生在佛教为世界宗教之新概念的框
架内。

2. 瑜伽菩萨戒在近代中国的复兴

根据祖晓敏（Jessica Zu）的观点，欧阳竟无（1871–1943）是近代推
动瑜伽戒的第一人。1917 年，这位著名居士学者欧阳竟无在《瑜伽师地论
叙》中提到并讨论了这些戒律，但没有称之为瑜伽戒。[②] 后来，欧阳与吕
澂（1896–1989）整理《藏要》（1923–1937）时，引用瑜伽戒而不是梵网
戒。[③] 因此，1922 年成立的内学院对推动瑜伽净戒起了举足轻重的作用。[④]

上述欧阳竟无与吕澂的贡献清楚地表明，这些戒律的重新出现，显然
与近代中国的瑜伽行派的兴起有关，[⑤] 有趣的是，杨文会（1837–1911）承
认梵网戒用于受戒仪式的突出地位，同时还建议诵读瑜伽戒。[⑥] 后来，出

---

① 朱倍贤 "Bodhisattva Precepts in the Ming Society"（前揭），pp. 1–2, 5. 也可参见 Groner,
"The Fan–wang Ching"（前揭），特别是页 254。

② 参见欧阳竟无，《瑜伽师地论叙》（南京，金陵刻经处，1917）（线上网址 http://ybh.
chibs.edu.tw/otherHtml/Annot/html/An–04.html）。

③ 欧阳竟无、吕澂编纂，《藏要》，册 2，页 707–740（南京：金陵刻经处，1991），
祖晓敏（Jessica Zu）引用（个人交流）

④ 欧阳渐或欧阳竟无是居士佛教学者，创立支那内学院。这是中国佛学最重要的中心之
一，由欧阳本人及其大弟子吕澂领导。内学院的课程重点是瑜伽行派（法相唯实）。1925
年学院扩大并重新命名为法相大学。关于欧阳竟无，参见 Eyal Aviv, Differentiating the
Pearl From the Fish Eye: Ouyang Jingwu（1871–1943）and the Revival of Scholastic Buddhism
（Ph.D. Disser t. Harvard University, 2008）与 Eyal Aviv, "Ouyang Jingwu: From Yogacara
scholasticism to Soteriology." In Transforming Consciousness,（Oxford University Press, in print）.
感谢 Jessica Zu 与我分享此信息（个人访谈，2016 年 4 月）

⑤ 清末民国初年，瑜伽行派（或法相宗）在非佛教环境中被认为是本土逻辑与科学的
思维形式；另一方面，中国佛教徒对"原始"大乘宗派的基本原理表现出浓厚兴趣，主要
致力于校勘与藏经修订。关于瑜伽行派在现代中国佛教发展中的作用，参见 Joh Makeham,
ed., Transforming Consciousness: Yogacara Thought in Modern China（Oxford: Oxford University
Press, 2014）。

⑥ Gabriele Goldfuss, Vers un bouddhisme du XXe si è cle. Yang Wenhui（1837–1911），
r é formateur laique et imprimeur pp. 60, 146 and 192（Paris: Paris, Coll è ge de France,
Institut des Hautes Etudes Chinoises, 2001）。杨文会关于菩萨戒的观点值得进一步研究。

现了一种重新评价瑜伽戒的倾向，瑜伽戒也在瑜伽行派的独特环境之外传播，被 20 世纪上半叶律学的复兴运动所吸收，吸引了不同的传统和倾向的僧侣和学者。其中就有喇嘛能海，我们将在下文看到。

中国近代佛教改革的领袖太虚大师（1890–1947）便是一个突出的例子，[①] 太虚大师的《整理僧伽制度论》认定了戒律的极其关键与重要的作用。对他而言，戒律既指小乘戒律也指大乘戒律，[②] 而后者，他表示受瑜伽菩萨戒的启发而受持。

有趣的是，这种趋势在当代仍然盛行。例如，戒律大师济群[③] 在 1996 年致全体中国僧妮的公开信《戒律的现代意义》中阐明《梵网经》所述菩萨戒过于抽象和模糊，所以很难受持。[④] 他建议——效仿太虚大师、弘一大师与能海上师——应该遵循瑜伽戒。因此，尽管《梵网经》具有中心地位（是授戒制度的基本依据），但是瑜伽戒是目前佛学研修班的专题课程上研习的内容，揭示了瑜伽戒的新地位应该归因于近代中国佛教的三位大师。

20 世纪瑜伽戒复兴现象的出现理应对中国进行深入细致的分析。在我看来，作为律学复兴运动的一部分，可以建立一种与泛亚洲佛教理解发展的联系。在 19 世纪末到 20 世纪上半叶之间，以牺牲更多的中国内涵为

---

① 关 于 太 虚，参 见 Don Pittman，Toward a Modern Chinese Buddhism. Taixu's Reforms（Honolulu: University of Hawai'i Press，2001）。

② 关于太虚选择这套菩萨戒的情况，参见韩敏，《佛教现代化背景下戒律的困境与出路》，《兰州学刊》，2:199（全文：196–200）。

③ 20 世纪 80 年代初，中国佛教协会在福建佛学班创办"五比丘律学班"，由律学大师界诠、性光、毅然、演莲和济群组成，弘一法师的直传弟子圆拙法师（1909–1997）指导，"五比丘"肩负复兴南山宗的重任。参见黄晓星，"Restoration, adaptation and standardization"（前揭）。

④ 朱倍贤认为，与瑜伽戒相比，梵网戒更为模糊，所以更容易重新解释与修改，这也是梵网戒在帝制中国晚期成功的原因之一。具体见其论文：朱倍贤，"Bodhisattva Precepts in the Ming Society"（前揭），p. 21。

代价，重新评估印度（即"原创国"）学说与修行的中心地位。[①] 至于狭义的寺院戒律（所谓的小乘戒），采用的是上座部的模式，就大乘戒而言，"真实可信"的《瑜伽师地论》至少理想化地胜过虚构的《梵网经》。[②]

近代首选的瑜伽戒版本是玄奘（602–664）翻译的《菩萨戒本》（T1501），列有 4 条重戒、43/45 条轻戒。[③] 能海上师则是一个例外，他选用的是《菩萨戒经》的藏译本与格鲁派创始人宗喀巴（1357–1419）的《菩萨戒本品释》。因此，能海受持的是 18 条重戒、46 条轻戒。

3. 菩萨戒在能海教学与修行中的作用与性质

如前所述，能海是近代中国律学复兴最有力的倡导者之一。1926 年，他首次赴藏朝圣，在康区依止降巴格西在跑马山学习密乘诸戒与菩萨戒，后来住拉萨哲蚌寺（1928–1932），道心坚固，严守戒律，深得康萨大师（1890–1941）赏识。在能海上师的寺院生涯中对戒律研究与修持是必要的内容，随着时间的推移越发显得至关重要：他把在五台山选定的最后一座寺院命名为吉祥律院，可以从中推断能海法师对戒律、戒风的重视。由于吉祥律院宗风高俊、持戒精严，很快成为寺院的典范。能海不仅要复兴小乘戒律，更要致力于大乘戒律的弘传。

能海与戒律相关的著作包括大藏经的重印、收集、翻译、注疏、讲解等；内容涵盖从居士戒律到僧才培养，从《菩提道次第》到《密宗道次第》等

---

① 简而言之，根据这一观点，佛教被理解为是一种世界性宗教，并被认为是区域特点与传统差异的同一因素。这些新思想在近代中国的传播，决定了对印度戒律概念中心性的重新评价。在此背景下，在 20 世纪上半叶，不仅那些认同传统模式的僧人，而且——正如我们所看到的那样，以太虚为例——处于中国佛教僧伽的改革边缘，提倡重申严守戒律。关于与藏传佛教与汉传佛教有关的泛亚洲宗教的现代佛教概念的兴起与发展，参见见 Gray Tuttle，*Tibetan Buddhists in the Making of Modern China*，68–102，特别是页 74–76（New York: Columbia University Press，2005）. 关于佛教泛亚洲观点与 20 世纪上半叶戒律复兴的关系，参见 Ester Bianchi（黄晓星），"Understanding Jielü 戒律：The Concept ion of 'Monast ic Discipl ine' in Modern Chinese Buddhism." In Stefania Travagnin （ed.），*Framing the Study of Religion in Modern China and Taiwan: Concepts，Methods and New Research Paths.*（forthcoming/3）.
② 由于中国的授戒制度是根据"三坛大戒"的程序授予，所以梵网戒不太可能轻易被取代。
③ 参见注释 6.

诸多论题，蔚为大观。① 能海对戒律与密宗瑜伽一视同仁，戒律也是他所传承的宗喀巴传统的关键所在。他曾讲过"定道由戒律入手，乃格鲁派之家风"。② 然而，说到戒本，能海提到的是汉传佛教普遍认可的法藏部戒律，而不是藏传佛教奉持的《根本说一切有部律》。③

正是能海选择了一套特定的菩萨戒才彰显了格鲁派的影响。他不仅更愿意选用瑜伽菩萨戒、而不是弘一大师与太虚大师奉行的《梵网经》，而且在现有版本中选择了宗喀巴大师《菩萨戒品释》中西藏的戒律，《菩萨戒品释》是对《菩萨戒品》最新最全的释论。④ 依据此版本，共有18条根本堕、46恶作罪。宗喀巴所造的菩萨戒释论被认为是选自《虚空藏菩萨经》，圣寂天在其论著《大乘集菩萨学论》中引用（8世纪），10世纪由阿底峡（982-1054）传入西藏。⑤ 这些经典在20世纪之前没有汉语版。

据我所知，能海法师释瑜伽戒的第一部著作是《五字真言》。该著作撰写于1936年，用于日常仪式与冥想，包括藏文释论段落翻译，显教修行与密教论题很少。⑥ 有趣的是文殊师利在五台山为能海示现，对其文字和内容给予认可。"诵戒"是初步修行的主要内容，列出了在家居士与出

① 关于密宗戒愿，参见 Panchen Sonam Dragpa, Overview of Buddhist Tantra（前揭），pp.95–96。
② "定道由戒律入手，乃格鲁派之家风"，见定智《能海上师传》，页53，（成都，方广文化，1996）。
③ 《根本说一切有部律》有248条比丘戒与354条比丘尼戒，而《四分律》分别有250条与348条。根本说一切有部考虑仪式（羯磨）。
④ 宗喀巴论释的全称是《菩提正道菩萨戒论》。英文版见英文版见 Mark Tatz, Asannga's Chapter on Ethics, With the Commentary of Tsong–Kha–Pa. The Basic Path to Awakening, The Complete Bodhisattva（Lewiston NY: Edwin Mellen, 1986）。
⑤ Alexander Berzin, Taking the Kalachakra Initiation. Ithaca: Snow Lion; Ester Bianchi, The Iron Statue Monastery. Tiexiangsi, a Buddhist Nunnery of Tibetan Tradition in Contemporary China, pp. 86–89（Firenze, Leo S. Olschki, 2001）、Barbra Clayton, Moral Theory in Uantideva's Uiks samuccaya: Cultivating the Fruits of Virtue（New York: Routledge, 2006），以及定智为《瑜伽虚空藏菩萨戒》所作的导言：清定编，《瑜伽虚空藏菩萨戒本即诵议》（上海，佛学资料，1979）。
⑥ 能海编排的《文殊五字真言》是修大威德的基础。密宗以五字真言而修之法是属于瑜伽派以此 神为本尊的汉译成就法。以文殊为本尊，这部著作是能海弟子的基本修行。参见黄晓星，The Iron Statue Monastery（前揭），pp. 132–135。

家众的所有戒律：从在家信徒的三皈依、五戒、八戒，到新出家的十戒与六法戒，再到僧尼的别解脱戒，全部参照法藏部的戒律。另一方面，诵菩萨戒，还包括藏地传统《瑜伽行地》的 18 条重戒与 46 条轻戒，因此偏离汉地佛教传统主流，但也有部分来自倡导瑜伽戒的大师。

虽然《五字真言》有菩萨戒的删减准则，在唱诵仪式上诵念，但是 1942 年能海将更全面的菩萨戒文本集成偈诵，即《菩提道菩萨戒集颂》。本书不是能海翻译的译本，能海收集并整理了法尊（1901-1980）[①] 和汤乡铭（1885-1975）[②] 的两个现有译本，加上了自己的注释。[③]

即便能海的文本被明确认为密教基本宗教仪式中诵念的手册，不能忽视的是，翻译是在更有学术氛围的环境中实现的。事实上，法尊是汉藏佛教传统中最重要的学问僧，与吕澂、韩镜清（1912-2003）[④] 一起参与了藏族模式的瑜伽传统的复兴。我以为这进一步证明了能海不仅符合藏族传统，而且也符合包含泛亚洲宗教观的现代佛教新浪潮。

---

① 参见法尊，《菩萨戒品释》，（重庆：汉藏教理院，1935；重印，台北，华宇，1985）。关于法尊，参见 Brenton Sullivan， "Venerable Fazun at the Sino-Tibetan Buddhist Studies Institute （1932-1950） and Tibetan Geluk Buddhism in China." Indian International Journal of Buddhist Studies 9: 199-241, 2008; Brenton Sullivan， "Blood and Teardrops: the Life and Travels of Venerable Fazun （1901-1980）， " in T. LEWIS （ed.）, Buddhists: Understanding Buddhism Through the Lives of Practitioners， Malden, MA, Wiley-Blackwell, p. 296-304，2014. 另可参 Francoise Wang-Toutain， "Quand lesmaitres chinois s'é veillent au bouddhisme tib é tain. Fazun: le Xuanzang des temps modernes." Bulletin de l'Ecole Francaise d'Extr ê me-Orient 87 （2）: 707-727 （2000）。

② 参见汤乡铭，《菩提正道菩萨戒论》（台北：新文丰，1975）。关于汤乡铭，参见見 Gray Tuttle， "Translating Buddhism from Tibetan to Chinese in Early-Twentieth-Century China （1931-1951）." In M. Kapstein, ed., Buddhism between Tibet and China, 241-279 （Boston: Wisdom Publications， 2009）。

③ 参见智敏，《菩提宗道菩萨戒集颂讲记》（上虞，多宝讲寺，2008）. 也可参见智敏，《菩萨戒学习资料》（上虞：多宝讲寺，未发表？），网上资料见：http://www.duobaosi.com/gb/ziliao2/dl/021/psjlsjj.html 与任杰，《复函三通》，《能海上师永怀录》，页 75，（上海，上海佛学书局，1987）（全文，页 70-82）。

④ 关于近代中国瑜伽戒的复兴对藏传佛教的影响，参见 Zhihua Yao， "Tibetan Learning in the Contemporary Chinese Yog ā c ā ra School." In M. Kapstein （ed.）, Buddhism Between Tibet and China， pp. 281-294 （Boston: Wisdom Publications， 2009）。

能海传统的寺院授戒仪式根据明末清初编撰的《梵网经》"三坛大戒"程序进行，笔者愿意就此问题进行分析并结束这场讨论。这种选择可解释为"适当的行为"，暗示能海僧团属于汉传佛教的僧团。① 然而，在他最初的"密乘金刚道场"和现存的五台山道场，② 在多宝讲寺与铁像寺，瑜伽戒仍然用于教学、研究、传授，在念诵仪式与密宗观修期间修行。③

结　语

菩萨戒与五台山之间的联系是上文提到的明末律学大师古心如馨建立的。④ 古心如馨在朝拜五台山时，文殊菩萨授之"戒律精髓"，遂正式授戒于古心。⑤ 就能海而言，他的《五字真言》所述菩萨戒很可能同样受到五台山文殊菩萨的赞叹。两种情况都是文殊菩萨起了重要作用，可以解释为两位大师求见菩萨，诚笃备至的结果。⑥

古心与能海都参与了寺院戒律包括大乘戒律的复兴运动。他们之间的区别在于他们所提倡的菩萨戒。古心如馨及其宗派修订《梵网经》的传戒程序，从那一刻开始成为中国佛教直到 20 世纪的唯一资料。据我所知，用这套戒律授戒没有遭到质疑，即使在现代依然在五台山及其他地方的能海僧团内部使用。

---

① 参见 Wei Wu，"Distinction and Inclusiveness. The Rise of a Tibetan Esoteric School in Anti-Sectarian Trends in Republican China"（Unpublished）。

② 关于能海留给五台山的遗产，参见黄晓星（Ester Bianchi），"Lama Nenghai's imprint on Mount Wutai: Sino-Tibetan Buddhism among the Five Plateaus since the 1930s." In Jinhua Chen and Susan Andrews eds., The Mountain of Five Plateaus: Multidisciplinary and Transborder/Cultural Approaches to the Study of Mount Wutai（forthcoming/2）。

③ 可参见宗顺，《海公上师永远指引着我们前进》，《能海上师永怀录》，页 152（上海：上海佛学书局，1987）（全文页，150–154）。

④ 参见吴疆，Enlightenment in Dispute（前揭）.pp. 30–31，与朱倍贤，"Bodhisattva Precepts in the Ming Society"（前揭），p. 13。

⑤ 关于法师不在场的情况下受菩萨戒的可能性，参见注释 11.

⑥ 据记载，文殊菩萨在多种场合示现能海；例如，文殊化为老人迎接他第一次上五台山。关于该问题与汉藏佛教的文殊信仰，参见黄晓星 "Lama Nenghai's imprint on Mount Wutai"（前揭）。

尽管如此，能海明确表示他更喜欢瑜伽戒，从而将自己与 20 世纪上半叶极具影响力的新趋势重新连接在一起。当其他大师致力于戒律复兴时，能海志在恢复更接近于"正宗"印度模式的佛教教义与修行，而牺牲了更多的中国解读。由此，能海给五台山带来了新的泛亚洲佛教观，随之而来的还有跨国与跨传统的视角。

日本古典文学中的五台山 [①]

包瀚德（Robert Borgen）

　　740 年农历 7 月 8 日，日本的官立写经所书写的《写经所启》中列出新编集的佛教经典标题，共 815 卷。其中的《清凉山传》是中国五台山（著名的"清凉山"）的历史古卷，编撰于大约 680 年，[②] 共两卷。虽然这是日本现存最早的五台山文献，但圣山的信息也许更早传入日本。至少从 608 年起，兼具笃定信仰与冒险精神的日本僧人持续不断地入华朝圣，期间或许已经接触到了五台的传说。9 世纪初五台山成为日本朝圣者的主要目标，一直到 1127 年宋朝失去对北部中国的控制，使其无法入境为止。有些朝圣者返回日本，为日本佛教的发展做出了显著贡献。他们把自己与五台山文殊菩萨相遇的神奇经历记录下来并带回日本。还有的朝圣者留在中国，但他们取得的成就在日本传播。人们通过阅读汉语文献以及日本朝圣者讲述的亲身经历、或者相传有关日本朝圣者的故事逐渐熟悉了五台。五台在日本人的精神想象中占有突出地位。日本的圣山中至少有三座与五台山有联系：多武峰，位于 7 世纪日本皇宫所在地飞鸟东部；吉野山，多武峰往南大约十里；京都（794 至 1185 年日本的首府）西北部的爱宕山。离日本文化中心更远的第四圣山位于四国岛的另一边，命名为五台山，日本发音为 Godai，山顶的寺院名 Chikurinji，是中国五台的主要寺院之一竹林寺的日语发音。直到今天，这四座山仍然是日本与越来越多的外国朝圣者、游客与徒步旅行者的目的地。

---

① 　本文系笔者翻译的 2016 "五台山信仰"国际学术研讨会论文，收录于本次会议论文集《五台山信仰多文化、跨宗教的性格以及国际性影响力：第二次五台山研讨会论文集》（释妙江主编，陈金华、释宽广、纪赟副主编），台北：新文丰出版公司，2017 年 7 月。
② 　《大日本古文书：编年文书》卷 7，486–491 页。1060 年《广清凉传》问世之后，此版本称为《古清凉山传》。本文使用《古清凉山传》原文的名称，标准音译为"五台"，翻译名称为"清凉"。两种名称都指一簇山脉，所以用复数。文本的标题用熟悉的英语时，其译文首先出现（接着是音译与字符）；对于不太熟悉的文本，顺序正好相反。

　　日本古典文学深受佛教的影响，五台尽管不像人们想象的那样引人注目，但在日本的宗教与自然景观中占有突出地位。然而，任何试图理解五台在日本古典文学中的地位都存在方法论的问题。有些关乎定义，有些关乎收集资料。日本古典文学之"古"至少可以用两种方式定义，一种是语言，另一种是时间。进入 20 世纪，日本人持续用古典文学语言进行某种形式的正式写作，从语言学上来讲，以那种语言形式写成的作品都可以视为"古典的"。不过本文将用时间顺序的定义方式将 1850 年之前成稿的作品视为"古典的"，包括日本作者撰写的汉语文学作品。定义"文学"是一个次要而微妙的问题，但是现代日本出版商对文本合格的问题提供了一个解决方案。至少从 20 世纪初开始，他们出版了多卷集的学术性"古典文学"。① 目前，最权威的集子是岩波书店出版的 100 卷《日本古典文学大系》。这部集子原版于 1957 与 1967 年面世；接着 1989 至 2005 年发行了新版。集子收编了最新版本的权威著作，增补了一些不熟悉的作品，并删除了部分相对深奥的作品。从功能性定义考虑，可以说日本的古典文学包括此类现代汇编中的作品，以及风格类似但非出类拔萃并从汇编中予以删除以缓解版面紧张的作品。换言之，"日本古典文学"的核心是 1850 年之前日本撰写的作品，可以在图书馆"文学"部分的书架上找到。其中的两种汇编可以搜索到电子版。一种是原版《日本古典文学大系》，在国文学研究数据馆网站上可以在线阅读；另一种是 1994 至 2002 年由小学馆出版的 88 卷《新编日本古典文学全集》，在"日本知识"网站上可以找到，虽然不够全面，但大致相当。② 几部增补的作品或者被编入索引，或者在其它网站可以搜索到。一旦超越了这个核心，五台的资料就很难查获。符合以上提出的古典文学的定义、但不受推崇的作品往往既入编索引，也无法搜索；特别是后来几个世纪的许多作品甚至没有现代印刷版。

---

① 笔者查获的最古老的一部是 1903 年开始编纂的《国文大观》。虽然标题没用"古典"二字，但其内容与后来发现的标有"古典"二字的汇编对应。

② 两个数据库都不向公众开放。第一个数据库（http://base1.nijl.ac.jp/~nkbthdb/）需要特别授权；第二个（http://japanknowledge.com/）是商业性的，使用者需要交费。

正如人们所预料的那样，现存日本早期历史阶段的作品相对较少，如果没有别的原因，很可能因为稀缺而受到重视。因此，相当大比例的作品可以网上搜索或者编入索引。以后的时代，特别是江户时代（1600–1867）的作品数量就相当可观。广泛的文学体裁蓬勃发展，木版印刷术的传播增加了文本保存的可能性。这一时期的许多作品尚未得到学者或出版商的认真关注。这与当时文学作品的质量有关。大量江户文学的语言与内容与早期经典作品的诗歌语言与主题相去甚远。虽然在现代，某些不太优雅的作品已被纳入经典，并被收录在可搜索的编目中，但传统的偏好并没有消失，古代经典比后期的通俗文学更容易受到重视。另一方面，曾经一度为经典中心的文体被边缘化了。有一段时间，日本作家的古汉语著作可以概括为"文学"的缩影，但是从 18 世纪开始，包括近代日本文学学术研究的创立者在内的民族主义学者开始批评这种文体，这种文体在许多领域失宠。直到最近几十年，日本学者才开始重新审视它。可搜索的日本典籍包括少量的汉语著作，也有一些可以在私人网站上找到，日本学者已经出版了平安时代（794–1185 年）以来的汉语文献索引。[①] 中世纪的禅僧用汉语创作了大量诗歌，既没有编入索引，也没有数字化版本。

因此，接下来的研究受到了现代日本文学学者以及出版商雇用这些学者编撰国家经典时如何甄选作品的影响。[②] 江户时代的通俗文学中没有出现五台，这似乎是不可思议的，而在舞剧中发现的例子大多只是暗示五台，实际没有提及。新版《日本古典文学大系》增加了许多江户时代的作品，但遗憾的是不能检索。同样，禅僧的汉语作品有可能提及五台，但很难找到出处。因此，日本现代文学学者与出版商的选择可能扭曲了五台的形象。他们忽略的文本不是随机分布的，往往会出现截然不同的两种情况：江户时代的作品过于通俗，而汉语著作则过于玄奥。

---

① 　http://miko.org/~uraki/kuon/furu/furu_index1.htm; 平安朝汉文学。

② 　对日本文学经典形成的最佳英文讨论是 Shirane，Haruo. 2000. "Introduction: Issues in Canon Formation". In Haruo Shirane and Tomi Suzuki, eds., 1–27; Inventing the Classics: Modernity，National Identity，and Japanese Literature（Stanford: Stanford University Press）.

为方便起见，本文将涉及五台的作品分为四类：宫廷文学、武士文学、佛教文学和戏剧。虽然都是熟悉的体裁，但在本文中它们的体裁界限未必标准。第一种包括传统上被认为是文学的作品：日语诗歌、与日语诗歌传统紧密联系的散文以及古汉语作品。这是在平安时代盛行的贵族阶级文学。从 1185 年开始，新兴且强大的武士阶级开始统治日本政府，并随之出现了描写军人英雄气概的文学体裁。佛教文学大致定义为有说教意图的故事与诗歌。还有几部放入文学纲要的更明确的理论著作也被考虑在内。戏剧是一种西方的传统文学体裁，需要指出的是，日本的戏剧传统包括文学版本的著作，在表演上更接近于舞蹈而不是戏剧。有些作品是跨类别的，所以可以把它们任意放在一种或另一种类型中。最后，涉及到日本复制的五台虽然出现在文学数据中，但将不在讨论范围之内。

宫廷文学

第一部分　日语作品

历史上，宫廷文学构成日本经典文学的核心。日本文学中最受推崇的经典著作如《源氏物语》或《枕草子》都没有提到五台山，这些著作已被翻译成多种语言，并广泛吸引国际读者。但是在其它四部不为人熟悉的本国语散文和诗歌中也可以找到几处稍稍涉及五台的文献数据。一部是日本历史著作《荣华物语》，成书于 1045 年，后来又有所补充。早期的历史著作是由男性作者用汉语写的编年史，而这一部却是由一位贵妇人用日语写成的。从语言与关注的焦点来看，明显受《源氏物语》的影响。主角是当时最有权势的朝臣藤原道长（966–1027），他将再次出现在下文关于汉语文学的讨论中。藤原道长 1019 年病重时发愿建造宏伟的寺院作为最后归宿。寺院的建筑物级级而上，殊胜庄严。1022 年金殿落成后，举行了盛大的供奉典礼，天皇与王储都出席了仪式。故事描述了天皇是如何注目大殿的各种造像，其中就有"与众菩萨住清凉山"的文殊师利。[1] 日本读者早已认识到"清凉山"是五台的别名，这段文字表明他们知道五台是一个他们可以遇到文殊菩萨的地方。它也说明了散落在日本古典文学中捎带提及五台的数据是如何展示日本人对五台这一特殊地方的认知。接下来是其它例子。

第二部作品直接提到五台的名称："废话"是短篇小说集《堤中纳言物语》的最后一篇。尽管《荣花物语》同时为强大贵族的虔诚和奢侈消费提供了赞歌，但是"废话"正是以这种方式讽刺佛教。故事的大部分内容是一位僧人写给皈依女子的长信。他解释说他愿从世俗世界退隐山林，为此需要得到供养并提出种种要求。文章写道，僧人的要求越来越离谱。在信的开头讨论了他计划中的隐居地。日本的圣山乃至外国的圣山，包括中国五台山，都太近了，所以他打算登天堂而住云端。书中的其他故事发生在 11 世纪末或 12 世纪初，但这个故事很可能是 14 世纪加进去的。[2]

第三部是宫廷著作，书中三次提到五台。《成寻阿阇梨母集》是一部体裁类别混合的著作，有的地方如书名所示，类似于宫廷诗歌选集，有的地方类似于文学日记。作者是日本高僧成寻（1011–81）的八旬母亲，成寻于 1072 年携弟子七人开始了中国的朝圣之旅。他不仅成功地参访了五台，而且留下了一部详细记录旅途经历的日记。当他的母亲（名字未详）得知他即将入宋朝圣时忧心忡忡，开始用诗歌抒发自己的思念之情。虽然她主要关注自己的痛苦与佛教信仰，但她描述了成寻即将启程的事件，以及成寻离开日本后传回宫廷的相关信息。她在书中两次提到了五台，一次

---

① 　山中裕、秋山虔、池田尚隆、福长进，编辑，《荣华物语》，册 2，页 278（《新编日本古典文学全集》，册 31–33，2006–08）；William H. and Helen Craig McCullough trans, A Tale of Flowering Fortunes, vol. 2 p. 555（Stanford: Stanford University Press，1980）；Elizabeth Oyler，"Ver nacular Histories: Eiga Monogatari，Ōkagami，Gukanshō，" in Haruo Shirane，Tomi Suzuki，and David Lurie eds.，The Cambridge History of Japanese Literature，pp. 193–97（Cambridge，UK: Cambridge University Press，2016）.

② 　稻贺敬二，编辑，《堤中纳言物语》，页 503（《新编日本古典文学全集》，册 17，2008）；英译版见 Robert L. Backus，trans，The Riverside Counselor's Stories，pp.207–27（Stanford:Stanford University Press，1985）。

是 1069 年成寻向她透露他打算巡礼五台，礼拜文殊菩萨圣迹（她重复了一次）；另一次是三年以后，一位僧人带回成寻的一封信，信中说他已到达杭州，旅行到天台山，并将继续去五台。[①] 特别需要注意的是，尽管成寻是日本天台宗阿阇梨，但是母亲的日记暗示他的首要目标是参拜五台而不是天台，下文介绍的资料也说明这一点。

五台在日本庞大的宫廷诗歌集中只出现过一次。佛教思想对日本白话诗歌的影响由来已久，但显而易见，佛教诗歌并不普遍。宫廷诗歌关注自然、爱情而不是宗教。此外，宫廷诗歌避免使用汉语外来词，即日本佛教的基本词汇。然而，日本贵族最终还是承认佛教诗歌是他们最喜爱的文学佳作。1086 年，日本编撰了第四部由帝国资助的白话诗歌集，其中有一部分题为"释教歌"。"释教歌"是由集子中的 1218 首诗中抽取的 19 首诗组成，放在最后一卷，表明这一类别并不重要。在随后的几个世纪里，佛教诗歌越来越普遍，但从来不是宫廷诗歌的核心。[②] 僧人慈圆（1155–1225）是佛教诗歌的多产作家，慈圆共有 267 首诗入选宫廷诗歌集。慈圆除了创作大量诗歌外，还撰写了一部值得注意的日本史，成为日本天台宗的领袖，并在当时的政治中有发言权。他的最后一个角色名副其实，他是《荣花物语》的主角藤原道长的第六代后裔，藤原道长的家族在宫廷依然很有势力。[③] 1346 年，一位剃度的皇子像慈圆一样，升任天台宗的掌门人，将慈圆的诗

① 伊井春树，《成寻阿阇梨母集全释》，页 164、350（东京：风间书房，1996）。英译版见 Robert Mintzer. "Jōjin A zari no haha shū: Maternal Love i n t he Eleventh Century, An Enduring Testament", pp. 141–42, 211–12, Ph.D disser tation, East AsianLanguages and Civilizations, Harvard University, 1978。法 文 版 见 Bernard, Frank, trans, La mère du révénd Jōjin: Un malheur absolu, pp. 49–50, 131–32（Paris: ditions Gallimard, 2003）。

② 关于 Shakkyōka，参见 Morrell 的拓荒之作：Robert E. Morrell, 1973, "The Buddhist Poetry in the Goshūishū". Monumental Nipponica 28 no. 1: 87–100，与 Miller 新近发表的研究成果：Stephen Miller, The Wind from Vulture Peak: The Buddhification of Japanese Waka in the Heian Period（with Patrick Donnelly contributing to the translations）（Ithaca: East Asian Program Cornell University, 2013）。

③ 关于慈圆的传记信息，参见 Delmar Brown and Ichirō Ishida, Future and the Past: A Translation and Study of the Gukanshō, pp. 402–19（Berkeley: University of California Press, 1979）。

编成一部诗集名《拾玉集》，共收 5803 首诗。分以下三组：

三国
天竺
灵鹫山

重山隔海

闻路而来

唐土
到大唐

五台山

得见

文殊菩萨金颜

日域
比起日出之地的日本

神之御国

这样的传说

依赖照耀天空的光

更开心吧 ①

　　慈圆时代日本诗歌的标准格式相对较短，只有 31 个音节——虽然允许有个别额外的音节。古汉语中 31 个音节可能是 31 个词，但由于日语是一种多音节语言，因此日语的 31 个音节的诗歌比最短的标准汉语诗歌格

① 　石川一、山本一，编辑，《拾玉集》（东京：明治书院，2008），页 363-64。笔者遵循本注释版的正字法，比标准的《新编国歌大观》版本使用了更多的汉字，这些诗的编号是 2687-89 号。注意本文佛教术语的翻译一般遵循原文的做法。如果原文是梵语音译，其翻译就用罗马化的梵语；如果原文是释译，那么术语就用英语，因此 Vulture Peak 与 Mount Grdhrakūta 的使用取决于原文的语言，即便它们表示同一座山。.

式的内容还要少。一"行"诗（更确切地说，是一个短语或句法单位）可能由一个词组成，正如在慈圆的第一首诗中所见。或许是为了弥补个别诗歌的简短，日本人开始按提供附加语境的顺序编排。帝国资助的诗集编撰者重新编排诗歌，以便明确个别诗歌中找不到的叙述，但慈圆的三首诗是按顺序排稿的。早期诗歌的典故是赋予短诗意义的另一种技巧，慈圆用这种方法提到了五台。

慈圆组诗展示了当时日本佛教徒眼中的世界。它由天竺、大唐、日本组成。即使韩国人把佛教传入日本，韩国也不包括在内，这种模式可见于其它作品。这组诗以佛陀在灵鹫山说法的天竺开始，慈圆悲叹路途遥远，难以轻松抵达那里，虽然他指出阻隔日本的海洋可以开辟一条抵达天竺的路线，却是一条险途。第二首诗咏诵中国，人们可以在五台目睹文殊菩萨圣容。这首诗间接提到了另一组诗，即首先出现在 984 年编撰的故事集，又被收入第三部帝国资助的选集《拾遗和歌集》，编于约 1005 年。

菩提迁那从南天竺抵达海岸供养东大寺时，朗诵了一首诗，

行基

在灵山

释迦所在处

立誓

真如永不灭

就得以相见了

行基回去后

与波罗门僧正菩提

在迦毘罗卫

一起盟誓

得见

文殊菩萨御颜 [①]

　　这些诗被认为是两位历史人物的作品，虽然这种交流显然是虚构的。首先，印度僧人菩提迁那（704-60）于 736 年到达日本，成为日本的"婆罗门僧正"，后来参加了供养大佛的活动。第二，高僧行基（668-749）营造了许多寺院，救济贫苦民众，协助建造东大寺，寺内安置奈良大佛。行基的成就卓越，他被广泛地称为行基菩萨。虽然两者很可能相遇，但这种交流肯定是虚构的。菩提迁那不可能一到日本就马上用日语写诗，东大寺盛大的礼拜仪式是在行基菩萨圆寂三年的 752 年才举行的。这种交流反映的是神奇的传说而不是历史。后来的佛教故事宣称行基是文殊菩萨的化身。它们解释说菩提迁那首先到达中国，初衷是膜拜五台山文殊菩萨，但是当他抵达五台山时，得知文殊菩萨已托生日本。这些诗表明两位圣人前世在佛前有过第一次相遇，当他们再次在日本相遇时，天竺僧立即认出前来迎接他的日僧是文殊菩萨的化身，正如传说所述。这些诗预示着佛教诗歌作为一种类别将首先出现在下一部帝国选集中。其佛教术语包括来自梵语与汉语的外来词，这些词通常在日本正式的宫廷诗歌中避免使用。此外，它们源于佛教故事文学领域，没有高贵优雅的气质风范，这一点将在下文讨论。

　　慈圆与"三国"诗的读者早已知道这两首更早的诗以及附带的故事。

---

① 　这些诗的最早版本收于 984 年编撰的《三宝绘词》》（Edward Kamens，trans，The Three Jewels，pp. 198-99（Ann Arbor: Center for Japanese Studies，1988）；与小町谷彦，编辑，《拾遗和歌集》第 1348、1349 首，《新编日本古典文学全集》，册 7，页 396。其注解显示故事的版本也可见于《袋草纸》（约 1157）、《古来风体抄》（约 1200）、《为兼卿和歌抄》（约 1285-87）、《古事谈》（约 1215）、《沙石集》（1283）、《源平盛衰记》（14 世纪后半叶）以及《太平记》（约 1350）。我在《大安寺菩提传来记》中查到了另外的版本，引用于《东大寺要録》，54-56；《教训抄》（林屋辰三郎所编《古代中世芸术论》）78；以及《私聚百因缘集》，187. 有些诗是交替出现的。英文版参见英文版参见 Miller，Wind from Vulture Peak（前揭），pp. 134-35；Edwin Cranston，A Waka Anthology，Volume Two: Grasses of Remembrance，p.434（Stanford: Stanford University Press，2006），Jonathan Augustine，Buddhist Hagiography in Early Japan: Images of Compassion in the Gyōki Tradition. pp.107-08（London: Routledge Curzon，2005）。

两组诗始于天竺的灵鹫峰，那是佛陀宣说天台宗的首要经典《法华经》的地方。菩提迁那的经历说明的确有可能远渡海洋到达天竺，但是……慈圆用"但是"一词在句中停顿，即使是现代读者也能猜出下文意味着什么：这是一个漫长而艰难的旅程，几乎没有人去尝试。慈圆的下一首诗借用了菩提迁那诗中的短语"文殊菩萨圣容"，但是慈圆没有像菩提迁那在诗中宣布目睹了圣容，而是问谁看到了他。他还加上了当地传说。日本的一个广为人知的神话中讲到，天照大神即太阳女神与日本皇族的祖先曾藏在天岩户，让世界陷入黑暗之中，直到她被众神诱骗出来才把光明带回世界。到了慈圆的时代，日本的本土宗教信仰与佛教密不可分，将两者放在一起并不引人注意。因此，关于五台的诗直接导致了以日本为背景的诗：诗中提到，菩提迁那赴五台参拜文殊菩萨未成才东渡太阳女神之家日本。慈圆的第三首诗完全抛开佛教，表达在日本神护佑下的喜悦。这一组诗使用了传统的诗歌技巧将有关五台与文殊菩萨的观点融入到近代以日本宗教为特征的综合宗教中，非常引人入胜。它也提醒人们，宫廷文学受到了佛教传说等不纯体裁的影响，这一点将在下文的佛教文学讨论中涉及。

宫廷文学

第二部分　汉语作品

在宫廷文学领域，五台在汉语言文学作品中最为常见，其中的文本对于现代读者而言文学性不强。有些与朝圣五台的日僧有关。最熟悉的作品是：

> 堂有母仪 莫以逗留于中天之月 室有师迹 莫以偃息于五台之云
>
> 　　饯入唐僧诗序　　　　　庆滋保胤 [1]

---

[1]　菅野礼行，编辑，《和汉朗咏集》，页318（《新编日本古典文学全集》，册19，2008）。关于该文集的全译与评论性文章，参见 Rimer 与 Chaves 的著作：Thomas Rimer，and Jonathan Chaves，Japanese and Chinese Poems to Sing: the Wakan Rōei Shū（New York: Columbia University Press，1997），本段翻译在182页。

诗中的僧人便是奝然（938-1016），他于983-86年入宋并巡礼五台。[①]
他在宣扬日本的五台山崇拜方面做出了重要贡献，但在日本文学方面的成
就不像其他朝圣者显著。虽然今天的读者对奝然比较陌生，但由于这段文
字收编于1015年编撰的一部特别重要的诗歌总集《和汉朗咏集》，所以
直至现代还被广泛地用于教材。全书共收588篇汉语作品的摘要——中国
作家234篇、日本作家的354篇——再加216首日语诗。如标题所示，意
为唱或诵。大部分汉语著作摘录是诗中的押韵对句，但也有的是骈文的段
落，包括此处翻译的例子，骈文因其讲究句子对仗的工整，辞藻的绮丽，
是一种看似诗歌的文体，但在中国文学分类中将它归类为散文。不管是散
文还是诗歌，在用汉语创作的博学的日本人心目中都是文学作品。[②]《和
汉朗咏集》甄选编排了114类，每一类都以中国作品开始，接着是日本作
家的汉语作品，最后是日语诗歌。提及五台的部分出现在"僧人"类。虽
然后来的文献常常挖掘《和汉朗咏集》的典故，但这段文字似乎是一个例
外，因为它没有出现在其它地方，除非在检索不到的著作中引用。作者庆
滋保胤（约931-1002）是一位重要的宫廷学者，因其汉语著作而闻名，
于986年剃度皈依佛教。[③]其名字将在文中几个地方重复出现。

　　《和汉朗咏集》的摘句甄选自长篇文献，全部收于《本朝文粹》。《本
朝文粹》编纂于1060年，以中国《文选》为规范，收集了成书前约2世

① 关于奝然，参见 Zhenping Wang，"Chōnen's Pilgrimage to China，983-986，"Asia Major，3rd series，7，pt.2: 63-97，1994；木宫之彦，《入宋僧奝然の研究》（鹿岛：鹿岛出版会，1983）；郝祥满，《奝然与宋初的中日佛法交流》（北京：商务印书馆，2012）。

② Brian Steininger，Chinese Literary Forms in Heian Japan: Poetics and Practice. pp. 79-124，181-85（Cambridge: Harvard University Asia Center，2017）。

③ Wetzler 的研究是是对庆滋保胤很好的介绍，也是仅有的英文著作。见：Peter Wetzler，"Yoshishige no Yasutane: Lineage，Learning，Office and Amida's Pure Land."（Ph.D. dissertation，Department of History，University of California，Berkeley，1977）。

纪的代表作品，是著名的日本汉语诗文总集。[①]汉语诗序单列为一个文体，著作的标题引自《和汉朗咏集》："11 月所有的诗都作为礼物送给即将启程赴唐的奝然上人。"[②]换言之，贵族文人相聚为奝然饯行，在告别宴会上大家委托庆滋保胤为本次收集的诗作序。不幸所有的诗都佚失了。诗序言，奝然远行赴唐一别当有五六年，期盼他平安归来。过去官方派遣到中国求法的日本僧人与居士或官方使节，政府提供了某种程度的安全保障，而奝然不是政府指派的，他的旅程充满了不确定性。为了让他消除疑虑，朋友们集会做诗送别。下一首是《和汉朗咏集》的诗句，庆滋保胤"聊记斯文，别泪沾纸。"

奝然的朝圣缘由也跟另一个文献有关。他请庆滋保胤代自己为 60 岁母亲作《为母修缮愿文》，收编于《本朝文粹》。贵族文人常常为那些汉语能力与其地位不能匹配的人起草此类文书。这篇善文今天更有可能引起历史学家的兴趣而不是文学家。文中提到，天禄（970–73）以降有心渡海，奝然愿先五台山、欲逢文殊之即身，愿次诣中天竺、欲礼释迦之遗迹。虽然他与之前德高望重的空海（774–835）与最澄（767–822，804–04 在唐）等朝圣者不能相提并论，但是他一直孜孜不倦地致力于宗教实践，并祈愿释迦牟尼与文殊菩萨加被实现他的愿望。行文到三分之二时，终于介绍了他的母亲，称赞母亲的功德，发愿为慈母举行各种佛教仪式。虽然善文的内容以佛教为中心，但其动机显然是基于儒家的孝道观念："抛母欲去则可失孝行"。文中也引用了道教经典："夫非鱼者不可以知鱼乐"；还有中国传说的典故"越鸟非南枝不巢"。与庆滋保胤的诗序不同，这篇愿文

---

① Wiebke Denecke, "The Literary Essence of Our Court（Honchō monzui）," in Haruo Shirane, Tomi Suzuki, and David Lurie eds., The Cambridge History of Japanese Literature, pp. 188–92（前揭）。

② 大曽根章介、金原理、后藤昭雄，编辑，《本朝文粹》，278–79 页（东京：岩波书店，1992）；关于既有日期又实用的注释版，参见川口久雄，《本朝丽藻を読む会编》，卷 2，页 252–54（东京：勉诚社，1993）。

是有日期的：奝然西行之前的 982 年农历 7 月 13 日。[①] 这些文献共同揭示了作为来华朝圣的杰出日僧的目的地五台的重要性，以及日本汉学兼收并蓄的性质。

　　奝然是宫廷文学中出现的三位日僧的第一位。按时间顺序，下一位是贵族青年寂照（962-1034），他于 988 年皈依佛教，他的剃度师傅即是曾撰写奝然有关文书的庆滋保胤。1003 年，寂照出发前往中国，并将在那里度过余生。他的目标是参拜五台，他在五台的经历成为佛教文献与戏剧中经常表现的内容，这将在下文讨论。他首先出现在一首诗中：

秋日到入宋寂照上人旧房

　　　　仪同三司

　　五台渺渺几由旬

　　想象遥为逆旅身

　　异土纵无思我日

　　他生岂有忘君辰

　　山云在昔去来物

　　鱼鸟如今留寺人

　　到此怅然归未得

　　秋风暮处一沾巾 [②]

　　据说寂照上人的寺院在京都以东的小山上。一由旬相当于一辆牛车日行一天的路程，约 11 公里多，取决于依据哪种计数方法。这首诗收录于风雅文学选集《本朝丽藻》，该选集大约撰成于 1010 年，主要载录汇编本文集前十年的汉诗。"仪同三司"是"相当于大臣"的官职，1005 年藤

①　大曽根章介等编，《本朝文粋》（前揭），第 411 项，页 361-62；川口久雄，《本朝麗藻を読む会編》（前揭），卷 2，913-23 頁。具體的分析参見吉原浩人，慶滋保胤「奝然上人入唐時為母修善願文」考，收於林雅彦、小池淳一，編輯，《唱導文化の比較研究》，頁 23-58（東京：岩田書院）。

②　川口久雄，《本朝丽藻简注》（东京：勉诚社，1993），第 148 条，页 369-71。

原伊周（974-1010）的官号，非大臣而所得俸禄与大臣等同。他曾一度争夺这个地位，被自己权高位重的叔父藤原道长击败。写这首诗的时候，藤原伊周显然同藤原道长关系甚好，道长的日记记录 1004 年闰 9 月 23 日，作诗答谢——换言之，用相同的韵文——用藤原伊周描写寂照上人旧房之作并赠予伊周。三天后，藤原道长进宫里见到天皇自己所作和诗，伊周感到震惊，藤原道长没有回应。不过，伊周当晚作和诗相赠。

余近曾有到寂上人旧房之作，左丞相尊合忝赐高和，聊次本韵，敬以答谢一首：

秋景缠残不及旬
萧条相忆远游身
徘徊岩户荒凉处
珍重琼篇答贶辰
增价还惭吴市马
吞声遥谢郢歌人
适交怀旧诗篇末
抱笔沉吟整葛巾 [①]

两首诗第一、二、四、六、八行的韵脚相同，虽然在翻译中丢失了这种紧密关系。藤原道长进宫后又过了三天，再次酬和天皇的诗。[②] 藤原道长与天皇的诗现已佚失。

诗歌及其创作环境之所以令人关注主要有以下几条原因。首先，第一首诗的开头用"五台"一词，再一次提醒人们圣山作为历经危难之路来华的日本朝圣者之目标的重要性。其次，事件发生的先后顺序，或者更准

---

① 《本朝丽藻》149 条，川口久雄，《本朝丽藻简注》371-73. 诗中的第三对句包含文选的典故，翻译过程中被掩盖了。

② 山中裕编，《御堂关白记全注释》，198-210. 日记的其它版本可以参见宽弘时代第一年 9 月的 23、26、29 日的条目。

确地说，和诗的顺序，提醒我们日本早期诗歌的社会性质。藤原伊周赠诗给宫廷中最有权威的大臣与天皇本人，他们深受鼓舞——或者说觉得有义务——以相应的诗答谢，反过来又得到了藤原伊周的答谢。藤原伊周的原诗持续吸引着人们的注意力。1660 年，当一位儒家学者编纂一部日本作家写的汉语诗集时，每本诗集收集了 300 多位重要作家——其中也包括藤原伊周的这一首诗。① 那时，寂照巡礼五台的事迹已广为人知，因此，此诗的入选是因为它与朝圣有关。由于这部诗集带有儒家偏见，所以这一选择非常值得注意：它忽视了中古时期的禅僧，这些禅僧是当时日本的主要汉语诗人。编纂者加了一条注释，首先讨论了藤原伊周与他叔叔的竞争，然后简要介绍了寂照。但是没有提到五台，究其原因，要么因为五台为读者所熟悉，要么因为他的儒家偏见。无论出于什么原因，编者收录了这首诗而没有评注五台，但收录这首诗很有意义，因为江户时代以来，可以检索的文学作品中五台只出现过两处，两处都借鉴了早期的作品，这是第一处。这个例子暗示，即使难以找到文学上的参考文献，五台在江户时代有可能是众所周知的。

第三位出现在日本的汉语文学文集中的朝圣者是成寻，成寻母亲的日记前文已有讨论。成寻奏请渡宋的申文保存在另一部汉语文集《朝野群载》中，最初编着与 1116 年，后来又做了修改。与《本朝文粹》一样录有散文与诗歌。同样，许多散文，包括成寻的申文，在现代读者看来并非"文学"。不管是不是文学，它是一份饶有兴味的文书，揭示了五台对于虔诚佛教徒的重要性。与大多数巡礼五台日本朝圣者一样，奝然是明显的例外，成寻属于以中国天台山命名的天台宗，事实上成寻确实计划参拜天台山，但他的申文首先提到了五台并对五台有更为生动的描述。其申文先简要陈述前人的朝圣情况，接着阐述五台山的殊胜难得：

某卿开法门之枢键，才见数家之传记。五台山者，文殊化现之地也，

① 小岛宪之，校注，《本朝一人一首》，页 147–48，《新日本古典文学大系》（东京：岩波书店，1994），册 63。

故《华严经》云：东北方有菩萨住处，名清凉山，过去诸菩萨常于中住。彼现有菩萨，名文殊师利，有一万菩萨眷属，常为说法。又《文殊经》云：若人闻此五台山名，入五台山，取五台山石，踏五台山地，此人超四果圣人，为近无上菩提者。[①] 天台山者，智者大师（538-597）开悟之地也，五百罗汉常住此山矣。诚是炳然经典文，但以甲于天下之山，故天竺白道猷登华顶峰，而礼五百罗汉；日域灵山（仙）入清凉山，而见一万菩萨。[②]

三位朝圣者奝然、寂照与成寻中，寂照是最被人们铭记的，所以在后来的文学作品中频繁出现。

虽然在日本的汉语文学中五台往往与朝圣者一起出现，但五台也用来放大日本寺院的宏伟。大约在藤原伊周创作了"秋日到入宋寂照上人旧房"一诗的一个世纪之后，两名日本诗人的汉语诗提及五台，这些诗保存在另一部日本作家编着的汉语诗集《本朝无题诗》，这部诗集编纂于约1162-64年。虽然"无题"在中国是一般性的诗歌类别，但在日本却获得了特殊的意义。无论是日语诗还是汉语诗，都把汉语文学的诗作为题目早已成为普遍现象，但是"无题"就成了囊括一切的范畴。[③] 事实上，这两首诗都有题目，但并非取自汉语文学，因此，根据日本的文学分类，将之归类为"无题"。

---

① 原文是"四杲圣人"，有可能误写成"四果圣人"。

② 《朝野群载》，页 461-62，收于《新订增补国史大系》（东京：吉川弘文観，1964），册 29A。做此翻译时，我查阅了 Mintzer 的译本（Robert Mintzer. "Jōjin Azari no hahashū"（前揭），pp. 45-48）与日本伊井春树的译本（《成寻阿阇梨母集全釈》，页 16-18）。文献的全译本与成寻巡礼五台的完整记载参见笔者著，纪赟译，《公元 1072 年冬一位日本朝圣者的五台山之旅》，收于妙江主编《一山而五顶：多学科超越文化视野下的五台信仰研究》（台湾：新文丰出版集团，2017），页 332-364。译者按：本段的汉译引自王丽萍，《成寻〈参天台五台山记〉研究》，第 3 页，上海人民出版社，2017 年 3 月。

③ Brian Steininger, *Chinese Literary Forms in Heian Japan: Poetics*（前揭），pp. 91-123。

三月尽日游长乐寺

藤原显业

一辞花洛暂留连

长乐仁祠感自然

寺写五台形胜地

时当三月艳阳天

山楼钟尽孤云外

林户花飞落日前

韶景阑来相惜苦

青春暮处礼金仙 [①]

冬日游大教院

三宫辅仁亲王

一游大教道场里

更怅此时到五台

石阁多年人寂寞

松门尽日鹤徘徊

守篱寒菊葩迷雪

横涧老松朵作苔

莫咲鬖衰心懒士

时时染笔此中来 [②]

这两首诗描写的两个地方虽然相距甚远，但都被归入"山寺"的类别。诗人同样借用五台神圣崇隆的地位，表明日本的寺院提醒他们想到

---

① 本间洋一，《本朝无题诗》卷3，64–66页。
② 同前引，卷3，379–81页。

中国的圣山，因此感到特别神圣。两位作者都不是著名诗人。藤原显业（1090-1148）担任汉学家：宫廷大学的文学教授、王储的导师。辅仁亲王（1073-1119）是后三条天皇（1034-73，在位 1068-72）的第三皇子。后三条天皇希望皇位从辅仁亲王的长兄传给辅仁亲王，而长兄却让自己的儿子做了天皇。辅仁亲王一生大部分时间都在隐居，致力于文学活动。创作这些诗的时候，长乐寺是一座宏伟庄严的寺院，宫廷贵族经常光顾。寺院保存到现在，位于京都以东的山脚下，规模已经大幅度缩小了。大教院与仁和寺的隐修之地，是京都以西的主要寺庙，过去与皇室关系密切，称为皇家御寺。这些诗说明日本人对五台的了解，他们赞美自己寺院的方式与中国五台山相媲美。另一方面，《本朝无题诗》的扩充版共有 10 卷，收集 772 首诗。最后两卷共 260 首诗，涉及寺院部分。仅有两处提及五台。尽管这些诗显示了对五台的了解，但并不表明五台是诗歌的流行主题，即使汉语诗歌也是如此。

武士文学

12 世纪末是日本历史的一个重要转折点。大约 6 世纪前，以皇室为中心的贵族家族开始系统地引进中国文化的元素，包括文学。他们建立了高雅独特的宫廷文化，包括影响深远的白话文学传统。然而宫廷贵族的政治权力最终受到武士阶级崛起的威胁。12 世纪中叶，虽然宫廷派系由皇室家族的后代领导，但敌对双方都在寻求地方武士的援助，暴力事件困扰着曾经平静的首府，即现在的京都。双方的暴力对抗开始于 1156 年，到 1185 年才结束。胜利者在今东京附近的镰仓建立了幕府，其首领取得了幕府将军的头衔。形成新的政治中心与随之出现的在文学经典中占有一席之地的新体裁著作《军记物语》。不过，这种体裁的名称和文学地位都是现代的。这一传统的主要文本都有着复杂的历史。现存版本众多，有的用于阅读，有的用于口头表演。不同的版本确实有很大的不同。下文讨论的版本具有足够的独特性，可以获得自己的新标题。所有版本的作者身份都是未知的而且肯定是多重的，因为抄写者与背诵者对早期版本有所改进。文本的情节性很强，有些情节与整体叙述的主题无关。书中的故事在某些地方表现出与早期宫廷文学的密切关系，而在别的地方又为军人歌功颂德。具有讽刺意味的是，佛教元素非常突出，其中最为著名的是强调武士英雄所追求的世俗功绩的无常状态。涉及五台山的内容并不少见。

《平治物语》（平治时代 1159-60）描写早期冲突——"平治之乱"，以发生的时代名称命名——武士阶层的崛起。该书现存 11 种版本。最古老而且目前最流行的是 13 世纪的版本，在风格上比其它战争故事更有儒家色彩。目前最流行的版本补充了有关五台山的内容。书中有两卷强调关键人物的佛教信仰，五台山就出现在第二卷。第一卷中的一位中国僧人宣称自己是观音菩萨的化身。第二卷中这位僧人的佛教知识给日本天台宗总本山比叡山的僧人留下了深刻的印象。接着描述圣山宝物如"五台山的香火；清凉山的土。"这些宝物受到别人的膜拜，更神奇的如九州岛宇佐圣坛的神亲自赠予宣讲《法华经》的最澄大师一件闪闪发光的僧袍。[①] 这一卷添加的内容再次表明对五台的持续敬仰，但何时添加尚不清楚。

《平治物语》记载的事件确立了一个武士家族、即平（或平家）在宫廷的统治地位。不过平家的地位仅仅持续了二十多年，1180 年内战爆发，1185 年被其对手源（或源氏，汉日读法）击败。古典巨著《平家物语》波澜壮阔、气势恢宏，是叙述这场政权争夺最受人推崇的军记物语，目前的标准版本供 13 卷、190 节。全书以《祇园精舍》作为开篇，从始至终贯穿着佛教要义：

祇园精舍之钟声，奏诸行无常之响；沙罗双树之花色，表盛者必衰之

---

① 目前流行的版本可以在如下网站搜索：http://www.j-texts.com/chusei/gun/heiji.html. 由埃德温·奥·赖肖尔（Edwin O. Reischauer）翻译的部分译文的导言虽已过时，但却非常有帮助，在赖肖尔与 Yamagiwa 的译本中只有提及五台段落的概要。见：Edwin Reischauer and Joseph K. Yamagiwa，Translations from Early Japanese Literature，pp. 271–351（Cambridge MA: Harvard University Press，1972）。更多最新的学术信息参见 Elizabeth Oyler，"The Rise of Medieval Warrior Tales: Hōgen Monogatari and Heiji Monogatari，" in Haruo Shirane, Tomi Suzuki，and David Lurie eds.，The Cambridge History of Japanese Literature，pp. 287–294（Cambridge，UK: Cambridge University Press，2016）。

兆。骄者难久，恰如春宵一梦；猛者遂灭，好似风前之尘。[①]

故事通过追溯曾经强盛的平氏家族的衰败阐明佛理。与此同时，作者描述并谴责了佛教寺院的腐败。当时日本的几座主要寺院支持"僧人"武装群体，表现出他们对自相残杀的暴力斗争与参与军事活动极强的倾向性。

五台就在这样不和谐的背景下首次出现在《平家物语》中。日本的天台宗长期以来分成两派，一派（山门派）的总本山在比叡山顶的延历寺，另一派（寺门派）在此山东面的三井寺。双方时有争执，1178 年爆发了一场争论，争论的核心是谁有权力举行密教仪式。三井寺的僧人宣布他们举行仪式的意图，延历寺的僧人扬言要烧毁对手的寺院。双方的关系恶化，于是战争爆发了，最终政府军也加入战斗。最后延历寺失守，几乎化为灰烬，留下来举行日常仪式的僧人寥寥无几。《平家物语》接着解释说天竺、震旦、本朝三国，佛法次第衰微。远觅天竺佛迹，昔日佛陀说法之地，皆成虎狼野干之所。至于震旦，天台山、五台山、白马寺、玉泉寺皆无僧侣，一片荒凉。本朝情况亦如此。[②] 注意这些不当事件发生的时间正好是诗僧慈圆正为延历寺门派之地位而竭尽所能。如上所述，他的诗歌颂了三个国家佛教的荣耀，而据《平家物语》所述其佛教正在衰落。慈圆何时写诗不得而知，可能早于军记物语叙述的苦难吧。

《平家物语》第二卷提及的五台山没有更多的启发性。1180 年，一位王子密谋反叛占统治地位的平氏家族，不料消息泄露，不得不在三井寺避难。得知平氏家族追击并袭击寺院，三井寺请求延历寺以及奈良另一座装备精良的寺院增援。可以断言，前者无动于衷，但后者有兴趣参与。在给奈良的求助文书中，三井寺指出唐代中国的会昌（841-846）法难爆发时，清凉山（五台）与朝廷的军队作战阻止这场灭佛事件。奈良寺院接到文书后响应说已经听到传闻，平家袭击三井寺已是迫在眉睫，所以命令其分支

---

① 市古贞次，编辑，《平家物语》卷 1，页 19（《新编日本古典文学全集》，册 45-46，2004-2006），英文版见：Helen Craig McCullough，trans，The Tale of the Heike，p.23（Stanford: Stanford University Press，1988）。

② 市古贞次，编辑，《平家物語》（前揭）卷 1，页 163-68；McCullough，trans，The Tale of the Heike（前揭），pp.87-88。

寺院集结部队。如果清凉山的僧人能够赶走政府军，那么日本的僧人肯定也能对其邪恶的大臣采取同样的行动。[①] 中国佛教确实面临来自政府的严重威胁，关于五台僧人的军事活动的确见于汉语文献。[②] 另一方面，日本的寺院因为干涉政治、内部彼此勾心斗角而陷入困境。

1185 年，和平重新回归日本。平家已经毁灭，所有的领袖全被杀害。《平家物语》的简短结论部分集中于两位幸存者，一位是退位的天皇后白河法皇（1127–92，在位，1155–58），一位是前任天皇平德子（1155–1213）。按照当时的惯例，后白河法皇统治的时间很短，1169 年退位后削发为僧，但是继续行驶政治权力。最初他支持平家，但反对他们控制政府，转而对抗他们。与其他名义上为僧的退位天皇不同，他对佛教怀有深厚的信仰，下文讨论的另一部著作将予以披露。德子是平家重要领袖的女儿。他安排她嫁给了天皇，后白河的儿子，1181 年日本内战在即，立三岁的儿子为皇太子。随着平家命运的恶化，他们带着德子与儿皇撤退到日本西部。面对最后一次海战的失败，母亲与幼帝跳海企图自杀。结果幼帝沉海溺亡，母亲获救。后来她剃度为尼，在京城东北的冷落僻静之处结以简陋庵室。1186 年，后白河法皇亲往探视，女院正在户外采花。法皇步入丈室，见室内供奉着佛像。推拉纸门上写有佛经要文，其中有大江定基（寂照）法师在中国清凉山所咏之诗：

笙歌遥闻孤云上
圣众来迎落日前 [③]

女院归来，两人共叙往事，流泪哽咽，哀伤难抑，他们从佛法寻求慰

---

① 　市古贞次，编辑，《平家物语》（前揭）卷 1，页 300–07；McCullough, trans, The Tale of the Heike（前揭），pp. 146–149。

② 　参《唐书·武宗记》与《佛祖统纪》中关于五台山对抗唐朝军队的数据（市古贞次，编辑，《平家物语》（前揭）卷 1，页 588–89）。

③ 　市古贞次，编辑，《平家物语》（前揭）卷 2，页 509–15；McCullough, trans, The Tale of the Heike（前揭），pp. 430–5。

藉。这两行诗是寂照临终所作，见于其它多种文献资料，特别是佛教故事。他是否写于五台或是否真正的作者等问题将在下文讨论。

　　如前所述，《平家物语》有多种版本，有些版本与现在的标准版本有根本不同。扩充版题为《源平盛衰记》。普通版共十三卷，扩充版四十八卷，主要因为新增了许多与大内战故事无关的情节。寂照上人的轶事夹杂在赞颂日本诗歌力量与有关汉朝派往匈奴的使节苏武（140-60BCE）的故事之间。据说寂照在五台看见一位僧人每天早晨绕行池塘。问及原因，僧人解释说佛祖故乡的阿育王造 84000 座塔，遍布世界各地，其中一座在日本落地，名石塔寺。每天早晨，当太阳从日本升起时，那座塔在中国的池塘投下影子，所以僧人绕行池塘礼拜日本的石塔。寂照听后深受感动，把故事记录下来并投进海里。它被冲到了日本岸上的增位寺。这则故事的不同版本可以在其它文献数据中找到，直到今天，古老的石塔依然矗立在石塔寺，是日本最古老的石塔，可以追溯到 8 世纪之前，被认为是韩国移民置于此地的。①

　　《源平盛衰记》第二次提及五台山是在叙述延历寺与三井寺之间的冲突时，《平家物语》也有同样的场面。不过相比而言，《源平盛衰记》版本的篇幅长得多，并把衰落中的中国寺院白马寺的名称改为双林寺。② 五台出现在记载《平家物语》事件的另一个扩写版。原版中天皇让三井寺僧人祈祷皇子诞生，并承诺如果祈祷应验就许一个愿。祈祷僧团做到了。王子诞生了，因此僧人请求允许在三井寺设立戒坛与延历寺较量，而天皇意识到此事会遭到延历寺僧人的反对，暴力事件会接踵而至，所以拒绝了僧人的请求。僧人被激怒了，宣布绝食而死，更糟的是会让新生的王子死去。尽管竭力劝阻，他还是做到了。《源平盛衰记》补充了一些细节。首先，书中记述天皇曾考虑批准僧人的请求，但赤山大明神进入梦境劝阻他，如

---

① 水原一，编辑，《源平盛衰记》（东京，新人物往来社，1988），卷 1，页 399。石塔寺位于京都往东 50 公里处。增位寺据推测是随愿寺，现代城市姬路城外增位山上的一座寺院，离海岸不远。

② 同前引，卷 2，页 25-29。

果天皇同意那个计划，他将使用暴力。接着偏离主题讲述第一批参访五台
的僧侣之一圆仁（794-864）如何使圣者得以在日本出现。圆仁在中国清
凉山受念佛音声法（五会念佛法），赤山大明神发愿保护并住比叡山。圆
仁回国后，大明神在比叡山西侧，面向首府，山的另一侧是三井寺，尽管
赤山大明神起源于中国，但是《源平盛衰记》视之为神道教的神，地藏菩
萨的日本化身。[①] 涉及五台的内容又一次置于天台宗的两个派别之间冲突
的背景下，并与日本的另一个朝圣者联系在一起。

《源平盛衰记》接下来两处提到的五台与《平家物语》描述的两处
相对应：三井寺因窝藏叛乱的王子遭到袭击时的求援文书与奈良寺院的答
复。这两份文书在两种文本中如出一辙，而《源平盛衰记》更详细地讲述
了当时的背景。[②]《源平盛衰记》还有一处将五台的资料添加到出自《平
家物语》的熟悉的故事中。当天皇在夜晚被超自然的生物折磨时，他召唤
了第一射手，成功地将它击落，该射手与中国战国时期（403-221BCE）
楚国的神射手养由基相提并论。[③]《源平盛衰记》补充了关于养由基不可
思议的细节，声称他是文殊菩萨的化身，文殊菩萨为他提供了富有魔力的
弓箭。书中描述五台山脚下的一条双头蛇用于制作弓。弓箭奇迹般地传到
了日本射手手中。[④] 此处的五台山与菩萨又一次被置于不和谐的军事背景
下。这则故事来历不明。

《源平盛衰记》增加的另一处内容是平家的军队在启程进攻源氏家族
时由六名身着华丽服装的将军率领，在皇宫庭院举行正式的出军仪式。即
将出发时，六位身穿神道祭司白袍的老人向每一位将领出示了带有神秘信
息的卷轴。给司令的卷轴用汉语写到，"尧雨斜洒平家平国 顿河饿流 源
子失源。"所有的信息都签有平家守护神"厳岛明神"四字，写给收信将军。
传达信息的人显然是神的化身，瞬间就消失了。这些信息虽然神秘莫测，

① 同前引，卷2，页 68-69。
② 同前引，卷2，页 217-25。
③ 5市古贞次，编辑，《平家物语》（前揭）卷1，页 335-41。英文版见 McCullough,
trans，The Tale of the Heike（前揭），pp. 160-63。
④ 水原一，编辑，《源平盛衰记》（前揭）卷2，页 290-98。

但是代表吉祥。上文引用的第一句最为晦涩难懂，权且做一解读。尧是中国传说中的开国帝王，有雨露滋润大地之德。"平家"是"Taira"的翻译，也有"和平"之意。前两个短句一语双关，暗示平家有中国贤君之德，会给日本带来和平。这个很容易理解，但后两句更为难解，因此《源平盛衰记》解读为，中国清凉山北麓，一条大河顿然流过，所以叫顿河，意为"瞬间流出的河"。有一位名叫"源子"的老渔夫吃了一惊。经询问，得知这条河流突然间神奇地消失。此处信息用对手源氏的名字，"源子"的"源"意为源头，也是"源氏"的"源"，"子"是敬语。文中继续解释道，"就像那条河流没有源头一样，源氏家族的命运将走到尽头。"①

在此吉兆的鼓舞下，平家浩浩荡荡出征源氏府，企图轻而易举将之拿下。事实上，他们被击败并逃离首府。另一则关于他们撤退的故事无关紧要。故事发生在三个世纪之前的文德天皇（827-58，在位850-58）。天皇有两个皇子，长子的母亲出身的家庭没有什么政治影响力；次子的母亲是有权势官员的女儿，这就使得继承王位的问题复杂化了，是长子还是有强大后盾的次子。事实上，毫无疑问：有强大背景的次子赢得了胜利，但并非一件好事。《源平盛衰记》版本的叙述是皇宫决定用相扑比赛来决定。各方都找一位僧人支持。长子的家人请东寺的僧人为他祈祷。书中说东寺是由空海（774-835）创立，空海是龙树菩萨的化身、中国惠果法师的弟子，并将密法引进日本。这位东寺僧人便是空海的弟子。次子的家人请的僧人是延历寺僧人，延历寺是观音菩萨的化身并在清凉山值遇文殊菩萨的圆仁法师创立。这位延历寺僧人是圆仁的弟子。这两个对立的僧侣势力都很强大。当相扑比赛有利于长子时，次子母亲的家人迅速给延历寺传递信息，让僧人竭力祈祷。僧人加倍努力，祈祷应验了。代表次子比赛的人获胜，于是次子继位，为清和天皇（850-81，在位，858-76）。②

叙述完这些题外故事之后，《源平盛衰记》言归正传，并以《平家物语》同样悲伤的情节结束，只是增加了更多的细节。他去世的寺院名叫竹

---

① 同前引，卷4，页34-39。

② 同前引，卷4，页176-81。

林寺，他的最后一首诗全文如下：

> 草庵无人扶杖立
> 香炉有火向西眠
> 笙歌遥闻孤云上
> 圣众来迎落日前 ①

故事的改写本与《平家物语》一样，更多地提到五台，并在很大程度上增加了五台与神奇事件的联系。但何时补充了这些内容尚未可知。

佛教文学

本文所列的文学类别中，"佛教文学"是最无定形的。可以设想，佛教文学是指正统的宗教文本及其人们在佛经中发现的文学元素，尽管很少有人认为佛经首先是文学作品。另一个极端是大部分日本古典文学受佛教思想的影响，正如之前介绍的作品，但是，由于佛教思想的元素已经渗透到日本文化中，在文学作品中的出现并不能成为决定性的特征。本文中的佛教文学主要指具有说教意图的故事与歌谣，尽管这个模糊的定义也存在问题。上文介绍的作品中，慈圆的诗的确看起来是说教的，但其诗歌形式完全符合宫廷传统的高雅写作。对照之下。被视为佛教文学的作品至少有几种显著特征之一。除了有明显的说教元素外，许多作品似乎源于口头传统，在某些情况下，这些作品的目的是向比知识精英更广泛的受众传教。保存在上下文语境中是另一个明显特征。全部由短文、故事或歌谣汇编成文集。今天最受推崇的文集还有世俗的作品，其中有些无疑是庸俗的，甚至是反教权主义的。日莲宗的创始人日莲（1222–82）所写的辩论性作品有一处涉及五台。

---

① 同前引，卷 4，195–200 页。

第一部分　佛教散文

　　佛教文学中涉及五台的大部分内容见于学者们归类的"说话"或"故事"的著作。1974 年出版了一个非常实用的索引，人们可以在索引中用五台山与"清凉山"的关键词找到五台的相关信息（或，更准确地说，按日本的发音是"Godaisan" and "Seiryō zan"）。^①由于多数选集不能检索，因此必须依赖于该索引。最为人熟悉的选集是《今昔物语集》，书中有八处涉及五台山，而此索引的数字化版本只提供了两处，暗示由于缺乏可搜索版本本文忽视了材料的数量。最终，有些故事在不同的集子中重复描述，故事在发生细微的变化。不同版本间的比较有助于了解故事的演变，本文将简要讨论几种版本，但详细考察每一则故事的多个版本不是本文研究的范围。

　　提到五台山的故事有的发生以日本为背景。其中最古老的、也是最早涉及五台的文学作品就是一个例子。大部分故事集编撰于约 1100-1300 年，其中的《日本灵异记》更为古老，可以追溯到 822 年。可以确定，编撰《日本灵异记》时日本人还没有参访过五台山，当然不可能有人回国讲述它。书中《信敬三宝得现报之缘》讲述了一位佛教支持者的行谊，有可能是虚构的人物，因为在其它数据中没有他的名字。他在 623 年的一天突然去世，三天之后又复活了，他说在黄金山上遇到一位僧人，指导他塑造佛像。故事的结尾解释说黄金山就是五台山，那位比丘就是文殊菩萨。^②另外两篇提到五台的故事也是发生在日本，并以其他不知名的、可能是虚构的僧人为题材。第一则讲的是东大寺僧人仁镜。他一生致力于佛教修行，80 岁时决定找一块净土隐居，他选择了京都之外的爱宕山即日本的五台山。爱宕

---

① 　境田四郎、和田克司，编辑，《日本说话文学索引》（大阪，清文堂境田四郎，1974）。

② 　中田祝夫，编辑，《日本灵异记》（新编日本古典文学全集），册十，页 39-46；英文版参见：Kyoko Motomochi Nakamura trans，Miraculous Stories from the Japanese Buddhist Tradition，pp. 111-15（Cambridge MA: Harvard University Press，1973）。

山是地藏菩萨与龙树菩萨的住处，与中国五台山没有区别。^①另一则故事是关于信奉《法华经》的比叡山僧人长圆。长圆在与佛教有关的日本神藏王的圣坛前彻夜诵《法华经》，黎明时分，梦见一位看似神圣的年长的居士。这位居士递给他一张名片，说他是五台山文殊菩萨的弟子尤填王，承诺保护这位僧人。^②这两则故事最早见于成书于 1040 年的《日本国法华经验记》，书中收集了 129 篇日本《法华经》信仰者的传记，后来又被收入编撰于 12 世纪前半叶的《今昔物语》中。

　　另一则故事以日本为背景，讲述天竺僧人菩提迁那抵达日本并与日僧行基相遇，这则故事曾在上文结合慈圆的诗有过介绍。这是最常讲述的涉及五台的故事，至少有 12 个出处。虽然最早的版本没有提及中国的圣山，但在《今昔物语》的一篇中确实提到了圣山，并包括了之前介绍的菩提迁那与行基之间互赠诗歌之故事中省略的细节。^③较完整的版本解释说这位天竺僧是南天竺迦毗罗卫国人（迦毗罗卫是释迦牟尼的诞生地，在现尼泊尔北部）。当他祈祷与文殊菩萨相遇时，一位贵族出现了并告诉他菩萨在中国的五台山，于是菩提迁那奔赴中国。他在赴五台途中，遇一老翁言文殊师利为利益众生，托生日本，于是菩提迁那又远渡日本。行基是文殊菩萨的化身，预知菩提迁那到来，前去迎接。其它关于行基的故事也提到他是文殊菩萨的化身，家在五台。^④

　　提及五台的其它故事涉及来华朝圣的日僧传记，这些日僧在其它数据

① 《大日本国法华经验记》（收于井上光贞、大兽根章介，编辑，《日本思想体系》册七，《往生传·法华经验记》，1974）。汉语原版第 520 页，日译与注解版第 73-74 页；英文版：Yoshiko Kurata Dykstra, trans, Miraculous Tales of the Lotus Sutra from Ancient Japan, pp.45-46（Osaka: Kansai University of Foreign Studies, 1983）；冯渊和夫、国东文麿、稻垣泰一，编辑，《今昔物语集》，卷 35，第 327-29 页（《新编日本古典文学全集》，第 35-38 册，2003-06）

② 《大日本国法华经验记》（前揭）。汉语原版第 554 页，日译与注解版第 172-174 页；英文版（Yoshiko Kurata Dykstra, trans, Miraculous Tales of the Lotus Sutra）第 114-15 页；《今昔物语集》（前揭），卷 35，第 341-43 页。

③ 《今昔物语集》（前揭），卷 35，页 56-58。也可参见上文注释 12。

④ 《今昔物语集》（前揭），卷 36；《私聚百因缘集》（《大日本佛教全书》，册 92），页 186。

中广为人知。这些朝觐者的虔诚通过灵异事迹可以说明，但是大多数奇迹与参访五台无关。更常见的是，一则故事只提到僧人参拜圣山。按照朝觐者的时间顺序，圆仁于 840 年在五台山度过两个月的时间，他的参访经历在四种不同的文集中出现。[①] 圆珍（814-91）于 853-58 年在唐，曾希望参访天台山与五台，但只参拜了前者。有一部文集的一则故事提到他打算巡礼五台。[②]862 年，日本皇室的真如亲王（约 799-865）皈依佛教，远赴中国，但决意继续前行至天竺，不幸客死途中。他的一名弟子名宗叡（807-84）留在中国巡礼五台，回国后广事弘法，对日本佛教贡献突出。关于真如的事迹中提到了宗叡朝圣五台一事。[③] 成寻巡礼五台也出现过一次。[④] 最后一则故事讲的是一位不明身份的僧人日圆，据说来华的目的就是礼拜五台山，在天台山国清寺圆寂。[⑤] 但故事的准确性无法查证。

在宫廷文学与武士文学中提到的一位朝圣者是寂照，在巡礼五台的过程中发生过种种有趣的事迹。有三则故事讲到了寂照在临终前的诗，其中一则援引在《平家物语》与《源平盛衰记》。最早的故事发生在军记物语所述事件之前，大约 1100 年，寂照远赴中国打算巡礼五台山，但不幸客死于杭州。后来的数据，大约一个半世纪之后，也是《平家物语》的最早版本成书的时候，把他的圆寂场景搬到了五台，五台显然是一个更有吸引力、更神圣的地方。有一种版本特别指出此诗的作者是庆滋保胤，考虑到庆滋保胤的文学趣味以及寂照写于中国的最后一首诗可能无法回到日本的

---

① 《今昔物语集》（前揭），卷 35，第 74 页；《私聚百因缘集》（前揭），第 192 页；《日本往生极乐记》（收于井上光贞、大曽根章介，编辑，《日本思想体系》册七，《往生传·法华经验记》，1974），页 19；《大日本国法华经验记》，页 59。

② 《今昔物语集》（前揭），卷 35，页 81。

③ 《闲居友》（小泉弘、山田昭全、小岛孝之、木下资一，编辑，《宝物集·闲居友·比良山古人灵托》，收于《新编日本古典文学全集》，册 40，1993，页 359。

④ 《闲居友》（前揭），页 242。

⑤ 《闲居友》（前揭），页 246。

可能性，这个观点似乎是合理的。① 《今昔物语集》没有提到这首诗，但增加了另一个饶有兴味的插曲。文中讲到，寂照在五台为众人备好一个浴室。一位被可怕的皮肤病毁容的肮脏妇女带着孩子与狗出现了。当别人都想把她赶走时，寂照却特别善待她。待到她神秘消失后，从澡堂的屋檐上升起一朵紫色的云，这时大家才意识到她是文殊菩萨的化身。② 寂照巡礼五台山成为日本戏剧的主要题材，下文将进行讨论。

最后，四个故事叙述了发生在中国的事件，与日本没有直接关系。其中的两则故事见于 1257 年编撰的佛教轶事集《私聚百因缘集》，集子以净土信仰为中心，有印度、中国与日本的章节。第一则故事出自昙鸾（约476-542）传，昙鸾被日本视为中国净土宗初祖。一开始讲到他在年轻时曾参访五台山并有出尘之志。接着简述其生平，没有再提及五台山。③ 第二则故事题为"五台山记"描述中国净土宗的另一位重要人物法照（747-821），他是竹林寺的创建者。这则故事起源于中国。《私聚百因缘集》讲述法照于 770 年因对世界衰微状态深感沮丧而赴五台寻求文殊菩萨教诲。法照在人迹罕至之处得善财与难陀童子引路。穿过高 100 英尺的纯金大门到达大圣竹林寺，见普贤菩萨端坐在巨大的白象上，文殊菩萨端坐于狮子上。二菩萨鼓励法照念阿弥陀佛名号，救度末代凡夫，往生西方净土，脱离轮回，成就佛道。两位童子护送他回到原路后就消失了。④ 另一位中国僧人海云的故事出现在 1221 年编撰的《宇治拾遗物语》。海云僧遇到一位从未听闻过《法华经》的童子，于是带他到五台并为他讲说此经。事实证明这位弟子慧根深厚，他抵御少女的诱惑，离开五台，并发愿出家为僧。后来这位弟子又回到五台，发现既没有僧人也没有他曾学习过的寺院

① 《续本朝往生传》（收于井上光贞、大曾根章介，编辑，《日本思想体系》册七，《往生传·法华经验记》，1974），第 248 页记载，寂照在杭州圆寂；根据《十训抄》（浅见和彦，编辑，《新编日本古典文学全集》册五十一，2003）页 438 与《古今着闻集》（永积安明、岛田勇雄，编辑，东京：岩波书店，1966）页 175 记载，寂照圆寂于五台；根据《发心集》（三木纪人，编辑，东京：新潮社，1976）页 99，则圆寂地点并不确定。
② 《今昔物语集》（前揭），卷 36，第 437-38 页。
③ 《私聚百因缘集》（前揭），第 171 页。
④ 《私聚百因缘集》（前揭），第 173-174 页。

的痕迹。我们知道这位僧人是文殊菩萨的化身。① 这则故事来源于《清凉山传》，是日本第一部涉及五台山的文献。最后的一部汇编编撰于 1252年，② 对华北如何落入金国手中进行了奇特的描述，并提到五台是宋代丢失的国土。

最后一篇关于五台的散文揭示了更多方法论的问题而非日本文学对圣山的表现。《日本古典文学大系》的原版可以检索，包括两卷佛教学著作，这类作品是其它古典文学汇编忽略的，因为一般认为它们不属于文学作品。其中一卷是关于日本禅宗的文本；另一卷是日本净土宗支派宗师亲鸾（1172-1262）与宣扬信奉《法华经》的日莲。这部经典汇编的编辑收入这两卷的原因尚不清楚，但检索显示 1280 年日莲写给曾发愿的寡妇弟子一封信，感谢她在年仅 15 岁的小儿子去世 49 天的追悼会上送给他的礼物，信中提到了五台。信的大部分内容开示，由于男孩信奉《法华经》，所以决定往生到更好的世界，受诸佛菩萨护佑。提到的诸菩萨中有清凉山文殊菩萨。熟悉日莲观点的人毫不惊讶地发现那封信除了赞颂《法华经》外，还谴责了其它佛教流派的信徒。③

第二部分　佛教歌谣

除上述故事之外，五台也出现在"今様"（字面意思为"当世风"）的歌谣集《梁尘秘抄》中。《梁尘秘抄》的题目是出自中国的典故：古代一位歌手的声音如此诱人，甚至激起椽上的灰尘。因此，有一位学者将题

---

① 《宇治拾遗物语》（小林保、治增古和子，编辑，《新编日本古典文学全集》册 50，2003）第 428-31 页；其英译版可参见 Douglas Edgar Mills trans, A Collection of Tales from Uji, pp. 397-99（Cambridge UK: Cambridge University Press，1970）。

② 《十训抄》（前揭），第 332-33 页。

③ 《亲鸾集·日莲集》（田畑应顺、多屋赖俊、兜木正亨，编辑，《日本古典文学大系》册 82，1964），第 467-74 页；英译本见 The Gosho Translation Committee，ed. and trans，The Writings of Nichiren Daishonin. pp. 1072-78（Tokyo: Soka Gakkai，2003）。

目译为《梁尘秘抄》（"让尘埃起舞的歌曲"）。① 这部歌谣集由退位的后白河天皇所编，后白河天皇即是《平家物语》最后一卷的主角。他在一篇自传体文中阐述自己如何成为《今様》的热衷倡导者，花了数年时间拜一位女职业歌手、类似来自社会底层的现代艺伎为师。当时的社会等级森严，前任天皇屈身受教于地位卑微的人非同寻常。最初的集成由十卷歌谣、附编十卷记今様音乐部分组成，包括口传集，但所有歌谣以及其余的大部分在十四世纪佚失了。直到 1911 年，东京的一家旧书店发现了一章歌谣手稿，随后又发现了另一篇歌谣的片段。从现存的一个完整章节来看，原来的十卷可能包含 5000 首歌谣。今天只有 571 首保存下来，其中有些是重复的。

有些歌谣反映他们的平民出身，描述赌徒、渔夫、妓女的活动。有的是色情性的，或明确或含糊。这与当时较为熟悉的宫廷文学形成了鲜明的对比。对现代读者而言，《梁尘秘抄》较为普通的主题更有吸引力，但是它们只占现存歌曲的一小部分，大约三分之二的内容是宗教题材，主要是佛教题材。其中有五首提到五台，还有一首暗指五台。后白河天皇遵循较正式的编排方式，将歌曲按主题编排，有时按逻辑顺序排列。前三首提及五台的歌曲出现在"杂法文"的标题中，反映了对佛教文本的认识。

大唐的朝堂

附近有

五台圣山

释迦牟尼佛的

母亲

一定参拜过

---

① Yung-Hee, Kim, Songs to Make the Dust Dance: The Ryōjin hishō of Twelfth-Century Japan（Berkeley: University of California Press，1994）。另参 Gladys Nakahara，A Translation of Ryōjinhishō: A Compendium of Japanese Folk Songs（Imayō）from the Heian Period（794–1185）（Lewiston NY: The Edwin Mellen Press，2003）。《梁塵秘抄》的背景即來自這些資料。下面的翻译是筆者本人的。

文殊菩萨住处吧①

之前的另一首歌谣也提到了文殊菩萨，这首歌谣是根据《心地观经》的思想创作的，即文殊菩萨因其智慧而为诸佛之母。另一首歌谣见于较早的《梁尘秘抄》，其实是那部佛经相应段落的释义：

文殊师利大圣尊
三世诸佛以为母
十方如来初发心
皆是文殊教化力②

一首歌谣是有关须弥山顶的忉利天、帝释天的三首歌谣中的第二首：

忉利天宫
欢喜苑中
唱起来
五台山上
文殊师利
六时散花③

忉利天的一个花园名"欢喜苑"，一切天人一到此地听到佛陀说法，就自然升起欢喜之心。散花是一种佛教仪式，根据歌谣，文殊菩萨每天在指定的六时举行散花仪式。如果没有佛教知识，很难理解这首歌谣。

下面是一首有争议的诗：

---

① 《梁尘秘抄》（前揭），第 235 页（第 196 首诗）。
② 《梁尘秘抄》（前揭），第 193 页（第 36 首诗）。《心地观经》的段落所指的歌谣见于上田设夫，《梁尘秘抄全注释》（东京，新典社，2010）第 52 页。原文的第五、六行是"十方如来诸法之师"，注释者认为可能是在翻译原经的短语诗抄写的错误。
③ 《梁尘秘抄》（前揭），第 237 页（第 205 首诗）。

净饭王

手持扫帚

传说在耆阇崛山

有圣者居住

在五台山深处

修成佛乘

得以出山 [①]

这首歌的关键元素含糊不清，也许是传送过程中的错误。净饭王是释迦牟尼的父亲，但没有手持扫帚的传说。日本学者已经就这一行提出各种解读，但对其含义尚未达成共识。耆阇崛山是灵鹫峰的梵语写法，佛陀曾在此地宣说《法华经》。广义的"一乘"是佛教唯一令人成佛的教义，但也可以指《法华经》。这种情况下，后一种意义似乎最合适，诗中没有明示圣人是谁。正如上文讨论的歌谣，这首可能暗指特定的佛经，但即使如此，还没有确定歌谣属于哪一部佛经，所以歌谣的意义尚不清楚。它出现在系列歌谣中以阐述佛教的庄严高贵，紧接着一首是关于释迦牟尼母亲的歌谣。三首歌谣的内容与语言都显示了对晦涩难懂的汉语佛经的了解，超出了人们对表演今様的艺伎的期望。虽然《梁尘秘抄》的所有歌词的来历不明，但是这些歌谣似乎都是由精通佛教的人创作的，或许是为了传播信仰而放在音乐上的。

最后两首歌谣一起编排在"杂"歌的大组里：

伟岸高山

须弥山耆阇崛山

铁围山五台山

---

① 同上引，第 240 页（第 217 首诗）。

悉达太子

苦修六年的

檀特山

土山黑山

鹫峰山 ①

伟岸高山

大唐有

五台山

灵鹫山

日本国有

白山天台山

只闻其音

不见其山的

正是

蓬莱山 ②

即使不用费力去辨认每一座山，这些歌曲的要旨也是显而易见的。它们列举了与佛教有关的高山，有些在中国，有些在日本，有的是虚构的，有些是真实的。这些条目使人联想起《枕草子》中更为熟悉的单目。关于两者的重点是五台山与灵鹫山地位相当，两者都值得一提。这些歌曲在选集中的位置也耐人寻味。这些高山编排在一组情歌、甚至十分色情的情歌之后，然后是一组描述海滩的歌谣。从高山到海滨似乎比从爱到圣山更合乎逻辑。

综上，这些歌曲难以评价。《梁尘秘抄》的今样被定性为"某种意义

---

① 同上引，第 277 页（第 344 首诗）。

② 《梁尘秘抄》（前揭），第 277 页（第 344 首诗）。第 3 页。

上的平安时期的流行音乐。"①当然，这种描述符合世俗歌曲，但很难想象此处提出的例子真的受欢迎。相反，它们似乎与上文讨论的说话故事有着相同的说教意图。说话故事用讲故事的技巧传播佛教教义，而歌曲使用的是音乐。两种作品都被收编在神圣与世俗混合的汇编中，直到现代才被视为真正的"文学"，文艺批评家开始欣赏而不是厌恶那些触及社会底层人们生活的不雅作品。如今说话集与《梁尘秘抄》在日本古典文学经典中占有一席之地，但并非因为其佛教内容。日本古典文学的其它分支提及五台山只是让人们知道文殊菩萨住于中国，《梁尘秘抄》中涉及五台的内容却给人以深刻的印象，如果没有可靠的佛教知识是很难理解的。

　　佛教诗歌部分最后的两首歌谣不符合文中提出的任何一种类别，之所以在此介绍是因为其中一首在概念上与《梁尘秘抄》中列举高山的歌曲相似，另一首在内容上毫不含糊是佛教歌曲。在形式上，它们属于早歌或"快歌"，因为是以快节奏演唱的。它们起源于13世纪中叶的武士阶层，以日本诗歌的标准来看，篇幅相对较长。像今样一样早歌没有固定的形式。早歌的语言既有古典宫廷诗歌的优雅风格，更有汉日翻译时使用的矫揉造作的措词。提及五台的两首早歌歌谣见于现存最古老的早歌集《宴曲集》，1296年前由一位僧人明空所编。明空是一位多产的早歌作者，并有一首提及五台山，除此之外，人们对他知之甚少。另一首早歌歌谣出自不同的作者之手，不过明空为之编曲。

　　提及五台的第一首早歌的题目为"山"，收录了慈圆诗中天竺、震旦、本朝三国的名山。全诗共七十四行（更准确地讲，是短句），句式长短不限。从以下开头几行的翻译可以了解歌谣的结构：更多的是注释性列举而非叙述：

　　五天竺国震旦国

　　相隔波涛百万里

---

① Yung-Hee，Kim，Songs to Make the Dust Dance（前揭）页3。

位于何处虽不知

名山名字耳能详

铁围山须弥山

王舍城的耆阇崛山

此观世音的补陀洛山

文殊御座五台山

悉达太子苦修行

阿私仙人在檀特山

昆仑玄圃阆风山

曝布泉水天台山

因此，歌谣以日本人研究佛经所了解的天竺山脉开始。注意作者显然认为五台在天竺，随后行文至中国，首先介绍了与道教长生不老的山脉然后才是佛教圣山天台山。从这些具有宗教意义的山到其它有关的中国山脉，如（用日本人的释义）秦始皇曾逗留的泰山（秦始皇泰山封禅）与白居易参拜的王顺山。诗写到不到一半就转到日本，首先列举了与日本皇室有关的山，如水尾，清和天皇（850—880，在位 858—876）退位后就住在此地。接着讲到圣山，包括日本佛教的中心、天台宗总本山比叡山与密教中心高野山。歌谣以镰仓市周围的群山结尾，祈愿当权的镰仓幕府繁荣昌盛。①

第二首歌谣"闲居"篇幅较短（51 行），对于现代西方读者而言更有诗意，佛教内容越发明确，描述了一位佛教隐士的生活。歌谣的开头提到白居易的两句诗，出自《和汉朗咏集》，感叹人生之悲苦与无常的状态，然后用《法华经》与倡导阿弥陀佛信仰的日本重要著作《往生要集》的语言把笔触转向佛教。呼吁对佛法的信仰，为寻求更好世界的人列举了值得注意的地方，以释迦牟尼说法之地灵鹫峰开始，依次有：

---

① 新间进一，编辑，《宴曲集》（《新日本古典文学大系》册 44，东京：岩波书店，1965），页 96—98。

三世觉母的般若之室

解脱的清凉之风

清凉山之竹林寺

正文没有提文殊菩萨，而是称之为"三世觉母"，因为如上所述，其智慧使之成为过去、现在、未来三世诸佛之母。歌谣行文至日本之前又提到两座中国的寺院，列举了厌离秽土、寻求解脱的人们喜欢的地方，用日本古典文学，特别是《源氏物语》的典故描述。接着描写抛撒纸莲花瓣、独自念阿弥陀佛名号时善根发现而心酸落泪等宗教修行。最后指出隐士住处引起人们的哀情，即"物哀"，这是一个很难定义的术语，在日本古典文学《源氏物语》中反复出现。[①] 尽管它的基本含义是"哀伤"、"怜悯"，但却增加了一层积极的意义，更像是对"人类状态之悲哀的敏感"。宁静的隐士生活激发了佛陀教义的信仰。需要留意的是这两首歌都把五台山放在了印度。

虽然迄今为止讨论的所有归类的作品不可能确定精确的年代，但最近的一部作品或许是14世纪下半叶成书的《源平盛衰记》。宫廷文学、武士文学、佛教文学在此之后持续产生，但这些文学体裁的伟大时代已经过去，后来的作品很少受到学者的关注——也没有受到文本数字化处理的关注。至少人们会期望佛教徒继续撰写关于五台山的作品，因为以五台山命名的日本圣山作为文化中心持续蓬勃发展，但很难出现优秀作品。

戏　剧

假使旧体裁的文学作品在经典中不再占有一席之地，那么新的文学体裁——戏剧便应运而生了，随之而来的是一部表现五台的作品。日本戏剧的起源可以追溯到日本历史的最早时期，而保留下来的最古老的戏剧传统是能剧，能剧吸收了许多元素，包括较早的宗教剧。在室町时代（1336-

---

① 《宴曲集》（前揭），第105–6页。

1573）足利幕府的庇护下，观阿弥（1333–84）及其儿子世阿弥（约1363–1443）开创了日本的现代能剧。特别是世阿弥，是一位天才的剧作家。他的许多剧作都取材于《平家物语》，其中的一部"实盛"的典故出自高僧寂照上人的临终诗，这首诗也出现在《平家物语》的最后一卷，是世阿弥的数据源。[①]但该数据只是稍稍涉及五台山，博学的观众或许会联想到。一个世纪以后的另一部不明来历的能剧"国栖"提到了五台山。该剧讲述了日本圣山之一吉野山的传奇故事，吉野山号称可以与兜率天相媲美并与中国五台山相联系。[②]如前所述，吉野山是日本与中国五台山联系的山脉之一。根据约1135–44年创作的文本，五台山的一角飞到日本成为吉野山。[③]

通过对中国地理的歪曲，五台山在第三部戏剧"石桥"中扮演了更为重要的角色，为江户时代的通俗剧种歌舞伎带来一系列舞剧。[④]大约在1500年左右，一位不明作者依据寂照朝圣五台山的事迹写下了原剧。剧中的寂照到达天台山石桥，石桥是飞瀑穿过的天生石梁。石梁飞瀑景色壮观，但非人们行走穿越的桥梁，如剧中所说石梁奇险狭窄。据说只有开悟的人

---

① 小山弘志、佐藤健一郎，编辑，《谣曲集》（《新日本古典文学大系》册58–59，东京：岩波书店，2003）卷1，页176。Mae Sme thur s t 的英译收于 El izabeth Oyler and Michael Watson eds, Like Clouds or Mists : Studies and Translations of N ō Plays of the Genpei War, pp. 135–142（Ithaca, New York: East Asia Program, Cornell University, 2013。

② 《谣曲集》（前揭），卷2，第388页；该戏剧的译本收于 Shimazaki, Chifumi and Stephen Comee, Supernatural Beings from Japanese Noh Plays of the Fifth Group, pp.47–81（Ithaca, New York: East Asia Program, Cornell University, 2012）。另见 Thomas Hare, "The Emperor's Noh Clothes: Medieval Japanese Kingship and the Role of the Child in Noh Drama, "in Cahiers d'Extr ê me-Asie vol. 13: 411–425, 2002–03。

③ 《奥义抄》（前揭），第343–44页，关于此神话的讨论，参见手岛崇佑，《平安时代の对外関係と佛教》（东京：校仓书房，2014），第314–20页。

④ 关于《石桥》与《石桥片段》的细节，参见笔者的研究：Robert Borgen, "Stone Bridge: A Pilgrimage Performed, "in Performing Cultures in East Asia: China, Korea, Japan, "Stanca –Scholz–Cionca and Robert Borgen eds.（special issue of Asiatische Studien/ Études Asiatiques, vol. 58 no. 3, Summer, 2004）pp. 639–44。此文认为寂照没有去过五台，但我现在认为这种观点是错误的；笔者已把这部能剧翻译成英文版，即"Stone Bridge"（前揭），页105–16。

才能过桥。能剧的版本通过将石桥移到五台山来改善世俗的地理，使用的名字是"清凉山"。这种地理的变化或许是因为单纯无知，或许是因为说话文学讲述寂照参访五台山而非天台山。由于背景的改变，戏剧随之将适合的细节融入新的场景中。根据剧情安排，能过桥的任何人都能到达文殊菩萨的净土。当寂照第一次见到这座石桥时，他惊呼他想过桥，这时石阶上出现了一位童子，告诉他只有大德高僧在佛的护佑下才能度过石桥。当童子退场时，合唱曲提示我们听见了文殊菩萨净土世界的妙音，暗指寂照的临终诗。接着出场的是一只狮子，是通常描绘的文殊菩萨的坐骑，表演一种豪华富丽的舞蹈，比人们联想到的朴实无华的能剧更加丰富多彩与生动活泼。舞蹈一结束，演出便戛然而止。留给观众的想象是寂照最终会实现他过石桥的目标，往生文殊菩萨的净土世界。最好的能剧是具有崇高美的作品，但"石桥"不是戏剧的杰作。人们只能推测剧作家的想法，其计划也许是期望观众看到的熟悉与吉祥的元素聚集在一起：寂照与文殊菩萨的狮子，还有地理上不一致的五台山与石桥。然后加上群众喜闻乐见的舞蹈。如今，演员经常省去枯燥乏味的第一幕，只表演舞蹈。

歌舞伎戏剧提供的线索表明，大约在18世纪初"石桥"中的舞狮已经与寂照的故事分开，因为歌舞伎演员开始表演称为"石桥物"的狮子舞。最早的歌舞伎剧产生于18世纪中叶，特点是男性演员扮演女性角色，具有明显的色情特征，用极具狮子精神的名妓取代朝圣者寂照，表演生动的舞蹈。虽然剧本中有"石桥"一词，但是缺少了原来能剧中的五台山、寂照、文殊菩萨以及所有其它的宗教内容。后来，男性扮演男性的角色越来越受欢迎，1820年创作了能剧的舞蹈剧本。这种剧本保留了原来的标题，提到了清凉山，没有大量触及文本内容。这是江户时期第二部涉及五台的剧本，笔者是在准备这篇论文时发现的，也是早期作品的直接复制。19世纪下半叶是一个超越研究焦点的时期，日本受西方的影响，出现了两部新的"石桥"剧本。作为提高歌舞伎地位所作的部分努力，他们改进了原剧的道德基调。其中的一部是，有一对狮子是父亲与儿子，父亲鼓励儿子努力成功。另一部改编了早期的歌舞伎版本，增加了五台山的内容，并取消了一些色情内容。所有的剧本，无论是最早的还是最近的，都在持续定期上演。舞台上总是有一座石桥；大部分剧本没有提及五台山。

结　论

在有关五台的分类文献中很难找到总体上有把握的结论，但这些文献确实提出了一系列关于中国佛教圣地在日本古典文学或者更广泛地在日本传统文化中所处地位的观察资料。首先，由于收集数据的困难，人们必须非常谨慎地探讨这个问题。现存日本早期历史的文学作品的数量相对较少，但其中有一部是日本文学的经典作品，无论是数字化版本还是古印刷索引都很容易找到。后来的几个世纪，尤其是江户时代，产生了更多的文学作品，但很少作品能够轻易找到。按照年代顺序排列，几乎所有涉及五台山的内容都出自800—1400年间的作品。尽管江户时代的通俗文学蓬勃发展，但只有两篇涉及五台山的文献可以找到，而且都在早期的作品中，一部是新编纂的选集，另一部是新上演的剧本。《平家物语》与《源平盛衰记》的对照具有启发意义。虽然两者的版本史与年代都存在很大问题，但目前的学术研究表明，第一部的现行标准版本可以确定为14世纪初。第二部后来被认定为扩充版本，时间是同一世纪的下半叶。后来的版本增加了五处涉及五台的内容，扩充了原有的故事，暗示人们对五台的兴趣在增加而不是减少。此外，描写五台的某些早期作品，特别是故事集或歌谣集，在江户时代或许没有广泛的受众，但《源平盛衰记》及其五台山的各种故事仍然很流行。人们只能推测，五台从江户文学中的消失部分的是因为现代人的趣味，倾向于世俗而非宗教或其它说教文学。因此，带有浓厚佛教色彩并有可能提及五台的文学作品没有得到与更世俗的文本同等的学术关注，所以，在索引中难以找到，在电子版本中同样搜索不到。

可以找到的数据说明言词与行为之间的有效互动，这种互动反过来又提出了文学对五台的关注明显减弱的另一种解释。五台的信息可能是通过中国的文字数据传入日本的。后来僧侣们朝圣五台山，把值遇文殊菩萨的故事带回了日本。这些故事鼓励了更多的僧人朝圣，而且激发了文学的灵感。僧人们在遥远中国的事迹以及五台在佛教界的地位开始出现在各种各样的文学体裁中。按照时间顺序而不是体裁讨论五台的数据显示文献资料的数量最初有增加的趋势。最早的战记物语版本比后来的校订本少。与此同时，随着对五台的直接了解成为遥远的记忆，地理的细节也变得不那么准确了。产生于13世纪末、远在日本朝圣者停止去五台山之后的《宴曲集》的歌曲记述五台山在印度而非中国。这种地理上混淆的模式明显见于最新讲述五台的文学作品中，能剧"石桥"即是将天台山的石桥搬到了五台。日本朝圣者前往五台的时间已经过去了几个世纪，地理知识明显减弱。这些朝圣者启发了许多五台的故事，包括"石桥"，也许几个世纪以来随着地理知识的贫乏对五台的关注也减弱了。石桥以歌舞伎的形式重新搬上舞台时，原剧中的朝圣者不再是故事的主角而是名妓，这可能不是偶然的。如果这种解读是正确的，那么在后来的古典文学中没有涉及五台就不是方法论的问题了，而是对五台不像过去那么兴趣浓厚了，因为没有新的朝圣者前往五台带着新的故事回来。前一种解释更有可能，而后一种解释也不能轻易否定。

　　另一种估量五台在日本文学传统中地位的方法是比较。就日本的佛教思想与佛教机构而言，天台山肯定比五台更重要，因为天台山是日本最有影响力但未必是最普及的佛教宗派天台宗的源头，以天台教义起源地——中国天台山命名。将最容易找到的一套日本经典汇编《新编日本古典文学全集》中提到的五台与天台做一简单的比较，虽然并非没有问题，但很有启发性。此汇编中提及的五台及其别名清凉山，不包括日本同名的地方，共有二十八处。相比之下，只有十个段落明确提到了中国的天台山，还有一处提到了桐柏山，天台山亦名桐柏山。天台宗的创始人智者，世称"天台大师"，出现频率较高，共有十四处。有一处天台山的石桥被置于印度，汉语名"天竺"，"天竺"二字的字形誊天台接近，可能是抄写的错误。比叡山是日本天台宗的总本山，别称"天台山"，但有一种情况该词的出处含糊不清，或在中国或在日本。所有这些加在一起，连同模棱两可的一个，天台山总共出现二十七处，仍然比五台少一处，这是一个令人吃惊的结果。五台与天台山的文献在质量上也有不同，提及两者的文献资料往往涉及历史事件，特别是日本朝圣者巡礼圣山、圣迹或文殊菩萨的感应事迹等往往与五台有关而不是天台山。此外，有些段落把日本的某些地方与五台联系暗示它们的宏伟壮观，但天台山没有类似用途。对日本人来说，天台山是佛教徒修学的场所，而五台山是文殊菩萨住处。看来，在五台与文殊菩萨相遇的可能性比天台学更具诱惑力，即使像成寻这样博学的僧人也是如此。最后，虽然在文学作品中没有明示，天台山对日本朝圣者来说相对容易到达，因为离他们首先登陆的宁波港不远。五台不仅路途遥远，宋朝失去华北后，旅行到那里就变得完全不可能了。五台的遥不可及增加了它的神秘性。不管是什么原因，五台一直被视为山中之圣者，这也是日本剧作家把天台山的石桥搬到五台的原因。由于很难找到五台的相关参考数据，因此无法准确衡量五台在日本古典文学中的意义，但无疑五台在日本文学想象中占有特殊的地位。

书　评

文殊师利神秘性研究：一组东亚曼陀罗及其传统符号系统①

欧阳瑞（Raoul Birnbaum）著

克里斯蒂娜·古斯（Christine Guth Kanda）评论

研究东亚个体佛教圣者的专著屈指可数。目前有泰瑞沙·摩尔门（Therese de Mallmann'）的观音菩萨经典研究，德维瑟（de Visser）的地藏菩萨研究，高罗佩（Van Gulik）的马头明王研究，伯恩鲍姆（Birnbaum）的药师佛研究，还有其他的几种研究。本书正是对该领域短缺方面的可喜增补。

这部短而精的专著旨在拓宽对文殊菩萨特性与信仰的理解，特别是其在中国唐代（618–906）的发展。文殊师利传统上只是简单地被确定为"智慧菩萨"，是《维摩诘经》著名辩论中维摩诘的对手，也是《华严经·入法界品》中善财童子的善知识。然而，到了唐朝中晚期，文殊概念的外延扩大了：他被视为山神、皇帝的保护者、国家的护佑者，把所有这些角色囊括在内，成为宇宙之主。这种概念的扩展主要与密教的传播有关，密教中的神明比传统宗派呈现出更为抽象与象征的身份。

日本 11–14 世纪的图像与绘画是作者致力于探究文殊神秘性的起点。基本的原始资料包括《图像抄》的部分内容，《图像抄》是一部佛像图集，附有简短文字说明创作曼陀罗的正确方法，还有各种描绘骑狮文殊菩萨、由八字咒或人格化的神明围绕的曼陀罗。通过参考藏经中大量翻译娴熟、诠释得当的相关段落阐明这种绘画资料的价值。

为了把研究限定在作者选定的历史框架内——唐朝时期——作者开始概观性地研究 7、8 世纪的文殊信仰。本章叙述文殊师利成为中国圣者的

---

① Review by Christine Guth Kanda：Numen, Vol. 32, Fasc. 2 (Dec., 1985), pp. 284–287，Published by BRILL 中文版发表于《东吴文化遗产》第五辑，上海三联书店，2015 年 10 月。

过程。文殊信仰开始于山西省五台山被认定为文殊世间道场之时，不空和尚（705-774）所做的努力推动了文殊信仰的发展。欧阳瑞（Birnbaum）超越了艾蒂安·拉莫特（Etienne Lamotte）对文殊师利的开创性研究，重点关注佛教密宗真言宗文殊信仰的流布。该宗派内部兴起新型的文殊造像，对圣者在中国和日本的成功树立起到了支撑作用。

五台山是 7、8 世纪繁荣的寺庙中心。来自亚洲各地的朝圣者蜂拥而至，希望目睹文殊师利的圣迹异相。尽管曾经点缀过这座圣山的大多数早期的寺庙和图像消失已久，但是日本朝圣者的记载以及志书如 11 世纪的《广清凉传》证明了五台山作为亚洲文殊信仰中心的生命力与重要性。作者引用《广清凉传》的段落讨论五台山信仰。人们期待完整的译本而非诱人的片段，欧阳瑞（Birnbaum）的著作《清凉山志：中国佛教徒圣山见闻》（"The Chronicles of Mount Clear and Cool: Chinese Buddhist Views on the Sacred Peaks."）即将付梓，指日可待。

山上的几个最重要的寺庙通过中国密教大师之一、中亚僧人不空的努力建造或恢复。不空极具人格魅力并有敏锐的政治嗅觉，身为三皇帝师，是推进文殊信仰的理想职位。他倡导圣者的精神力量，这是唐太宗将文殊师利作为个人和国家保护神的催化剂，也是在全国寺庙建造文殊圣坛的促进因素。

关于文殊师利在晚唐政治动荡期间的特有魅力，在密宗文本如《文殊师利法宝藏陀罗尼经》中可以找到相关内容。根据这部经典："文殊师利有陀罗尼最极秘密心咒并画像坛印等法。于后末世佛法灭时，""当于东北方大振那国五顶山，游行居住，有秘密心咒，并画像、坛印、等法，先说十八大陀罗尼，次说八字秘密心陀罗尼曰：唵，阿末啰吽却哳啰，次说画像法，坛法，印法。"（12 页）这当然是朝圣五台山的精神理由。此外，该经典包括文殊八字咒：唵阿尾啰吽佉左洛，适当配合使用手印，在画像前祈求保佑自己物质与精神方面免遭厄运。修行者特别能够息灾除难，平安得福，恶人冤家不得其便。八字咒（真言）是本文进行核心研究的三章所考察绘画材料的基础。

　　《图像抄》是 11、12 世纪期间日本编撰的诸多图像集之一，是第二章的中心内容，当时末法在即的恐惧尤为浓烈。《图像抄》与同类著作的设计提供了在二元世界曼陀罗中塑造的众神图像的精确模式，记载了著名图像的图解，为僧人提供可视化形象，最终达到与所绘圣者联接的目的。本章的主旨在于通过详细考察选定的包括文殊师利在内的一组圣者阐明该图集的结构与功能。对重要图像集绘制方法的详细记载会引起艺术史学家的特别关注。

　　第三章是关于文殊师利绘画及其八字咒，作者延伸了对八字咒潜在意义的讨论。接着是对各种形式的所谓八字文殊图像的考察。对部分相关文本的翻译强化和丰富了视觉分析。

　　建立在第三章所呈现材料的基础上，研究得出文殊师利鲜为人知的宇宙之主角色的结论。圣者的角色在绘画中得到了具体的表达，文殊师利被人格化的行星与星座的神灵围绕，抵御不吉利的星相带来的灾难。作者得出结论，文殊师利作为宇宙之主的地位，没有取代他作为智慧化身的形象。更确切的讲，"他是宇宙之主恰恰是因为他的智慧。由于他的超然、对空的彻悟，可以自由无碍、安然无恙地穿越物质领域。全面而深刻地了悟天体的秘密，他已从中获得了自由。"（102 页）

　　以意象为出发点重建信仰与圣者特有的修行仪式，欧阳瑞博士不仅为自己，也为其他学者标定了一块新的领地。在特定的时刻以图像的方式恰当地解读圣者，往往比言词更有说服力，而如此有价值的资源常常被宗教史学家忽略或轻视。

　　正如公元 9 世纪日本僧人空海所言："由于密教教义非常深奥，难以用文字解释，所以通过绘画手段把教义展现给尚未开悟的人们…，经与论的大部分秘密在图像中被描绘出来，实际上，密教教义的所有精髓都得到了表现。不管是师父还是弟子都不能没有图像。"（羽毛田义人，空海文选，第 145–146 页）。

　　不管怎样，从 11 至 14 世纪中国以视觉材料重构密教是毋庸置疑的。诚然，许多在日本流通的原型草图与绘画作品是从中国带过来的，这些是不是唐代作品容易受到质疑。这也许不是理解东亚密教文殊信仰共性的特别重要的问题，但既然作者陈述的目的是为理解唐代文殊提供帮助，就应该为读者更全面地解释历史以及他采用的文献依据。无论如何，这是略带瑕疵的有价值的开拓性研究，会在中国与日本的宗教和艺术领域引起学者们的广泛关注。

第三章　日本五台山文化研究

第一节　日本五台山文化研究简述

中日两国的佛教关系极为深厚。日本是中国佛教的传播地带，中国佛教是日本佛教的源头。五台山作为印度佛教中国化的典型代表、世界文殊信仰中心，在历史上对日本佛教、日本文化的影响非常深远。成书于平安时期的日本文学史上最早的佛教说话集《日本灵异记》，记述了"黄金山者五台山也"，"行基大德者文殊师利菩萨反化也"的佛教传说，镰田茂雄、朝枝善师两位学者从中揭示了五台山佛教传入日本的开端。[①] "现在的日本佛教若是离开了五台山的佛教，是不可想象的"。[②] 五台山佛教对日本佛教宗派、山岳信仰、建筑、造型艺术、绘画、音乐、文字等方面都曾有过很大影响。如，圆仁将法照在五台山创立的五会念佛法门传入日本，在比叡山设常行三昧堂，净土宗在日本逐渐兴盛起来；五台山佛教也加快了日本天台宗的发展，圆仁通过求法巡礼解决了许多疑难，撰写了十余部经

---

① 小岛裕子著、黄玉雄译：《五台山佛教文化在日本的传播和发展》，《五台山研究》，2011年3月。

② 稻冈誓纯：《日中佛教交往的一的个侧面》，第六届中日佛教交流会议论文，1996年。

疏与论疏，从理论上发展充实了天台宗。① 日本僧人对五台山的信仰与崇拜，促发了山岳佛教的兴起。最澄受五台山的影响提出"山修山学"的观点，成为日本山岳佛教的指导思想。② "作为日本的山岳佛教运动标志的是中国五台山、天台山在日本的复制。"③ 五台山对日本佛教建筑与造像艺术也有巨大影响。日本比叡山延历寺就是按照五台山的建筑风格而建，其文殊楼"相传是圆仁大师把五台山带来的土石埋入基坛建造而成，从五台山请来的《三尊形骑狮文殊像》被安置在文殊楼内。"④ 奝然巡礼五台山后创建了日本五台山清凉寺；日本土佐竹林寺号称五台山金色院竹林寺，寺内安置"五尊形文殊像"；再如醍醐寺收藏的《渡海文殊图》即是源自中国五代时期兴起的五台山"新样文殊"题材，是日本平安、镰仓时代佛教艺术表现的重要题材之一。五台山在日本宫廷文学、武士文学、佛教文学、戏剧等各类体裁的古典文学中受到不同程度的关注，如 12 世纪末日本后白河法王编撰的《梁尘秘抄》有大量有关五台山的歌谣，对五台的憧憬与向往跃然纸上。虽然无法准确衡量五台山在日本古典文学中的意义，但无疑五台山在日本文学想象中占有特殊的地位。⑤ 此外，圆仁从中国带回去的五台山教团音乐，作为声明道而独成一系，对日本的音乐产生了久远的影响。⑥

由于五台山对日本的影响，日本的五台山文化研究从古代就已经开始了。古代的研究源于信仰的力量，巡礼求法者对五台山多有记述，对五台山信仰在日本的传播起着举足轻重的作用。自明治维新以来，随着西方佛教学的兴起，日本积极借鉴西方佛教学的研究方法与观点，无论是微观研究、中观研究，还是宏观研究都取得了非常丰硕的成果，在此领域出现了异彩纷呈的景象。日本学者的研究主要集中于以下几大领域：圣山研究、

---

①② 赵洋：《慈觉大师与五台山》，《五台山研究》，1988 年 06 期，p.37–41.

③ 郝祥满：《奝然与宋初的中日佛法交流》，浙江大学博士学位论文，2006 年 7 月。

④ 小岛裕子：《五台山佛教文化在日本的传播和发展》，《五台山研究》，2011.3。

⑤ Robert Borgen，Representations of the Wutai Mountains in Classical Japanese Literature，第二届"五台山信仰"国际会议提交论文，2016 年 8 月。

⑥ 师敏：《圆仁的入唐求法及其对日本文化的影响》，西北大学博士学位论文，2011 年。

文殊菩萨研究、五台山寺庙研究、五台山佛教艺术研究、五台山高僧研究、古文献研究、华严研究。他们的研究方法多以历史学和文献学为主，并参以语言学、图像学、考古学、地理学、思想史、社会学、宗教学、美术学等方法。本书收集的日本学术成果主要来源于 CiNii 日本学术论文数据库、日本印度学佛教学会资料库检索系统（http://www.inbuds.net/jpn/index.html）、 台湾佛学数位图书馆暨博物馆资料库检索系统（http://buddhism.lib.ntu.edu.tw/BDLM/index.htm）。

一、圣山研究

从 1921 年至今，关于五台山圣山研究的论著大约有百余篇（部）。内容包括五台山游记、五台山遗迹考察报告、中国佛教史研究、五台山佛教史研究、五台山宗派研究、五台山信仰研究等。

日本学者从 20 世纪初开始考察、研究中国佛教历史与遗迹，对五台山文化也展开广泛而深入的考察与研究。日本佛教学者、净土宗学僧小野玄妙于 1922 年 9 月考察五台山诸灵迹，并造访台外佛光寺，对其进行佛教美术考察，留下了不少当时的照片，并发表《巡礼五台山》、《五台山记》等作品。1918—1924 年，常盘大定与关野贞通过对中国十多个省的佛教史迹调查，先后出版了《支那佛教史蹟踏查报告》（1922）、《支那佛教史迹》（1925）与《支那文化史迹》（1938）等重要图文集，引用中日古文献结合摄影图片对五台山重要寺庙与高僧做了介绍与解读，收录的五台山建筑、石刻、造像等图像记录是研究五台山的重要资料，也是遗产保护与修缮的"原真性"重要依据；由大盐毒山撰写，境野黄洋、常盘大定、山崎直方校阅的《支那佛教史地图》（支那佛教史地圖並索引）（1924）还收录了五台山的详细地图信息。

五台山游记方面的成果包括小野玄妙的《巡礼五台山》与《五台山记》（1922）、平田饒的《五台山遊記》（1922）、王思任的《遊五台山记》（1922）、三上諦聰的《五台山紀行》（1940）、宫木敏行著《山西学术纪行》（1942）、中生勝美的《五台山紀行》（1999）、浦野起央的《五臺召·五臺山紀行》（2007）、薄井俊二的《中国の山岳と宗教見聞記（その2）五台山·王屋山》（2009）等。

本书目录中收录日本学者研究中国佛教史与东亚佛教研究的成果，旨在将圣山研究置于中国佛教语境与东亚佛教圈中考察，找出五台山在整个中国佛教乃至东亚佛教中的位置和关系。高楠順次郎著《大東亜に於ける仏教文化の全貌》（1944）论述了东亚佛教概况，日本学界关于中国佛教史研究的情况，镰田茂雄在中国佛学院所做题为《近代日本中国佛教史研究》[①]的报告与《横超博士谈日本学者研究中国佛教的情况》（隆藏整理）两篇文章做了全面而深入的综述。研究中国佛教史的最早著作是吉永智海师的《支那佛教史》（1906），之后有境野黄洋的《支那佛教史讲话》（1907）、山内晋卿的《支那佛教史之研究》（1921）、伊藤义贤的《支那佛教正史》（1923）、常盤大定的《支那佛教史》（上、下）（1933）、宇井伯寿的《支那佛教史》（1936）、冢本善隆的《中国佛教史》（1965）与《中国佛教通史》（1968）、中村元的《亚洲佛教史》二十卷（监修，1973–1976）、镰田茂雄的《中国佛教史》（第一至六卷）（1978）与《中国佛教通史》（全八卷）等著作，分别沿着不同的主线对中国佛教史做了详细的记述，其中镰田茂雄是日本研究中国佛教史的权威学者。还有好多断代史的研究，如横超博士的《北魏佛教的研究》、谚访义纯的《中国南朝佛教史研究》（1997，法藏馆）、滋野井恬氏的《唐代佛教史论》（1973）、高雄义坚的《宋代佛教史研究》、牧田谛亮的《中国近世佛教史研究》（1981）、山崎宏的《支那中世佛教的展开》（一卷）（1942）和《隋唐佛教的研究》（一卷）、道端良秀的《唐代佛教史研究》等。

关于五台山佛教史方面的研究，主要成果有井上以智為的《五臺山史の一節（一至四）》（1925），小野胜年与日比野丈夫合著的《五台山の現在と過去》（1942）、小野胜年的《五台山由来记》、小野勝年与日比

---

① 1镰田茂雄著、圣凯译：《近代日本的中国佛教史研究》，法音2000年第2期（总第186期）第25–29页。

野丈夫合著的《五臺山》（1942）、稲叶正的《元代五台山佛教史》（1962）、大野康雄的《五台山誌》（1987）、大鹽毒山著、境野黄洋、常盤大定、山崎直方校阅的《支那佛教史地圖》（支那佛教史地圖並索引），（1924）、常盤大定的《支那佛教史蹟踏査報告》（1922）、井上以智為的《五台山仏教の展望》（1938）、山本謙治的《五台山における聖地信仰の形成——仏教聖地形成の一例として》（超越的世界観の比較文化史的研究）（1991）、斎藤忠的《五台山行（歴史手帖）》（1995）等论文、论著。现代最有代表性的是小野勝年与日比野丈夫合著的《五臺山》，将五台山的历史、地理、佛教的发展及遗迹等，进行了系统的介绍，使日本研究五台山佛教有了进一步的发展，书中共分四部分内容：五台山的历史与现状、五台山纪行、《入唐求法巡礼行记·五台山卷》译注、附录，附图版 59 幅，插图 35 幅，地图 2 幅，本书一经发行就引起很大反响。

　　关于五台山宗派研究，主要有金井徳幸的《唐末五代鎮州（正定）に於ける臨済禅——鎮将王鎔並びに五臺山文殊信仰との関連を中心に》（1973）、平井宥慶的《五台山と密教》（1986）、阿部肇一的《五台山信仰と禅宗》（1990）、天納傳中：的《声明：天台声明と五台山念仏へのいざない》（1999）等。

　　五台山信仰研究成果不少涉及到五台山信仰的国际性，特别是对日本的影响。主要成果有神月徹宗的专著《西天東土》（1923）、頼富本宏的《五台山の文殊信仰》（1986）、藤井教公的《五臺山の概容と唐代における五臺山仏教》（1986）、山本謙治《金峯山飛来伝承と五台山信仰》（1986）、鎌田茂雄：《东亚地区佛教圣地五台山和五台山信仰在日本的传播》（1988）、山本謙治的《五台山における聖地信仰の形成——仏教聖地形成の一例として》（超越的世界観の比較文化史的研究）（1991）、小島岱山的《仏教の霊山五台山——入唐僧もめざした仏教の聖地》（特集 中国の名山——伝説と信仰の山 22 選）（2000）、朝枝善照的《〈日本靈異記〉と「五臺山佛教文化圈」について》（1995）、稲冈誓純：《日中佛教交往的一个侧面》（1996）等。

二、文殊菩萨研究

五台山佛教与文殊菩萨有直接关联，7 世纪末五台山已经成为文殊信仰的国际朝圣中心。"五台山是文殊菩萨的道场和文殊智慧的物化载体，而文殊信仰和文殊智慧则是五台山佛教文化的核心价值和活的灵魂。""文殊道场是五台山作为佛教圣地而闻名于世的根本缘由所在"，[①] 并与日本的文殊信仰与圣地巡礼有着深刻的渊源，因此文殊菩萨研究同样是日本五台山佛教文化研究的重中之重。本书收集的是日本学者关于文殊菩萨较为全面而深入的研究成果，是以五台山文殊菩萨为核心展开的拓展性研究，包括文殊信仰与五台山文殊信仰研究、经典文殊与文殊经典研究、密教中的文殊菩萨、文殊法门与文殊思想研究等，在五台山文化研究文献中占有很大的比重，目前搜集到的此类论文、论著大约有近 150 余篇（部）。文殊菩萨图像学研究成果也很丰厚，将作为独立部分叙述。

关于文殊信仰与五台山文殊信仰研究，笔者收集了近 20 篇学术论文，主要是中国佛教的文殊信仰、五台山文殊信仰、也有部分日本文殊信仰的内容，有加藤精神的《文殊普賢觀音彌勒四菩薩の研究》（1930）与《文殊·普贤二菩薩の研究》（1931）、神林隆净的《五台山と文殊菩薩》（1935）、宮崎圓遵的《文殊信仰の一型態》（1943）、金井德幸的《唐末五代鎮州（正定）に於ける臨済禅——鎮将王鎔並びに五台山文殊信仰との関連を中心に》（1973）、吉田靖雄的《文殊信仰の展開——文殊会の成立まで》（1977）、吉田靖雄《〈霊異記〉の行基文殊化身説をめぐって》（1978）、道端良秀的《中国仏教と文殊信仰》（1980）、向井隆健的《不空三蔵の文殊菩薩信仰》（1985）、頼富本宏的《五臺山の文殊信仰》（1986）、小野勝年的《文殊菩薩和五台山》（1988）、吉田宏哲的《不空三蔵与文殊信仰》（1990）、岩崎日出男的《不空三蔵の五台山文殊信

---

① 肖黎民、秦亚红：《文殊智慧哲学精义》，宗教文化出版社，2005 年 8 月，123 页。

仰の宣布について》（1992）、浅田公子的《唐代の文殊信仰》（1992）、
下松徹的《文殊菩薩――そのかたちと信仰》（1994）、崔福姫（吾印）
的《〈古清涼伝〉から〈広清涼伝〉への文殊信仰の変遷：文殊概念を中
心に》（2003）与《五台山文殊信仰における化現》（2005）、中田美繪
的《五臺山文殊信仰と王權――唐朝代宗期における金閣寺修築の分析を
通じて》（2009）等论文、专著。

　　涉及经典文殊与文殊经典的研究成果数量可观，内容非常丰富。最早
的著作是黑瀬知圓的《文殊師利菩薩考》，出版于 1911 年 10 月，作者从
相关的经典考察文殊菩萨的来历、角色、地位、思想等。加藤咄堂、兒山
敬一、米澤嘉康、西野翠等学者关于《维摩经》的研究包含有关文殊菩萨
的内容，他们分别著有《維摩経講話》（1944）、《無にして一の限定へ：
維摩經・入不二法門品について》（1958）与《維摩經における入不二と
菩薩行》（1964）、《維摩の文殊に対する最初の挨拶：梵文〈維摩経〉
第 4 章第 4 節覚書》（2015）、《〈維摩経〉と文殊菩薩》（2015）；山
田亮賢、中村熏探讨《华严经》所见文殊菩萨，分别著有《華嚴經におけ
る文殊菩薩》（1967）、《〈華厳経〉の菩薩観――特に普賢・文殊・弥
勒の 3 聖の相互関係について》（菩薩観〈特集〉1985）与《〈华严经〉
に于ける文殊菩萨の役割》（2016）；另有大南龍昇的《三昧経典と文殊
菩薩》（1974）、氏家昭夫的《般若経と文殊菩薩》（1976）、光川豊芸
的《〈宝積経．大神変会〉の研究－三種神変と菩薩の行について》（1985）、
Shakya Sudan:《仏教文献に見られる文殊師利の解釈の展開について》
（2009）等；文殊经典研究方面的成果主要有服部法照的《文殊師利般涅
槃経と観経類》（1990）；光川豊藝的《文殊菩薩とその仏国土：〈文殊
師利仏土厳浄経〉を中心に》（1990）；村上真完、及川真介（校註）:《文
殊經典部（Ⅰ）：大方廣寶篋經、阿闍世王經等經典》（1993）；高崎直
道、河村孝照（校註）《文殊經典部（Ⅱ）：維摩經、思益梵天所問經、
首楞嚴三昧經》（1993）。光川豊芸:《文殊師利菩薩「所説経」の研究――
文殊の説く教説と神変を中心に》，《龍谷大學論集》第 450 號，1997 年

7月，頁 41-76。佐々木一憲的《文殊法の概要——〈文殊経典〉に説かれる文殊の教え》（2008）中御門敬教的《文殊菩薩の浄土経典：蔵訳〈文殊師利仏土厳浄経〉の翻訳研究》（2014）；齋藤智寛的《『楞伽師資記』考：『楞伽経』と『文殊般若経』の受容を手がかりに》（2014）等。

密教文殊方面的研究成果主要有村瀬鑛司的《千鉢文殊經眞偽小考》（1940）堀内寬仁的《文殊儀軌経の梗概 主として経の説明について》（1949）、《文殊儀軌経の梗概 -2-》（1950）；塩入亮忠的《文殊菩薩とビンヅル尊者》（1954）；前田崇的《〈文殊儀軌經〉にみる大集會》（1973）；小田寿典的《ウイグル文文殊師利成就法の断片一葉》（1974）；松長有慶的《〈文殊師利根本儀軌〉の成立》（1980）；福田亮成的《空海と文殊法身礼》（1987）；伊藤加奈子的《アラパチャナ文殊五尊マンダラの翻訳研究》（2001）；林崇安译、月官菩萨：《圣妙吉祥真实名经广释》（2001）大塚恵俊的《〈文殊師利根本儀軌經〉所説の最勝パタ成就法について》（2013）；奥山直司的《文殊菩薩と金剛囉縛尊》（中国五台山"文殊信仰暨能海上师诞辰 130 周年国际学术论坛"提交论文，2016-08）等。

关于文殊思想与法门研究方面的成果相对较少，千岛文仓于 1916 年发表的《文殊思想发展论》是较早的论文，一直到上世纪 70 年代这方面几乎处于空白，1974 年静谷正雄的《初期大乘佛教の成立過程》出版，之后有佐藤哲英的《文殊師利法王子について》、西義雄編的《大乘菩薩道の研究》（1977）、小島岱山：《李通玄における文殊菩薩の思想と周易思想との交流》（1986）、藤泽隆子的《文殊菩薩建立的源流》（2000）、坂上雅翁的《文殊菩薩と念仏，浄土教の思想と歷史：丸山博正教授古稀記念論集》（2005）、佐々木一憲的《文殊法の概要——〈文殊経典〉に説かれる文殊の教え》（2008）、坂本廣博的《"文殊般若"が四種三昧の引証に使われる理由》（2011）、静慈圆的《文殊菩薩法》（中国五台山"文殊信仰暨能海上师诞辰 130 周年国际学术论坛"提交论文，2016-08.）等。

从所列研究成果条目可以看出，从 20 世纪初至 20 世纪 60 年代，关于文殊菩萨的研究成果仅 15 篇左右，占到总数的十分之一。70 年代以后，日本的研究成果成倍增长，特别是进入 21 世纪以后，研究成果约近 60 余篇（部）。研究内容广泛而深入，涉及文殊信仰、文殊法门与思想、五台山文殊信仰与世俗社会之间的关系、五台山文殊信仰对日本的影响、密教文殊等方面，研究方法与议题呈现出多样化的态势。

三、五台山高僧研究

历史上五台山高僧辈出，灿若星辰，本书涉及的五台山高僧包括对五台山有过突出贡献及重大影响的部分中国僧人和历史上到五台山巡礼求法的古印度、西域、尼泊尔、斯里兰卡的部分高僧以及日本主要僧人，共 20 余位，包括慧远、昙鸾、法藏、澄观、法照、道宣、不空、含光、紫柏真可、憨山德清、普济禅师、般若三藏、灵仙、圆仁、圆珍、奝然、戒觉、成寻、古源邵元等，其中关于慧远、昙鸾、法藏、澄观、道宣的研究成果最为丰硕，还有很多重要高僧未被国外学者关注、研究，还有的由于资料所限，笔者未能收集。学者们对以上僧人的关注与研究，从 20 世纪上半叶至今，出现大量研究成果。

关于东晋佛教领袖慧远大师的研究，笔者收集的成果近 60 篇论（部）。对慧远的念佛思想、神不灭思想、方外思想、儒释道融合、生平考证、慧远著作的流传等方面均有研究。昭和 37 年（1962）创文社出版的由木村英一编的著名杂志《慧远研究》是京都大学人文科学研究所东方部的中国中世思想史研究小组共同的智慧，对慧远生平及思想加以研究，强调慧远对中国佛教的影响。论述慧远念佛思想的作品主要有山口觉勇的《卢山慧远の念仏三昧论》（1932）、生隆三的《庐山慧远の念仏》（1934）、藤原凌雪《慧远の念仏思想》（1940）、金子真補发表的《廬山慧遠の念仏思想》（1965）、玉城康四郎发表的《廬山慧遠における念仏三昧の特徴》（1982）、中山正晃的《廬山慧遠の念仏三昧観》（1997）等论文。探讨

慧远的神不灭思想的有板野长八在 40 年代发表的《慧远の神不灭论》和《慧远僧肇の神明観を论じて道生の新说に及ぶ》。另外，村上嘉实发表的《慧远教団と国家権力》、村上嘉实的《慧遠の方外思想》（1962）、小林正美发表的《慧遠〈沙門不敬王者論〉の一考察》（1977）、田中文雄的《慧遠の〈沙門不敬王者論〉にあらわれたる沙門不应拝俗思想について》（1980）等论文集中研究慧远的方外思想。著名学者牧田谛亮发表《慧遠著作の流伝について》（1962）、2006 年又在中日第十一次佛教学术交流会议上发表论文《慧远传的变迁——关于〈庐山远公话〉》，探讨敦煌出土的《庐山远公话》和元代普度的《庐山莲宗宝鉴》卷四的《辨远祖成道事》的记述及两者的关联等问题。其他研究成果将在目录中呈现。

昙鸾大师出家于五台山佛光寺，开创了五台山净土宗，是中国北魏时期的高僧，被日本净土宗奉为"祖师"，新罗佛教界对昙鸾也推崇备至，对日本、朝鲜佛教影响深远。昙鸾研究也是日本学界研究的热点，从上世纪 20 年代至今，仅研究成果就有 150 余篇（部），集中论述了昙鸾大师的净土思想、昙鸾大师的教学、昙鸾大师在佛教史上的地位、昙鸾大师传研究等。最早的研究成果是 1921 年常盘大定发表的《鸞綽二師の遺跡に詣して》，之后的研究成果纷纷面世，直到现在从未间断。

华严三祖法藏大师对日本华严宗的形成有直接的影响。日本僧审祥曾跟随法藏大师学习华严，归国后宏扬华严宗旨，讲述《六十华严经》，后被尊称为日本华严宗初祖。关于法藏大师的研究，也有近百篇（部）。不同于慧远和昙鸾，日本学者对法藏的关注比较晚，约从上世纪 50 年代开始。1954 年，目幸黙僊发表了《法藏教学における因果二分思想》，之后山田亮贤、鎌田茂雄、小林实玄、鍵主良敬、吉津宜英、赤尾栄慶、舘野正生、木村清孝等发表了大量作品，都是研究法藏思想与法藏教学的主力。

关于澄观的研究收集有 50 余篇（部）。从上世纪 40 年代开始，日本学者在研究华严学的过程中开始关注澄观，如河野云集的《华厳教学研究の回顾》（1941），龟川教信的《三圣円融の思想体系》（1942）都对其学说进行了概述。后来的学者中，有两位对澄观的关注比较多，一是镰田

茂雄，著作主要有《澄観の华厳と老荘思想》《清凉澄観の心性说》《海印三昧について》《二人の澄観》《中国华严思想史的研究》等；二是吉津宜英，著作主要有《澄観の禅宗観について》《华厳教判论の展开》《顿教に対する澄観の解释について》《法蔵と澄観の唯心义解释》等。此外，其他的学者也有不少研究成果，如宫地清彦的《澄観の教判论について》、加藤精一的《空海と澄観》等。此外，进入 21 世纪，也有一些中国学者在日本刊物发表论文，如中国人民大学的张文良就发表有《澄観における如来蔵と阿頼耶识について》《澄観における无念と离念》《澄観：华厳思想の研究："心"の问题を中心に》《澄観における戒律思想》《澄観における空と仏性》等。

　　有关法照法师的研究论文共搜集到 11 篇论文。最早研究法照和尚的学者是佐藤哲英，主要成果有《法照和尚念仏讃の纸背文书について》（1951）、《法照和尚念仏讃解説》（1958）、《法照和尚念仏讃》（1963）等；藤原凌雪的《後善導としての法照禅師》（1952）；之后面世的成果有齐藤隆信的《法照崇拝とその凋落》（1967）、大松博典的《法照の玄義解释》（1978）、広川尭敏的《敦煌出土法照関係资料について》（1982）、齐藤隆信的《法照の礼讃偈における通俗性》（2004）、程正《法照撰『浄土法身讃』の依拠文献について》（2004）、伊藤進傳《『浄土五会念仏略法事儀讃』について》（2008）等。

　　从上世纪 30 年代末开始，关于道宣的研究文章不到 50 篇（部），内容集中于道宣的感通事迹、道宣的戒律观、禅观、修道观乃至食物观和袈裟观等。1939 年，甘蔗円达著《道宣の支那戒律史上に于ける地位》，对道宣在佛教戒律史上的地位进行了肯定。相隔 20 年后，从 60 年代开始，佐藤达玄、山崎宏、前川隆司、土桥秀高等相继撰写了《道宣の吉蔵伝について》《唐の道宣の感通について》《道宣の仏教史観》《道宣の菩萨戒》，对道宣进行了深入研究。后来的代表作，还有平川彰的《道宣の法华经観》、佐藤达玄的《道宣と戒律》、川口义照的《道世と道宣の撰述书》鸟居本幸代的《南山道宣の袈裟観について》；土桥秀高的《道宣の戒律への思念》以及戸次顕彰的《道宣の四种三宝说について》等。

不空是中国四大翻译家之一，翻译密教经典 110 部 143 卷，也是推动五台山文殊信仰的重要高僧之一，而日本对不空的评价更高，认为"他是日本真言密教的始祖空海（744-835）思想形成的重要祖师"，[①] 因此，关于他的研究也是日本学界的热点，其论著有近 80 篇（部）。从 30 年代开始，添田隆俊就撰写了《不空羂索経の成立に就いて》（1931），其后，长部和雄撰写了《不空三蔵渡天年次釈疑》（1942），木内央发表了《伝教大师と不空表制集》（1966）和《伝教大师の密教相承と不空三蔵》以及《伝教大师に及ぼした不空三蔵の影响》（1969）。此外，岩崎日出男还发表了《不空三蔵と哥舒翰》（1986）和《不空三蔵と粛宗皇帝》（1986），吉田宏哲也发表了《不空三蔵の密教について》《不空三藏与文殊信仰》（1995）都对不空三藏进行了重要的研究。近年来，关于不空三藏研究的成果也有不少，如岩崎日出男的《不空三蔵の五台山文殊信仰宣布に关する诸问题——特に中田美絵氏の拙论に对する批判への反论を中心として》、柴田宪良的《不空奏上の文殊上座と最澄提唱の僧形文殊》和《不空による文殊信仰と大乗による护国：北周の廃仏の后代への影响》等。

关于日本历史上参与唐朝汉译佛典事业的唯一日本学问僧灵仙三藏的研究成果仅仅找到近 10 篇，近代学者妻木直良、高楠顺次郎、小野玄妙分别发表《唐代の訳場に参したる唯一の日本僧》《霊仙三蔵行歴考》《五台山金閣寺含光大徳と霊仙三蔵》等论文，当代学者赖富本宏 1981 年发表《入唐僧霊仙三蔵》，鎌田茂雄发表《仏教聖地・五台山：日本人三蔵法师の物语（仏教聖地・五台山）》（1986）、大原正義发表《〈入唐求法巡礼行記〉にみる霊仙三蔵像》（2003）等。

关于圆仁的研究一直是日本学术界的重点。由于圆仁对日本佛教、日本文化以及中日两国佛教交流的贡献巨甚，在日本佛教界享有崇高地位，所以备受中日两国学者的关注。中国对圆仁的研究多集中于《入唐求法巡

---

① 吉田宏哲：《不空三藏与文殊信仰》，《五台山研究》，1995 年第 1 期，第 26 页。

礼行记》的史料价值研究，包括佛教、新罗资料、语言文字、交通、经济、文学等方面的研究，对圆仁的佛教思想以及对日本佛教的影响方面研究不多，杨曾文、吕建福、徐少强等学者对圆仁的密教思想有所研究，而国内学者对圆仁与真言教、净土教、禅宗的关系以及圆仁所著疏、论的研究还少有触及。日本学界对圆仁的研究更全面、更深入，本书收集了近 90 篇（部）学术成果，内容涉及圆仁生平、圆仁的佛教思想、圆仁对日本佛教的影响、圆仁对日本佛教艺术的影响、圆仁巡礼求法及其日记、圆仁的寺院经济等方面。时间从 1921 年直到现代从未间断。圆仁生平研究成果主要有服部清道《慈覚大師誕生伝説地盥窪考》（1939）、田島隆純《慈覚大師の真の誕生地に就て》(1939)、荒槙純隆《慈覚大師生誕地考》(1993)等；圆仁佛教思想研究成果主要有清水竹笋的《慈覚大師の真言教について》（1924）、恵谷隆戒的《慈覚大師の浄土教系について》（1929）、清水谷恭順的《台密思想史上の慈覚大師》（1956）、大山公淳的《慈覚大師の密教》（1961）、小野勝年的《圓仁の見た佛教仪礼》（1964）、木内堯央的《慈覚大師円仁の修道論》（1980）、千葉照観的《慈覚大師の「即身成仏」解釈について》（1984）、大久保良峻的《円仁の即身成仏論》（1983）、中村壮太的《円仁の思想と歴史的意義について》（2005）等；圆仁巡礼求法及其日记研究：岡田正之的《慈覚大師の入唐紀行に就いて》（1921–1923），上世纪六十年代小野胜年相继出版《入唐求法巡礼行记の研究》共四卷、福井康順发表《〈入唐求法巡禮行記〉發疑小攷》（1985）、田中松雄发表《古代の国際交流——入唐求法巡礼行记に学ぶ》（1993）、荒槙純隆发表《入唐求法巡礼行記》（2001）、赤間恵都子的《海外探訪記 中国旅行記「円仁の旅」——青島から五台山へ》（2010）、一文字昭子的《円仁の足跡を辿る旅：赤山法華院跡および五台山》（2010）、河野保博的《円仁の足跡を訪ねて》（2012）、西尾賢隆的《円仁の見聞した会昌廃仏》（1979）、薄井俊二的《旅行日記における五台山—円仁と徐霞客（旅行日记中的五台山——圆仁与徐霞客）》（2016）等；圆仁对日本佛教艺术的影响方面的研究成果主要有有賀祥隆的《円仁と仏

教美術》（2008）、佐和隆研的《最澄・円仁の請来した美術》（1966）、
北進一的《円仁五台山文殊を見聞す——五台山文殊像の成立をめぐって》
（2005）等。

　　除了以上 8 位高僧外，学者们对含光、紫柏真可、憨山德清、普济禅
师、般若三藏、日本巡礼僧灵仙、圆珍、奝然、成寻、戒觉、古源邵元等
均有不同程度的研究。关于古源绍元的研究成果不多，笔者只找到常盤大
定、塚本善隆、佐藤秀孝三位学者的研究成果。

四、五台山寺庙研究

　　笔者找到的关于五台山寺庙研究的专著与论文近 20 篇（部）。日本
关于五台山寺庙的研究于上世纪初就开始了，常盘大定与关野贞于 1925
年出版的《支那佛教史迹》一书中就介绍了佛光寺，鎌田茂雄著《中国仏
教の寺と歴史》（1982）与二橋進出版著《五台山の寺々：日中仏教交流
の源泉をたずねて》（1986）都是寺庙研究的佳作。日本学界的寺庙研究
多集中于竹林寺、金阁寺、清凉寺、碧山寺以及普通院等。竹林寺是《清
凉山志》所载重要寺庙，在唐代是五会念佛的中心道场，圆仁在五台山求
法时最初的 15 天在这里度过，并将五会念佛带回日本，所以竹林寺对日
本而言具有特别重要的意义，由此日本学者对该寺投入更多的目光。主要
成果有竹林寺遗迹调查团出版的《竹林寺遗迹》（1978）、小川寿一著《竹
林寺誌》（1987）、斎藤忠的论文《五台山竹林寺跡の塔について》（1996）、
斎藤忠著《中国五台山竹林寺の研究：円仁（慈覚大師）の足跡を訪ねて》
（1998）、坂上雅翁的《五台山大聖竹林寺について》（2003）、中尾良
蔵著《竹林寺の歴史：行基・忍性・円照たち》（2006）等。其中斎藤忠
数次到五台山实地考察竹林寺，并追寻圆仁及圆仁前后来五台山巡礼的日
本僧人之足迹，著《中国五台山竹林寺研究——円仁（慈覚大師）の足跡
を訪ねて》（1999），全书共分三编探讨竹林寺的发展历程及与日本的关系；
第一编记述五台山与圆仁，分别从五台山概貌、圆仁与《入唐求法巡礼行

记》以及圆仁前后参访五台山的日本僧侣叙述；第二编 通过对文献的考察、圆仁与竹林寺、圆仁之后的竹林寺、日本研究人员参访的竹林寺、竹林寺的遗迹以及敦煌石窟第 61 窟五台山图中的竹林寺等六个方面进行阐释；第三编 对朝鲜半岛和日本的影响以及关于竹林寺的种种问题。

五台山金阁寺研究主要有千葉照觀：《金閣寺建立に見られる佛頂思想》（昭和六十年度 天台宗教學大會記念號）（1985）与《不空の密教と金閣寺》（1987）、中田美繪的《五臺山文殊信仰と王權——唐朝代宗期における金閣寺修築の分析を通じて》（2009）、岩崎日出男的《五臺山・金閣寺の構造とその教理的背景について》（2013）等。此外，对清凉寺、碧山寺、普通院的研究分别有陳舜臣的《五台山清凉寺》（1998）、冢本善隆撰《五台山唯一の十方派碧山寺》（1943）、高瀨奈津子的《中唐期における五台山普通院の研究：その成立と仏教教団の関系》（2013）。

五、五台山佛教艺术研究

随着五台山佛教的发展，形成了独具特色的五台山佛教艺术。五台山佛教艺术是中国传统文化的瑰宝，也是世界艺术领域的奇葩。笔者将其分为三类：1、图像艺术 2、建筑艺术 3、音乐、舞蹈和其它形式的艺术。

1. 文殊菩萨图像学研究

以壁画与雕塑为主要艺术形式的文殊菩萨图像学研究，孙晓岗教授的《文殊菩萨图像学研究》是目前最系统的文殊菩萨图像学研究的力作，具有很高的学术价值。作者"采用佛教史、图像学、文献学、年代学、类型学等方法，从文殊图像开始，探讨佛教艺术的中国化、世俗化、五台山佛教与文殊信仰的传播间的关系"，对中国文殊图像以及日本文殊图像进行了深入细致的考证与分析。根据孙晓岗教授的研究，无论是在中国还是日本，由于五台山文殊信仰的影响，佛教艺术后期出现的文殊图像，都与五台山文殊化现有着密切联系。① 关于中国文殊图像研究的内容涉及经典仪轨中的文殊菩萨像，如《维摩诘经》《法华经》《华严经》的文殊菩萨像；敦煌五台山图；五台山文殊像；密教艺术的千手千钵文殊图。日本的文殊图像包括反映五台山文殊信仰系统与密教文殊信仰系统的图像，五台山文殊信仰系统的图像主要有文殊三尊像、文殊五尊像、渡海文殊像，密教文殊信仰系统的图像有八字文殊图、一髻文殊、五髻文殊、僧形文殊像等。

　　本书收集的文殊菩萨图像学研究成果包括日本学者对中国与日本的文殊菩萨图像学研究的论文、论著。近代以来，日本学界关于文殊菩萨图像的研究成果层出不穷，似乎这是关于文殊信仰研究的最大热点，能搜集到的成果，就有近100余篇（部），涉及类别齐全、内容丰富、题材广泛，研究深入。从时间上来看，从上世纪初至40年代的成果，约有20余篇。从50年代到70年代，成果骤增，约50余篇（部）。80-90年代，成果约有50余篇（部）。进入21世纪，这一主题的文章有近40篇。

　　日本佛教美术兼藏经学者小野玄妙所著《仏像の研究》（1918）是该领域最早的专著，之后问世的专著还有小野玄妙著《大乘佛教藝術史の研究》（1927）与《佛教の美術と歴史》（1937）；水野清一著《中国の雕刻》（1960）；大村西崖著《中国艺术史·雕塑篇》（1961）；松原三郎著《中国佛教雕刻史研究》（1961）；水野清一著《中国の佛教美术》（1968）等。

　　关于经典文献中的文殊菩萨像的研究成果主要有：松本荣一的《法华经美术—法华经变相篇》（1926）、水野清一的《いわゆる华严教主卢舍那の立像について》，《东方学报》（1950）、相见香雨的《新出现の宋拓华严入法界品善财参问变相经について》（1954）、梅津次郎的《华严入法界品善财参问变相经について（上下）》（1954）与《华严入法界品善财参问变相经及解题》（1960）、藤枝晃的《维摩变の系谱》（1964）、山田亮贤的《华严经における文殊菩萨》（1967）、小野玄妙编《大正新脩大藏經圖像》（1976-1978）、百桥明穗的《善财童子历参图について》

_____

① 孙晓岗：《文殊菩萨图像学研究》，甘肃人民美术出版社，2007年1月。

（1979）、井上曙生的《経典と図像－文殊菩薩に関して》（1984）、赖富本宏的《文献資料に見る文殊菩薩の図像表現》（1985）、石松日奈子的《維摩和文殊造像的研究》（1993）、石松日奈子的《維摩・文殊像の研究——中国南北朝期仏教美術における左右対置表現の一例として》（1995）、瀧本弘之《中国古版画散策（第 2 回）仏国禅師文殊指南図讚：「入法界品（にゅうほつかいぼん）」にあらわされた可憐な童子の求道（ぐどう）遍歴》（2015）。

　　日本学者对敦煌石窟中的五台山佛教绘画同样关注较早，关于敦煌地区有关文殊菩萨壁画与造像的研究成果，主要有小野玄妙的《敦煌千佛洞壁画千手千钵文殊曼荼罗に就いて》（1922）、泷精一的《敦煌千佛洞出の古画に就いて》（1922）与《敦煌出文殊普贤四观音図解》（1922）、松本荣一的《西域华严经美术の東漸》（1936）与《敦煌画の研究》（1937）、日比野丈夫《敦煌の五台山図について》（1958）、松本史朗的《敦煌の五台山図について》（1958）、菊竹淳一的《敦煌の佛教版画——大英博物館とパリ国立図书馆の收藏品を中心として》（1979）、小山满著的《敦煌第六十一窟《五台山図》研究》（1983）、日比野丈夫的《敦煌の五台山図について》（1983）、大岛幸代的《敦煌地域における騎獅文殊像の駅者像について：胡人駅者と于闐王》（2014）等。

　　五台山文殊菩萨像的研究：下店静市的《五台山文殊の展開》（1941）、日比野丈夫的《五臺山の二つの元碑について》（1973）、白畑よし《文殊菩薩騎獅像》（1971）、徳永弘道的《文殊騎獅像》（1972）、宮治昭、山田耕二的《ガンダーラ三尊形式の両脇菩薩像について．インド．バキスタソ的佛教図像调查》（1985）、伊东史郎的《獅子表現の源流とその展開に関する研究》（1986）、田边三郎助的《五台山と文殊普賢の図像—五台山信仰の一側面—》（1988）、高瀬多聞的《文殊五尊図像に関するいくつかの問題》（1990）、紺野敏文的《文殊信仰のメッカ——五台山紀行》（文殊菩薩像）（1992）、岩崎日出男的《不空三蔵の五台山文殊信仰宣布における文殊像》（1996）、朴亨國的《中国における騎獅文殊と騎象普賢の成立と一対化過程に関する一試論》（2004）、小岛裕子的《从歌唱五台山文殊的〈梁尘秘抄〉看嵯峨清凉寺奝然的五尊文殊请来》（2005）、皿井舞的《院政期における宋代美術の受容について——五台山騎獅文殊菩薩像を中心に》（2005）、北進一円仁的《五台山文殊を見聞す——五台山文殊像の成立をめぐって》（2005）、増記隆介的《〈応現観音図〉と五台山図》，《術史論集》（2014）、田邊三郎助的《五臺山の文殊と普賢圖像——五臺山信仰の一側面》等。另外日本的《文殊渡海图》源自中国五代时期兴起的五台山"新样文殊"题材，两宋时期来五台山巡礼的日僧将"新样文殊"五尊题材带回日本广为流传，成为日本平安、镰仓时代佛教艺术表现的重要题材之一。对此类图像的研究成果包括田中喜作的《文殊渡海》（1941）与《文殊渡海追记》（1941）、大串纯夫的《渡海文殊像について》（1943）、松村政雄的《渡海文殊图—见家藏》（1962）等。

关于日本密教系统的文殊图像研究：日本平安末期仁和寺僧人恵什编集的佛像图集《图像抄》就有一髻文殊、六字文殊、八字文殊、骑狮文殊菩萨等图像，欧阳瑞（Raoul Birnbaum）博士在《文殊师利神秘性研究：一组东亚曼陀罗及其传统符号系统》中对文殊菩萨图像的绘制方法、价值以及图像与经典及信仰的关系进行了详细论述。《别尊杂记》、《觉禅抄》等图像集也有一髻文殊、五髻文殊像。这方面研究的主要成果有：《五髻文殊图（传珍海笔）》（1909）、藤悬静也的《文观僧正と八字文殊师利菩萨图》（1919）、西村兵部的《绣五髻文殊像について》（1951）、中村溪男的《稚儿文殊像》（1965）、野间清六的《稚儿文殊像について》（1965）、高崎富士彦：《八字文殊像について》（1971）、長谷川誠的《僧形文殊像》（1971）、水野敬三郎的《宋代美术と镰仓雕刻》（1977）、田中義恭、星山晋也編著，《目でみる仏像・菩薩》（1986）、内田啓一的《八字文殊画像の図像学的考察》（1987）、赖富松浦 正昭的《菩薩像の発生と展開——奈良国立博物館特別展「菩薩」》（1987）、賴富本宏的《インド現存の文殊菩薩像》（1988）、賴富本宏的《パ−ラ朝期の文

殊菩薩像》（1988）、林 温的《新出の八字文殊曼荼羅図について》,（1995）、森雅秀的《パーラ朝の文殊の圖像學的特徵》（1996）、山本勉的《東京國立博物館保管 文殊菩薩立像》（1996）、森雅秀的《パーラ朝の文殊の圖像學的特徵》（1996）、宮治昭的《インドから中国への仏教美術の伝播と展開に関する研究》（2001）、（2005–）、住綾乃的《袈裟をつける文殊菩薩像について》（2011）、吉村稔子的《図版 正智院蔵〈八字文殊曼荼羅図〉》（特輯 別尊曼荼羅）（2016）。

2. 五台山建筑艺术研究

佛寺建筑作为佛教文化的实际载体和依托，历史上五台山的寺庙曾出现两次高峰，第一次高峰是北齐时寺庙数量 200 余座，第二次高峰是盛唐时期，寺庙数量可达 360 余座。清代佛教鼎盛时期佛寺 122 座，其中青庙 97 座，黄庙 25 座。[①] 根据 2017 年五台山佛教协会的普查统计，目前全山共有依法登记的宗教活动场所 84 处，其中藏传佛教寺庙 12 处，筹建处 10 处。[②] 五台山的佛寺建筑跨越 7 个朝代，建筑样式各有特色，规模大小不一，是 "东亚乃至全世界最宏大的佛教古建筑群"，是研究中国古代佛教建筑艺术的活标本。其中五台山佛光寺、显通寺、塔院寺、菩萨顶、殊像寺、碧山寺、金阁寺、南山寺、龙泉寺等景点作为文化景观列入《世界遗产名录》。中国现存四座唐代木构建筑，五台山就保存有两座，即佛光寺与南禅寺，被称为唐代木构建筑的 "双璧"。尤其是佛光寺东大殿是当时发现时我国唯一的木构建筑，是五台山申遗的重要支撑，有学者认为佛光寺是理解中国建筑的关键。

日本学者对中国建筑进行广泛的考察开始于上世纪初，并撰写了大量考察报告，出版了不少该领域的著作。日本建筑学科的创始人、东亚建筑研究的先驱伊东忠太（1867–1954），先后六次来华进行建筑考察，著有《支那建筑史》（又名《中国建筑史》）《东洋建筑研究》《中国建筑装饰》

① 崔玉卿：《五台山世界文化景观的价值和影响》，《山西日报》，2010 年 4 月 12 日第 C03 版。
② 昌善法师：《五台山文化与对外交流》，《第五届世界佛教论坛论文选编》，2018 年。

《法隆寺》《见行学记》《中国纪行》等著作。作者第二次（1902 年 6 月）入华考察涉足山西五台山，其《中国建筑史》一书中介绍了五台山的地理、沿革、主要寺院（包括大显通寺、大塔院寺、慈福寺、罗睺寺、殊像寺、南山极乐寺）以及当时的登山路线。据书中介绍当时台内共有佛刹六十四所，其中有十处藏传佛教寺院。重点介绍显通寺与塔院寺的布局、建筑样式、建筑材料、供奉佛像、大白塔，并配有平面图，但文字较为简明扼要，没有倾注太多笔墨。

日本建筑学家、东京大学教授关野贞（1868-1935）致力于文化遗产的保存，"通过对中国建筑的广泛考察和深入研究，逐步形成了自己的中国建筑与遗产观。"[①] 关野贞与佛教史专家常盘大定（1870-1945）合作将考察所摄的大量照片整理编辑，并一一加以评解，1925 年—1926 年出版四册《支那佛教史迹》，1927 年补充出版第五册《支那佛教史迹》，1939 年合著出版《中国文化史迹》。《中国文化史迹》的五台山部分收集了 39 幅图，包括明月池、南山寺、大塔院寺、大显通寺、真容院、罗睺寺、大广宗寺、殊像寺、金刚窟、般若寺、北山寺、居士塔、笠子塔、那延罗窟、竹林寺、清凉台、千佛塔、金阁寺、灵境寺、法华寺、大佛光寺等，这些图像记录"表现出了整体环境意识和建筑群体研究意识"，[②] 是文化遗产保护与修缮的重要"原真性"记录。葛兆光撰写的《回首与重访——常盘大定与关野贞〈中国文化史迹〉重印本导言》对《支那佛教史迹》与《中国文化史迹》有较为详细的评述。关野贞著作还有《支那建筑与艺术》（1974）、《支那碑偈形式的变迁》（1935）、《支那文化の遗迹とその保护》、《东洋建筑》（伊东忠太合著，1925）。

70 年代以后的成果主要有关口欣也的《山西省南禅寺·仏光寺·晋祠の古建筑》、武觉超的《五台山诸寺庙の僧数と石碑の现况について》、杉山信三的《五台山建筑行记》、中田美绘的《五台山文殊信仰と王権：

---

① 徐苏斌、何美芳：《解读关野贞的中国建筑图像记录》，《理论与探索》，2014 年第 2 期，P.46-56.

② 同上。

唐朝代宗期における金閣寺修筑の分析を通じて》、湯谷祐三《金閣寺は、金閣寺として建てられた》、坂上雅翁《五台山大竹林寺研究》等论文。

3. 音乐、舞蹈及其他艺术研究

日本关于五台山音乐、舞蹈及其它艺术的研究成果，相对薄弱。五台山佛教音乐是华北佛教音乐的典型代表，具有悠久的历史。上世纪 80 年代出现了一些专论，如天纳傅中的《中國寺院音樂の一考察：『中國音樂家協會編・寺院音樂』の紹介を中心として》（1983）、井上亮淳的《五台山の音楽法要》（1986）、天纳伝中的《五台山寺院音楽の一考察》（1988）等。

关于五台山舞蹈的论文有乔瑞明、桜木阳子译的《五台山の金刚舞——山西の傩舞》（2002）。

研究日本古典歌谣与五台山之关系的学者主要有小岛裕子与雨宫久美，小岛裕子多年来埋首于日本古典歌谣与佛教的关系以及日本各大寺院文献方面的研究，特别是对日本古典歌谣集《梁尘秘抄》颇有建树，论文有《五台山的憧憬带给日本五台山佛教文化的展开》（2004 年五台山国际佛教文化与艺术论坛上发表论文）、《五台山文殊を謡う歌》（2005）；雨宫久美著有《五台山文殊菩萨信仰：謡曲『石桥』の一考察》（2014）。

另有关野贞研究碑偈的成果《支那碑碣形式の变迁》（1935）、松浦智子的《楊家将「五郎為僧」故事に関する一考察》（2011）、小野玄妙的《五臺山寫眞帖》（1924）等。

六、华严研究

五台山成为文殊菩萨的应化道场，与《华严经》的传播有着密切的联系。《华严经》有三个译本，最早的是东晋时期佛陀跋陀罗（359–429）翻译的六十《华严经》，第二个译本是唐武则天时期实叉难陀（652–710）翻译的八十《华严经》，还有一种是般若三藏翻译的四十《华严经》。以《华严经》为宗经的华严宗起源于终南山，但因为华严三祖法藏、四祖澄观对《华严经》之"清凉山"与五台山关系的认定与阐发，使得五台山成为华严宗人的渴慕之地，成为传习《华严经》的重要阵地。法藏翻译并研究《华严经》，主要撰述有《华严经传记》《华严发菩提心章》《华严经旨归》《华严经文义纲目》《华严金狮子章》《华严义海百门》等学术著作。澄观驻锡五台山，著作等身，撰有《华严经疏》400 余卷、《大方广佛华严经随疏演义钞》90 卷、《华严经行愿品疏》10 卷等，一生讲《华严经》50 遍，澄观成为传习《华严经》的代表人物，华严学者代有人出，"华严学一度成为五台山佛教的显学和信仰中心。"[①] 国内学者张文良认为，"澄观能够结合中国传统思想文化来阐释华严学。从某种意义上说，华严学的中国化进程在澄观这里进入新的境界。"[②] 本书收集了 326 部（篇）关于华严研究的著作与论文，涉及众多华严学者，内容涵盖《华严经》、华严宗、华严学等，反映了日本研究华严的盛况与学术轨迹。

最早的华严研究成果是汤次了荣所著《華厳大系》（1915）、《華厳学概論》；齋藤唯信著《華厳学綱要》（1920）；龜谷聖馨《華厳哲学研究》（1922）、《華厳聖典研究》（1925）、《華厳大経の研究》（1931）；近三十年来有专门研究中国佛教史及华严思想的已故日本东京大学名誉教授、国际佛教学大学院大学教授、文学博士鎌田茂雄，著有《華厳の思想》（1988）、《無限の世界観〈華厳〉仏教の思想》（合著，1996）、《和訳一華厳経》（1995）、《中国华严思想史研究》、《中国佛教思想史研究》、《华严学研究资料集成》等重要著作；东京大学名誉教授、日本印度学佛教学会前理事长木村清孝教授《初期中国華厳思想の研究》（1977）、《NHK ライブラリー 53 華厳経をよむ》（1997）、《人物 中国の仏教 法藏》（与键主良敬合著，1991）；驹泽大学教授吉津宜英《華厳禅の思想史的研究》、《華厳一乗思想の研究》；玉城康四郎的《仏教・入門シリーズ 華厳入門》（1992）；末綱恕一的《華厳経の世界》（1981）；坂本幸男的

---

① 方立天：《略谈华严学与五台山》，《五台山研究》，1988-03-01，P.23.
② 张文良：佛教要关注当代社会发展，不能成为考古学，菩萨在线。

《仏陀の智慧 華厳経講話》（1982）；江部鴨村訳《口語全訳華厳経（上下）》（1996）；森本公誠的《善財童子求道の旅 華厳経入法界品》（1998）；山辺習学的《華厳経の世界 —人生修行の旅—》（1998）；竹村牧男的《華厳とは何か》（2004）等著作。

　　还有一位学者的研究与五台山华严关系密切，即日本东京大学博士、华严学研究所所长小岛岱山，他曾多次到五台山参观考察，提出了终南山系华严思想与五台山系华严思想并存的观点，指出终南山一派侧重于建立学说体系，五台山一派偏重于实践修行。小岛岱山的主要研究成果有：《新たなる中国華厳思想史》（1990）、《中国華厳思想史再考》（1996）、《五台山系華厳思想の日本的展開序説》（2000）、《五台山系華嚴思想の中國的展開（二）—慧洪覺範に與えた李通玄の影響》（2001）、《〈宗镜录〉的根本思想在五台山系华严思想、五台佛教文化圈内的华严思想》（1990年7月24日至28日"首届五台山中日佛教学术会议"提交论文）、《五台山系的华严思想和作为艺术根底的思想》（2004年五台山国际佛教与艺术论坛提交论文）、《中国华严思想史的再认识——五台山系华严思想与终南山系华严思想》（与黄玉雄 合著《五台山研究》2000年04期）、《澄観における老易厳一致の華厳思想と四法界》（1998）、《新華厳経論の文献学的並びに注釈学的研究》（1984）、《仏教の霊山 五台山——入唐僧もめざした仏教の聖地》（特集 中国の名山——伝説と信仰の山22選）（2000）、《中國華嚴思想史的再認識——五臺山系華嚴思想與終南山系華嚴思想》（2000）、《五台山系仏教文化圏の構想の発展形態 -- 五山文学に与えた五台山系華厳思想の影響》（2004）、《五臺山佛教文化圈内的華嚴思想——五臺山系華嚴思想的特徵和發展》（1995）、《李通玄の根本思想—真法界思想の形成とその思想史的意義》（1983）、《李通玄における文殊菩薩の思想と周易思想との交流》（1986）、《李通玄における三聖円融思想の解明》（1987）等。

　　其余诸多华严学者及其作品不能尽述，大致研究动态可浏览下文目录。

七、古文献研究

涉及五台山的日本古文献非常丰富，主要有唐玄肪的《五台山记》、圆仁的《入唐求法巡礼行记》（唐）、圆珍的《传教大师行业记》与《行历抄》（唐）、景戒的《日本灵异记》（822）、寂照的《来唐日记》（宋）、奝然的《在唐记》（宋）、戒觉的《渡宋记》（宋）、成寻的《参天台五台山记》、日本后白河法王第 77 代天皇所编今様的歌谣集《梁尘秘抄》（1169）、虎关师炼的《元亨释书》（1322）、卍元师蛮的《本朝高僧传》（1703）、惠什编集的《图像抄》（日本平安末期）等。其中唐玄肪的《五台山记》、寂照的《来唐日记》、奝然的《在唐记》等已经佚失，奝然的《入宋巡礼行记》也已大部分佚失。

本书收集的有关日本学者对五台山古文献的研究，主要分为两类，一类是对日本古文献《日本灵异记》《入唐求法巡礼行记》《参天台五台山记》《渡宋记》等著作的研究，一类是对中国古文献五台山古传《佛顶尊胜陀罗尼经》等文献的研究。此类研究成果约百余篇（部），以第一类的相关研究为主。

成书于八世纪的《日本灵异记》是日本文学史上第一部佛教说话集，为奈良药师寺的僧人景戒所撰，书中记述了"黄金山者五台山也"，"行基大德者文殊师利菩萨反化也"的佛教传说。日本学者关于《日本灵异记》的研究成果甚为丰厚，本书的成果目录只收集了数篇与五台山有关的论文。主要包括山口敦史的《日本霊異記と中国仏教——下卷第 38 縁をめぐって》（1991）、朝枝善照的《〈日本霊異記〉と「五臺山佛教文化圈」について》（1995）、長野一雄的《高僧伝・続高僧伝と日本霊異記——習合思想の比較》（1995）。

关于《入唐求法巡礼行记》的研究，圆仁研究部分已经涉及，在此不再赘述。

《参天台五台山记》（以下简称《参记》）又称《善慧大师赐紫成寻

记》，是入宋僧成寻用和化汉文写成的朝圣日记，记录了成寻宋熙宁五年（1072 年）三月十五日至宋熙宁六年（1073 年）六月十二日间入华求法过程中的所见所闻，其中有不少篇幅是关于巡礼五台山的。成寻巡礼五台山是一段颇为愉快殊胜的旅程，受到神宗皇帝与各级官府的厚待，朝廷派使臣引伴，御马、兵士护送，拜五个台顶，入住真容院，瞻礼文殊圣相，参拜文殊阁、四重阁、宝章阁、集圣阁、大华严寺等，并参见《广清凉传》作者延一，偶遇天竺三藏，收获颇丰，巡礼完成后向神宗呈献"庆悦表"以表感恩之情。《参记》对研究宋代中国、中日文化交流史、五台山佛教具有独特的史料价值，与圆仁的《入唐求法巡礼行记》被誉为日本僧人中国旅行记的双璧。

　　关于《参记》的版本源流，根据王丽萍教授的统计，已佚手抄本 3 种、现存手抄本 13 种、影印本 1 种、排印本 9 种（包括中国学者的 2 种）。[①]国内的点校本现有两种版本，白化文、李鼎霞点校《参天台五台山记》（华山文艺出版社 2008 年版）是最早的版本，王丽萍《新校参天台五台山记》（上海古籍出版社 2009）是目前最准确、最可信的版本。日本研究《参天台五台山记》的学者主要有森克己、平林文雄、滕善真澄、衣川强、岛津草子、森公章等。关于版本译注、校订方面主要有岛津草子的《成寻阿阇梨母集·参天台五台山记の研究》（大藏出版，1959）是最早的译注本；改订史籍集览本：《参天台五臺山记》（すみや書房，1968）；平林文雄的《〈参天台五台山记〉校本并研究》（1972）对各种版本进行校订和考证；衣川强《〈参天台五台山记〉译注稿》（1）（2005）、《〈参天台五台山记〉译注稿》（2）（2006）、《〈参天台五台山记〉译注稿》（3）（2007）、《〈参天台五台山记〉译注稿》（4）（2008）、《〈参天台五台山记〉译注稿》（5）（2009）；藤善眞澄的《参天台五台山记》（上）（译注，卷一、二、三、四）（2007）、《参天台五台山记》（下）（译注，卷五、六、七、八）（2011）。其它研究成果如下：森克己的《参天台五臺山記について》

---

①　王丽萍，成寻《参天台五台山记》研究，上海人民出版社，2017 年 3 月。p.12-13.

（1956）、《入唐・入宋僧侶の旅行記について》（1972）、《増補日宋文化交流諸問題》（1975）、中島亮一的《『参天台五台山記』の問題点》（1978）、藤善真澄的《日宋交通路の再検討 -- 参天台五台山記箚記》（1988）、上野英子的《参天台五台山記 -- 入宋した老僧の巡礼》（1989）、原美和子的《〈研究ノート〉『参天台五臺山記』にみえる寒山説話について》（1994）、伊井春樹的《成尋阿闍梨の夢と「夢記」――参天台五台山記の世界》（1995）、石井正敏的《〈参天台五台山記〉研究所感――虚心に史料を読む，ということ》（1998）、藤善眞澄的《成尋をめぐる宋人：「参天台五臺山記箚記」二の二》（1998）、《文書・記録の日中文化交流：博徳書と参天台五台山記》，（1999）、《参天台五臺山記の研究》（2006）、井上泰也的《成尋の『日記』を読む――『参天台五台山記』の金銭出納》（2002）、《続々・成尋の『日記』を読む――『参天台五台山記』に見える宋代の日常性》（2008）、《承前・成尋の『日記』を読む：『参天台五台山記』の領域》（2012）、牧田谛亮《在日中文化交流史中〈参天台五台山记〉的意义》、齊藤圓眞的《成尋の参五臺山行》（2006）、远藤隆俊《宋代的外国使节与文书传递》（2008）、水口幹記《成尋の見た夢：『参天台五臺山記』理解へ向けての覚書》（2012）、近藤一成的《〈参天台五臺山記〉科挙記事と北宋応試者数》（2013）、森公章的《成尋と参天台五臺山記の研究》（2014）。

中国的研究成果也甚为可观，近年来从语言学、词汇学角度研究的学术成果最多，主要有王丽萍《〈参天台五台山记〉语词初探》（《语言研究》2006 年第 26 卷第 2 期）、宋红芝硕士论文《东福寺本〈参天台五台山记〉俗字研究》（2009）、何华珍《〈参天台五台山记〉与中日汉字词研究》（中国语学研究《开篇》，2010）、浙江财经大学赖星群硕士论文《域外汉籍〈参天台五台山记〉词汇研究》（2013）、南京师范大学张涛的硕士学位论文《〈参天台五台山记〉词汇研究》（2017）、姚尧《参天台五台山记语言特点和语料价值》（语言研究集刊（第十四辑）2015）；其它各种视角的研究也不少，郭万平的《宋日关系史研究的新史料——〈参天台五台山记〉》（《广西社会科学》，2003 年第 8 期）、曹家齐《〈参天台五台山记〉中所见北宋乘轿风俗》（《中国典籍与文化》，2005.2）、曹家齐、金鑫《〈参天台五台山记〉中的驿站与牒文》（《文献季刊》，2005 年 10 月第 4 期）、王丽萍《〈参天台五台山记〉所载宋人陈咏轶事考》（《文献季刊》，2005 年 7 月第 3 期）等，在众多涉入《参记》的学者中，浙江财经大学外国语教授王丽萍的研究最为精深，其《新校参天台五台山记》（上海古籍出版社 2009）是目前最准确、最可信的版本；专著《成寻〈参天台五台山记〉研究》（上海人民出版社，2017）是中外学术史上第一部研究这一经典的综合性专著，另著有《宋代の中日交流史研究》（日本，勉诚出版，2002）。

　　《渡宋记》是日本平安时代的入宋僧侣戒觉在华的旅行日记。戒觉与两名弟子于 1082 年搭乘宋商刘琨的商船踏上赴宋的旅途，巡礼天台山与五台山，于 1083 年定居五台山真容院，后圆寂于五台山。《渡宋记》的翻刻和译注本主要有：宫内厅书陵部编《伏见宫家九条家旧藏诸寺缘起集·渡宋记》（图书寮丛刊，明治书院，1970）、桥本义彦著《贵族的世纪》附录《渡宋记》（讲谈社，1975）、天台宗典编纂所编《续天台宗全书》史传 2《渡宋记》（春秋社，1988）、宫内厅书陵部编《僧庆政关系资料·渡宋记》（宫内厅书陵部，1991）。关于《渡宋记》的研究成果不多，主要有森克己的《戒覚の渡宋记について》（1972）、《入唐·入宋僧侣の旅行记について》（1972）、荒槙纯隆的《五台山成佛した延曆寺僧戒覺：『渡宋記』の傳えた佛跡荒廢説のゆくえ》（1991）、小野胜年的《关于戒觉的渡宋记》（1973）、小田切文洋的《渡宋僧的精神史谱系 – 戒觉〈渡宋记〉》，《渡宋天台诸僧 – 日中文化交流史一斑》（1998）。[①]

　　对于中国人撰写的五台山古传及大藏经的研究，从上世纪 40 年代就已经开始，1941 年，主要有酒井紫朗的《华北五台山所藏仏教文献调查概况》（1941）、石垣源瞻的《五台山古传考》、酒井紫朗的《华北五台山

[①]　《渡宋记》版本与成果资料主要来源于郭万平：《日僧戒觉渡宋僧补说》，文献季刊，2004 年 10 月第四期。

の大蔵経》（1944）、小野胜年的《古清凉传·广清凉传·广清凉传续遗》、鎌田茂雄的《〈清凉山记〉考—五台山における尊胜陀罗尼信仰》等文章面世。

特别应该提到的是《佛顶尊胜陀罗尼经》。此经是唐代流行的一部密教经典并与五台山信仰联系密切。《佛顶尊胜陀罗尼经》传入我国（676年）正值五台山文殊信仰最兴盛时期，罽宾沙门受文殊菩萨点化从西天取得该经梵本，这一传奇故事成为五台山的灵迹之一；此经的广泛流行部分地是因为五台山文殊信仰，反过来也对五台山文殊信仰起了推动作用；此经的流行掀起了佛顶尊胜陀罗尼经信仰，全国各地出现了佛教石刻建筑——佛顶尊胜陀罗尼经幢。五台山现存的经幢有佛光寺经幢与尊胜寺的两座经幢。中外学者关于《佛顶尊胜陀罗尼经》、尊胜陀罗尼信仰以及经幢已有详尽而深入的研究。日本的研究主要有月轮贤隆发表的《〈佛顶尊胜陀罗尼经〉的研究》（1912）、田中海应的《佛顶尊胜陀罗尼信仰史观》（1933）、荻原云来的《尊胜陀罗尼の研究》（1933）、干泻龙祥《仏頂尊勝陀羅尼経諸伝の研究》（1939）、那须政隆的《仏頂尊勝陀羅尼経の翻訳について》（1927）、藤枝晃的《スタイン蒐集中の『佛頂尊勝陀羅尼』》（1957）等，当代学者佐々木大樹在此课题的成果甚为丰厚，其研究内容涉及《佛顶尊胜陀罗尼经》的译本、经轨、相关文献、经幢等问题的考察与研究，如《〈陀羅尼集経〉の研究：異訳経典整理を中心として》（2002）、《『陀羅尼集経』所収の仏頂系経軌の考察》（2004）、「仏頂尊勝陀羅尼の研究—漢訳諸本の成立をめぐって—」（2005）、《仏頂尊勝陀羅尼経幢の研究》（2008）、《敦煌本〈仏頂尊勝陀羅尼〉の研究：翻刻と解説》（2012）等，此外，三崎良周、伊東史朗、湯山明等学者也发表了相关论文。

日本五台山文化研究的特点：一、日本以佛教为信仰，深受中国传统文化的熏陶，"日本佛教是中国佛教的分支"。[1] 因此日本五台山文化研

---

① 东初：《中日佛教关系之回溯》，《中日佛教关系研究》（张曼涛主编），大乘文化出版社，中华民国六十七年十一月。

究不同于欧美各国，从广义而言，日本的五台山文化研究从唐代就已经开始了。古代的研究源于信仰的力量，无论僧俗，都是皈依佛教者，研究佛教的根本目的是解脱生死，所以更多偏重于义理的阐发与实践。二、日本学者较之于欧美学者，有一种天然的优势，即对汉语的掌握。而汉语是最主要的佛教语言之一，保留的文献最多，汉语佛典在时间上早于现存的梵语佛典。所以日本学者在基础文献研究方面较为突出。三、自明治维新以来，随着西方佛教学的兴起，日本在保留原有学术精神与方法的同时，积极借鉴西方佛教学的研究方法与观点，多以历史学和文献学为主，并参以语言学、图像学、考古学、地理学、思想史、社会学、宗教学、美术学、思想史等方法。三、五台山佛教对日本佛教影响深远，日本对五台山的研究更为细致、深入、广泛，特别是在佛教义理与修行研究方面有显著成就。

第二节　日本五台山文化研究文献目录

一、圣山研究

吉永智海师：《支那佛教史》，金尾文渊堂，1906.

境野黄洋：《支那佛教史讲话》，森江本店，1907.

山内晋卿：《支那佛教史之研究》，佛教大學出版部，1921.8.

常盤大定：《支那佛教史蹟踏查报告》，启明會事务所，1922.8.

小野玄妙：《巡礼五台山》，1922.

日比野丈夫、小野胜年：《五台山关系文献目录》，收入伊藤忠太氏著《五台山》，页381–409。1922年10月。

伊藤忠太：《五台山》，《仏教学雑誌》，1922–10.

小野玄妙：《五台山記》，《仏教学雑誌》，1922–10.

平田饒：《五台山遊記》，《仏教学雑誌》，1922–10.

喬　宇：《五台山》，《仏教学雑誌》，1922–10.

王思任：《遊五台山記》，《仏教学雑誌》，1922–10.

平田饒：《遊五台山記》，《仏教学雑誌》，1922–11.

伊藤义贤：《支那佛教正史》，竹下学寮出版部，1923.

神月徹宗：《西天東土》，暁声社，大正 12（1923 年）。

大鹽毒山著，境野黄洋、常盤大定、山崎直方校阅：《支那佛教史地圖》（支那佛教史地圖並索引），大雄閣，1924.11.

常盤大定、關野貞共著：《支那佛教史蹟》，佛教史蹟研究會，1925–1928.

小野玄妙：《唐宋代時代にける五臺山の佛教文化》，《大乘佛教藝術史の研究》，东京，大雄阁，1927.

井上以智為：《五臺山史の一節（一至四）》，《歷史と地理》，18:2, 4;19:1;20:4(1925.02, 04;1926.01;1927.04)，頁 7–19;60–67;96–107;32–47.

井上以智為：《唐代に於ける五臺山の佛教》，《歷史と地理》，21:5;22:6;24:2, 3（1928.05;1929.06;1931.02, 03），頁 1–19; 14–27; 58–75; 33–39.

常盤大定：《支那佛教史》（上、下），佛教年鑑社，1933.

鈴木大拙：《支那仏教印象記》，森江書店，1934–8.

井上以智為：《五台山仏教の展望》，支那仏教史学，2–1，1938–03–20，107–119.

常盤大定：《支那佛教史蹟踏查記》，龍吟社，1938.9.

道端良秀：《中国佛教史》，法藏馆，1939.

野依秀市：《支那仏教講話》，佛教思想普及協會、秀文閣書房（発売），1939.7.

三上諦聰：《五台山紀行》，《支那仏教史学》，4–3，1940–11–05，70–89.

日比野丈夫：《定襄県の思い出》，《東洋史研究》第七卷第四号，昭和十七年（1942 年）。

小野胜年、日比野丈夫：《五台山の現在と過去》，《日華仏教研究会年報》5，1942-02-20，37-74.

小野勝年、日比野丈夫：《五臺山》，座右寶刊行會，1942.10.

小野胜年：《五台山由来记》，《北支》第二卷第二号。

山崎宏：《支那中世佛教的展开》（一卷），清水书店，1942.

宮木敏行：《山西学术纪行》，新纪元社，昭和十七年十二月（1942年6月）。

高楠順次郎著：《大東亜に於ける仏教文化の全貌》，文部省教学局宗教課，昭和19年（1944年）。

山崎宏：《支那中世佛教の展開》，東京：清水書店，1947.

長部和雄：《北漢の経営と五臺の僧継〔ギョウ〕》，《神戸商科大学紀要》，1（1953）頁235-248.

日比野丈夫、水野清一：《山西古迹志》，《京都大畢人文科学研究所報告》，中村印刷出版，昭和三十一年（1956年）。

江田俊雄：《新羅の慈蔵と五台山》，《文化》21（5），1957-10.

稻葉正就：《元代の五台山仏教について》，《仏教史学》9（2），1961-01.

稻叶正就：《元代五台山佛教史》，1962.

冢本善隆：《中国佛教史》，隆文馆，1965.

山崎宏：《隋唐佛教史の研究》，京都：法藏館，1967.

道端良秀：《唐代佛教史研究》，法藏館，1967.

多田文男：《山西省五台山頂の周氷河地形》，東北地理19（3），137-137，1967.

冢本善隆：《中国佛教通史》第一卷，铃本学术财团，昭和四十三年（1968年）。

滋野井恬：《唐代佛教史论》，平乐寺书店，1973.

金井德幸：《唐末五代鎮州（正定）に於ける臨済禅——鎮将王鎔並びに五臺山文殊信仰との関連を中心に》，《立正史学》，37（1973.03），頁 1–22.

金井徳幸：《唐末五代五臺山仏教の神異的展開——海難救済信仰への推移と新羅の役割》，《社会文化史学》，11（1974.08），頁 29–49。

鎌田茂雄：《中国佛教史》，岩波书店，1978.

頼富本宏：《五台山見聞記》，《仏教史学研究》，1985–11，92–101（L）.

頼富本宏：《五台山の文殊信仰》，《密教学研究》18，93–112，1986–03.

藤井教公：《五臺山の概容と唐代における五，臺山仏教》，《大倉山論集．西義雄博士米寿記念号》，19（1986.03），頁 187–203.

平井宥慶：《五台山と密教》，《豊山教学大会紀要》14，1986–06，5–24.

鎌田茂雄：《仏教聖地・五台山：日本人三蔵法師の物語（仏教聖地・五台山）》，日本放送出版協会，1986.3.

山口厚編：《中国山西省聖地五台山》，国書刊行会，1986.6.

山本謙治：《金峯山飛来伝承と五台山信仰》，《文化史学》（42），p1–21，1986–11.

鎌田茂雄：《东亚地区佛教圣地五台山和五台山信仰在日本的传播》，《五台山研究》，1988 年 03 期。

松原哲明著：《中国祖師巡歴の旅：あつき心の留学僧》，佼成出版社，1987.3.

大野康雄著：《五台山誌》，土佐史談会，1987.9.

中西亨：《中国五台山と開封・南京の旅》，《史迹と美術》58（10），p393–396，421〜434，1988–12.

阿部肇一：《五台山信仰と禅宗》，《駒澤大學文學部研究紀要》48，195–216，1990–03.

多田孝正：《五台山佛教与"例时作法"》，1990 年 7 月"首届五台山中日佛教学术会议"提交论文。

山本謙治：《五台山における聖地信仰の形成——仏教聖地形成の一例として》（超越的世界観の比較文化史的研究），《人文科学》（11），

p45-86，1991-03.

　　日比野丈夫：《地理書》，《講座敦煌》5，1992-03-19，331-354.

　　古田紹欽著：《中国仏祖蹟紀行：道念の旅》，春秋社，1992.7.

　　水野清一、日比野丈夫：《山西古迹志》［地方志］，孙安邦等译，太原：山西古籍出版社，1993.5.

　　里見剛：《五台山物語》，高知新聞社：高知新聞企業（発売），1994.11.

　　斎藤忠：《五台山行（歴史手帖）》，《日本歴史》（560），p92-96，1995-01.

　　鎌田茂雄著、关世谦译：《四大名山的故事》，台北：圓明，1995。

　　朝枝善照：《〈日本靈異記〉と「五臺山佛教文化圈」について》，《日本古代國家の展開》，京都：思文閣出版，1995.11.

　　稻冈誓纯：《日中佛教交往的一个侧面》，第六届中日佛教学术交流会议提交论文，1996 年 10 月。

　　日本放送協会：《修行の道場》，日本放送出版協会，1999.3.

　　天納傳中：《声明：天台声明と五台山念仏へのいざない》，春秋社，1999.2.

　　松本昭彦：《五臺山獅子の跡の土——円仁説話の成長》，国語国文 68（10），12-27，1999-10.

　　中生勝美：《五台山紀行》，エスキス（1999），88-107，1999.

　　小島岱山：《仏教の霊山 五台山——入唐僧もめざした仏教の聖地》（特集 中国の名山——伝説と信仰の山 22 選），月刊しにか 11（8），34-37，2000-08.

　　河野貴美子：《日蔵（道賢）上人と五台山》（特集 論争 道賢銘経筒の真贋——天神伝説の新展開），アジア遊学（22），110-120，2000-12.

　　袴田光康：《「金峯山浄土」形成の基盤——「日蔵夢記」と五台山信仰》，《明治大学人文科学研究所紀要》51，53-88，2002-03.

秋田光兆：《五台山、雲崗、天龍山を訪ねる旅》，《山家学会紀要》（5），13-26，2002-12.

桑谷祐顕：《訪中記片々録（2）石家荘・太原・五台山・大同・承徳》，《叡山学院研究紀要》（24），79-103，2002-03.

鎌田茂雄：《仏教の来た道》，講談社，2003.3.

小島裕子：《五台山憧憬，仏教と人間社会の研究》，《朝枝善照博士還暦記念論文集》，2004-03-08，711-733（R）.

小島裕子：《五台山憧憬——追思入宋僧奝然的圣地化构想》，《佛教和人间社会的研究》，日本，2004.03.

小島岱山：《五台山系仏教文化圏の構想の発展形態，仏教と人間社会の研究》：《朝枝善照博士還暦記念論文集》，2004-03-08，529-541（R）.

田村仁：《グラビア ブッダの足跡——世界仏教遺産（12）五台山、龍門、雲崗（中国）——日本の求法僧が情熱をかけた大地》，《中央公論》121（12），13-18，2006-12.

鎌田茂雄監修：《中国仏教四大名山：中国仏教の名山名刹を巡る》，コニービデオ，〔200-〕.

鎌田茂雄：《雲岡石窟と五台山》，小学館，2005.1.

浦野起央：《五當召・五臺山紀行》，《現代中国事情》（15），1-8，2007-09-05.

小峯和明：《五台山逍遙——東アジアの宗教センター》，《巡礼記研究》5pp.1〜16 2008/9.

手島崇裕：《入宋僧と三国世界観——その言動における天竺と五臺山》（特集 前近代東アジアの国際関係と世界観），《歴史の理論と教育》（129・130），17-31，2008-12-25.

薄井俊二：《中国の山岳と宗教見聞記（その2）五台山・王屋山》，《埼玉大学国語教育論叢》（12），29-47，2009.

鎌田茂雄：《中国仏教四大名山五台山：世界遺産。文殊菩薩を祀る仏教名勝地。》「中国寺廟100選」より（中国仏教聖地-中国名山名刹），

コニービデオ：クラウン徳間ミュージック販売（発売），［2010.12］.

大塚紀弘：《日宋交流と仏牙信仰——五台山から来た仏牙舎利の行方》，《日本歴史》（758），18-35，2011-07.

新藤篤史：《１７世紀末、清朝の対モンゴル政策—康熙帝の五台山改革を中心に—》，《大正大学大学院研究論集》38，340-345，2014-03-15.

伊藤真：《会昌寺会　と唐代初期の五台山信仰》，印度學佛教學研究63（3），1141-1147，2015-03-25.

薄井俊二（Saitama University 埼玉大学）：《旅行日記における五台山—円仁と徐霞客》，"五台山国际研究院成立暨第二届《五台山信仰》国际学术研讨会" 提交论文，2016-08.

花荣：《五台山仏教の日本仏教における位置づけ—親鸞の念仏思想を中心に—》，中国五台山 "文殊信仰暨能海上师诞辰130周年国际学术论坛" 提交论文，2016-08.

二、文殊菩萨研究

1. 文殊信仰与五台山文殊信仰研究

加藤精神：《文殊普賢觀音彌勒四菩薩の研究》，大正大學々報6/7，177-206，1930-05.

加藤精神：《文殊普賢觀音彌勒四菩薩の研究》（第二回），《大正大學々報》8，1-17，1930-08.

加藤精神：《文殊普賢觀音彌勒四菩薩の研究》（第三回），《大正大學々報》12，1-20，1932-05.

加藤精神：《文殊・普賢二菩薩の研究》，《密教研究》，1931.

神林隆浄：《五台山と文殊菩薩》，《仏教学の諸問題》，1935年06月，頁870-881.

宮崎圓遵：《文殊信仰の一型態》，收入龍谷大學佛教史學會《龍谷大學佛教史論叢》，京都：富山房，1943.

金井德幸：《唐末五代鎮州（正定）に於ける臨済禅——鎮将王鎔並びに五台山文殊信仰との関連を中心に》，《立正史学》（37），1-22，1973-03.

吉田靖雄，《文殊信仰の展開——文殊会の成立まで》，《南都仏教》（38），p21-46，1977-05.

吉田靖雄：《〈霊異記〉の行基文殊化身説をめぐって》，《日本仏教》（46），p17-36，1978-11.

道端良秀：《中国仏教と文殊信仰》，《仏教の歴史と文化：仏教史学会30周年記念論集》，1980年12月，頁180-197.

横地清恵：《文殊菩薩》，《宗教研究》第259號（57-4），1984年3月，頁257-258.

向井隆健：《不空三蔵の文殊菩薩信仰》，《大正大學研究紀要. 佛教學部・文學部70》，145-167，1985-02.

南里みち子：《文殊化現の説話》，《福岡女子短大紀要》29，133_a-121_a，1985-06-30.

賴富本宏：《五臺山の文殊信仰》，《密教学研究》18（1986.03），頁93-112.

小野勝年：《文殊菩薩和五台山》，《日野昭博士還曆記念論文集：歴史と伝承》，1988年04月，頁629-638.

吉田宏哲：《不空三藏与文殊信仰》，"首届五台山中日佛教学术会议"提交论文，1990年7月24日至28日。

岩崎日出男：《不空三蔵の五台山文殊信仰の宣布について》，《密教文化》，第181號，高野山大學密教研究會，1992年，頁40-57.

浅田公子：《唐代の文殊信仰》，《宗教研究》291号，1992-03-31，141-143（R）.

下松徹：《文殊菩薩——そのかたちと信仰》，《高野山大学密教文

化研究所紀要》，8（1994.12），頁 49–93.

崔福姫（吾印）:《〈古清涼伝〉から〈広清涼伝〉への文殊信仰の変遷:
文殊概念を中心に》，《印度学仏教学研究》（52-1），2003 年 12 月。

崔福姫:《五台山文殊信仰における化現》，《佛教大學大學院紀要》
33，15–29，2005–03–01.

崔福姫:《博士学位論文の概要および審査の結果の要旨 東アジア
における五台山文殊信仰》，《文学部論集》90，234–236，2006–03–01.

中田美繪:《五臺山文殊信仰と王權 –– 唐朝代宗期における金閣寺
修築の分析を通じて》，《東方学》117，40–58，2009–01.

2. 经典文殊与文殊经典研究

加藤咄堂著:《維摩経講話》，大東出版社，昭和 19（1944）。

兒山敬一:《無にして一の限定へ: 維摩經・入不二法門品につい
て》，《印度学仏教学研究》（7-1），1958 年，頁 57–66.

兒山敬一:《維摩經における入不二と菩薩行》，《印度学仏教学研
究》（12-1），1964 年，頁 85–90.

山田亮賢:《華嚴經における文殊菩薩》，東京:《大谷學報》（47-3），
1967，頁 1–12.

平川彰:《大乘仏教の興起と文殊菩薩》，《印度学仏教学研究》第
36 號（18-2），1970 年 03 月，頁 139–152.

大南龍昇:《三昧経典と文殊菩薩》，《印度学仏教学研究》第 44
號（22-2），1974 年 03 月，頁 398–402.

靜谷正雄:《初期大乘佛教の成立過程》〈第五章. 第三節. 彌勒.
觀音. 文殊の登場〉，京都: 百華苑，1974.

佐藤哲英:《文殊師利法王子について》，《宗学院論輯》第 13 號，
1976 年 03 月 15 日，頁 143–163.

氏家昭夫:《般若経と文殊菩薩》，《密教文化》1976（115），12–
24，1976.

中村薫:《〈華厳経〉の菩薩観——特に普賢・文殊・弥勒の 3 聖の

相互関係について》（菩薩観〈特集〉），《日本仏教学会年報》（51），p87-104，1985.

光川豊芸：《〈宝積経．大神変会〉の研究 – 三種神変と菩薩の行について》，《龍谷紀要》第 12 號（7-1），1985 年 08 月，頁 163-179.

服部法照：《文殊師利般涅槃経と観経類》，《印度學佛教學研究》39（1），111-113，1990.

光川豊藝：《文殊菩薩とその仏国土：〈文殊師利仏土厳浄経〉を中心に》，《佛教學研究》45/46，1-32，1990-03.

高橋純佑：《四十二字門と文殊菩薩》，《智山學報》39，67-77，1990-03-31.

光川豊芸：《〈諸仏要集経〉にみられる文殊菩薩 とくに“有所得”と“女身”に関連して》，《龍谷大学論集》第 437 號，1991 年 03 月，頁 58-83.

村上真完、及川真介（校註）：《文殊經典部（Ⅰ）：大方廣寶篋經、阿闍世王經等經典》，東京：大藏出版，1993.

高崎直道、河村孝照（校註），《文殊經典部（Ⅱ）：維摩經、思益梵天所問經、首楞嚴三昧經》，東京：大藏出版，1993.

平川彰：《文殊師利法王子の意味と一生補處》，《北海道印度哲學佛教學會．印度哲學佛教學》第 10 號，1995 年，頁 1-19.

光川豊藝：《〈文殊師利遊戯大乗経〉の研究：文殊の ganika（娼婦）への説教を中心にし》て，《龍谷大學論集》446，99-129，1995-06.

光川豊芸：《文殊師利菩薩「所説経」の研究——文殊の説く教説と神変を中心に》，《龍谷大學論集》第 450 號，1997 年 7 月，頁 41-76.

五島清隆：《〈梵天所問經〉（3）：此岸の肯定と説法への情熱》，《印度学仏教学研究》第 91 號（46-1），1997 年 12 月，頁 420-426.

勝崎裕彦等編：《大乗経典解説事典》〈文殊部〉，東京：北辰堂，1997.

光川豊芸：《〈思益梵天所問経〉の研究 – 文殊菩薩の所説をめぐっ

て》，收錄於《高木訷元博士古稀記念論集：仏教文化の諸相》，東京：山喜房佛書林，2000 年 12 月，頁 387-406.

立花彌生：《律的側面からみた〈文殊般若經〉：大乘經典の經. 律相即性》，《印度學佛教學研究》第 96 號（48-2），2000 年 3 月，頁 92-94.

佐々木一憲：《文殊法の概要――〈文殊経典〉に説かれる文殊の教え》，《東方》（24），89-99，2008.

大川隆法：《文殊菩薩の真実に迫る－本物の文殊菩薩霊言を探して》（モンジュボサッノシンジツニセマル－ホンモノノモンジュボサッレイゲンヲサガシテ），幸福の科学出版，2011.4.

伊藤進傳：《〈文殊問経〉の成立と受容》（経典とは何か（2）経典の成立と展開受容），《日本仏教学会年報》（77），39-62，2011.

五島清隆［訳］：《チベット訳『文殊師利巡行経』：和訳と訳注》（佐藤健教授古稀記念号），《佛教大学仏教学会紀要》19，1-32，2014-03-25.

中御門敬教：《文殊の誓願行と浄土経典：〈文殊師利仏土厳浄経〉所説の「菩薩の学処」「大波濤誓願」「往生説」》，《印度學佛教學研究》62（1），368-363，2013-12-20.

中御門敬教：《文殊菩薩の浄土経典：蔵訳〈文殊師利仏土厳浄経〉第一函の翻訳研究》，《仏教大学総合研究所紀要》（21），141-164，2014-03.

中御門敬教：《文殊菩薩の浄土経典：蔵訳〈文殊師利仏土厳浄経〉第二函の和訳研究》，仏教文化研究（58），23-45，2014.3.

中御門敬教：《文殊菩薩の浄土経典：蔵訳〈文殊師利仏土厳浄経〉第三函の和訳研究》，《仏教学部論集》98，55-77，2014-03-01.

中御門敬教［訳］：《文殊菩薩の浄土経典：蔵訳〈文殊師利仏土厳浄経〉第四函の和訳研究》（上）（佐藤健教授古稀記念号），《佛教大学仏教学会紀要》19，55-77，2014-03-25.

中御門敬教：《覚賢訳『六十華厳』「普賢菩薩行品」と同『文殊師利発願経』における普賢行：智軍著『普賢行願讃備忘録』が説く「普賢行願五義」を参照して》，《印度學佛教學研究》63（1），367–362，2014–12–20.

齋藤智寛：《『楞伽師資記』考：『楞伽経』と『文殊般若経』の受容を手がかりに》，《集刊東洋学》（111），1–20，2014.

米澤嘉康：《維摩の文殊に対する最初の挨拶：梵文『維摩経』第4章第4節覚書》（松田和信教授還暦記念号），《インド論理学研究》8，247–254，2015–11.

西野翠：《『維摩経』と文殊菩薩》，《印度學佛教學研究》64（1），372–367，2015–12–20.

中村熏：《〈华严经〉に于ける文殊菩萨の役割》，中国五台山"文殊信仰暨能海上师诞辰130周年国际学术论坛"提交论文，2016–08.

3. 密教文殊

村瀬鑛司：《千鉢文殊經眞偽小考》，《密教論叢》20，105–118，1940–11.

堀内寛仁：《文殊儀軌経の梗概 主として経の説明について》，《密教文化》（7–1），1949年6月，頁30–45.

堀内寛仁：《文殊儀軌経の梗概 –2–》，《密教文化》1950（8），47–54，1950.

堀内寛仁：《文殊儀軌経の梗概 –3–》，《密教文化》（9・10），59–83，1950–03.

酒井紫朗：《文殊菩薩の五字呪法に就いて》，《密教文化》（18–4），高野山大學密教研究會，1952年08月，頁28–37.

堀内寛仁：《文殊儀軌経契印品について》，《印度学仏教学研究》1（2），490–492，1953–03.

塩入亮忠：《文殊菩薩とビンヅル尊者》，《大法輪》21（4），56–

59，1954–04.

　　前田崇：《〈文殊儀軌經〉にみる大集會》（昭和四十八年度 天台宗教學大會記念號），《天台学報》16，121–124，1973.

　　小田寿典：《ウイグル文文殊師利成就法の断片一葉》，《東洋史研究》33（1），86–109，1974–06.

　　山下博司：《Manjusrī mulakalpa 成立史一面斷》，《印度学仏教学研究》第 55 號（28-1），1979 年 12 月，頁 166–167.

　　松長有慶：《『文殊師利根本儀軌』の成立》，《密教經典成立史論》，京都：法藏館，1980 年，頁 315–330.

　　福田亮成：《空海と文殊法身礼》，《智山學報》36，15–27，1987–03–31.

　　菅沼晃：《文殊・普賢》，《金岡秀友博士還暦記念論文集：大乗菩薩の世界》，1987 年 07 月 20 日，頁 67–84.

　　岩崎日出男：《不空三蔵の護國活動の展開について》，《印度学仏教学研究》（42-2），1994 年 3 月。

　　荒木計子：《〔チョウ〕然将来"五台山文殊"と「延暦寺文殊楼」及び「文殊会」》，《学苑》（674），64–89，1996–03.

　　光川豊藝：《魔波旬と文殊菩薩による破魔：〈仏説魔逆経〉を中心にして》，《龍谷大學論集》455，83–118，2000–01.

　　林崇安译、月官菩萨：《圣妙吉祥真实名经广释》，高雄：谛听文化事业，2001.

　　伊藤加奈子：《アラパチャナ文殊五尊マンダラの翻訳研究》，《密教学会報》（39・40），163–177，2001–03.

　　福田洋一：《ツォンカパが文殊の啓示から得た中観の理解について》，印度學佛教學研究 50（2），834–828，2002.

　　山本侍弘（弘史），《Ambararaja（文殊師利）の発菩提心偈——中観儀礼の一側面》，論集（32），120–104，2005.

　　高橋尚夫译：《〈諸法無行経〉文殊師利菩薩の段 和訳》，《豊山学報》

（49），1-44，2006-03.

仏教伝道協会：《こころ（智慧）：文殊菩薩》，仏教伝道協会さんぽうの会，2006.2.

田中公明：《トンワトゥンデンとは何か？——タンカの起源と〈文殊師利根本儀軌経〉》，《密教図像》（29），1-9，図巻頭 1p，2010-12.

田中公明：《胎蔵五仏の成立について：〈大日経〉の先行経典としての〈文殊師利根本儀軌経〉》，《密教図像》（31），83-95，2012-12.

大塚惠俊：《〈文殊師利根本儀軌経〉所説の最勝パタ成就法について》，《密教学研究》（45），31-49，2013-03.

大塚惠俊：《『文殊師利根本儀軌経』のパタについて（2）第6章「小位パタ」と六字文殊成就法のパタの関係を中心として》，《豊山学報》（57），128-109，2014-03.

奥山直司：《文殊菩薩と金剛囉縛尊》，中国五台山"文殊信仰暨能海上师诞辰 130 周年国际学术论坛"提交论文，2016-08.

4. 文殊法门与文殊思想研究

黑濑知圆：《文殊师利菩萨考》，京都，《龙谷大学论集》，120 号，1911 年 10 月。

千岛文仓：《文殊思想发展论》，东京，《密教研究》，2 年（卷）6 号，1916 年 11 月。

西義雄編：《大乗菩薩道の研究》，京都：平樂寺書店，1977.

藤泽隆子：《文殊菩萨建立的源流》（上）紀要（東海女子大）2000 年 3 月。

Shakya Sudan:《仏教文献に見られる文殊師利の解釈の展開について》，《密教学》（45），87-111，2009.

坂本廣博：《"文殊般若"が四種三昧の引証に使われる理由》，《叡山学院研究紀要》（33），17-34，2011-03.

静慈圆：《文殊菩薩法》，中国五台山"文殊信仰暨能海上师诞辰

130 周年国际学术论坛"提交论文，2016–08.

小岛岱山：《李通玄における文殊菩薩の思想と周易思想との交流》，《印度学仏教学研究》69 号 1986–12–25 115–117.

佐藤達全：《文殊菩薩（特集〈仏さま〉がわかる事典）——（如来に代わり慈悲を実践する仏さま菩薩）》，《大法輪》71（3），93–95，2004–03.

石濱裕美子：《文殊菩萨转世、转轮王乾隆研究》，《早稲田大学モンゴル研究所紀要》（2）pp.19~39 2005/03.

坂上雅翁：《文殊菩薩と念仏，浄土教の思想と歴史：丸山博正教授古稀記念論集》，2005–06–08，205–220（R）.

石川海淨：《菩薩思想の源流に就いて》，《印度學仏教學研究》第 1 號（1–1），頁 146–152.

三、五台山高僧研究

1. 慧远大师

山口覚勇：《盧山慧遠の念仏三昧論》，《浄土学》3，1932–02–10，33–44.

萩生隆三：《盧山慧遠の念仏》，《顕真学報》12，1934–01–10，66–75（L）.

板野長八：《慧遠に於ける礼と戒律》，《支那仏教史学》，1940–08–15，1–29（R）.

藤原凌雪：《慧遠の念仏思想》，《顕真学報》30，1940–09–30，7–12（L）.

冢本善隆：《支那浄土教の展开（支那佛教史研究——北魏篇）》，昭和十七年（1942 年）。

板野長八：《慧遠の神不滅論》，《東方学報・東京》，1943–11.

板野長八：《慧遠僧肇の神明観を論じて道生の新説に及ぶ》，《東洋学報》，1944-08-05，1-52.

高峯了州：《慧遠》，《龍谷大学論集》343，1952-02-29，1-15.

橋本芳契：《慧遠の維摩経義記について》，《印度学仏教学研究》9，1957-01-25，204-207.

村上嘉実：《慧遠教団と国家権力》，《東方学》19，1959-11，41-51（R）.

安藤俊雄：《廬山慧遠の般舟三昧》，《東海仏教》5，1959-06-01，1-7（R）.

木村英一編：《慧远研究——遗文篇》，创文社，昭和三十五年（1960年）。

木村英一編：《慧远研究——研究篇》，创文社，昭和三十七年（1962年）。

安藤俊雄：《廬山慧遠の禅思想》，《慧遠研究》，1962-03-30，249-285（R）.

竺沙雅章：《附録・廬山慧遠年譜》，《慧遠研究》，1962-03-30，535-543（R）.

牧田諦亮：《慧遠著作の流侍について》，《慧遠研究（研究篇）》所収，《东方学报》，昭和三十七年。

野上俊静：《慧遠と後世の中国浄土教》，《慧遠研究》，1962-03-30，223-247（R）.

梶山雄一：《慧遠の報応説と神不滅論》，《慧遠研究》，1962-03-30.89-120（R）.

木全徳雄：《慧遠と宗炳をめぐって》，《慧遠研究》，1962-03-30，287-364（R）.

島田虔次：《桓玄―慧遠の礼敬問題》，《慧遠研究》，1962-03-30，427-466.

塚本善隆：《中国初期仏教史上における慧遠》，《慧遠研究》，

1962-03-30，1-88（R）.

福永光司：《慧遠と老荘思想》，《慧遠研究》，1962-03-30，395-425（R）.

藤吉慈海：《慧遠の浄土教思想》，《慧遠研究》，1962-03-30，195-221（R）.

牧田諦亮：《慧遠著作の流伝について》，《慧遠研究》，1962-03-30，467-500（R）.

村上嘉実：《慧遠の方外思想》，《慧遠研究》，1962-03-30，365-394（R）.

玉城康四郎：《廬山慧遠における道の研究》，《宗教研究》176，1963-09-30，89-115.

玉城康四郎：《廬山慧遠の自然観念》，《仏教思想史論集：結城教授頌寿記念》，1964-03-31，379-396（R）.

金子真補：《廬山慧遠の念仏思想》，《印度学仏教学研究》27，1965-12-25，197-200.

桐谷征一：《廬山慧遠の檀越について》，《印度学仏教学研究》36，1970-03-31，804-.

日置孝彦：《八識に関する慧遠の解釈》，《印度学仏教学研究》37，1970-12-25，136-137.

桐谷征一：《廬山慧遠における「隠道」の意味》，《印度学仏教学研究》38，1971-03-31，319-321.

金子寛哉：《廬山慧遠の『仏影銘』における「罽賓禅師」について》，《印度学仏教学研究》41，1972-12-31，138-139.

吉津宜英：《慧遠の『起信論疏』をめぐる諸問題》，《駒沢大学仏教学部論集》3，1972-12，82-97.

吉津宜英：《慧遠の仏性縁起説》，《駒沢大学仏教学部研究紀要》33，1975-03，173-194.

吉津宜英：《慧遠『大乗起信論義疏』の研究》，駒沢大学仏教学部

研究紀要 通号 34，1976–03，151–173.

玉城康四郎：《廬山慧遠の三昧の綜合性》，《仏教思想論集：奥田慈応先生喜寿記念》，1976–10，617–628.

小林正美：《慧遠「沙門不敬王者論」の一考察》，《東洋文化》57，1977–03–30，101–131.

田中文雄：《慧遠の「沙門不敬王者論」にあらわれたる沙門不応拝俗思想について》，《豊山学報》25，1980–03–30，111–126.

玉城康四郎：《羅什と慧遠》，《精神科学》19，1980–03–30，1–20（R）.

古田和弘：《廬山慧遠の修道論》，《日本仏教学会年報》45，1980–03，131–144.

玉城康四郎：《廬山慧遠における念仏三昧の特徴》，《精神科学》21，1982–03–30，1–24（R）.

三浦国雄：《慧遠における中国的思惟》，《中国中世の宗教と文化》，1982–03，103–126.

才川雅明：《慧遠の三身説》，《論集》10，1983–12–31，19–34.

佐久間光昭：《廬山の慧遠と蔬食苦行》，《宗教研究》259，1984–03，195–196.

稲岡誓純：《廬山の慧遠と東林寺》，《仏教大学仏教文化研究所所報》3，1987–03–31，14–16.

長谷川道隆：《鳩摩羅什から慧遠へ》，《西山禅林学報》20，1987–03–31，35–55.

鵜飼光昌：《廬山慧遠の『仏影銘』における「南国律学道士」について》，《印度学仏教学研究》72，1988–03–25，240–243.

大田利生：《芦山慧遠の浄土教》，《龍谷大学論集》434/435，1989–11–25，47–66.

梶信隆：《中国仏教における慧遠の位置》，《龍谷大学大学院紀要》13，1992–03–22，1–17（L）.

大窪康充：《廬山慧遠の禅観》，《印度学仏教学研究》83，1993-12-25，243-245.

中山正晃：《廬山慧遠の念仏三昧観》，《仏教思想文化史論叢：渡辺隆生教授還暦記念論文集》，1997-06-30，957-976.

大南龍昇：《『観仏三昧海経』と慧遠・道綽・善導》，《阿川文正教授古稀記念論集：法然浄土教の思想と伝歴》，2001-02-22，491-520.

坂上雅翁：《廬山慧遠の生誕地調査》，《国際経営・文化研究.7（2），152-142，2003-03.

吉津宜英：《慧遠の大乗義章における起信論思想》，《アジア文化の思想と儀礼》，2005-06-30，591-606（R）.

牧田諦亮：《慧远传的变迁——关于〈庐山远公话〉》，中日第十一次佛教学术交流会议，2006-10-27.

福原隆善：《廬山慧遠における仏の相好観》，《仏教と文化：多田孝正博士古稀記念論集》，2008-11-30，233-245（R）.

2. 昙鸾大师

常盤大定；《鸞綽二師の遺跡に詣して》，《仏教研究》4，1921-01-25，页138-144.

服部仙順：《曇鸞の流支観経伝授考》，《浄土学》7，1934-03-15，70-81.

藤野立然：《曇鸞大師管見》，《支那仏教史学》，1937-07-10，90-95.

神子上恵竜：《天親・曇鸞の弥陀仏身思想の研究》，《龍谷学報》323，1938-11，1-26.

源広宣：《曇鸞大師の教学管見》，《大谷学報》73，1939-02-10，1-18.

恵谷隆戒：《曇鸞大師の浄土思想考》，《支那仏教史学》，1939-12-30，175-180.

多屋弘：《曇鸞教学の大綱》，《支那仏教史学》，1940–05–05，42–57.

多屋弘：《曇鸞大師伝之研究》，《大谷学報》78，1940–06–05，38–62.

藤原凌雪：《曇鸞の念仏思想に就いて》，《顕真学報》36，1941–12–15，1–12（L）.

春日礼智：《汾州石壁の曇鸞大師》，《日華仏教研究会年報》5，1942–02–20，83–103.

勝田宗智：《曇鸞大師の仏身仏土観》，《東洋大学論纂》2，1942–09–15，222–233.

多屋弘：《曇鸞の撰述中に引用されたる書目の調査》，《大谷学報》90，1942–12–25，81–93.

藤原幸章：《善導の古今楷定と曇鸞の教学》，《真宗研究：真宗連合学会研究紀要》1，1955–10–10，142–150.

雲村賢淳：《親鸞の曇鸞教義受容の問題》，《印度学仏教学研究》7，1956–01–30，241–244.

藤堂恭俊：《僧肇と曇鸞》，《印度学仏教学研究》8，1956–03–30，64–72.

雲村賢淳：《曇鸞の称名観》，《真宗研究：真宗連合学会研究紀要》2，1956–09–25，60–65.

工藤成性：《『浄土論』の本義と曇鸞・親鸞聖人の釈義》，《龍谷大学論集》353，1956–10–15，106–115.

藤原凌雪：《曇鸞の事蹟と思想的背景》，《顕真学苑論集》48，1956–12–20，101–114（L）.

雲村賢淳：《浄土経流伝史より見たる曇鸞の地位》，《印度学仏教学研究》9，1957–01–25，130–131.

工藤成性：《「無量寿経優婆提舎願生偈」の本義とそれに対する曇鸞の註解との比較研究》，《日本仏教学会年報》23，1958–03，141–.

藤真澄：《曇鸞教学の絶対的立場》，《印度学仏教学研究》15，1960-01-25，152-153.

坂井嘉城：《曇鸞の仏身観》，《印度学仏教学研究》16，1960-03-30，126-127.

柴田悟：《曇鸞大師の二種法身説》，《大谷学報》145，1960-06-20，55-67.

中山正晃：《曇鸞の浄土三経観》，《印度学仏教学研究》17，1961-01-25，138-139.

野上俊静：《曇鸞和讃について》，《親鸞聖人》，1961-03，385-392.

信楽峻麿：《曇鸞教学における十念の意義》，《龍谷大学論集》371，1962-07-25，85-109.

池本重臣：《曇鸞教学と宗祖教学との交渉》，《真宗学》27/28，1962-12-20，101-117.

石田充之：《曇鸞教学の背景とその基本的理念》，《真宗学》27/28，1962-12-20，86-100.

信楽峻麿：《曇鸞教学における信の考察》，《真宗学》27/28，1962-12-20，133-150.

神子上恵竜：《曇鸞教学の概観》，《真宗学》27/28，1962-12-20，1-35.

小笠原宣秀：《曇鸞大師の伝歴に関する二三の問題》，《真宗学》27/28，1962-12-20，179-190.

直海玄洋：《曇鸞大師関係著書・雑誌論文目録》，《真宗学》27/28，1962-12-20，225-233.

深川倫雄：《曇鸞大師撰述の解題》，《真宗学》27/28，1962-12-20，214-224.

村上速水：《鸞大師における人間》，《真宗学》27/28，1962-12-20，118-132.

幡谷明：《曇鸞教学覚書》，《親鸞教学》2，1963-06-10，55-63.

山田行雄：《『迦才浄土論』と曇鸞教学》，《龍谷大学仏教文化研究所紀要》3，1964-06-20，166-170.

山田行雄：《『安楽集』における曇鸞教学の展開》，《龍谷大学仏教文化研究所紀要》2，1963-06-25，199-203.

大門照忍：《曇鸞帰浄の伝記について》，《大谷学報》158，1963-12-01，46-59.

岡亮二：《曇鸞教義における十念の一考察》，《印度学仏教学研究》25，1965-01-31，262-265.

山田行雄：《曇鸞教学と元暁の浄土教思想》，《龍谷大学仏教文化研究所紀要》4，1965-05-05，126-130.

幡谷明：《曇鸞教学序説》，《大谷大学研究年報》17，1965-06-01，217-284.

山田行雄：《隆寛の思想と曇鸞教学》，《龍谷大学仏教文化研究所紀要》5，1966-05-25，76-86.

藤堂恭俊：《石壁寺曇鸞大師の浄土観成立の意義とその特徴について》，《仏教大学研究紀要》50，1966-09-30，83-91.

藤下洸養：《曇鸞における空思想の展開》，《印度学仏教学研究》30，1967-03-31，160-161.

藤下洸養：《空思想の展開における曇鸞の二種法身説の意義》，《龍谷大学仏教文化研究所紀要》6，1967-05-25，63-67.

神子上恵竜：《曇鸞教学の浄土教的理論構造》，《浄土教思想研究：大原先生古稀記念》，1967-11，475-494.

藤原幸章：《善導浄土教と曇鸞の教学》，《大谷大学研究年報》20，1967-11-20，1-64.

村石恵照：《曇鸞浄土教と其の時代背景》，《東洋大学大学院紀要》5，1968-03-25，51-58.

矢田了章：《曇鸞教学における願生思想》，《龍谷大学仏教文化研

究所紀要》7，1968-05-25，118-121.

　　村下奎全：《曇鸞の回心》，《東海仏教》13，1969-03-30，15-22.

　　山田行雄：《曇鸞教学の基礎的研究》，《印度学仏教学研究》34，1969-03-31，300-303.

　　池本重臣：《曇鸞大師の他力思想》，《真宗学》41/42，1970-03-05，1-16.

　　加藤善浄：《曇鸞浄土教の倫理性》，《仏教文化研究》16，1970-03-30，45-51（R）.

　　山田行雄：《曇鸞教学における真実の問題》，《印度学仏教学研究》36，1970-03-31，796-.

　　金子真補：《曇鸞大師の御伝記を拝してその浄土帰入と布教教化を偲ぶ》，《仏教論叢》15，1971-03-30，128-132（R）.

　　桑原浄昭（論文）：《曇鸞の往還二廻向義発揮の思想背景》，《真宗研究会紀要》3，1971-12-15，14-28.

　　山本啓量：《曇鸞の往生論註に於ける認識論》，《仏教文化研究》18，1972-03-30，17-32（R）.

　　金子真補：《曇鸞・道綽両祖の布教伝道の態度について》，《浄土教―その伝統と創造》，1972-06，65-92.

　　山田行雄：《親鸞和語聖教にあらわれたる曇鸞教学（一）》，《龍谷大学論集》400，1973-03-20，103-126.

　　幡谷明：《親鸞における曇鸞教学の受容と展開》，《大谷大学研究年報》27，1975-02-20，1-64.

　　塚本善隆：《曇鸞・道綽両師の著作とその末註》〔第一巻〕，《浄土宗典籍研究》，1975-08-15，11-20（R）.

　　藤堂恭俊：《震旦諸師の浄土教に関する著作》〔第六巻〕，《浄土宗典籍研究》，1975-08-15，114-145（R）.

　　牧田諦亮：《震旦諸師の浄土三部経釈》〔第三巻〕，《浄土宗典籍研究》，1975-08-15，99-113（R）.

森脇一掬:《親鸞聖人の炯眼に留まれる曇鸞大師的自然法爾の論理》，《宗学院論輯》35，1976-03-15，167-181.

山本仏骨:《曇鸞の五念門釈に就て》，《宗学院論輯》35，1976-03-15，129-149.

桑原浄昭:《曇鸞発揮による往還二廻向義の意義》，《印度学仏教学研究》48，1976-03-31，144-145.

金子真補:《曇鸞大師の廻向論》，《仏教論叢》20，1976-10-20，81-85（R）.

石田充之:曇鸞大師の人間観，《宗学院論輯》35，1976-03-15，78-92.

小笠原宣秀:《曇鸞大師の教化攷》，《宗学院論輯》35，1976-03-15，1-14.

河原静雄:《曇鸞大師研究文献略目録》，《宗学院論輯》35，1976-03-15，230-234.

三枝樹隆善:《善導教学に及ぼした曇鸞、道綽の思想的影響》，《仏教文化研究》23，1977-09-15，14-25（R）.

斎藤晃道:《曇鸞の不退の捉え方について》，《印度学仏教学研究》52，1978-03-20，178-179.

宮城顗:《曇鸞（論註、讃阿弥陀仏偈を中心にして）》，《講座親鸞の思想》6，1978-06，9-72.

村上泰順:《曇鸞教学における他力の一考察》，《真宗研究会紀要》14，1980-12-10，108-129.

佐藤成順:《曇鸞の生死観》，《日本仏教学会年報》46，1981-03，315-328.

色井秀譲:《曇鸞の五念門釈》，《高田短期大学紀要》1，1982-03，1-17.

大谷光真:《曇鸞と華厳思想》，《浄土教の研究：石田充之博士古稀記念論文》，1982-09-28，121-138.

渓芳正：《曇鸞教学の一考察》，《龍谷大学大学院紀要》5，1983-03-22，89-91.

フリースH・L：《曇鸞浄土論註の宗教的志向》，《宗教研究》255，1983-03-31，162-164（R）.

橋本芳契：《曇鸞の信仰論理》，《印度学仏教学研究》63，1983-12-25，103-108.

尾畑文正：《曇鸞の時機観》，《日本仏教学会年報》49，1984-01，115-128.

藤堂恭俊：《天親と曇鸞の浄土教思想》，《講座・大乗仏教》5，1985-01-30，179-216.

市川浩史：《親鸞と曇鸞・聖徳太子》，《日本思想史研究》17，1985-03.

佐々木義英（著）：《曇鸞教学に於ける浄土の意義》，《真宗学》74，1986-06-25，46-62.

服部純雄：《曇鸞の帰浄と『大智度論』》，《宗教研究》271，1987-03-31，202-203（R）.

延塚知道：《曇鸞の仏道観》，《親鸞教学》53，1989-01-20，73-87.

佐々木義英：《曇鸞教学に於ける名号観》，《印度学仏教学研究》75，1989-12-20，214-216.

梶山雄一：《幡谷明著『曇鸞教学の研究』》，《親鸞教学》56，1990-09-05，97-104.

武田龍精（共著）：《曇鸞『往生論註』の綜合的研究》（Ⅰ），《龍谷大学仏教文化研究所紀要》29，1990-12-25，1-39（L）.

遠山諦虔：《曇鸞『論註』における論理と比喩について》，《宗教研究》287，1991-03-31，188-189（R）.

延塚知道：《曇鸞和讃考》，《大谷学報》268，1991-12-20，1-12.

藤善真澄：《曇鸞大師生卒年新考》，《教学研究所紀要》1，1991-
09-30，29-58.

宮沢正順：《曇鸞大師の調気と達磨大師の胎息について》，《中国
学研究》11，1992-03-16，5-18（R）.

藤堂恭俊：《曇鸞大師の五念門釈攷》上，《浄土宗学研究》18，
1992-03-31，1-20（R）.

宮沢正順：《曇鸞大師の調気と達磨大師の胎息について》，《中国
学研究》11，1992-03-16，5-18（R）.

松尾哲成：《曇鸞浄土教の成立背景の一考察》，《印度学仏教学研
究》80，1992-03-20，78-80.

藤堂恭俊：《曇鸞浄土教における信》，《仏教思想》11，1992-
05-01，293-318.

宮井里佳：《曇鸞から道綽へ》，《日本仏教学会年報》57，1992-
05-25，73-87.

梶原隆浄：《曇鸞の往生観考》，《仏教大学大学院研究紀要》
21，1993-02-15，22-50（L）.

矢田了章：《曇鸞における第十八願受容の考察》，《中西智海先生
還暦記念論文集：親鸞の仏教》，1994-12-08，605-618.

尾畑文正：《親鸞における曇鸞受容の一考察》，《東海仏教》
40，1995-03-31，1-15.

武田龍精：《曇鸞浄土教の思想史的背景と意義》（一），《龍谷大
学論集》447，1995-12-28，45-77.

青山法城：《曇鸞・『往生論註』関係研究書、及び研究論文一覧》，
《曇鸞の世界：往生論註の基礎的研究》，1996-01-20，55-79（L）.

内藤知康：《曇鸞の往生思想》，《曇鸞の世界：往生論註の基礎的
研究》，1996-01-20，13-34.

普賢保之：《曇鸞における八番問答の意義》，《曇鸞の世界：往生
論註の基礎的研究》，1996-01-20，35-50.

藤善真澄：《曇鸞教団》，《曇鸞の世界：往生論註の基礎的研究》，1996-01-20，99-128.

藤丸智雄：《曇鸞と僧肇》，《印度学仏教学研究》88，1996-03-20，74-76.

那須一雄：《隆寛における曇鸞著作の引用について》，《龍谷教学》31，1996-06-01，71-83.

福沢晃二：《『浄土論註』における曇鸞の空性理解の特異性》，《龍谷大学大学院紀要》18，1997-01-20，45-58（L）.

宮沢正順：《「玄中」の語義を中心とした陶弘景・曇鸞・道綽論》，《中国学研究》16，1997-03-15，6-23（R）.

梶原隆浄：《曇鸞の十念観》，《仏教大学総合研究所紀要》4，1997-03-25，15-25.

常光香誓：《曇鸞浄土教における名号観》，《宗教研究》311，1997-03-30，196-197（R）.

大田利生：《曇鸞における道教的表現》，《親鸞教学論叢：村上速水先生喜寿記念》，1997-05，469-490.

相馬一意：《曇鸞の思想と道教》，《日本仏教学会年報》62，1997-05-25，35-46.

藤善真澄：《曇鸞と『往生論註』の彼方》，《教学研究所紀要》6，1998-03-10，1-27.

山田行雄：《親鸞和語聖教と曇鸞教学》，《真宗学》97/98，1998-03-18，95-128.

藤丸智雄：《曇鸞の光明観に関する考察》，《インド哲学仏教学研究》5，1998-03-20，58-70（L）.

藤丸智雄：《曇鸞の光明観》，《印度学仏教学研究》92，1998-03-20，186-189（L）.

吉田隆英：《曇鸞と仙経》，《北畠典生博士古稀記念論文集：日本仏教文化論叢》2，1998-06-08，333-348.

佐々木義英：《曇鸞教学における二種法身論》，《印度学仏教学研究》93，1998-12-20，72-75.

相馬一意：《曇鸞と称名思想》（1），《印度学仏教学研究》94，1999-03-20，36-42.

藤丸智雄：《曇鸞の光明観の淵源》，《印度学仏教学研究》94，1999-03-20，204-208（L）.

福井智行：《曇鸞教学の背景に関する一考察》，印度学仏教学研究通号96，2000-03-20，130-132（L）.

梶原隆浄：《曇鸞の浄土観》，《仏教学浄土学研究：香川孝雄博士古稀記念論集》，2001-03-16，411-438.

中村英俊：《曇鸞の『論註』における行の研究》，《宗教研究》327，2001-03-30，191-192（R）.

福井智行：《隆寛律師の曇鸞教学受容に関する一考察》，《印度学仏教学研究》99，2001-12-20，49-51.

殿内恒：《法然門下に見る曇鸞教学の受容》，《法然と親鸞—その教義の継承と展開》，2003-07-31，67-96.

小林尚英：《曇鸞大師の往生観》，《仏教思想の受容と展開：宮林昭彦教授古稀記念論文集》1，2004-02-13，219-247（R）.

宮沢正順：《曇鸞『調気論』の注解者王劭と聖武天皇『雑集』中の王居士の関係》，《東洋の歴史と文化：佐藤成順博士古稀記念論文集》，2004-04.

姚　長寿：《曇鸞の浄土思想について》，《浄土学仏教学論叢：高橋弘次先生古稀記念論集》2，2004-11-01，19-32（R）.

深川宣暢：《曇鸞教学の伝道的性格》，真宗学 通号111，2005-03-18，147-164.

吉水岳彦：《曇鸞の「是心作佛是心是佛」釈》，《印度学仏教学研究》107，2005-12-20，72-75.

石川琢道：《曇鸞の五念門釈について》，《宗教研究》347，

2006-03-30，278-279（R）．

伊東昌彦：《吉蔵と曇鸞》，《宗教研究》350，2006-12-30，115-138．

那須一雄：《法然と曇鸞教学》，《宗教研究》351，2007-03-30，331-332（R）．

大田利生：《曇鸞・道綽における伝道教化考》，《龍谷大学仏教文化研究所紀要》46，2007-12-26，119-133（R）．

塚嵜拓也：《曇鸞の『無量寿経優婆提舎願生偈』註釈の姿勢》，《印度学仏教学研究》113，2007-12-20，142-145（R）．

黒田浩明：《曇鸞と親鸞》，《印度学仏教学研究》114，2008-03-20，36-39（R）．

狐野利久：《親鸞における曇鸞の影響についての一考察》，《印度哲学仏教学》23，2008-10-30，100-108（R）．

加藤栄司：《道士曇鸞》，《松ヶ岡文庫研究年報》23，2009-03-25，17-44（R）．

石川琢道：《曇鸞の名号論》，《印度学仏教学研究》120，2010-03-20，61-65（R）．

平孔龍：《曇鸞浄土教における仮名思想》，《印度学仏教学研究》122，2010-12-20，182-185（R）．

真名子晃征：《曇鸞の行論に関する一考察》，《印度学仏教学研究》122，2010-12-20186-189（R）．

渓英俊：《曇鸞浄土教思想における願生者の一考察》，《宗教研究》367，2011-03-30，317-318（R）．

栗三直隆著：《浄土と曇鸞－中国仏教をひらく》，桂書房，2012.2.

内田准心：《曇鸞における南朝仏教の影響》，《印度学仏教学研究》126，2012-03-20，215-218（R）．

石川琢道：《曇鸞の名号論の成立とその背景》，《印度学仏教学研究》128，2012-12-20，228-234（R）．

内田准心：《曇鸞における願生と菩提心》，《印度学仏教学研究》128，2012-12-20，235-238（R）.

3. 释灵辨

脇谷［ギ］謙：《靈辨及び靈裕の華嚴經疏》，《六条学報》137，11-17，1913-03-10.

佐藤泰舜：《霊弁の華厳経論に就いて》，《印度哲学と仏教の諸問題：宇井伯寿博士還暦記念論文集》，1951-12-15，249-279（R）.

新藤晋海（報告）：《霊弁述華厳経論新発見分の紹介》（一），《南都仏教》号9，1961-04-15，105-126.

新藤晋海（報告）：《霊弁述華厳経論新発見分の紹介》（二），《南都仏教》10，1961-11-20，107-125.

新藤晋海：《霊弁述華厳経論新発見分の紹介》（三），《南都仏教》11，1962-04-20，121-143.

新藤晋海：《霊弁述華厳経論新発見分の紹介》（四），《南都仏教》12，1962-11-30，112-132.

新藤晋海：《霊弁述華厳経論新発見分の紹介》（五），《南都仏教》13，1963-06-10，116-141.

石井公成：《敦煌写本の中の霊弁『華厳経論』断簡》，《華厳学論集》，1997-11-10，155-175（L）.

張愛順：《霊弁の華厳経論について：奎章閣の筆写本》，《印度學佛教學研究》53（1），178-183，2004-12-20.

張愛順：《霊弁の華厳経論について－奎章閣の筆写本－》，《印度學佛教學研究》53（1），178-183，2004.

張文良：《霊弁『華厳経論』における戒律思想》，東アジア仏教研究通号10，2012-05-31，3-12（L）.

張文良：《霊弁の虚像と真実：『華厳経論』の再発見と「霊弁伝」の「再構成」》，《東アジア仏教研究》（13），3-23，2015-05.

張文良：《霊弁『華厳経論』における戒律思想》，《東アジア仏教

研究》-（10），3-12，2012-05.

4. 法藏大师

目幸黙僊：《法蔵教学における因果二分思想》，《印度学仏教学論集：宮本正尊教授還暦記念論文集》，1954-07，419-430（R）.

山田亮賢：《華厳法蔵の三性説について》，《印度学仏教学研究》8，1956-03-30，194-197.

長尾雅人：《法蔵の三性説に対する若干の疑問》，《京都大学文学部研究紀要》4，1956-11-20，183-205.

田中順照：《賢首大師法蔵の三性説》，《印度学仏教学研究》12，1958-03-30，203-206.

鎌田茂雄：《法蔵撰華厳経問答について》，《印度学仏教学研究》14，1959-03-30，241-247.

石橋真誠：《法蔵教学の思想的背景》，《印度学仏教学研究》16，1960-03-30，130-131.

小林実玄：《法蔵の三性説について》，《印度学仏教学研究》17，1961-01-25，237-240.

小林実玄：《八識に関する法蔵の解釈》，《仏教学研究》18/19，1961-10-01，38-55.

山田亮賢：《華厳法蔵の善知識観》，《大谷学報》151，1962-01-20，1-11.

田中良昭：《付法蔵因縁伝と禅の伝灯》，《印度学仏教学研究》19，1962-01-25，243-246.

遠藤孝次郎：《法蔵撰華厳玄義章に就いて》，《印度学仏教学研究》23，1964-01-31，91-93.

鍵主良敬：《法蔵における一心の性格について》，《印度学仏教学研究》26，1965-03-31，221-224.

鍵主良敬：《法蔵における初歓喜地の理解》，《印度学仏教学研究》

38，1971-03-31，252-261.

小林実玄：《法蔵の一乗教義の論成について》，《龍谷大学論集》400，1973-03-20，214-233.

小林実玄：《華厳法蔵の事伝について》，《南都仏教》36，1976-07-20，25-53.

大谷光真：《法蔵のビルシャナ仏観》，《仏の研究：玉城康四郎博士還暦記念論集》，1977-11-30，363-376.

吉津宜英：《法蔵の一乗思想について》，《宗教研究》234，1977-12-31，137-139（R）.

木村清孝：《智儼・法蔵と三階教》，《印度学仏教学研究》53，1978-12-31，100-107.

吉津宜英：《法蔵伝の再検討》，《宗教研究》238，1979-02-28，192-193.

吉津宜英：《法蔵伝の研究》，《駒沢大学仏教学部研究紀要》37，1979-03，168-193.

小林実玄：《〈義海百門〉における法蔵の観・行の説示について》，《印度学仏教学研究》54，1979-03-31，86-91.

吉津宜英：《法蔵の四宗判の形成と展開》，《宗教研究》240，1979-06-30，87-110.

吉津宜英：《法蔵の著作の撰述年代について》，《駒沢大学仏教学部論集》10，1979-11，163-179.

赤尾栄慶：《法蔵の華厳三性説について》，《印度学仏教学研究》56，1980-03-31，160-161.

吉津宜英：《法蔵『大乗起信論義記』の研究》，《駒沢大学仏教学部論集》11，1980-11，139-156.

吉津宜英：《法蔵の大乗起信論義記について》，《印度学仏教学研究》57，1980-12-31，42-46.

田中良昭：《〈附法蔵因縁伝〉とその発展》，《駒沢大学仏教学部

研究紀要》39，1981-03，67-90.

赤尾栄慶：《法蔵における空観》，《印度学仏教学研究》58，1981-03-31，118-119.

一色順心：《法蔵撰華厳経旨帰の研究》，《印度学仏教学研究》58，1981-03-31，221-225.

鍵主良敬：《賢首法蔵に於ける智慧観の一側面》，《仏教学セミナー》34，1981-10-30，9-23.

吉津宜英：《〈縁起〉の用例と法蔵の法界縁起説》，《駒沢大学仏教学部研究紀要》40，1982-03，176-205.

宇衛康弘：《法蔵における二諦説》，《駒沢大学大学院仏教学研究会年報》16，1983-01，87-95.

一色順心：《法蔵教学における大乗諸経論の受容について》，《大谷学報》236，1983-02-20，35-47.

河村孝照：《続蔵の華厳注疏よりみたる法蔵、慧苑、李通玄について》，《宗教研究》255，1983-03-31，171-172（R）.

赤尾栄慶：《法蔵にみえる草木成仏について》，《印度学仏教学研究》64，1984-03-25，404-407.

赤尾栄慶：《法蔵教学に於ける四教と終教》，《仏教学セミナー》40，1984-10-30，48-61.

石井公成：《法蔵の〈梵網経菩薩戒本疏〉について》，《印度学仏教学研究》64，1984-03-25，400-403.

石橋真誠：《法蔵の唯識説への対応》，《印度学仏教学研究》64，1984-03-25，396-399.

石橋真誠：《法蔵の華厳思想と華厳観》，《仏教文化論攷：坪井俊映博士頌寿記念》，1984-10，809-828.

赤尾栄慶：《法蔵教学に於ける四教と終教》，《仏教学セミナー》40，1984-10-30，48-61.

清水光幸：《法蔵〈大乗起信論別記〉について》，《印度学仏教学

研究 》66，1985-03-25，98-99.

吉津宜英：《法蔵の法界縁起説の形成と変容》，《仏教思想の諸問題：平川彰博士古稀記念論集 》，1985-06-30，271-284（R）.

吉津宜英：《法蔵の〈梵網経菩薩戒本疏〉について》，《中国の仏教と文化：鎌田茂雄博士還暦記念論集 》，1988-12，265-290.

吉津宜英：《法蔵以前の〈梵網経〉諸註釈書について》，《駒沢大学仏教学部研究紀要》47，1989-03-30，94-119.

吉津宜英：《法蔵と澄観の唯心義解釈》，《南都仏教 》61/62，1989-06-30，73-83（L）.

小島岱山：《法蔵の〈如来林偈〉理解に対する鳳潭の見解》，《南都仏教 》61/62，1989-06-30，84-99（L）.

吉津宜英：《法蔵と澄観の唯心義解釈》，《南都仏教》61/62，1989-06-30，73-83（L）.

張愛順：《法蔵における空観の特質》，《印度学仏教学研究 》75，1989-12-20，238-240.

吉津宜英：《法蔵の一乗大乗への批判について》，《印度学仏教学研究 》75，1989-12-20，225-231.

石井公成：《法蔵〈梵網経菩薩戒本疏〉に見える生命観》，《日本仏教学会年報》55，1990-05-25，121-137.

木村清孝：《円測と法蔵》，《韓国仏教学 SEMINAR》4，1990-08-25，15-29（L）.

吉津宜英：《法蔵の〈大乗起信論義記〉の成立と展開》，《如来蔵と大乗起信論》，1990-06-30，377-410.

中村薫：《賢首大師法蔵の〈十重唯識説〉について》，《同朋大学論叢》64/65，1991-06-13，101-124.

鍵主良敬、木村清孝著：《法蔵》，大蔵出版，1991.7.

張愛順：《法蔵の仏教観》，《印度学仏教学研究》81，1992-12-20，80-85.

李恵英：《法蔵の釈経方法について》，《印度学仏教学研究》81，1992-12-20，86-88.

舘野正生：《法蔵と道元》，《宗学研究》36，1994-03-31，37-42.

舘野正夫：《因分果分をめぐる法蔵教学の推移》，《駒沢大学仏教学部論集》25，1994-10-31，253-271.

舘野正生：《法蔵の修道的側面》，《印度学仏教学研究》85，1994-12-20，238-240.

舘野正生：《『文義綱目』と『探玄記』との対比より見た法蔵教学の推移》，《駒沢大学大学院仏教学研究会年報》28，1995-05，28-44.

木村宣彰：《智顗と法蔵》，《仏教学セミナー》61，1995-05-30，1-20.

舘野正生：《法蔵教学に於ける懺悔》，《儀礼文化》22，1995-11-20.

舘野正生：《「縁起相由」の変遷に見る法蔵華厳思想の形成》，《印度学仏教学研究》89，1996-12-20，81-83.

鍵主良敬：《賢首法蔵の生即無生観》，《華厳学論集》，1997-11-10，241-254（L）.

舘野正生：《法蔵華厳思想形成上に於ける『華厳経旨帰』の位置》，《華厳学論集》，1997-11-10，277-294（L）.

舘野正生：《因果の用例より見た『五教章』に於ける法蔵の思想的立場》，《駒沢大学仏教学部論集》28，1997-10-30，313-327（L）.

舘野正生：《法蔵撰「法界縁起章」の研究》，《南都仏教》74/75，1997-12-25，55-70（R）.

大竹晋：《散逸部分を中心とした法蔵『密厳経疏』の研究》，《宗教学・比較思想学論集》1，1998-12，19-31（L）.

舘野正生：《法蔵撰『華厳経文義綱目』の研究》，《印度学仏教学研究》93，1998-12-20，34-37.

舘野正生：《『華厳発菩提心章』と法蔵撰『華厳三昧観』に関する

一考察》，《宗教研究》320，1999-06-30，53-74（R）.

　　織田顕祐：《『起信論』の如来蔵説と法蔵の如来蔵縁起宗について》，《仏教学セミナー》70，1999-10-30，21-36.

　　舘野正生：《解・行の用例に見る法蔵華厳思想の形成》，《松ヶ岡文庫研究年報》14，2000-03-25，75-97（R）.

　　木村宣彰：《法蔵における『大乗起信論義記』撰述の意趣》，《「大乗起信論」の研究》，2000-08-25，65-103.

　　木村清孝：《法蔵の『十二門論』解釈》，《三論教学と仏教諸思想：平井俊栄博士古稀記念論集》，2000-10-30，281-290.

　　宇野公順：《護法と法蔵における阿頼耶識説の対比》，《大谷大学大学院研究紀要》17，2000-12-01，93-113.

　　早川道雄：《「不二摩訶衍」概念の根源としての法蔵教学》，《豊山教学大会紀要》28，2000-12-01，167-187.

　　舘野正生：《法蔵華厳思想における一特徴としての因果解釈》，《輪廻の世界/大正大学綜合仏教研究所叢書》9，2001-08，168-203.

　　石井公成：《則天武后「大乗入楞伽経序」と法蔵『入楞伽心玄義』》，《駒沢大学禅研究所年報》13/14，2002-12，25-44.

　　竹村牧男：《法蔵の「蓮華蔵世界」観をめぐって》，《仏教学》46，2004-12-20，1-23.

　　大井和也：《法蔵の華厳教学と如来蔵思想》，《印度学仏教学研究》108，2006-03-20，76-79.

　　岡部和雄：《法蔵を千載に留めん》，《駒沢大学仏教学部論集》37，2006-10-31，1-15.

　　佐藤厚（訳）：《法蔵教学の思想的展開と元暁の影響》，《東アジア仏教研究》5，2007-05-31，15-.

　　藤井教公：《大竹晋著『唯識説を中心とした初期華厳教学の研究——智儼・義湘から法蔵へ』》，《印度哲学仏教学》22，2007-10-30，391-392（R）.

木内尭大：《伝教大師における法蔵教学の受用》，《仏教と文化：多田孝正博士古稀記念論集》，2008-11-30，801-816（R）．

島村大心：《真如熏習の真意　主として法蔵による理解》，《印度学仏教学研究》120，2010-03-20，64-68（L）．

吉津宜英著：《法蔵：〈一即一切〉という法界縁起》，佼成出版社，2010.11.

5. 澄观大师

河野雲集：《華厳教学研究の回顧》，《支那仏教史学》，1941-06-25，70-75．

亀川教信：《三聖円融の思想体系》，《日本仏教学協会年報》14，1942-10，181-214．

小林実玄：『蓮華蔵世界』考（昭和三十三年度），《宗学院論集》40，0001，248-261．

鎌田茂雄：《澄観の華厳と老荘思想》，《駒沢大学仏教学部研究紀要》19，1961-03，78-93．

鎌田茂雄：《澄観における禅思想の形成》，《印度学仏教学研究》18，1961-03-31，73-78．

鎌田茂雄：《清涼澄観の心性説》，《駒沢大学仏教学部研究紀要》22，1964-03，72-85．

小林実玄：《澄観教学の研究》，《龍谷大学論集》377，1964-09-25，83-136．

日比宣正：《湛然の教学における澄観の影響》，《印度学仏教学研究》27，1965-12-25，105-109．

鎌田茂雄：《海印三昧について》，《駒沢大学仏教学部研究紀要》24，1966-03，35-51．

石井修道：《『宗鏡録』におよぼした澄観の著作の影響について》，《印度学仏教学研究》34，1969-03-31，130-131．

吉津宜英：《澄観の華厳教学と杜順の法界観門》，《駒沢大学仏教

学部研究紀要》38，1980-03，145-165.

吉津宜英：《澄観の禅宗観について》，《宗学研究 》22，1980-03-31，206-211（R）.

吉津宜英：《華厳教判論の展開》，《駒沢大学仏教学部研究紀要》39，1981-03，195-225.

吉津宜英：《頓教に対する澄観の解釈について》，《宗学研究 》23，1981-03-31，209-214（R）.

秋田光兆：《澄観に見られる天台止観》（昭和五十九年度 天台宗教學大會記念號），《天台学報》27，107-110，1984.

吉津宜英：《澄観の華厳教学と禅宗》，《東洋文化研究所紀要》97，1985-03-30，13-64（L）.

秋田光兆：《澄観に見られる天台止観》，《天台学報》27，1985-11-05，111-114，

梅本薫：《中国華厳における法界観の研究》，《龍谷大学大学院紀要》7，1986-03-22，99-102.

平山観月：《空海の対象僧としての最澄観》，《仏教史仏教学論集：野村耀昌博士古稀記念論集 》，1987-04，217-236（R）.

盧在性：《澄観の『華厳経疏鈔』における儒道思想について》，《中国学研究》 7，1988-03-25，34-49（R）.

吉津宜英：《法蔵と澄観の唯心義解釈》，《南都仏教》61/62，1989-06-30.73-83（L）.

盧在性：《僧統澄観とその生没年代について》，《印度学仏教学研究》75，1989-12-20，244-246.

寿山光知：《澄観『三聖円融観門』考》，《印度学仏教学研究 》79，1991-12-20，82-84.

宮地清彦：《澄観の教判論について》，《駒沢大学大学院仏教学研究会年報 》25，1992-05，76-85.

鎌田茂雄：《二人の澄観》，《印度学仏教学研究》81，1992-12-

20，89–96.

　　宮地清彦：《澄観の教判論について》（二），《駒沢大学大学院仏教学研究会年報》26，1993–05，35–43.

　　陳永裕（要旨）：《華厳観法の研究》，《韓国仏教学 SEMINAR》5，1993–08–25，77–81（L）.

　　盧在性：《澄観『華厳経疏鈔』の流伝について》，《仏教文化の展開：大久保良順先生傘寿記念論文集》，1994–11–24，265–286.

　　加藤精一：《空海と澄観》，《印度学仏教学研究》87，1995–12–20，99–105.

　　陳永裕：《澄観の華厳観法に関する文献の考察》，《華厳学論集》，1997–11–10，395–430（L）.

　　盧在性：《雪岑の『華厳釈題』に及ぼした澄観の著述》，《華厳学論集》，1997–11–10，711–725（L）.

　　徐海基：《澄観の『華厳経疏』に見られる「理」について》，《印度学仏教学研究》90，1997–03–20，194–196（L）.

　　徐海基，《清凉国師澄観の伝記と学系》，《韓国仏教学 SEMINAR》7，1998–11–20，81–107（L）.

　　小島岱山：《澄観における老易厳一致の華厳思想と四法界》，《印度学仏教学研究》92，1998–03–20，58–62.

　　徐海基：《澄観の華厳法界観》，《インド哲学仏教学研究》6，1999–03–20，46–59（L）.

　　盧在性：《清凉澄観の法華経観》，《印度学仏教学研究》96，2000–03–20，22–24.

　　徐海基（浄厳）：《澄観の法界解釈》，《南都仏教》79，2000–10–25，18–43.

　　張文良：《澄観の「唯心念仏」思想》，《印度学仏教学研究》100，2002–03–20，131–133.

　　浄厳（徐海基）：《澄観の禅宗観》，《印度学仏教学研究》101，

2002-12-20，66-70（R）.

張文良《澄観の「唯心念仏」思想》，《印度學佛教學研究》50（2），659-661，2002.

張文良：《澄観における如来蔵と阿頼耶識について》，《インド哲学仏教学研究》10，2003-03-20，46-60（L）.

張文良：《澄観における無念と離念》，《印度学仏教学研究》102，2003-03-20，17-19（R）.

徐海基（浄厳）：《澄観の海印三昧観について》，《韓国仏教学SEMINAR》9，2003-08-25，270-286（L）.

田戸大智：《澄観所引の五種法身について》，《印度学仏教学研究》103，2003-12-20，44-47.

浄厳（徐海基）：《四法界観の成立と『法界観門』》，《印度学仏教学研究》104，2004-03-20，194-200（L）.

遠藤純一郎《澄観と密教：『大方廣佛華嚴經随疏演義鈔』に見られる密教的要素》（遠藤祐純先生吉田宏哲先生古稀記念論文集 慈悲と智慧の世界），《智山學報》54，319-355，2005-03-31.

馬淵昌也：《澄観教学における一心の位置づけをめぐって》，《東アジア仏教研究》3，2005-05-31，3-25（L）.

胡建明：《清涼澄観の華厳教判》，《禅の真理と実践：東隆真博士古稀記念論集》，2005-11-30，491-507（R）.

佐藤厚：《澄観撰『十二因縁観』の著者問題》，《南都仏教》86，2005-12-25，186-201（R）.

張文良：《澄観における法性と仏性》，《印度学仏教学研究》108，2006-03-20，70-75.

張文良著：《澄観：華厳思想の研究：「心」の問題を中心に》，山喜房佛書林 2006.1.

遠藤純一郎：《澄観と密教：密教との邂逅》，《智山學報》55，79-103，2006-03-31.

張文良：《澄観における戒律思想》，《印度学仏教学研究》111，2007-03-20，60-66（R）.

張文良：《澄観における空と仏性》，《印度学仏教学研究》114，2008-03-20，156-162（R）.

6. 道宣律师

甘蔗円達：《道宣の支那戒律史上に於ける地位》，《支那仏教史学》，1939-07-01，1-21（R）.

佐藤達玄：《道宣の吉蔵伝について》，《印度学仏教学研究》17，1961-01-25，225-228.

山崎宏：《唐の道宣の感通について》，《仏教史学論集：塚本博士頌寿記念》，1961-02-08，895-906（R）.

前川隆司：《道宣の仏教史観》，《印度学仏教学研究》18，1961-03-31，189-192.

土橋秀高：《道宣の菩薩戒》，《印度学仏教学研究》29，1966-12-25，131-135.

宮林昭彦：《道宣の戒律観》，《日本仏教学会年報》32，1967-03，146-155.

平田寛：《称名寺蔵南山大師道宣の画像について》，《金沢文庫研究》150，1968-10，1-5.

平川彰：《道宣の法華経観》，《法華経の中国的展開：法華経研究》4，1972-03-20，319-341（R）.

川口高風：《四分律行事鈔における道宣の戒律》，《宗学研究》14，1972-03-31，136-142（R）.

田中敬信：《道宣の神異観》，《印度学仏教学研究》41，1972-12-31，142-143.

佐藤達玄：《道宣律師考序説》，《駒沢大学仏教学部研究紀要》31，1973-03，59-68.

川口高風：《道宣の袈裟について》，《宗教研究》214，1973-03-

31，135–136（R）.

川口高風：《道宣の袈裟観》，《駒沢大学大学院仏教学研究会年報》7，1973–05，52–66.

佐藤達玄：《道宣の戒学》，《印度学仏教学研究》43，1973–12–31，96–101.

川口高風：《袈裟史における道宣の地位》，《宗教研究》217，1974–01–30，97–123.

佐藤達玄：《道宣と戒律》，《印度学仏教学研究》45，1974–12–25，81–86.

佐藤達玄：《道宣の庶民教化の基本的立場》，《印度学仏教学研究》49，1976–12–25，101–106.

宮林昭彦：《道宣の三学観》，《仏教の実践原理》1977–12，189–200（R）.

川口義照：《道世と道宣の撰述書》，《印度学仏教学研究》52，1978–03–20，304–306.

佐藤達玄：《道宣律師と大乗戒》，《日中語文交渉史論叢：渡辺三男博士古稀記念》，1979–04，685–706.

佐藤達玄：《道宣の食物観》，《印度学仏教学研究》58，1981–03–31，98–103.

大沢伸雄：《道宣の出家学仏道観》，《戒律思想の研究》，1981–10，367–404（R）.

大沢伸雄：《唐道宣の戒体論について》（序説），《真宗教学研究》5，1981–11–23，64–72（R）.

鳥居本幸代：《南山道宣の袈裟観について》，《天台学報》25，1982–11–08，189–192.

土橋秀高：《道宣の戒律への思念》，《仏教の歴史と思想：壬生台舜博士頌寿記念》，1985–02–01，397–420.

藤善真澄：《道宣の出自をめぐって》，《仏教史学研究》，1986–

03–31，1–22（L）.

佐藤達玄：《道宣の禅観思想》，《仏教史仏教学論集：野村耀昌博士古稀記念論集》，1987–04，53–72（R）.

安重喆：《道宣の修道観》，《印度学仏教学研究》73，1988–12–15，92–94.

水野弘元：《南山道宣と大乗戒》，《戒律の世界》，1993–05–25，485–510.

松浦俊昭：《道宣の律学の研究》，《仏教思想文化史論叢：渡辺隆生教授還暦記念論文集》，1997–06–30，239–256.

藤堂俊英：《法然と道宣》，《浄土宗学研究》26，2000–03–31，127–128（R）.

富田雅史：《『法苑珠林』と道宣》，《東洋大学大学院紀要》37，2001–02–28–（L）.

宮林昭彦：《義浄『南海寄帰内法伝』に見える道宣批判》，《仏教文化の基調と展開：石上善応教授古稀記念論文集》2，2001–05–10，209–225（R）.

藤井教公：《藤善真澄著『道宣伝の研究』》，《印度哲学仏教学》17，2002–10–30，384–385.

安重喆：《唐道宣と義天の修観》，《印度学仏教学研究》102，2003–03–20，84–88（R）.

松浦典弘：《藤善真澄著『道宣伝の研究』京都大学学術出版会》，《仏教史学研究》，2003–11–29，66–73.

柴田泰山：《道宣『続高僧伝』所収の善導伝について》，《東洋の歴史と文化：佐藤成順博士古稀記念論文集》，2004–04.

塩入法道：《南山道宣と禅観》，《大乗仏教思想の研究：村中祐生先生古稀記念論文集》，2005–06–30，177–192（R）.

諏訪隆茂：《道宣における「感通」の意義》，《印度哲学仏教学》20，2005–10–30，203–218.

小谷知弘：《道宣の種子戒体説の検討》，《印度学仏教学研究 》108，2006-03-20，50-53.

戸次顕彰：《道宣の著作中に見られる『凡聖行法』について》，《印度学仏教学研究》120，2010-03-20，33-36（R）.

竹下繭子：《鑑真和上像の服制と道宣の着衣論》，《仏教芸術》310，2010-05-30，9-32（R）.

戸次顕彰：《道宣による『七種礼法』引用の意図》，《東アジア仏教研究》9，2011-05-31，55-73（L）.

戸次顕彰：《道宣の四種三宝説について》，《印度学仏教学研究》128，2012-12-20，217-221（R）.

7．法照法师

佐藤哲英：《法照和尚念仏讃の紙背文書について》，《仏教学研究》5，1951-06-15.

藤原凌雪：《後善導としての法照禅師》，《龍谷大学論集》343，1952-02-29，36-45.

佐藤哲英：《法照和尚念仏讃解説》，《西域文化研究》1，1958-03，211-211.

佐藤哲英：《法照和尚念仏讃》，《西域文化研究》6，1963-03，195-222.

齊藤隆信：《法照崇拝とその凋落》，《浄土宗学研究》，知恩院浄土宗学研究所［編］.京都：知恩院浄土宗学研究所，1967-.

大松博典：《法照の玄義解釈》，《印度学仏教学研究》53，1978-12-31，118-119.

広川尭敏：《敦煌出土法照関係資料について》，《浄土教の研究：石田充之博士古稀記念論文》，1982-09-28，187-217.

齊藤隆信：《法照の礼讃偈における通俗性》，《浄土宗学研究》30，2004-03-31，15-100（R）.

程正：《法照撰『浄土法身讃』の依拠文献について》，《印度学仏

教学研究》105，2004-12-20，175-177.

伊藤進傳：《『浄土五会念仏略法事儀讃』について》，《叡山学院研究紀要》30，2008-02-13，43-64（R）.

齊藤隆信：《法照崇拝とその凋落》，《浄土宗学研究》34，2008-03-31，97-98（R）.

8. 慧祥法师

小笠原宣秀：《藍谷沙門慧詳に就いて》，《龍谷学報》315，1936-06，25-44.

伊吹敦：《唐僧慧祥に就いて》，《早稲田大学大学院文学研究科紀要別冊》14，1987-01-30，33-45.

9. 紫柏真可

牧田諦亮：《紫柏真可とその浄土教》，《印度学仏教学研究》16，1960-03-30，237-240.

佐藤錬太郎：《紫柏真可の禅について》，《印度哲学仏教学》4，1989-10-30，199-210.

10. 憨山德清

荒木見悟：《憨山德清の思想》，《東洋学論集：池田末利博士古稀記念》，1980-09，705-720.

岩城英規：《憨山德清の浄土思想》，《東方》12，1996-12-31，96-111（L）.

岩城英規：《憨山德清の思想》，《印度学仏教学研究》91，1997-12-20，222-226.

河村孝照：《德清著『起信論疏略』の資料的研究》，《東洋学研究》17，1983-03-31，7-28.

11. 普済禅师

三上諦聴：《五台山の普済禅師》，《日華仏教研究会年報》5，

1942-02-20，75-82.

吉岡義豐：《五台山的普濟佛教》，《吉岡義豐著作集》第一卷，東京五月書房，1989-06.

见酒井忠夫：《近現代中國における宗教結社の研究》，東京國書刊行會，2002-03.

12. 不空三藏

添田隆俊：《不空羂索経の成立に就いて》，《密教研究》40，1931-03-15，1-27.

長部和雄：不空三蔵渡天年次釈疑，《密教研究》83，1942-12-01，28-62.

吉祥真雄：《善無畏不空両三蔵系の曼陀羅について》，《日華仏教研究会年報》6，1943-09-10，66-88.

干潟竜祥：《セイロン王統年譜と金剛智・不空時代のセイロン王》，《密教研究》86，1943-11-10，41-62.

塚本俊孝：《中国に於ける密教受容について——伝入期たる善無畏・金剛智・不空の時代》，《仏教文化研究》，2（1952.09），頁89-99.

長部和雄：《不空の密教と一行の密教》，《印度学仏教学研究》（21），1963-01-15，235-238.

木内央：《伝教大師と不空表制集》，《印度学仏教学研究》29，1966-12-25，138-139.

木内央：《伝教大師の密教相承と不空三蔵》，《印度学仏教学研究》33，1968-12-25，247-249.

長部和雄：《不空三蔵と其の時代》，《仏教史学》，13:4（1968），頁1-13.

勝又俊教：《不空三蔵の碑文について》，《密教学研究》1，1969-03-21，97-113（R）.

木内央：《伝教大師に及ぼした不空三蔵の影響》，《印度学仏教学研究》35，1969-12-25，230-232.

平井俊栄：《中国仏教における不空の概念》，《印度学仏教学研究》36，1970-03-31，59-64.

竹田暢典：《平安仏教と不空表制集》，《大正大学研究紀要》57，1972-03-15，1-17.

加藤精一：《不空訳経典にあらわれた仏身観の特色》，《印度学仏教学研究》45，1974-12-25，41-47.

鶴見良道：《吉蔵における不空の一考察》，《駒沢大学大学院仏教学研究会年報》10，1976-10，26-35.

藤善真澄：《金剛智・不空渡天行釈疑》，《仏教思想論集：奥田慈応先生喜寿記念》，1976-10，823-836.

加藤精一：《不空訳経典にあらわれた仏身観の特色一その二一》，《印度学仏教学研究》49，1976-12-25，196-200.

向井隆健：《不空三蔵訳経軌類一覧》，《豊山学報》21，1976-03-30，93-114.

向井隆健：《不空三蔵の経典翻訳における態度》，《印度学仏教学研究》48，1976-03-31，257-259.

錦織亮介：《観世音寺と不空羂索観音像》，《仏教芸術》108，1976-07-30，39-52（R）.

向井隆健：《不空三蔵訳経軌類一覧》，《豊山学報》21，1976-03-30，93-114.

加藤精一：《金剛智と不空》，《印度学仏教学研究》51，1977-12-31，304-307.

前田崇：《真実摂経不空三巻本蔵梵漢索引》，《大正大学綜合仏教研究所年報》1，1979-05，161-141（L）.

向井隆健：《不空の教学研究のための資料考》，《豊山学報》25，1980-03-30，47-67.

頼富本宏：《不空・空海をめぐる人々》（二），《密教と印度思想：松尾義海博士古稀記念論集》，1980-01，183-206.

小野塚幾澄：《不空の密教について》，《大正大学研究紀要》65，1980–03–25，1–21.

向井隆健：《不空の教学研究のための資料考》，《豊山学報》25，1980–03–30，47–67.

向井隆健：《不空三蔵と大乗経典》，《豊山教学大会紀要》（8），1980–09，37–45.

向井隆健：《不空訳『摂無礙経』と『秘蔵記』との関係について》，《豊山教学大会紀要》9，1981–09，13–24.

向井隆健：《不空訳『摂無礙経』をめぐる問題》，《印度学仏教学研究》60，1982–03–31，294–297.

竹田暢典：《日本天台宗と不空》，《仏教思想論集：那須政隆博士米寿記念》，1984–08–15，582–600.

向井隆健：《不空三蔵の曼荼羅観》，《仏教思想論集：那須政隆博士米寿記念》，1984–08–15，446–456.

頼富本宏：《不空羂索観音の図像学的一考察》，《印度学仏教学研究》65，1984–12–25，60–66.

福井文雅：《新出「不空訳」梵本写本般若心経》，《仏教学論集：中村瑞隆博士古稀記念論集》，1985–02，229–246.

前田崇：《真実摂経》不空三巻本蔵梵難語について》，《仏教の歴史と思想：壬生台舜博士頌寿記念》，1985–02–01，149–164（L）.

今井浄円：《不空門下の研究》，《龍谷大学大学院紀要》6，1985–03–22，175–178.

岩崎日出男：《不空三蔵と哥舒翰》，《印度学仏教学研究》68，1986–03–25，46–49.

岩崎日出男：《不空三蔵と粛宗皇帝》，《密教学研究》，18（1986.03），頁113–129.

千葉照觀：《不空譯經中の佛頂尊曼荼羅について》（昭和六十一年度天台宗教學大會記念號），《天台学報》29，120–124，1986.

千葉照観：《不空の密教と金閣寺》，《印度学仏教学研究》70，1987-03-25，173-175.

平井宥慶：《不空三蔵は何故翻訳業をしなければならなかったか》，《豊山教学大会紀要》15，1987-05，45-52.

千葉照観：《不空訳経中の仏頂尊曼荼羅について》，《天台学報》29，1987-10-23，125-128.

千葉照観：《不空における仏頂尊》，《天台学報》30，1988-10-25，112-116.

藤善真澄：《不空教団の展開》，《中国の仏教と文化：鎌田茂雄博士還暦記念論集》，1988-12，365-388.

向井隆健：《不空訳経典にみられる五智説の展開》，《豊山学報》34，1989-03-21，59-76.

岩崎日出男，〈善無畏三蔵の在唐中における活動について——菩薩戒授与の活動を中心として〉，《東洋の思想と宗教》，6（1989.06），頁37-52.

向井隆健：《不空三蔵の目指したもの》（Ⅰ），《豊山教学大会紀要》（18），1990-11，159-163.

田中正保：《不空所伝の金剛頂瑜伽経について》（1），《印度学仏教学研究》77，1990-12-20，114-116.

吉田宏晢：《不空三蔵の密教について》，儒・仏・道三教思想論攷：牧尾良海博士喜寿記念 通号，1991-02，583-606.

服部法照：《『不空三蔵表制集』の仏像記事》，《印度学仏教学研究》79，1991-12-20，79-81.

高橋尚夫：《『不空羂索神変真言経』の梵本について》，《印度学仏教学研究》80，1992-03-20，197-199（L）.

田中正保：《不空所伝の金剛頂瑜伽経について》（4），《印度学仏教学研究》80，1992-03-20，219-222（L）.

武内孝善：《石山寺蔵『不空三蔵表制集』の研究》，《高野山大学密教文化研究所紀要》5，1992–03–21，33–119.

岩崎日出男：《不空三蔵の五台山文殊信仰の宣布について》，《密教文化》181，1993–01–31，81–105.

植木盛雄：《玄宗期の不空三蔵》，《現代密教》6，1993–11–01，148–163.

岩崎日出男：《不空三蔵の護国活動の展開について》，《印度学仏教学研究》83，1993–12–25，249–251.

長部和雄：《一行禅師の密教と不空三蔵の密教》，《密教大系》（2），1994–07–10，125–145.

藤善真澄：《不空教団の展開》，《密教大系》2，1994–07–10，169–192.

吉田宏晢：《不空三蔵の密教について》，《密教大系》2，1994–07–10，193–220.

武内孝善：《五島美術館蔵『不空三蔵表制集』の研究》，《高野山大学密教文化研究所紀要》8，1994–12–21，95–158.

岩崎日出男：《不空三蔵の五臺山文殊信仰宣布における文殊像》，《高野山大学論文集》，1996–09–30，157–170.

岩本 弘：『不空三蔵行状』の成立をめぐって，《印度学仏教学研究》89，1996–12–20，92–94.

加藤精一：《窺基から不空へ》，《印度学仏教学研究》891996–12–20，95–101.

富樫宏忠：《不空三蔵の入唐経路について》，《》密教学会報（36），1997–03–25，23–40.

今井浄円：《不空門下の念誦僧と翻訳僧について》，《仏教思想文化史論叢：渡辺隆生教授還暦記念論文集》，1997–06–30，215–238.

岩崎日出男：《不空三蔵と『普賢菩薩行願讃』》，《華厳学論集》，1997–11–10，365–378（L）.

長谷川岳史：《不空訳経軌にみられる『成唯識論』の仏身観からの

影響》，《》仏教学研究（54），1998-03，1-23.

　　岩本弘：《不空三蔵の訳経活動をめぐる一考察》，《密教文化》199/200，1998-03-31，69-92.

　　北条賢三：《不空訳『四十二字観門』をめぐって》，《仏教教理思想の研究：佐藤隆賢博士古稀記念論文集》，1998-05-06，821-843（R）.

　　長谷川岳史：《不空訳経典の仏身観》，《龍谷大学論集》（453），1999-01，24-40.

　　岩崎日出男：《不空の時代の内道場について》，《高野山大学密教文化研究所紀要》13，1999-02-25，65-77.

　　長谷川岳史：《『成唯識論』と不空訳経典の自受用身説》，《印度学仏教学研究》94，1999-03-20，59-63.

　　長谷川岳史：《不空訳経典と中国仏教》，《印度学仏教学研究》97，2000-12-20，92-98.

　　山口史恭：《不空三蔵訳『仁王経』について》，《豊山教学大会紀要》35，2007-03-31，169-188.

　　木村周誠：《天台大師における「不空」理解について》，《天台学報》49，2007-09-15，83-92（R）.

　　柴田憲良：《不空奏上の文殊上座と最澄提唱の僧形文殊》（平成二十三年度　天台宗教學大會記念號），《天台学報》（54），137-146，2011-11-30.

　　岩崎日出男：《不空三蔵の五台山文殊信仰宣布に関する諸問題——特に中田美絵氏の拙論に対する批判への反論を中心として》，《東アジア仏教研究》（9），3-15，2011-05.

　　柴田憲良：《不空による文殊信仰と大乗による護国：北周の廃仏の後代への影響》（平成二十五年度　天台宗教學大會記念號），《天台学報》（56），117-129，2013.

　　12.　含光

小野玄妙：《五台山金閣寺含光大徳と霊仙三蔵》，《密教研究》11，1923-06-25，36-73.

14．佛陀波利

岡部和雄：《仏陀波利の伝えるインドの禅法》，《駒沢大学仏教学部研究紀要》26，1968-03，136-148.

仙石景章：《仏陀波利の坐禅法》，《印度哲学仏教学》1，1986-10-30，124-134.

教学研究委員会「仏頂尊勝陀羅尼」の効能——仏陀波利訳『仏頂尊勝陀羅尼経』・訳注 臨済宗妙心寺派教学研究紀要（3），91-139，2005-04.

佐々木大樹：《仏頂尊勝陀羅尼経幢の研究》，《智山學報》57，B41-B67，2008-03-.

佐々木大樹：《仏頂尊勝陀羅尼の研究－特に仏陀波利の取経伝説を中心として－》，《大正大学大学院研究論集》33，280-269，2009.

佐々木大樹：《敦煌本「仏頂尊勝陀羅尼」の研究：翻刻と解説》，《智山學報》61，89-129，2012-03-31.

下野玲子：《仏陀波利訳「仏頂尊勝陀羅尼」の変遷に関する一考察》，《多摩美術大学研究紀要》（27），127-140，2012.

畝部俊也：《梵文『仏頂尊勝陀羅尼経』と諸訳の対照研究》（嶋田義仁教授 退職記念）名古屋大学文学部研究論集（哲学61），97-146，2015.

15．般若三蔵

頼富本宏：《般若三蔵について》（上），《密教文化》108，1974-11-25，56-64.

月輪賢隆：《般若三蔵の翻経に対する批議》，《印度学仏教学研究》（8），1956-03-30，127-136.

高木訷元：《般若三蔵と弘法大師空海》，《高野山大学密教文化研究所紀要》14 号，2001–02–25，1–31.

岩崎日出男：《般若三蔵の在唐初期における活動の実際について》，《高野山大学密教文化研究所紀要》15，2002–02–25，13–27.

16. 灵仙三藏

妻木直良：《唐代の訳場に参したる唯一の日本僧》，《東洋学報》，第 3 巻第 3 號，1913.11.

高楠順次郎：《霊仙三蔵行歴考》，《仏教学雑誌》，1922–10 810–818（R）.

小野玄妙：《五台山金閣寺含光大徳と霊仙三蔵》，《密教研究》11，1923–06–25，36–73.

頼富本宏：《入唐僧霊仙三蔵》，《僧伝の研究：木村武夫教授古稀記念》，1981–12–15，129–150（R）。

鎌田茂雄：《仏教聖地・五台山―日本人三蔵法師の物語》，日本放送出版協会，1986–03.

大原正義：《霊仙研究ノート〈入唐求法巡礼行記〉にみる霊仙三蔵像》，《大阪薫英女子短期大学研究紀要》，351（2000.12），頁 95–183.

大原正義：《〈入唐求法巡礼行記〉にみる霊仙三蔵像》，《東アジア比較文化研究》，2（2003.09），頁 72–87。

駒澤［チン］道，霊仙三蔵顕彰・五台山の旅，大法輪 74(12)，5–17，2007–12.

17. 圓仁（慈覚大师）

岡田正之：《慈覚大師の入唐紀行に就いて》（第一回），《東洋学報》，1921–11，87–117.

岡田正之：《慈覚大師の入唐紀行に就いて》（第二回），《東洋学報》，1922–07，99–103.

岡田正之：《慈覚大師の入唐紀行に就いて》（第三回），《東洋学報》，1922–10，86–104.

岡田正之：《慈覚大師の入唐紀行に就いて》（第四回），《東洋学報》，1923–05，110–150.

清水竹笋：《慈覚大師の真言教について》，《叡山宗教》，1924–07.

恵谷隆戒：《慈覚大師の浄土教系について》，《叡山学報》1，1929–11–26，1–24.

福井康順：《山西佛迹紀行》，1934–08.

服部清道：《慈覚大師誕生伝説地盥窪考》，《叡山学報》17，1939–04.

田島隆純：《慈覚大師の真の誕生地に就て》，《日本仏教学協会年報》11，1939–05，93–117.

清水谷恭順：《台密思想史上の慈覚大師》，《仏教の根本真理―仏教における根本真理の歴史的諸形態》，1956–11–10，1033–1050（R）.

大山公淳：《慈覚大師の密教》，《密教文化》56，1961–08–01，15–25.

小野勝年：《山東における円仁の見聞》，仏教史学論集：塚本博士頌寿記念 通号，1961–02–08，174–196（R）.

小野勝年：《圓仁入唐求法の研究》，《史泉》第二五号，1962年九月。

小野勝年：《慈覚大師の入唐巡礼》（延历寺编《慈覚大師賛仰集》），比叡山延历寺刊，1963年4月。

E.O.ライシャワー著；田村完誓訳：《世界史上の円仁：唐代中国への旅》，実業之日本社，1963.

小野勝年：《圓仁の見た佛教仪礼》（福井康順编《慈覚大師研究》），《天台学会刊》，1964年4月。

牧田谛亮：《慈覚大師略来録より観たる唐係数の一面》，慈覚大師研究所收，昭和三十九年（1964年）。

勝野隆信：《慈覚大師円仁における聖徳太子像》，《日本仏教学会年報》29，1964–03，201–210.

福井康順：《慈覺大師についての一二の解明》（昭和三十九年度天台宗教學大會記念號），《天台学報》7，2-23，1964.

勝野隆信：《慈覚大師円仁における聖徳太子像》，《日本仏教学会年報》29，1964-03，201-210.

三崎良周：《円仁の密教における一二の問題》，《印度学仏教学研究》24，1964-03-31，228-230.

塚本善隆：《福井康順編『慈覚大師研究』》，《鈴木学術財団研究年報》1，1965-03-31，103-104（L）.

福井康順：《慈覚大師についての一二の解明》，《天台学報》7，1966-01-31，24-33.

佐和隆研：《最澄・円仁の請来した美術》，《仏教芸術》61，1966-07-30，39-52（R）.

木内央：《慈覚大師における密教観の形成》，《天台学報》9，1967-10-10，48-63.

木内央：《慈覚大師における仏身観の展開》，《天台学報》10，1968-10-01，72-80.

奈良弘元：《山の念仏について -- とくに，円仁の五台山念仏移入の問題をめぐって》，《精神科学》（10），39-50，1971-03.

木内央：《慈覺大師と智證大師の交渉》（昭和四十七年度 天台宗教學大會記念號），《天台学報》15，97-102，1972.

奈良弘元：《慈覚大師伝にみえる五台山念仏移入の記事について》，《印度学仏教学研究》42，1973-03-31，273-276.

仲尾俊博：《寂光大師円澄と慈覚大師円仁》（一），《密教文化》119，1977-11-01，14-28.

山田惠諦：《慈覚大師》，第一书房，1979.

西尾賢隆：《円仁の見聞した会昌廃仏》（上），《鷹陵史学》5，1979-09-25，91-112（L）.

西尾賢隆：《円仁の見聞した会昌廃仏》（下），《花園大学研究紀

要 》11，1980-03-15，97-120.

　　福井康順：《慈覚大師研究》，早稲田大学出版部，1980.

　　木内堯央：《慈覚大師円仁の修道論》，《印度学仏教学研究》56，1980-03-31，237-242.

　　三崎良周：《慈覺大師の金剛頂經疏の一問題：特に阿娑頗那伽三摩地と漸學大乘について》（昭和五十五年度 天台宗教學大會記念號），《天台学報 》23，31-37，1980.

　　西尾賢隆：《円仁の見聞した会昌廃仏》（下），《花園大学研究紀要 》11，1980-03-15，97-120.

　　三崎良周：《慈覚大師の金剛頂経疏の一問題》，《天台学報》23，1981-11-05，38-46.

　　斉藤円真：《慈覚大師の入唐求法に関する一考察》，《天台学報 》24，1982-11-01，179-183.

　　斉藤円真：《慈覚大師将来の声明に関する一考察》，《天台学報》25，1982-11-08，173-176.

　　千葉照観：《慈覚大師の「即身成仏」解釈について》，《天台学報》26，1984-11-05，170-173.

　　阿部肇一：《円仁のみた唐代寺院経済》，《仏教経済研究》14，1985-05-15，1-7（R）.

　　三崎義泉：《圓仁の「世間相常住」論について》（昭和五十八年度天台宗教學大會記念號），《天台学報》26，50-55，1983.

　　大久保良峻：《円仁の即身成仏論》，《印度学仏教学研究》63，1983-12-25，140-141.

　　大久保良峻：《円仁の即身成仏義に関する一、二の問題》，《早稲田大学大学院文学研究科紀要別冊》10，1984-01-20，39-48.

　　三崎義泉：《円仁の「世間相常住」論について》，《天台学報 》26，1984-11-05，56-61.

　　木内堯央：《円仁の入唐伝密について，壬生台舜博士頌寿記念：仏教の歴史と思想》，1985–02–01，787–804.

　　苫米地誠一：《慈覚大師円仁の教主観について》，《大正大学綜合仏教研究所年報》7，1985–03，41–55.

　　塩入良道：《慈覚大師改伝・相伝の懺法について》，《伝教大師と天台宗／日本仏教宗史論集》3，1985–05，332–354（R）.

　　小山田和夫：《円仁帰朝後の日本天台宗と光定に関する一試論》，《伝教大師と天台宗／日本仏教宗史論集》3，1985–05，137–153（R）.

　　三崎良周：《円仁の密教における一二の問題》，《伝教大師と天台宗／日本仏教宗史論集》3，1985–05，81–98（R）.

　　阿部肇一：《円仁のみた唐代寺院経済》，《仏教経済研究》14，1985–05–15，1–7（R）.

　　苫米地誠一：《慈覚大師円仁の密教成仏論》，《大正大学綜合仏教研究所年報》8，1986–03，19–33.

　　小山田和夫：《円仁と円珍との関係》，《論集日本仏教史》3，1986–06，133–162.

　　武覚超編：《聖地五台山：慈覚大師の足跡を訪ねて》，図書印刷同朋舎，1986.11.

　　山野上純夫：《比叡山开创：最澄と円仁》，朱鷺书房，1986.

　　茂在寅男［ほか］著：《遣唐使研究と史料》，東海大学出版会，1987.4.

　　佐伯有清：《円仁》，人物丛书，東京，吉川弘文館，1989.

　　木内堯央訳：《最澄・円仁》（別名：大乗仏典：中国・日本篇），中央公論社，1990.4.

　　渡辺守順：《説話文学の慈覚大師》，《仲尾俊博先生古稀記念：仏教と社会》，1990–10–31，307–322.

　　小山田和夫：《慈覚大師円仁と〈慈覚大師伝〉研究の歴史》，《立正史学（69）》，1991–03.

　　水上文義：《慈覚大師円仁の仏身観における一問題》，《天台学報》

33，1991-10-16，68-73.

水上文義：《慈覚大師円仁の仏身論》，《塩入良道先生追悼論文集：天台思想と東アジア文化の研究》，1991-12-16，167-182.

斉藤円真：《円仁見聞の俗講》，《塩入良道先生追悼論文集：天台思想と東アジア文化の研究》，1991-12-16，561-572.

苫米地 誠一：《円仁撰『灌頂三昧耶戒』について》，《塩入良道先生追悼論文集：天台思想と東アジア文化の研究》，1991-12-16，203-216.

荒槇純隆：《慈覚大師生誕地考》（平成五年度 天台宗教學大會記念號），《天台学報》36，104-110，1993.

田村晃祐：《最澄から円仁へ》，《東洋学研究》31，1994-03-31，51-70（L）.

深沢徹：《円仁筆『入唐求法巡礼行記』と『江談抄』の吉備入唐譚》，《仏教文学》19，1995-03-31，15-26（R）.

水上文義：《慈覚大師円仁の仏身観と法身説法説》（平成六年度天台宗教學大會記念號），《天台学報》37，36-43，1995-10.

荒槇純隆：《円仁と禅門宗》（平成七年度 天台宗教學大會記念號），《天台学報》38，92-98，1996-10.

荒槇純隆：《慈覚大師生誕地考》，天台学報 通号 36，1994-10-30，104-110（R）.

塩入良道：《慈覚大師改伝・相伝の懺法について》，《密教大系》6，1995-03-30，365-390.

水上文義：《慈覚大師円仁の仏身観と法身説法説》，《天台学報》37，1995-10-22，36-43（R）.

荒槇純隆：《円仁の五臺山受法について》，《天台学報》（平成九年度天台宗教學大會記念號），40（1998.11），頁60-67.

田村完誓：《円仁唐代中国への旅：『入唐求法巡礼行記』の研究》，講談社，1999.6.

松本昭彦：《五臺山獅子の跡の土 -- 円仁説話の成長》，《国語国文》68（10），12-27，1999-10.

玉城妙子：《円仁求法の旅》，講談社，2000.4.

浅井成海：《慈覚大師円仁の浄土教》，龍谷大学論集 通号 455，2000-01，1-25.

日下部公保：《慈覺大師の見た夢について──『巡禮行記』に依據して》（平成 16 年度 天台宗教學大會記念號），《天台学報》（47），133-139，2004.

北進一：《円仁五台山文殊を見聞す──五台山文殊像の成立をめぐって》，《NDL 雑誌記事索引》，2005.

中村壮太：《円仁の思想と歴史的意義について》，《龍谷大学大学院文学研究科紀要》27，2005-12-10，293-296.

斎藤忠：《求法僧の仏跡の研究　―白寿記念出版―》，2006.10.30

土倉宏：《円仁と安然の一大円教について》，《宗教研究》351，2007-03-30，346-347（R）.

阿南史代著：《円仁慈覚大師の足跡を訪ねて -- 今よみがえる唐代中国の旅》，讲谈社，2007.10.23.

有賀祥隆：《円仁と仏教美術》，《仏教芸術》300，2008-09-30，13-33（R）.

髙梨純次：《円仁帰国後の延暦寺の造像について》，《仏教芸術》300，2008-09-30，89-103（R）.

馬渕和夫：《円仁と悉曇》,《仏教芸術》300,2008-09-30,34-44（R）.

伊東史朗：《立石寺入定窟の慈覚大師頭部について》，《仏教芸術》300，2008-09-30，77-88（R）.

有賀祥隆：《円仁と仏教美術》，《仏教芸術》300，2008-09-30，13-33（R）.

赤間恵都子：海外探訪記 中国旅行記「円仁の旅」-- 青島から五台山へ，十文字国文（16），81-95，2010-03.

一文字昭子：《円仁の足跡を辿る旅：赤山法華院跡および五台山》，《瞿麦》25，19-30，2010-08-16.

河野保博：《円仁の足跡を訪ねて》（6）山西省 五臺山・忻州・太原，栃木史学‐（26），49-69，2012-03.

薄井俊二：旅行日記における五台山―円仁と徐霞客（旅行日记中的五台山――圆仁与徐霞客），"五台山国际研究院成立暨第二届《五台山信仰》国际学术研讨会"提交论文，2016-08.

18. 圓珍

西川寧：《円珍文書小記》，《書品》（1），25，1949-12.

日本の仏教聖者 ‐‐ 智証大師物語〔円珍〕，《仏教思潮》3（7），16-19，1950-07.

杉本直治郎：《太宰府発行の僧円珍の入唐旅行免状と円珍の入唐従者》，《史観》（68），1963-05.

池上博之：《三善清行撰「天台宗延暦寺座主円珍伝」について》，早稲田大学大学院文学研究科紀要（11），134-137，1965-12.

所功：《「円珍和尚伝」の素材と構成》，《仏教史学》14（3），34-52，1969-05.

清田寂雲：《智証大師円珍の「些々疑文」における2，3の問題》（同朋大学における第23回〔日本印度学仏教学会〕学術大会紀要‐1‐），《印度学仏教学研究》21（1），292-295，1972-12.

清田寂雲：《智証大師円珍の「些々疑文」における二、三の問題》，《印度學佛教學研究》21（1），292-295，1972.

小野勝年：《円珍‐智証大師‐の帰山》‐上‐，《史迹と美術》47（5），p162-172，1977-06.

小野勝年：《円珍‐智証大師‐の帰山》‐下‐，《史迹と美術》47（6），p202-213，1977-07.

仲尾俊博：《円修と円珍――金沢文庫本「室生山年分度者奏状」によせて》（上），《金沢文庫研究》22（2），p1-16，1976-02.

仲尾俊博：《円修と円珍——金沢文庫本「室生山年分度者奏状」によせて》（下），《金沢文庫研究》22（3），p1-6，1976-03.

池田魯参：《円珍の『法華論記』について》，《印度學佛教學研究》27（1），322-326，1978.

小野勝年：《円珍の「上智慧輪三蔵書」附訳註》（二葉博士還暦記念特集），《龍谷史壇》73/74，59-77，1978-03-15.

池田魯参：《円珍『法華論記』における天台研究の特質》，《駒澤大学佛教学部論集》9，92，1978-11.

小山田和夫：《円仁と円珍との関係についての一試論》，《日本仏教》（47），p33-48，1978-12.

池田魯参：《円珍撰に擬する『法華玄義略要』一巻について》，《印度學佛教學研究》28（1），69-74，1979.

小山田和夫：《智証大師円珍関係文書小考》，《社会文化史学》（18），p20-32，1980.

三崎良周：《円珍の胎金瑜伽記について》（同朋学園における第32回〔日本印度学仏教学会〕学術大会紀要 –1–），《印度学仏教学研究》30（1），p28-33，1981-12.

瀧川善海：《傳圓珍「玄義略要」の問題點》（昭和五十七年度 天台宗教學大會記念號），《天台学報》25，181-184，1982.

伊藤堯海：《圓珍撰「法華玄義略要」の問題點》（昭和五十七年度 天台宗教學大會記念號），《天台学報》25，177-180，1982.

千葉照觀：《圓珍撰『法華玄義略要』の問題點》（昭和五十七年度 天台宗教學大會記念號），《天台学報》25，173-176，1982.

小山田和夫：《智證大師円珍の幼年・修行時代と天台教団》，《立正大学文学部論叢》74，21-60，1982-12-20.

瀧川善海：《傳圓珍「玄義略要」の問題點》（昭和五十七年度 天台宗教學大會記念號），《天台学報》25，181-184，1982.

伊藤堯海：《圓珍撰「法華玄義略要」の問題點》（昭和五十七年度

天台宗教學大會記念號），《天台学報》25，177-180，1982.

千葉照觀：《圓珍撰『法華玄義略要』の問題點》（昭和五十七年度 天台宗教學大會記念號），《天台学報》25，173-176，1982.

小野勝年：《「円珍文書」と初期天台》，《仏教芸術》（149），p57-82，1983-07.

清田寂雲：《円珍の「菩提場経略義釈」について》，《密教文化》1983（143），14-23，1983.

大久保良峻：《圓珍の行位論とその影響》（昭和五十九年度 天台宗教學大會記念號），《天台学報》27，140-143，1984.

浅田正博：《円珍真筆本の発見：聖護院所蔵『三部曼茶』について》，《龍谷大學論集》424，121-168，1984-05.

大久保良峻：《圓珍の行位論とその影響》（昭和五十九年度 天台宗教學大會記念號），《天台学報》27，140-143，1984.

大久保良峻，即心成佛について：圓珍の教説に着目して（昭和六十一年度 天台宗教學大會記念號），《天台学報》29，129-132，1986.

長谷川英明：《圓珍の圓仁観について》，《鴨台史論》創刊号，138-145，1987.

菅原信海：《大小比叡明神と圓珍》（昭和六十三年度 天台宗教學大會記念號），《天台学報》31，13-19，1988.

苫米地誠一：《智証大師円珍の密教思想について：在唐時の著作》，《大正大学綜合佛教研究所年報》10，14-31，1988-03.

八木宣諦：《智証大師と中国の書》，《印度學佛教學研究》38（1），85-89，1989.

白土わか：《智證大師圓珍の「辟支佛」觀について》（平成二年度 天台宗教學大會記念號），《天台学報》33，33-39，1990.

栗田勇：《智証大師 円珍物語 -- 三井寺秘宝展を機に〈1100年御遠忌記念特集〉》，《芸術新潮》41（8），p125-144，1990-08.

小山田和夫：《現存文書より見た智証大師円珍の性格の一側面》，

《立正史学》（68），p23–31，1990–09.

佐伯有清：《円珍と山王院蔵書目録》，《成城文藝》（132），1–51，1990–09.

後藤昭雄：《金剛寺蔵「円珍和尚伝」について》，《日本歴史》（519），p1–10，1991–08.

奥野光賢：《円珍の『法華論』解釈をめぐって》，《印度學佛教學研究》41（1），145–150，1992.

千葉正：《杲宝の円珍批判について》，《印度学仏教学研究》44（1），112–114，1995–12.

前川健一：《円珍『法華論記』の引用文献 -- 「先覚」と「慈恩」「進公」》，《印度学仏教学研究》44（2），645–647，1996–03.

水上文義：《智証大師円珍における法身大日如来》（平成七年度天台宗教學大會記念號）天台学報38，51–58，1996–10.

愛宕邦康：《円珍請来の菩提流志訳『不空羂索経』一巻について》，《待兼山論叢》32（史学），25–48，1998–12.

川村一彦：《北嶺の双峰「円仁と円珍」》，《在野史論》7，310–314，1999–02.

川村一彦：《円珍と覚鑁》，《在野史論》7，307–309，1999–02.

松原智美：《胎蔵四仏の配位における台密系の特徴 -- 円珍による現図系配位の改変》，《美術史研究》（37），99–116，1999–12.

木村周誠：《智證大師圓珍の法華經観について》（平成十一年度天台宗教學大會記念號），《天台学報》42，71–77，2000–11.

前川健一：《円珍『法華論記』の法華思想 -- 「釈序品」に於ける『法華玄賛』批判を中心に》，《東洋哲学研究所紀要》（18），3–21，2002.

前川健一：《円珍『法華論記』の法華思想（2）「釈方便品」に於ける『法華玄賛』批判（1）》，《東洋哲学研究所紀要》（20），83–96，2004.

前川健一：《円珍『法華論記』の法華思想（3）「釈方便品」に於ける『法華玄賛』批判》，《東洋哲学研究所紀要》（21），41-53，2005.

星宮智光：《智証大師信仰の萌芽 --『天台宗座主円珍伝』の成立からみる》，《叡山学院研究紀要》（30），17-31，2008-02.

ヴェルノ ヘリ = リース：《円珍の法身感について》，《学習院大学人文科学論集》17，1-32，2008.

寺本亮晋：《台密における心の一側面：肉団心の解釈を中心に》，《印度學佛教學研究》57（1），194-197，2008-12-20.

李炳魯：《円珍の唐留学と新羅人》，《桃山学院大学総合研究所紀要》34（3），17-29，2009-03-18.

木内堯大：《初期日本天台における無性有情成仏の論理》（平成二十一年度 天台宗教學大會記念號），《天台学報》（52），109-117，2009.

遠藤純一郎：《華厳教学と中国密教 -- 入唐家の顕密教判の視点から》，《紀要》（2），105-132，2009.

田邊三郎助：《圖版 圓珍樣木造四大明王像》（特輯 日光山の彫刻），《國華》115（2），50-52，11，2009-09.

寺本亮晋：《円珍の『疑問』と『些些疑文』との比較再考：降三世の解釈を中心に》，《印度學佛教學研究》，58（1），55-58，2009-12-20.

池田陽平：《天台教団における山王信仰の確立》，《藝林》59（2），109-128，2010-10.

大原正義：《円珍 入唐求法巡歷の動機に関する一考察》，箕面学園福祉保育専門学校研究紀要（2），1-25，2011-08.

池田陽平：《延暦寺山王院と円珍門徒》，《国史学》（204），37-72，2011-08.

見田隆鑑：《円珍請来「五菩薩五忿怒像」に関する一考察 -- 特に

五忿怒像の表現について》，《美学美術史研究論集》（25），1–25，2011.

千葉正：《円珍における禅宗理解》（曹洞宗総合研究センター 学術大会紀要（第 12 回））曹洞宗総合研究センター学術大会紀要 12，223–228，2011.

前川健一：《『叡山大師伝』の成立と仁忠》，《印度學佛教學研究》61（2），572–577，2013–03–20.

前川健一：《『叡山大師伝』と『比叡山延暦寺元初祖師行業記』》，《印度學佛教學研究》62（2），614–619，2014–03–20.

水上文義：《智証大師円珍の『大日経疏抄』をめぐって》（平成二十六年度 天台宗教學大會記念號），《天台学報》（57），1–8，2014.

村上明也：《円珍『辟支仏義集』における『円［ジュ］』の引用について：法宝以後に活躍した辯空法師とその学系》，《佛教學研究》71，251–274，2015–03–10.

道元徹心：《円珍撰『法華論記』における「舎利」表現について》，《佛教學研究》71，29–46，2015–03–10.

湯谷祐三：《円珍晩年の「辟支仏」とは誰のことか：宇多天皇の信仰をめぐり聖宝との接点を探る》，《寺社と民衆》11，97–110，2015–03.

鈴木正信:《『円珍俗姓系図』の成立過程と系譜意識》,《古文書研究》（80），74–91，2015–12.

筒井紘一:《茶の湯と仏教（第 4 回）円珍と円仁》,《淡交》70（4），30–37，2016–04.

浅野学:《円珍『法華論記』における四種声聞授記の解釈について》（第七部会，研究報告，〈特集〉第 74 回学術大会紀要），《宗教研究》別冊 89，295–296，2016–03–30.

19. 慧萼

橋本進吉：《恵蕚和尚伝考》，《仏教学雑誌》，1992-02，7-20（R）

山折哲夫：《普陀山詣で――慧蕚と道元》（歴史手帖），《日本歴史》（572），p89-91，1996-01.

陳舜臣：《六甲山房記 -14- 梅福から慧蕚へ》，《世界》（485），p304-307，1986-02.

鎌田茂雄：《慧蕚伝考》，《松ヶ岡文庫研究年報》1，1987-02-25 21-47（L）.

橋本進吉編：《恵蕚和尚年譜》，東京：名著普及？ 1987.

陳［チュウ］：《慧蕚と蘇州南禅院本『白氏文集』の日本伝来――会昌四年識語を読み解く》，《白居易研究年報》（9），123-144，2008.

20.　奝然

池内宏：《高麗朝の大蔵経》（上），《東洋学報》，1923-12，84-104.

橋本進吉：《奝然法橋在唐記の逸文》，《密教研究》13，1924-06-05，56-91.

塚本善隆：《嵯峨清凉寺釈迦像封蔵品の宗教史的意義》，《印度学仏教学研究》5，1954-09-25，344-349.

木宮之彦：《入宋僧奝然の事蹟》，《日本历史》第133、134号，1959.

塚本善隆：《清凉寺釈迦像封蔵の東大寺奝然の手印立誓書》，《塚本善隆著作集》第七巻《浄土宗史・美術編》，东京：大东出版社，1975.

森克己：《東大寺僧奝然の入宋への志向》，《禅研究所紀要》6/7，1976-12，235-240.

佐々木令信：《入宋僧奝然の帰京に関する覚書》，《大谷学報》232，1982-02-20，28-40.

木宮之彦：《入宋僧奝然の研究――主としてその随身品と将来品》，茨城：鹿島出版会，1983.

西冈虎之助：《奝然の入宋について》，收入《西冈虎之助著作集》第三卷《文化史の研究 I 》，东京：三一书房，1984 年版。

椎名宏雄：《北宋勅版大蔵経と入蔵禅籍》，《宗学研究》29，1987–03–31，161–166（R）.

山口修：《奝然の入宋と上表文》，《仏教大学仏教文化研究所年報》9，1991–03–10，1–16.

山口修：《「奝然入宋求法巡礼行並瑞像造立記」考》，《仏教大学仏教学会紀要 》1，1993–03–251–.

米田弘仁：《『秘蔵記』の成立年代》，《密教文化 》186，1994–03–30，94–111.

荒木計子：《奝然将来の五台山文殊の行方》，《学苑》（668），p25–50，1995–08.

荒木計子：《〔チョウ〕然将来"五台山文殊"と「延暦寺文殊楼」及び「文殊会」》，《学苑》（674），64–89，1996–03.

山口修：《奝然伝および「求法巡礼行」考補遺》，《仏教大学仏教学会紀要》4，1996–03–25，35–43（L）.

有馬嗣朗：《入宋僧の型》，《東海仏教》42，1997–03–31，32–46.

上川道夫：《奝然入宋の历史的意義》，《爱知県立大学文学部論集》第 50 号，2001.

手島崇裕：《入宋僧の性格変遷と平安中後期朝廷—成尋の'密航'から》，載《8–17 世紀の東アジア地域における》人物情報の交流》，2004.

齊藤圓眞：《入唐・入宋僧の行路と彼らが見た水運》，《大乗仏教思想の研究: 村中祐生先生古稀記念論文集 》，2005–06–30，323–346（R）.

21. 戒觉

森克己：《戒覚の渡宋記について》，《中央大学文学部纪要》63 号，1972.

森克己：《入唐・入宋僧侶の旅行記について》，《仏教史研究》6，1972–03–15，98–100.

森克己：《日宋貿易研究》、《续日宋貿易研究》、《再续日宋贸易研究》、《日宋文化交流诸问题》，见《森克己著作选集》第1–4卷，国书刊行会，1975.

木宫泰彦：《日华文化交流史》，富山房，1955年。（胡锡年中译本《日中文化交流史》，商务印书馆，1980年）。

小野胜年：《关于戒觉的渡宋记》，《龙谷大学论集》400、401合并号，1973.

荒积纯隆：《圆寂于五台山的延历寺僧戒觉–〈渡宋记〉所传的佛迹荒废说》，《天台学报》34号，1992.

荒槙純隆：《五台山成佛した延暦寺僧戒覺：『渡宋記』の傳えた佛跡荒廢説のゆくえ》（平成三年度 天台宗教學大會記念號），《天台学報》34，120–126，1991.

小田切文洋：《渡宋僧的精神史谱系–戒觉〈渡宋记〉》，《渡宋天台诸僧–日中文化交流史一斑》，翰林书房，1998.

22. 成寻

塚本善隆：《成尋の入宋旅行記に見る日支仏教の消長》，《支那仏教史学》，1942–03–25，118–136.

森克己：《参天台五臺山記について》，《駒澤史学》5，1–23，1956–11.

三崎良周：《成尋阿闍梨と北宋の密教》，《早稲田大学大学院研究紀要》17，1971–12–30，19–39.

平林文雄：《成尋『参天台五臺山記』とその校本》，木更津工業高等専門学校紀要5，1–29，1972–03.

藤善真澄：《成尋の齎した彼我の典籍》，《仏教史学研究》，1981–01–30，33–70.

藤善真澄：《成尋をめぐる宋人——成尋と蘇東坡》（参天台五台山

記劄記 -2-（1）），《関西大学東西学術研究所紀要》（26），p1-16，1993-03.

斉藤円真：《善慧大師成尋の参天台行路考》，《大久保良順先生傘寿記念論文集：仏教文化の展開》，1994-11-24，489-510.

伊井春樹著：《成尋の入宋とその生涯》，吉川弘文館，1996.6.

三崎良周，成尋阿闍梨の天台山巡拝紀行，天台大師千四百年御遠忌記念：天台大師研究 通号，1997-03-01，1041-1082.

永井義憲：《成尋阿闍梨母集の研究》，《大正大学研究紀要：文学部・仏教学部》43，0001，193-231.

齊藤圓眞：《成尋の開封への行路：天台山から開封へ》（1）（平成十年度 天台宗教學大會記念號），《天台学報》41，73-81，1999-11.

藤善眞澄：《成尋と杭州寺院：「参天台五台山記劄記」三－一》，関西大学東西学術研究所紀要 33，27-40，2000-03.

齊藤圓眞：《成尋の開封への行路：天台山から開封へ（2）》（平成十一年度 天台宗教學大會記念號），《天台学報》42，48-54，2000-11.

市川浩史：《成尋の入宋》，《院政期文化論集》，3，2003-10-20，239-262.

斉藤円真：《開封における成尋》（一），《天台学報》45，2003-11-01，29-36.

井上泰也：《続・成尋の『日記』を読む――『参天台五台山記』の人物群像》，《立命館文學》（584），604-621，2004-03.

齊藤圓眞：《成尋の見た中国の庶民信仰――泗州大師僧伽信仰》（平成16年度 天台宗教學大會記念號），《天台学報》（47），43-53，2004.

齊藤圓眞：《開封における成尋（2）――神宗帝への朝見》（平成17年度 天台宗教學大會記念號），《天台学報》（48），14-28，2005.

齊藤圓眞：《成尋の参五臺山行》（平成十八年度 天台宗教學大會

記念號），《天台学報》（49），35-42，2006.

井上泰也：《続々・成尋の『日記』を読む――『参天台五台山記』に見える宋代の日常性》（松本英紀教授退職記念論集），《立命館文學》608，206-218，2008-12.

手島崇裕：《入宋僧と三国世界観―その言動における天竺と五臺山》，《歴史の理論と教育》，129・130，17-31. 2008.

水口幹記：《成尋の見た夢：『参天台五臺山記』理解へ向けての覚書》（〈予言文学〉の世界：過去と未来を繋ぐ言説）――（歴史叙述と〈予言文学〉），《アジア遊学》（159），111-121，2012-12.

井上泰也：《承前・成尋の『日記』を読む：『参天台五台山記』の領域》，《立命館文學》629，357-373，2012-12.

23．古源邵元

常盤大定：《日本僧邵元の撰せる嵩山少林寺の碑》，《東洋学報》1928-10，86-110.

塚本善隆：《入元僧東福寺廿五世古源和尚邵元とその撰書の元碑》，《日華仏教研究会年報》1，1936-08-15，267-294.

佐藤秀孝：《入元僧古源邵元の軌跡》（上），《駒沢大学仏教学部研究紀要》54，1996-03-31，147-188.

佐藤秀孝：《入元僧古源邵元の軌跡》（中），《駒沢大学仏教学部研究紀要》60，2002-03-31，199-240.

佐藤秀孝：《入元僧古源邵元の軌跡》（下），《駒沢大学仏教学部研究紀要》61，2003-03-31，73-140.

佐藤秀孝：《入元僧古源邵元について》，《宗学研究》38，1996-03-31，228-233（R）.

24．行基

二葉憲香：《行基の生涯と反律令仏教の成立》，《南都仏教》9，1961-04，-151-76.

堀池春峰：《家原寺蔵行基菩薩縁起図に就いて》，《仏教芸術》48，1962-05-10，14-43（R）.

鶴岡静夫：《関東古代寺院における行基草創伝説の成立》，《南都仏教》14，1963-11-25，81-97.

井上光貞：《行基年譜、特に天平十三年記の研究》，《》律令国家と貴族社会 / 吉川弘文館 通号，1969-06，77-148.

石村喜英：《行基の弟子列伝と一・二の問題》，《高僧伝の研究：櫛田博士頌寿記念》，1973-06-08，35-68.

田村円澄：《行基と罪福説》，《仏教史研究》10，1976-05-10，1-9.

宮城洋一郎：《行基の仏教運動》，《仏教史学論集 》，1977-01-15，181-226.

吉田清：《行基と布施屋》，《印度学仏教学研究》52，1978-03-20，219-222.

中川修：《律令体制下における行基の思想と行動》，《国家と仏教 / 日本仏教史研究》1，1979-06，31-82.

朝枝善昭：《行基集団の変質過程》，《龍谷大学仏教文化研究所紀要》18，1979-06-30，17-29.

井上薫：《行基の布施屋と貢調運脚夫》，《日本名僧論集》1，1983-03-10，111-130.

井上光貞：《行基年譜、特に天平十三年記の研究》，《日本名僧論集》1，1983-03-10，131-188.

北山茂夫：《行基論》，《日本名僧論集》1，1983-03-10，46-63（R）.

栄原永遠男：《行基と三世一身法》，《日本名僧論集》1，1983-03-10，73-89.

野村忠夫：《行基》，《日本名僧論集》1，1983-03-10，64-72.

細川公正：《行基の仏教と社会事業》，《日本名僧論集》1，1983-03-10，90-110.

米田雄介：《行基と古代仏教政策》，《日本名僧論集》1，1983-

03–10，204–240（R）.

森本朝美：《行基集団の研究》，《龍谷大学大学院紀要》5，1983–03–22，153–156.

中川修：《行基伝の成立と民衆の行基崇拝》，《民衆と仏教》/《日本仏教史研究》5，1984–01–20，97–132.

宮城洋一郎：《行基研究の立場と問題点》，《民衆と仏教》/《日本仏教史研究》5，1984–01–20，69–96.

奈良 ひろもと：《『続紀』にみられる行基卒伝》，《精神科学》24，1985–05–30，63–79（L）.

勝浦令子：《行基の活動と畿内の民間仏教》，《論集日本仏教史》2，1986–03，195–214（R）.

宮城洋一郎：《行基の諸施設と救済事業をめぐって》，《日本仏教史論叢：二葉憲香博士古稀記念 》，1986–10，47–78.

吉田靖雄：《法相宗の伝来と道昭・行基の関係》，《古代史論集》上，1988–01，305–326.

根本誠二：《行基伝承の成立をめぐって》，《古代寺院と仏教》，1989–04，91–112.

常磐井慈裕：《行基史料の検討》，《東方 通号》5，1989–12–28，139–151（L）.

米山孝子：《行基説話伝承考》，《密教文化 》168，1990–01–25，42–78（L）.

吉田靖雄：《東大寺天地院の創立と行基》，《日本仏教史学》24，1990–03–25，1–12.

常磐井慈裕：《行基仏教の再考察》，《武蔵野女子大学仏教文化研究所紀要》9，1991–03–31，73–85.

米山孝子：《行基説話伝承考》，《高野山大学論叢 》27，1992–02–21，109–126.

米山孝子：《行基の誕生説話とその展開》，《密教文化 》183，

1993-08-30，106-116.

高橋貢：《行基》，《岩波講座 日本文学と仏教》通号 1，1993-11-08，175-194.

藤森賢一、米山孝子（共編）《高野山正智院蔵行基菩薩縁起図絵詞》，《高野山大学論叢》29，1994-02-21，287-299（L）.

日下無倫：《行基菩薩門弟雑考》，《論集奈良仏教》3，1994-04，259-280.

中村生雄：《行基と古代天皇制》，《論集奈良仏教》3，1994-04，243-258.

宮城洋一郎：《猪名川中流域における行基の仏教運動》，《論集奈良仏教》2，1994-07，215-236.

宮城洋一郎：《〈行基年譜〉の成立について》，《印度学仏教学研究》85，1994-12-20，77-82.

米山孝子：《行基歌＜山鳥のほろほろと鳴く声聞けば父かとぞ思ふ母かとぞ思ふ＞考》，《密教文化》189，1995-01-25，78-51（L）.

根本誠二：《行基と道鏡》，《民衆宗教の構造と系譜》，995-04，130-149（R）.

宮城洋一郎：《〈日本霊異記〉の行基関連説話について》，《北畠典生博士古稀記念論文集：日本仏教文化論叢》2，1998-06-08，841-862.

吉川真司：《行基寺院菩提院とその寺田》，《日本古代社会の史的展開》，1999-03，377-399.

宮城洋一郎：《聖徳太子と行基》，《日本仏教福祉概論—近代仏教を中心に》，1999-10，8-19.

米山孝子：《行基説話と縁起絵巻》，《中世文学の展開と仏教》，2000-10-22，311-328（R）.

根本誠二：《行基と薬師信仰》，《奈良仏教の地方的展開》，2002-02，83-104（R）.

義江彰夫：《菩提僊那・行基に関する史実と説話化》，《大倉山論集》48，2002-03，21-62

有井宏子：《行基と狭山池》，《行基の考古学》，2002-06.

岩永省三：《行基と頭塔に接点はあるか》，《行基の考古学》，2002-06.

上田睦：《中南河内の行基関連寺院》，《行基の考古学》，2002-06.

大脇潔：《行基の墓と墓誌》，《行基の考古学》，2002-06.

竹原伸仁：《行基の足跡をめぐって》，《行基の考古学》，2002-06.

坪之内徹：《行基の宗教活動とその考古資料》，《行基の考古学》，2002-06.

上林直子：《叡尊の行基信仰》，《論集 仏教土着》，2003-03-15，94-108.

米山孝子：《行基信仰と寺院伝承》，《大正大学研究紀要》89，2004-03-15，77-94（R）.

米山孝子：《行基説話と縁起絵巻》，《インド学諸思想とその周延：仏教文化学会十周年北條賢三博士古稀記念論文集》，2004-06-03，583-601（R）.

米山孝子：《行基説話伝承考》，《大正大学研究紀要》90，2005-03-15，25-43（R）.

米山孝子：《〈行基菩薩起文遺戒状〉成立の問題》，《仏教文学》30，2006-03-31，24-34（R）.

新川登亀男：《〈行基年譜〉の撰者考》，《奈良・平安仏教の展開》，2006-08，73-89.

米山孝子：《『行基菩薩秘文』と舎利伝承》，《智山学報》70，2007-03-31，183-196（R）.

岳真也：《異形の菩薩 行基（ぎょうき）（1）序章 文殊の化身》，

《大法輪》83（1），120–125，2016–01.

四、五台山寺庙研究

塚本善隆：《五台山唯一の十方派碧山寺》，《支那仏教史学》6–3，1943–04–30，15–25.

竹林寺遺跡調査団：《竹林寺遺跡》，島田市教育委員会，1978.3.

鎌田茂雄：《中国仏教の寺と歴史》，大法輪閣，1982.6.

千葉照観：《金閣寺建立に見られる佛頂思想》（昭和六十年度　天台宗教學大會記念號），《天台学報》28，148–151，1985.

二橋進：《五台山の寺々：日中仏教交流の源泉をたずねて》，中山書房仏書林，1986.8.

小川寿一：《竹林寺誌》，竹林禅寺，1987.6.

千葉照観：《不空の密教と金閣寺》，《印度学仏教学研究》，1987–03–25，173–175.

佐藤悦成：《寺院遺蹟についての調査報告》，《禅研究所紀要》20，1992–03，57–78.

陳舜臣：《五台山清涼寺》，集英社，1998.4.

斎藤忠：《五台山竹林寺跡の塔について》，《日本歴史》（572），p87–89，1996–01.

斎藤忠：《中国五台山竹林寺の研究：円仁（慈覚大師）の足跡を訪ねて》，第一書房，1998.6.

坂上雅翁：《五台山大聖竹林寺について》，印度学仏教学研究，102（51–2），2003–03–20，63–67.

中尾良蔵：《竹林寺の歴史：行基・忍性・円照たち》，竹林寺；律宗戒学院，2006.9。

中田美繪：《五臺山文殊信仰と王權——唐朝代宗期における金閣寺修築の分析を通じて》，《東方学》117，40〜58，2009/1.

湯谷祐三：《金閣寺は、金閣寺として建てられた：「日本国王源道義」こと足利義満と五台山の仏教説話》，《名古屋外国語大学外国語学部紀要》（42），332–305，2012–02.

岩崎日出男：《五臺山・金閣寺の構造とその教理的背景について》，《東洋の思想と宗教》（30），1–15，2013–03.

高瀬奈津子：《中唐期における五台山普通院の研究：その成立と仏教教団との関係》，《札幌大学総合論叢》36，77–99，2013–12.

五、五台山佛教艺术研究

1. 文殊菩萨图像学研究

惠什编集：《图像抄》，1702.

心觉：《别尊杂记》，《五髻文殊图（传珍海笔）》，《国华》231，明治42年（1909年）8期。

小野玄妙著：《仏像の研究》，丙午出版社，1918年3月；1926.11增补改版（新雕3版）。

藤悬静也：《文观僧正と八字文殊师利菩萨图》，《国华》352，大正8年（1919年）9期。

小野玄妙：《敦煌千佛洞壁画千手千钵文殊曼荼罗に就いて》，《佛教学杂志》3–3，1922.

泷精一：《敦煌千佛洞出の古画に就いて》，《国华》382，1922.

泷精一：《敦煌出文殊普贤四观音图解》，《国华》382，1922.

木村小舟著，《趣味の仏像》，広陵社，大正14（1925年）。

松本荣一：《法华经美术—法华经变相篇》1–3《国华》427、428、429，1926.

小野玄妙著：《大乗佛教藝術史の研究》，大雄閣1927.2；金尾文淵堂1944.3再版。

松本荣一：《西域华严经美术の东渐》上・中・下，《国华》548、

549、551，1936.

渡边一：《文殊菩萨骑狮像》，《美术研究》，第 55 号，昭和十年（1936 年）七月。

松本荣一：《敦煌画の研究》，东京文化学院研究所刊，《图像编》，昭和十二年三月（1937 年 3 月）。

小野玄妙著：《佛教の美術と歴史》，大藏出版 1937.2；金尾文淵堂 1943 再版。

大串纯夫：《文殊菩萨八大菩萨图》，《国华》591，昭和十五年（1940 年）2 期。

田中喜作：《文殊渡海》，《画说》58，1941 年 10 月。

田中喜作：《文殊渡海追记》，《画说》60，1941 年 12 月。

下店静市：《五台山文殊の展开》，《画说》60，1941 年 12 月。

大串纯夫：《渡海文殊像について》，《美术研究》第 131 号，1943 年 9 期。

水野清一：《いわゆる华严教主卢舍那の立像について》，《东方学报》18，京都，昭和 25 年（1950 年）3 月。

西村兵部：《绣五髻文殊像について》，《大和文化》4，昭和 26 年（1951 年）12 月。

相见香雨：《新出现の宋拓华严入法界品善财参问变相经について》上、下，《大和文华》15、16 号，昭和二十九（1954 年）。

梅津次郎：《华严入法界品善财参问变相经について（上下）》，《大和文华》15、16，昭和 29 年（1954 年）9 月、30 年（1955 年）6 月。

日比野丈夫：《敦煌の五台山图について》，《佛教艺术》第三十四号「敦煌の佛教美術」，特集号昭和三十三年（1958 年）。

松本史朗：《敦煌の五台山图について》，《仏教芸術》通号 34，1958–05–15，75–86（R）.

水野清一：《中国の雕刻》，日本经济新闻社，1960.

梅津次郎：《华严入法界品善财参问变相经及解题》，《大和文化研究》5-11，昭和三十五年（1960年）。

小野勝年：《入唐求法巡礼行記に見える仏教美術関係の記事について》，《仏教芸術》44，1960-10-25，1-23（R）.

大村西崖：《中国艺术史·雕塑篇》，吉川弘文馆，1961.

松原三郎：《中国佛教雕刻史研究》，吉川弘文馆，1961.

松村政雄：《渡海文殊图—见家藏》，《国华》第846编，1962年9月。

藤枝晃：《维摩変の系谱》，《东方学报》36，京都，1964.

中村溪男：《稚儿文殊像》，《古美术》9，昭和四十年（1965年）7期。

野间清六：《稚儿文殊像について》，《古美术》11，昭和四十年（1965年）11期。

山田亮贤：《华严经における文殊菩萨》，（京都）《龙谷学报》47卷3号，1967年12月。

水野清一：《中国の佛教美术》，平凡社，1968.

长广敏雄：《六朝时代美术の研究》，美术出版社，1969.

高崎富士彦：《八字文殊像について》，《東京国立博物館研究誌》（239），4-16，1971-02.

徳永弘道：《愚極礼才画賛 騎獅子文殊像》，《国華》（933），15-20，1971-05.

長谷川誠：《僧形文殊像》，《国華》（941），46-49，1971-12.

白畑よし：《文殊菩薩騎獅像》（名品鑑賞），《古美術》（35），97-98，107~108，1971-12.

徳永弘道：《文殊騎獅像》，《国華》（949），11-12，図1，1972-08.

日比野丈夫：《五臺山の二つの元碑について》，藤原弘道先生古稀記念 史学儒教学論集所収，昭和四十八年（1973年）。

中島亮一，《羅漢図にみられる文殊信仰》（九州大学における〔日本印度学仏教学会〕第24回学術大会紀要 -1-），《印度学仏教学研究》22（1），272-276，1973-12.

石田尚丰：《曼荼罗の研究》，《东京美术》，昭和五十年十一月（1976年）。

小野玄妙编：《大正新脩大藏經圖像》，大正新脩大蔵経刊行会，1976-1978.

小野玄妙著作集刊行委員会編：《佛教之美術及び歴史》開明書院1977.6[覆刻版] 小野玄妙佛教藝術著作集 / 小野玄妙著作集刊行委員会編第 2–3 卷。

小野玄妙著作集刊行委員会編：《佛像の研究；佛教美術概論》，開明書院 1977.6[覆刻版] 小野玄妙佛教藝術著作集 / 小野玄妙著作集刊行委員会編 第 4 卷。

小野玄妙著作集刊行委員会編：《大乘佛教藝術史の研究》，開明書院 1977.6[覆刻版] 小野玄妙佛教藝術著作集 / 小野玄妙著作集刊行委員会編 第 8 卷。

小野玄妙著作集刊行委員会編：《佛教の美術と歴史》，開明書院1977.6[覆刻版] 小野玄妙佛教藝術著作集 / 小野玄妙著作集刊行委員会編第 9 卷 –10 卷。

水野敬三郎：《宋代美术と鎌倉雕刻》，《国华》1000 号，1977.

菊竹淳一：《敦煌の佛教版画——大英博物館とパリ国立図書館の収藏品を中心として》，《佛教研究》，101，昭和五十四年四月（1979 年）。

百橋明穂：《善財童子历参图について》，1–4《国华》1022–1025，1979.

金子啓明：《文殊五尊図像の成立と中尊寺経蔵文殊五尊像》（序説），《東京国立博物館紀要》（18），p19–81，図 p5~18，1982.

小山満著、袁林译：《敦煌第六十一窟《五台山图》研究》，日本《创价大学亚洲研究》1983 年第 4 期。

日比野丈夫：《敦煌の五台山図について》，《佛教藝術》34，1983.

井上曙生：《経典と図像 – 文殊菩薩に関して》，《密教図像 / 密教

図像学会》第 3 號，1984 年 12 月 21 日，頁 41–58。

賴富本宏：《文献資料に見る文殊菩薩の図像表現》，《佛教和异宗教：井昭善博士古稀记念》，平乐寺书店，1985.

宮治昭、山田耕二：《ガンダーラ三尊形式の両脇菩薩像について．インド．バキスタソ的佛教図像调查》，弘前大学，1985.

田中義恭、星山晋也編著，《目でみる仏像・菩薩》，東京美術，1986.2.

伊东史郎：《獅子表現の源流とその展開に関する研究》，《鹿岛美术财团年报》3，昭和六十一年三月（1986 年）。

内田啓一：《八字文殊画像の図像学的考察》，《南都仏教》（58），p39–59，1987–07.

賴富松浦正昭：《菩薩像の発生と展開 -- 奈良国立博物館特別展「菩薩」》，《古美術》（82），p44–65，1987–04.

大法輪閣編集部編，《仏像なぜなぜ事典》，《大法輪閣》，1987.2.

賴富本宏：《インド現存の文殊菩薩像》，《佛教思想史论集》I，昭和六十三年三月（1988 年）。

賴富本宏：《パーラ朝期の文殊菩薩像》，《仏教芸術》（178），p102–120，1988–05.

田边三郎助：《五台山と文殊普賢の図像—五台山信仰の一側面—》，《大法轮》55–5，1988 年 5 月。

高瀬多聞：《文殊五尊図像に関するいくつかの問題》，《美術史研究》（28），p87–105，1990–12。

金子啓明（著編）：《文殊菩薩像》，《日本の美術》（314），p1–96，1992–07.

紺野敏文：《文殊信仰のメッカ -- 五台山紀行》（文殊菩薩像），《日本の美術》（314），p85–96，1992–07.

石松日奈子：《維摩和文殊造像的研究》，於河南省洛陽市召開「龍門石窟一千五百週年國際學術討論會」1993 年 9 月。

小島彩：《騎象普賢と騎獅文殊の図像 -- 中国における成立過程》，《美術史》44（1），p43-59，1995-03.

石松日奈子：《維摩・文殊像の研究 -- 中国南北朝期仏教美術における左右対置表現の一例として》，《南都仏教》（71），p31-63，1995-04.

林温：《新出の八字文殊曼荼羅図について》，《仏教芸術》（223），p57-76，1995-11.

ひろさちや原作、貝塚ひろし漫画：《文殊菩薩智恵のほとけ》，鈴木出版，1995.9.

ひろさちや原作、荘司としお漫画：《中国の霊場》，鈴木出版，1995.3.

森雅秀：《パーラ朝の文殊の圖像學的特徴》，《高野山大学論叢》第 31 號，1996 年 2 月，頁 55-98.

山本勉：《東京國立博物館保管文殊菩薩立像》，《國華》1210，16-22，1996.

岩崎日出男：《不空三蔵の五台山文殊信仰宣布における文殊像》，《高野山大学論文集》1996 年 09 月，頁 157-170。

杉原たく哉：《中華図像遊覧（12）＜最終回＞五台山図 -- 文殊菩薩に会える山》，月刊しにか 8（3），6-9，1997-03。

井上豪：《酒泉・文殊山石窟後山区千仏洞の西域様式壁画について》，《早稲田大学大学院文学研究科紀要》第 3 分冊（43），117-129，1997.

定金計次：《ユローラ石窟における文殊菩薩像の展开》（上、下），《古代文化》50 巻，1998 年 6 号、7 号。

藤澤隆子：《文殊菩薩造像の一系譜》（上），《東海女子大学紀要》19，243-252，1999.

藤澤隆子：《文殊菩薩像造立の一系譜》（下），《東海女子大学紀要》20，139-158，2000.

宮治昭：《インドから中国への仏教美術の伝播と展開に関する研

究》，[出版者不明]2001.3.

朴亨國：《中国における騎獅文殊と騎象普賢の成立と一対化過程に関する一試論》，《密教図像》（23），1–25，2004–12.

小島裕子：《从歌唱五台山文殊的＜梁尘秘抄＞看嵯峨清凉寺奝然的五尊文殊请来》，《佛教美术和历史文化》，日本，法藏馆，2005–10.

皿井舞：《院政期における宋代美術の受容について ‒‒ 五台山騎獅文殊菩薩像を中心に》，「美術に関する調査研究の助成」研究報告）‒‒（2003 年度助成），《島美術財団年報》（23），553–562，2005.

北進一円仁：《五台山文殊を見聞す ‒‒ 五台山文殊像の成立をめぐって》，《現学部紀要》（6），31–55，2005.

染川英輔：《仏画巡礼》，美術出版社，2006.4.

張南南：《ギメ東洋美術館所蔵『五台山文殊菩薩化現図』について》（岩城見一教授退職記念号），《都美学美術史学》5，69–101，2006.

藤澤隆子：《文殊菩薩像と律宗》（特集 中世の造形と律宗），《律文化》（4），48–70，2006–03.

佐藤勢紀子：《「光君」の由来 ‒‒『法華経』序品の文殊菩薩像をめぐって》，《際文化研究科論集》（15），152–141，2007.

内田啓一：《サンフランシスコ・アジア美術館所蔵文殊菩薩図像について ‒‒ 宋本図像と形式の踏襲》，仏教芸術（310），61–83，6，2010–05.

住綾乃：《袈裟をつける文殊菩薩像について》，《美術史研究》49（‒），23–44，2011.

柴田憲良：《不空奏上の文殊上座と最澄提唱の僧形文殊》（平成二十三年度 天台宗教學大會記念號），《天台学報》（54），137–146，2011.

頼富本宏：《密教図像学会三十周年記念 中国仏教美術見学会：太原・五台山・応県・雲崗》，《密教図像》（30），1–19，2011–12.

藤元裕二：《牛頭山弘福寺に伝わる兆渓元明（明兆渓）の仏画二題

：「白衣観音文殊普賢三尊図」と「五百羅漢図」》，《黄檗文華》（132），221–240，2012.

　　増記隆介：《＜応現観音図＞と五台山図》，《術史論集》（14），1–22，2014–02.

　　大島幸代：《敦煌地域における騎獅文殊像の馭者像について：胡人馭者と于闐王》（氣賀澤保規先生退休記念号），明大アジア史論集（18），360–380，2014–03.

　　田邊三郎助：〈五臺山の文殊と普賢圖像——五臺山信仰の一側面〉，《大法輪》，東京：大法輪閣，頁55:5.

　　阿部鉄太郎：《イタリア式鋳造技法及び乾漆技法による仏像の制作研究　–四国霊場第三十一番札所五台山竹林寺のための善財童子像の制作》，《高知大学教育学部研究報告》74，81–88，2014–03–31.

　　許棟、田林啓[訳]、増記隆介[訳]：《敦煌新様文殊画像中の于闐王及びその相関問題についての研究》，《美術史論集》（15），41–59，2015–02.

　　瀧本弘之：《中国古版画散策（第2回）仏国禅師文殊指南図讃：「入法界品（にゅうほつかいぼん）」にあらわされた可憐な童子の求道（ぐどう）遍歴》，《東方》（409），14–17，2015–03.

　　髙橋利郎：《図版 釈迦文殊普賢四天王十大弟子図》（特輯 狩野一信），《國華》120（12），45–47，13，2015–07.

　　吉村稔子：《図版 正智院蔵＜八字文殊曼荼羅図＞》（特輯 別尊曼荼羅），《國華》121（8），58–60，17，2016–03.

2. 五台山佛教建筑艺术研究

伊東忠太著：《支那建築史》，雄山閣 1931.3 東洋史講座 第 11 巻。
伊東忠太著：《支那建築史》，雄山閣 1940.4 東洋史講座 第 12 巻。
伊東忠太：《支那の建築に就いて》，外務省文化事業部 1931.9 印。
伊東忠太著：《日本佛寺建築の源流》，[雄山閣][193–]仏教考古学講座 建築篇。

伊東忠太著、伊東忠太建築文献編纂會編：《見學紀行》，龍吟社，1936.9，《伊東忠太建築文献》第5卷。

《伊東忠太建築文献》，龍吟社1936-，第6卷。

關野貞著、關野博士記念事業會編：《支那の建築と藝術》，岩波書店，1938.9.

伊東忠太著、多田寅松編纂：《支那建築裝飾》第1卷，東方文化學院，1941.3.

伊東忠太：《建築文化》，東峰書房，昭和17（1942）。

關野貞、竹島卓一：《遼金時代ノ建築ト其佛像：圖版》，東方文化學院東京研究所，1934-1935東方文化学院東京研究所研究報告 上册，下册。

伊東忠太著：《東洋建築の研究》，竜吟社，昭和18-20（1943-1945）。

伊東忠太著：《琉球：建築文化》，東峰書房，昭和17（1943年）。

伊東忠太原著、陳清泉訳補：《中国建築史》，臺灣商務印書館，1965.7臺1版中國文化史叢書；台湾商務印書館1981中國文化史叢書；臺灣商務館1971.2臺2版中國文化史叢書；臺灣商務印書館1975.1臺4版中國文化史叢書；上海書店1984.2中國文化史叢書第2輯。

伊藤延男、関口欣也：《"新中国で発表された重要建造物》（東洋建築史の展望），建築雑誌，（Jan.，1969）：64-65.

沢村仁：《仏光寺大殿 唐.山西五台》（新中国で発表された重要建造物）（東洋建築史の展望），《建築雑誌》84（1005），64-65，1969-01-20.

關野貞著：《支那の建築と藝術》，成進文化社1974.1

関口欣也：《山西省南禅寺・仏光寺・晋祠の古建築》（主集 中国建築の現状）《建築雑誌》，vol.91，no.1102（Jan.，1975）：53-57.

伊東忠太：《東洋建築の研究》，原書房，1982.7-1982.8

伊東忠太著作集7，8，9，10，11，《支那建築裝飾》，原書房1982.12-1983.4新裝版。

武覺超：《五台山諸寺廟の僧數と石碑の現況について》（昭和六十年度 天台宗教學大會記念號），《天台学報》28，98-105，1985。

杉山信三：《五台山建築行記》，《古代文化》38（4），15-40，1986.

日比野丈夫：《五臺山の二つの元碑について》藤原弘道先生古稀記念，史学儒教学論集所収，昭和四十八年。

岡島秀隆：《中国古塔踏査記》，《禅研究所紀要》20，1992-03 79-99.

高野恵子：《佛光寺東大殿実測数値解読》張栄・劉暢・臧春雨：[故宮博物院院刊 2007 年第 2 期 / 総第 130 期、pp.028-051]（建築歴史・意匠，文献抄録），《建築雑誌》122（1569），68，2007-12-20.

中田美繪：《五台山文殊信仰と王権：唐朝代宗期における金閣寺修築の分析を通じて》，《東方学》，117（2009）:40-58. 27.

福嶋崇雄：《佛光寺八幡別院（比牟礼山西方寺）の歴史の紹介》，《宗学院紀要》（10），33-50，2009.

鈴木智大：《9438 室町時代の渡海僧の日記にみる建築の見方》（日本建築史：一般，建築歴史・意匠，2012 年度大会（東海）学術講演会・建築デザイン発表会），《学術講演梗概集 2012（建築歴史・意匠）》，875-876，2012-09-12.

鈴木智大：《中国唐・五代十国の現存遺構における平面計画》（東洋建築史：中国（1）・台湾，建築歴史・意匠，2013 年度日本建築学会大会（北海道）学術講演会・建築デザイン発表会），《学術講演梗概集 2013（建築歴史・意匠）》，607-608，2013-08-30.

3. 音乐、舞蹈及其他

天納傳中:《中國寺院音樂の一考察：『中國音樂家協會編・寺院音樂』の紹介を中心として》（昭和五十八年度 天台宗教學大會記念號），《天台学報》26，44-49，1983.

井上亮淳：《五台山の音楽法要》，《密教学研究》18，131-155，1986-03.

天納傳中：《五台山寺院音樂の一考察》（昭和六十三年度 天台宗教學大會記念號），《天台学報》31，46-52，1988.

喬瑞明、桜木陽子 [訳]，《五台山の金剛舞 -- 山西の儺舞 》（特集 山西省 -- 黄色い大地の世界），《アジア遊学》（45），174-177，2002-11.

鈴木佐内：《< 梁塵秘抄 > の略頌の今様とその周辺》，《智山學報》43，197-209，1994-03-31.

小野玄妙：《五臺山寫眞帖》，甲子社書房，1924.

関野貞著：《支那碑碣形式の變遷》，座右寶刊行会 1935.9.

日比野丈夫：《敦煌の五台山圖について》，《佛教美術》，34（1958）：75-86.

雨宮久美：《五台山文殊菩薩信仰：謡曲『石橋』の一考察》，《日中文学文化研究》（3），125-138，2014.

小島裕子：《五台山的憧憬带给日本五台山佛教文化的展开》，"五台山国际佛教文化与艺术论坛"发表论文，2004-08.

小島裕子：《五台山文殊を謡う歌》，《仏教美術と歴史文化：真鍋俊照博士還暦記念論集》通号，2005-10，209-242.

松浦智子：《楊家将「五郎為僧」故事に関する一考察》，《日本アジア研究》8，95-109，2011.

六、华严研究

湯次了榮：《華嚴大系》，東京，国書刊行会，1915.10.00.

佐々木月樵：《華嚴経第三部の模型及び其素材に関する研究》，《仏教研究》2，1920-07-20，86-98.

齋藤唯信：《華厳学綱要》，丙午出版社，1920.10.10.

龜谷聖馨：《華厳哲学研究》，名教學會，1922.07.05.

河野法雲：《華厳経に顕れたる念仏三昧》，《仏教研究》11，1922-11-28，52-64.

泉芳璟：《原典より念仏の意義を考察して観念と称念に及ぶ》，《仏教研究》13，1923-07-05，142-151.

龜谷聖馨：《華厳聖典研究》，寶文館蔵版，1925.10.25.

林屋友次郎：《成道の階梯としての縁起観》（一），《思想》65，1927-03-01，36-67.

河野法雲：《華厳経と浄土経との関係》，《大谷学報》33，1929-02-25，107-118.

春日良応：《寂然不動の世界》，《大谷学報》40，1930-10-24，97-119.

玉置韜晃：《菩提流支の思想体系》，《顕真学報》2，1930-12-20，34-51（L）.

玉置韜晃：《金剛仙論に就いて》，《顕真学報》3，1931-03-10，26-39（L）.

亀谷聖馨：《華厳大経の研究》，満里閣書房，1931.00.00.

常盤大定：《支那華厳宗伝統論》，《東方学報・東京》，1932-12.

境野黄洋：《杜順は華厳宗の初祖にあらず》，《大崎学報》82，1933-06-22，54-76.

坂本幸男：《菩薩本業経と華厳経との交渉に関する一考察》，《常盤博士還暦記念仏教論叢》，1933-07-15，135-149（R）.

稲津紀三：《世親の唯識二論の根柢をなす転依の体験と其れに基くものとしての二論の理解》，《日本仏教学協会年報》5，1933-07，1-52.

小沢勇貫：《世親論師の仏身論》，《浄土学》通号5，1933-10-25，712-722.

鈴木宗忠：《華厳経の伝統に就いて》（上），《哲学雑誌》563，1934-01-01，34-65.

鈴木宗忠：《華厳経の伝統に就いて》（中），《哲学雑誌》564，1934-02-01，30-66.

鈴木宗忠：《華厳経の伝統に就いて》（下），《哲学雑誌》565，1934-03-01，11-53.

松原恭讓：《華厳宗より見たる華厳経》，《日本仏教学協会年報》6，1934-04，10-69.

宇井伯寿：《『唯心』ノ実践》，大東出版社，1934.06.02.

常盤大定：《続華厳宗伝統論》，《東方学報・東京》，1934-12.

常盤大定：《『十住心論』を中心とする華厳宗学の問題》，《仏教学の諸問題》，1935-06，956-978（R）.

亀川教信：《華厳経談玄決択の完本に就て》，《龍谷学報》311，1935-01，54-75.

亀川教信（編）：《金沢文庫新出 華厳経談玄決択》第一，《龍谷学報》311，1935-01，173-201.

泉芳璟：《華厳経に於ける善財童子に就て》，《日本仏教学協会年報》7，1935-02，60-72.

湯次了榮：《華厳学概論》，龍谷大学出版部，1935.04.00.

松陰了諦：《教行信証に於ける十住毘婆沙論の引意に就いて》，《龍谷学報》313，1935-10，38-62.

常盤大定：《『十住心論』を中心とする華厳宗学の問題》，《仏教学の諸問題》，1935-06，956-978（R）.

常盤大定：《華厳宗初祖杜順の華厳法界観門につきて》，《仏誕二千五百年紀念学会紀要》，1935-12-25，23-24.

舟橋一哉：《十地思想の起源に関して》，《大谷学報》70，1938-06-01，153-155.

林宥海：《敦煌千仏洞に於ける華厳経七処九会図像に就いて》，《密教研究》67，1938-09-25，211-227.

坂本幸男：《摂大乗論の仏二十一種の功徳と華厳経との関係》，《大

崎学報》94，1939–07–04，59–69.

　　高峯了州：《如来出現の思想と華厳経結構の意図》，《龍谷学報》331，1941–12，20–58.

　　高峯了州：《華厳思想史》，京都，百華苑，1942.01.00.

　　亀川教信：《支那華厳宗伝統と李通玄の立場》，《日華仏教研究会年報》6，1943–09–10，18–39.

　　河野雲集：《華厳経「菩薩明難品」について》，《大谷学報》91，1943–03–20，38–54.

　　高峯了州：《華厳経に於ける普賢行願品の地位》，《龍谷大学論集》336，1949–02–10，1–22.

　　高峯了州：《華厳経に現はるゝ三昧》，《仏教学研究》2，1949–03–1，01–25.

　　山口益：《華厳経唯心偈の印度的訓詁》，《大谷学報》102，1949–03–10，1–30.

　　佐藤泰舜：《霊弁の華厳経論に就いて》，《印度哲学と仏教の諸問題：宇井伯寿博士還暦記念論文集》，1951–12–15，249–279（R）.

　　香月乗光：《華厳経寿命品の弥陀浄土説とその展開》，《仏教文化研究》2，1952–09–30，17–32（R）.

　　村田常夫：《十地経伝訳小論》，《大崎学報》100，1953–10–13，274–292.

　　坂本幸男：《同体縁起思想の成立過程について》，《印度学仏教学論集：宮本正尊教授還暦記念論文集》，1954–07，405–417（R）.

　　日野泰道：《西蔵訳華厳経の第十一品》，《印度学仏教学研究》5，1954–09–25，305–307.

　　長谷岡一也：《十住毘婆沙論に於ける十地経の引用について》，《印度学仏教学論叢：山口博士還暦記念》，1955–11–01，177–186（R）.

　　日野泰道：《十地経論に於ける深観の原典解明》，《印度学仏教学研究》8，1956–03–30，161–162.

坂本幸男：《華厳教学の研究》，京都，平楽寺書店，1956.03.00.

村田常夫：《十地経論にいう三界唯心の心に就て》，《大倉山学院紀要》2，1956-10，121-136（L）.

山口益：《龍樹・世親における浄土思想》，《仏教の根本真理—仏教における根本真理の歴史的諸形態》，1956-11-10，593-630（R）.

加藤善浄：《地論宗の形成》，《印度学仏教学研究》9，1957-01-25，134-135.

土橋秀高：《十善戒の系譜》，《龍谷大学論集》355，1957-06-25，45-65.

小林実玄：《華厳教学における「唯心」の基礎構造》，《南都仏教》4，1957-12-30，16-29.

越路照徳：《菩薩十地思想成立の史的考察》，《印度学仏教学研究》12，1958-03-30，98-99.

長谷岡一也：《世親浄土論に於ける十地経的要素》，《印度学仏教学研究》12，1958-03-30，182-185.

宮地廓慧：《菩薩道に於ける他力思想の展開》，《印度学仏教学研究》12，1958-03-30，53-63.

鎌田茂雄：《法蔵撰華厳経問答について》，《印度学仏教学研究》14，1959-03-30，241-247.

清水公照：《華厳宗》，《講座仏教》6，1959-07-30，77-106.

真田有美：《華厳経の梵文について》，《仏教学研究》16/17，1959-10-30，47-70（L）.

土橋秀高：《華厳経浄行品について》，《仏教学研究》16/17，1959-10-30，72-82.

高峰了州：《華厳経の唯心思想》，《南都仏教》7，1959-12-15，19-28.

小林実玄：《華厳経の組織に於ける普賢経典の位置》，《印度学仏教学研究》15，1960-01-25，136-137.

鎌田茂雄：《華厳学の典籍および研究文献》，《華厳思想》，1960-02.

中村元：《華厳経の思想史的意義》，《華厳思想》，1960-02.

平川彰：《華厳経に見られる初期大乗教徒の宗教生活》，《華厳思想》，1960-02.

石橋真誠：《漢訳華厳経離世間品の引用語について》，《宗教研究》162，1960-03-15，7-7（R）.

干潟竜祥：《バラブドゥール廻廊彫刻と華厳経入法界品》，《中野教授古稀記念論文集》，1960-10.

月輪賢隆：《教行信証引用の華厳経梵文について》，《龍谷大学論集》365，1960-12-16，326-349.

児山敬一：《華厳経・如来光明覚品の数理》，《印度学仏教学研究》17，1961-01-25，48-53.

新藤晋海（報告）：《霊弁述華厳経論新発見分の紹介》（一），《南都仏教》9，1961-04-15，105-126.

新藤晋海（報告），《霊弁述華厳経論新発見分の紹介》（二），《南都仏教》10，1961-11-20，107-125.

児山敬一：《華厳経における数理的なもの》（二），《印度学仏教学研究》19，1962-01-25，41-46.

新藤晋海：《霊弁述華厳経論新発見分の紹介》（三），《南都仏教》11，1962-04-20，121-143.

新藤晋海（報告）：《霊弁述華厳経論新発見分の紹介》（四），《南都仏教》12，1962-11-30，112-132.

新藤晋海：《霊弁述華厳経論新発見分の紹介》（五），《南都仏教》13，1963-06-10，116-141.

水野弘元：《証悟について》，《駒沢大学仏教学部研究紀要》21，1962-03，52-82.

石井教道：《華厳教学成立史》，京都，平楽寺書店，1964.03.00.

馬場昌平：《入法界品における幻智について》，《印度学仏教学研究》24，1964-03-31，171-174．

鎌田茂雄：《中国南北朝時代の華厳研究序説》，《駒沢大学仏教学部研究紀要》23，1965-03，75-87．

鎌田茂雄：《中國華厳思想史の研究》，東京，東京大学出版会，\10，300，1965.03.00．

鍵主良敬：《十地経論における阿梨耶識と自性清浄心》，《大谷学報》164，1965-03-31，26-42．

栗田善如：《華厳経十地品における念仏》，《東洋学研究》1，1965-11-25，27-36．

山田亮賢：《華厳経における寂滅道場と祇園精舎》，《仏教学セミナー》4，1966-10-30，1-14．

鎌田茂雄：《華厳経普賢観行法門について》，《駒沢大学仏教学部研究紀要》25，1967-03，29-43．

荒牧典俊：《菩薩行と戒》，《日本仏教学会年報》32，1967-03，66-94．

伊藤瑞叡：《華厳経大本の構想・内容区分及び大本成立の意図》，《鈴木学術財団研究年報》3，1967-03-31，197-200．

柴田芳憲：《中国華厳宗の研究》，《駒沢大学大学院仏教学研究会年報》1，1967-03．

小林実玄：《華厳宗観行の展開について》，《印度学仏教学研究》30，1967-03-31，179-181．

村下奎全：《普賢行願讃と入法界品》，《東海仏教》12，1967-06-30，34-42．

真保亨：《金沢文庫本「善財童子縁起」》，《金沢文庫研究》140，1967-10，15-21．

松本省二：《十地経中の衆生について》，《印度学仏教学研究》31，1967-12-25，114-115．

山田亮賢：《華厳経における文珠菩薩》，《大谷学報》175，1967-12-25，1-12.

坂本幸男：《華厳経に於ける人間観》，《日本仏教学会年報》33，1968-03，97-107.

平川彰：《初期大乗仏教の戒学としての十善道》，《仏教教団の研究》，1968-03-31，167-203（R）.

木村清孝：《華厳思想家と反道行》，《印度学仏教学研究》34，1969-03-31，319-324.

林霊法：《現代の精神的危機と浄土教の課題》，《浄土宗学研究》3，1969-03-31，93-121（R）.

長谷岡一也：《晋訳・華厳経入法界品の本文の転換について》，《東方学》37，1969-03，146-154（L）.

鍵主良敬：《華厳経における無性の意義》，《印度学仏教学研究》34，1969-03-31，207-212.

鎌田茂雄：《鍵主良敬：華厳経学序説―真如と真理の研究》，《仏教学セミナー》9，1969-05-30，56-61.

増田英男：《華厳経における空観の一考察》，《印度学仏教学研究》35，1969-12-25，7-102.

田上太秀：《華厳経における菩提心の研究》，《駒沢大学仏教学部研究紀要》28，1970-03，85-105.

鎌田茂雄：《中国華厳学よりみた法界義鏡の特質》，《東洋文化研究所紀要》52，1970-03-30，37-137（L）.

伊藤瑞叡：《十地経における bhūmi の概念》，《印度学仏教学研究》36，1970-03-31，883-.

鍵主良敬：《初地における真如と無分別智》，《印度学仏教学研究》36，1970-03-31，902-.

伊藤瑞叡：《第九地について》，《大崎学報》125/126，1970-07-25，28-46（L）.

平野修：《菩提心について》，《仏教学セミナー》12，1970-10-30，46-58.

木村清孝：《華厳経宗趣論の歴史と意味》，《印度学仏教学研究》37，1970-12-25，255-261.

増田英男：《華厳経における空観の一考察》承前），《印度学仏教学研究》37，1970-12-25，200-203.

河村孝照：《大乗捏槃経と華厳経》，《東洋学研究》5，1971-03-20，49-66.

坂東性純：《善知識について》，《日本仏教学会年報》36，1971-03，57-70.

増田英男：《華厳経における大悲方便》，《印度学仏教学研究》39，1971-12-31，56-61.

伊藤瑞叡：《十地における法師の体系》，《日本西蔵学会々報》18，1972-01，2-4（L）.

伊藤瑞叡：《『十地経』第六現前地における縁起観について》，《鈴木学術財団研究年報》8，1972-03-31，28-45.

福原亮厳：《華厳経の譬喩表現》，《仏教思想論叢：佐藤博士古希記念》，1972-10-09，277-295（L）.

伊藤瑞叡：《十地経における十地の名称について》（上），《印度学仏教学研究》41，1972-12-31，92-99.

鍵主良敬：《華厳経性起品の研究》，《大谷大学研究年報》25，1973-02-20，71-154.

平野修：《菩薩第三地の問題》，《印度学仏教学研究》42，1973-03-31，152-153.

平野修：《第五・第六菩薩地に対する世親註の骨格》，《仏教学セミナー》17，1973-05-30，38-53.

木村清孝：《華厳経と中国思想をつなぐもの》，《インド思想と仏教：中村元博士還暦記念論集》，1973-11.

福原亮厳：《華厳経における念仏》，《宗教研究 》218，1974–03–30，90–91（R）.

伊藤瑞叡：《十地経における十地の名称について》（中），《印度学仏教学研究》44，1974–03–31，353–361.

小林実玄：《華厳宗初期の修観の状況について》，《印度学仏教学研究 》44，1974–03–31，117–121.

恵谷隆戒：《華厳宗二祖智儼の浄土教思想》，《日本文化と浄土教論攷：井川定慶博士喜寿記念》，1974–11，295–305（R）.

伊藤瑞叡：《十地経における十地の名称について》（下），《印度学仏教学研究》45，1974–12–25，368–374.

中村薫：《華厳経に於ける一異の問題》，《印度学仏教学研究》45，1974–12–25，152–153.

伊藤瑞叡：《『十地経』第六現前地における縁起観について》（下），《法華文化研究》1，1975–03–20，93–110.

伊藤瑞叡：《華厳・十地経の心識説について》（上），PHILOSOPHIA 通号 63，1975–12–25，107–141.

市川良宣：《『十住毘婆沙論』に於ける易行道の本質及びその意義に就いて》，《宗学院論輯》23，1976–03–15，83–109.

市川良宣：《十住毘婆沙論の浄土教とその伝承に就いて》，《宗学院論輯》18，1976–03–15，173–192.

伊藤瑞叡：《十地基本内容の体系的構造》，《法華文化研究》2，1976–03–20，83–115（R）.

市川良宣：《『本典』所引に於ける今家の『華厳経』観》，《宗学院論輯》16，1976–03–15，153–198.

中村薫：《華厳経に於ける信満成仏について》，《印度学仏教学研究》48，1976–03–31，253–256.

伊藤瑞叡：《十地経の諸本および経題について》，《仏教思想論集：奥田慈応先生喜寿記念》，1976–10，923–934.

辻直四郎：《西田龍雄著『西夏文華厳経Ⅰ京都』：京都大学文学部，1975.

吉津宜英：《地論学派の学風について》，《宗教研究》230，1976-12，139-140.

木村清孝：《華厳経研究者の信仰的立場》，《宗教研究》230，1976-12，143-144.

川鍋征行：《スピノザの神と華厳経における如来》，《比較思想研究》3，1976-12-20，79-89（R）.

伊藤瑞叡：《華厳・十地経の心識説について》（下），PHILOSOPHIA 通号 64，1976-12-25，77-112.

丘山新：《『十地経』の思想的研究Ⅰ》，《印度学仏教学研究》49，1976-12-25，154-155.

福原蓮月：《華厳経における救済観》，《印度学仏教学研究》50，1977-03-31，215-219.

木村清孝：《初期中国華厳思想の研究》，東京，春秋社，1977.10.00.

宮本正尊：《教行信証の思想的考察》，《真宗教学研究》1，1977-11-23，1-10.

丘山新：《『十地経』「三界唯心」の原典解明》，《仏教学》5，1978-04-25，89-108.

吉津宜英：《華厳経伝記について》，《駒沢大学仏教学部論集》9，1978-11，161-179.

中条道昭：《華厳経伝記研究》（一），《駒沢大学大学院仏教学研究会年報》12，1978-12，93-104.

中村薫：《華厳経に於ける魔について》，《印度学仏教学研究》53，1978-12-31，124-125.

石橋真誠：《華厳と密教との接点》，《宗教研究》238，1979-02-28，184-184.

伊藤瑞叡：《華厳十地経における saddharma》，《印度学仏教学研究》54，1979-03-31，246-251.

平野修：《第八菩薩地の問題》，《印度学仏教学研究》54，1979-03-31，188-189.

志村武：《『起信論』の「無明」より『華厳経』の「十玄門」への展開に見られる「真如」への考察》，《武蔵野女子大学紀要》19，1979-03-25，33-43.

田上太秀：《菩提心の一一八相》，《駒沢大学仏教学部研究紀要》37，1979-03，1-12（L）.

中条道昭：《華厳経伝記研究》（二），《駒沢大学大学院仏教学研究会年報》13，1979-07，46-56.

柏木弘雄：《「体・相・用」三大説の意義とその思想的背景》，《仏教学論文集：伊藤真城・田中順照両教授頌徳記念》，1979-11，321-338.

多田孝正：《十乗観法成立の一背景》，《天台学報》21，1979-11-08，79-83.

石井公成：《智儼の性起説》，PHILOSOPHIA 通号 67，1979-12-25，123-151.

林賢司：《歓喜地に於ける発菩提心についての一考察》，《印度学仏教学研究》55，1979-12-31，160-161.

中村薫：《華厳経に於ける如来の三業について》（一），《印度学仏教学研究》55，1979-12-31，316-318.

伊藤瑞叡：《華厳思想と法華思想》，《法華経の思想と基盤：法華経研究》8，1980-02，239-279（R）.

伊藤瑞叡：《十地経の序品（nidāna-parivarta）について》，《法華文化研究》5/6，1980-03-20，17-66（R）.

梶山雄一：《中観派の十二支縁起解釈》，《仏教思想史》3，1980-12.

中村薫：《『華厳経』に於ける如来の三業について》（二），《印度学仏教学研究》57，1980-12-31，248-251.

一色順心：《法蔵撰華厳経旨帰の研究》，《印度学仏教学研究》58，1981-03-31，221-225.

伊藤瑞叡：《十地菩薩行における生死について》，《日本仏教学会年報》46，1981-03，75-90.

林賢司：《十地経・序品における信について》，《印度学仏教学研究》58，1981-03-31，152-153.

玉城康四郎：《華厳経における菩薩思想》，《菩薩思想：西義雄博士頌寿記念論集》，1981-05-11，175-200.

末綱恕一：《華厳経の世界》，春秋社，\1，000，1981.07.00.

木村清孝：《『華厳経合論簡要』について》，《大乗仏教から密教へ：勝又俊教博士古稀記念論集》，1981-09-20，859-873（R）.

鎌田茂雄訳注：《『八宗綱要』華厳宗の項》，講談社学術文庫，\960，1981.10./1990.07.00.

津田真一：《大乗仏教と密教》，《講座・大乗仏教》1，1981-12-10，259-316.

中村薫：《『華厳経』に於ける如来の三業について》（三），《印度学仏教学研究》59，1981-12-31，351-354.

伊藤瑞叡：《十地思想と法華思想》，《法華経の文化と基盤：法華経研究》9，1982-02.

勝呂信静：《唯識思想と法華経の交渉》，《法華経の文化と基盤：法華経研究》9，1982-02，157-192.

吉津宜英：《神秀の華厳経疏について》，《宗学研究》24，1982-03-31，204-209（R）.

林賢司：《『十地経』第八不動地の研究》，《龍谷大学大学院紀要》4，1982-03-23，21-32.

大南龍昇：《十地経論における十障の意味》，《三康文化研究所年

報》14，1982-03-30，169-197.

伊藤瑞叡：《六相説の源泉と展開》（上），《仏教学》13，1982-04-25，25-40.

大南竜昇：《十地経論における行相の構造》，《宗教研究》253，1982-09-30，43-66.

木村清孝：《華厳学派の解脱思想》，《仏教思想》8，1982-10.

林賢司：《第八不動地への転入に関する一考察》，《印度学仏教学研究》61，1982-12-25，126-127.

鍵主良敬：《華厳学派の空思想》，《仏教思想》7，1982-04-20，735-754.

坂本幸男：《仏陀の智慧 華厳経講話》，平楽寺書店 \980，1982.11.00.

大南竜昇：《十地経の基層》，《宗教研究》246，1983-02，257-258.

宮林昭彦：《龍樹の戒学思想》，《龍樹教学の研究》，1983-02-28，229-243（R）.

赤尾栄慶：《華厳経にみえる声聞について》，《印度学仏教学研究》62，1983-03-25，308-311.

栗山秀純：《『十地経』序品における adhis th ā na について》，《宗教研究》255，1983-03-31，211-212（R）.

木村清孝：《華厳宗の成立》，講座・大乗仏教 通号3，1983-05-30.

長谷岡一也：《善財童子の遍歴》，《講座・大乗仏教》3，1983-05-30.

伊藤瑞叡：《華厳経の成立》，《講座・大乗仏教》3，1983-05-30.

玉城康四郎：《華厳経における仏陀観》，《講座・大乗仏教》3，1983-05-30.

中村薫：《華厳経「賢首菩薩品」について》，《同朋仏教》17，

1983–07–01，45–75（R）.

中村董：《華厳経「浄行品」について》，《東海仏教》28，1983–07–31，11–22.

伊藤隆寿：《宋代の華厳学と肇論》，《印度学仏教学研究》63，1983–12–25，249–254.

小林円照：《無住と妙住》，《南都仏教》51，1983–12–30，1–24.

小島岱山：《李通玄の根本思想 – 一真法界思想の形成とその思想史的意義 –》，東京大学大学院（1983 年 CiNii 収録論文より）

大南龍昇：《十地経の誓願説》，《仏教文化研究》29，1984–03–15，121–135（R）.

伊藤瑞叡：《十地基本内容の体系的構造》，《法華文化研究》10，1984–03–20，1–16（R）.

林賢司：《『十地経』における願の一考察》，《印度学仏教学研究》64，1984–03–25，154–155.

伊藤瑞叡：《華厳宗の心識説》，《仏教思想》9，1984–10–20，373–402.

小島岱山：《新華厳経論の文献学的並びに注釈学的研究》，《仏教学》18，1984–10–25，69–90.

青木隆：《『維摩経文疏』における智顗の四土説について》，《早稲田大学大学院文学研究科紀要別冊》11，1985–01–31，51–58.

石井公成：《『華厳経問答』の著者》，《印度学仏教学研究》66，1985–03–25，178–181.

大西竜峯：《華厳経の成立流伝に関する古伝説》，《印度学仏教学研究》66，1985–03–25，85–90.

吉津宜英：《華厳禅の思想史的研究》，東京，大東出版社，\7，210，1985.03.00.

小島岱山：《『新華厳経論』の研究序説》，《印度学仏教学研究》66，1985–03–25，174–177.

伊藤瑞叡：《『十地経』および『十地経論』における心識説と縁起観》，《仏教思想の諸問題：平川彰博士古稀記念論集》，1985-06-30，159-175（R）.

竹村牧男：《如来蔵縁起説について》，《仏教思想の諸問題：平川彰博士古稀記念論集》，1985-06-30，229-245（R）.

吉津宜英：《法蔵の法界縁起説の形成と変容》，《仏教思想の諸問題：平川彰博士古稀記念論集》，1985-06-30，271-284（R）.

中村薫：《『華厳経』の菩薩観》，《日本仏教学会年報》51，1986-03，87-104.

山田亮賢：《『華厳経』における煩悩と大悲》，《同朋仏教》20/21，1986-05-01，59-73（R）.

竹村牧男：《『起信論』と『十地経論』》，《東方学》72，1986-07，18-32.

小島岱山：《李通玄における文殊菩薩の思想と周易思想との交流》，《印度學佛教學研究》35（1），115-117，1986.

木村清孝：《華厳思想における人間観》，《東洋における人間観》，1987-02，415-486.

妹尾匡海：《落思想と「普門品」の問題点》，《印度学仏教学研究》70，1987-03-25，7-39.

道元徹心：《『教行信証』と『華厳経』との関連について》，《印度学仏教学研究》70，1987-03-25，276-278.

菅沼晃：《文殊・普賢》，《大乗菩薩の世界：金岡秀友博士還暦記念論文集》，1987-07-20，67-84.

伊藤瑞叡：《華厳如来性起経考》，《インド学仏教学論集：高崎直道博士還暦記念論集》，1987-10-30，255-268（R）.

平川彰：《起信論における三大の意味》，《印度哲学仏教学》2，1987-10-30，1-19.

土井虎賀寿：《大方広仏華厳経序説》，《法華文化研究》14，

1988-03，1-28.

丘山新：《『十地経』初歓喜地》，《日本大学人文科学研究所紀要》35，1988-03-30，1-12（L）.

鎌田茂雄：《華厳の思想》，東京，講談社学術文庫700，1988.05.00.

盧在性：《澄観の『華厳経疏鈔』における儒道思想について》，《中国学研究》7，1988-03-25，34-49（R）.

津田真一：《『般若経』から『華厳経』へ》，《成田山仏教研究所紀要》11，1988-03-28，291-395.

中村薫：《華厳経に顕われたる童子について》，《東海仏教》33，1988-06-24，51-63.

小島岱山：《李通玄における十二縁生の理解》，《印度學佛教學研究》37（2），634-638，1988.

鎌田茂雄：《大方広仏華厳経第一巻変相》，《華厳学研究》2，1988-10-15，1-3.

織田顕祐：《華厳一乗思想の成立史的研究》，《華厳学研究》2，1988-10-15，91-188.

竹村牧男：《華厳宗の心所観》，《華厳学研究》2，1988-10-15，65-90.

伊藤瑞叡：《華厳菩薩道の基礎的研究》，京都，平楽寺書店 \18,000，1988.02.00.

納富常天：《善財童子華厳縁起について》，《駒沢大学仏教学部論集》18，1988-10-31，270-298.

高原淳尚：《『華厳一乗開心論』にみる普機の華厳学について》，《駒沢大学大学院仏教学研究会年報》22，1989-02，34-41.

高原淳尚：《『華厳一乗開心論』における空海説の依用について》，《宗教研究》279，1989-03-31，224-225（R）.

伊藤瑞叡：《『華厳菩薩道の基礎的研究』梗概》，《法華文化研究》15，1989-03，1-7（L）.

斉藤舜健：Bodhisattvabhūmi，《宗教研究》279，1989-03-31，185-187（R）.

鎌田茂雄：《『華厳経』唯心偈解釈の文献資料》，《南都仏教》61/62，1989-06-30，146-182（L）.

福原亮厳：《華厳経の譬喩研究》，《天台学報》31，1989-10-16，27-32.

八力広喜：《『十住毘婆沙論』における菩薩思想成立の背景》，《インド哲学と仏教: 藤田宏達博士還暦記念論集》，1989-11-10，415-432（R）.

小林達朗：《善財童子歴参図研究史料（稿）》，《南都仏教》63，1989-12-25，48-63.

一色順心：《華厳教学における願行について》，《仏教学セミナー》51，1990-05-30，20-31.

斉藤舜健：《『菩薩地』戒品所説の三聚浄戒の構造》，《仏教大学大学院研究紀要》18，1990-03-14，86-101（L）.

小島岱山：《新たなる中国華厳思想史 – 中国華厳思想の二大潮流 –》（1990），華厳学研究所（1990年 CiNii 収録論文より）。

伊藤瑞叡：《中国華厳宗における本覚的思想》，《本覚思想の源流と展開: 法華経研究》11，1991-01-10，53-92.

木村清孝・鍵主良敬：《人物 中国の仏教　法蔵》，東京，大蔵出版，\4，200，1991.07.00.

吉津宜英：《華厳一乗思想の研究》，東京，大東出版社，\22，000，1991.07.00.

伊藤瑞叡：《十地経および十地経論における慢（māna）について》，《我の思想: 前田専学先生還暦記念》，1991-10-30，597-610（L）.

葉阿月：《法界義における我と無我との実践的価値性》，《我の思想: 前田専学先生還暦記念》，1991-10-30，197-211（L）.

加藤精一：《弘法大師と華厳経学の関係》，《豊山教学大会紀要》19，1991-11-09，25-34.

中村薫：《『華厳経』における名号について》，《真宗教学研究》15，1991-11-23，47-56.

小島岱山：《『八十巻華厳経』漢訳原典研究序説》，《塩入良道先生追悼論文集：天台思想と東アジア文化の研究》，1991-12-16，341-354.

池要：《『新訳華厳経七処九会頌釈章』について》，《印度学仏教学研究》79，1991-12-20，74-78.

藤丸要：《『新訳華厳経七処九会頌釈章』をめぐる諸問題》，《仏教学研究》48，1992-03-31，26-56（L）.

盧在性：《華厳経疏鈔の韓国流伝について》，《宗教研究》291，1992-03-31，144-145（R）.

八力広喜：《『十住毘婆沙論』と『十地経』》，《印度学仏教学研究》80，1992-03-20，37-43.

山口務：《「十地経」における天眼通について》，《印度哲学仏教学》7，1992-10-30，142-152.

李通玄著、小島岱山編：《新華厳経論資料集成》，華厳学研究所1992.11.

真野竜海：《華厳経の経題について》，《印度学仏教学研究》81，1992-12-20，130-138（L）.

玉城康四郎：《仏教・入門シリーズ 華厳入門》，春秋社，\1，845，1992.10.30.

木村清孝：《中国華厳思想史》，京都，平楽寺書店\6，500，1992.10.00.

武内紹晃：《菩薩の願い》，《宗教的真理と現代：雲藤義道先生喜寿記念論文集》，1993-02-10，321-330（R）.

八力広喜：《『十住毘婆沙論』所引の原始経典》，《印度学仏教学研究》82，1993-03-25，285-289.

彦坂周：《華厳経入法界品と南インドの地名について》，《印度学

仏教学研究 》82，1993–03–25，164–166（Ｌ）.

　　田村智淳：《華厳経の国土観》，《日本仏教学会年報 》58，1993–05–25，1–12（Ｌ）.

　　吉津宜英：《華厳教学における国土観》，《日本仏教学会年報》58，1993–05–25，55–68.

　　鍵主良敬：《『華厳経』の人間観》，《大谷学報 》274，1993–05–31，46–52.

　　河野訓：《竺法護訳華厳経類と魏晋玄学》，《仏教学 》35，1993–12，41–58.

　　梶山雄一 / 丹治 昭義：《さとりへの遍歴：華厳経入法界品》（上、下 ），中央公論社，1994.1–1994.2.

　　李恵英：《『華厳経関脈義記』について》，《印度学仏教学研究》84，1994–03–25，66–68.

　　吉田宗男：《『教行証文類』における『涅槃経』『華厳経』連引について》，《印度学仏教学研究》84，1994–03–25，160–162.

　　岡宏：《教行信証における華厳経引文の考察》，《宗教研究 》299，1994–03–31，305–307（Ｒ）.

　　小林真由美：《華厳経》，《岩波講座 日本文学と仏教 》6，1994–05–30，115–138.

　　梶山雄一：《さとりへの遍歴》（上下），中央公論新社 .\3，689.

　　小阪匡宏：《『十地経』の階位説の解明についての試論》，《仏教論叢》38，1994–09–08，87–92（Ｒ）.

　　一色順心：《華厳の修行道と女性善知識》，《仏教学セミナー 》60，1994–10–30，27–41.

　　大南龍昇：《菩薩に譬えられる船師》，《仏教文化の展開：大久保良順先生傘寿記念論文集》，1994–11–24，17–44.

　　盧在性：《澄観『華厳経疏鈔』の流伝について》，《仏教文化の展開：大久保良順先生傘寿記念論文集》，1994–11–24，265–286.

北条賢三：《華厳思想にみられる言語論》，《仏教文化の展開：大久保良順先生傘寿記念論文集》，1994-11-24，45-76.

真野竜海：《梵文「入法界品」第一〇章一一章二二章（試訳）》，《仏教文化の展開：大久保良順先生傘寿記念論文集》，1994-11-24，3-27（L）.

木村清孝：《華厳経と法華経》，《中央学術研究所紀要》23，1994-12-01，33-44.

小坂匡宏：《『華厳経』における信について》，《印度学仏教学研究》86，1994-12-20，186-188（L）.

藤丸要：《『華厳経文義綱目』と『華厳経旨帰』》，《仏教学研究》51，1995-03-31，19-141（L）.

五十嵐明宝：《『十住毘婆沙論』と『十地経論』》，《東洋学研究》32，1995-03-30，57-73（L）.

佐久間留理子：《カサルパナ世自在成就法の和訳・解説》，《南都仏教》71，1995-04-25，13-27（L）.

小坂匡宏：《『十地経』の信について》，《仏教文化学会紀要》3，1995-04，229-256.

鍵主良敬：《華厳経』における菩薩の願》，《日本仏教学会年報》60，1995-05-25，179-192.

桂紹隆：《経入法界品における誓願》，《日本仏教学会年報》60，1995-05-25，19-32（L）.

織田顕祐：《『捜玄記』の法界縁起説》，仏教学セミナー通号61，1995-05-30，21-37.

鎌田茂雄：《和訳―華厳経》，東京美術 \1，600，1995.08.00.

小島岱山：《五臺山佛教文化圈内的華嚴思想——五臺山系華嚴思想的特徵和發展》，《五臺山研究》，1995.

吉津宜英：《『華厳経』「明難品」の縁起甚深について》，《東洋学論集：中村璋八博士古稀記念》，1996-01，829-846（R）.

小坂匡宏：《『十地経』における慈悲について》，《印度学仏教学研究》88，1996-03-20，4-7.

小林守：《無我の一考察》，《宗教研究》307，1996-03-31，240-241（R）.

平川彰・梶山雄一・高崎直道編：《新装版・講座大乗仏教3 華厳思想》，春秋社，\3200，1996.00.00.

石井公成：《華厳思想の研究》，東京，春秋社 \26，780，1996.02.00.

江部鴨村訳：《口語全訳華厳経》（上下），国書刊行会，\43，690，1996.00.00.

鎌田茂雄・上山春平：《『無限の世界観〈華厳〉』仏教の思想》6，角川ソフィア文庫 \780，1996.10.25.

中村薫：《『華厳経』「入法界品」における善知識について》，《仏の教化——仏道学: 宇治谷祐顕仏寿記念論集》，1996-10-16，257-272（R）.

相馬一意：《菩提流支訳経論における仏身説》，《印度学仏教学研究》90，1997-03-20，221-227.

徐海基：《澄観の『華厳経疏』に見られる「理」について》，《印度学仏教学研究》90，1997-03-20，194-196（L）.

田口秀明：《『華厳経』「入法界品」における神変、加持について》，《密教文化》198，1997-03-31，26-42（L）.

加藤精一：《『華厳経』を超える価値》，《豊山教学大会紀要》25，1997-03-31，41-50.

田口秀明：《『華厳経』「入法界品」における神変、加持について》，《密教文化》198，1997-03-31，26-42（L）.

竺沙雅章：《遼代華厳宗の一考察》，大谷大学研究年報 通号49，1997-03-15，1-67.

木村清孝：《NHK ライブラリー53 華厳経をよむ》，日本放送出版協会 \1，020，1997.05.00.

鎌田茂雄：《宗密以後の華厳宗》，華厳学論集 通号，1997–11–10，83–101（L）.

伊藤瑞叡：《法華経より見たる、十地における法師の体系》，《華厳学論集》，1997–11–10，105–117（L）.

石井公成：《敦煌写本の中の霊弁『華厳経論』断簡》，《華厳学論集》，1997–11–10，155–175（L）.

岡島秀隆：《華厳経における自在性の諸相》，《華厳学論集》，1997–11–10，119–133（L）.

奥野光賢：《吉蔵教学と『華厳経』をめぐって》，《華厳学論集》，1997–11–10，177–190（L）.

織田顕祐：《『華厳経』と声聞》，《華厳学論集》，1997–11–10，225–239（L）.

舘野正生：《法蔵華厳思想形成上に於ける『華厳経旨帰』の位置》，《華厳学論集》，1997–11–10，277–294（L）.

長谷川昌弘：《宋代居士における『華厳経』受容について》，《華厳学論集》，1997–11–10，505–518（L）.

平井宥慶：《『華厳経』の信仰》，《華厳学論集》，1997–11–10，137–154（L）.

藤善真澄：《『華厳経伝記』の彼方》，《華厳学論集》，1997–11–10，311–332（L）.

竺沙雅章：《元代華北の華厳宗》，南都仏教 通号 74/75，1997–12–25，1–32（R）.

平賀由美子：《『十地経』における「三十九菩薩」について》，《宗教研究》315，1998–03–30，257–258（R）.

津田真一：《『華厳経』「入法界品」における弥勒法界の理念とその神的宇宙論的意味》，《国際仏教学大学院大学研究紀要》1，1998–03–31，61–105（L）.

真野龍海：《梵文『入法界品』第 12. 14. 15. 16 章（試訳）》，《仏教教理思想の研究：佐藤隆賢博士古稀記念論文集》，1998-05-06，3-25（L）.

山辺習学:《華厳経の世界 —人生修行の旅—》,世界聖典刊行協会 \5,500，1998.10.01.

越智淳仁：《『華厳経』から『大日経』への神変加持思想の変遷》，《仏教教理思想の研究：佐藤隆賢博士古稀記念論文集》，1998-05-06，717-739（R）.

岡本一平：《『華厳宗所立五教十宗大意略抄』の成立背景》，《駒沢大学大学院仏教学研究会年報》31，1998-07，65-74.

小島岱山：《澄観における老易厳一致の華厳思想と四法界》，華厳学研究所，1998 年 CiNii 収録論文より。

森本公誠：《善財童子求道の旅 華厳経入法界品》，東大寺 .\2,100，1998.09.00.

李杏九：《華厳経における浄土思想》，《仏教福祉研究》，1998-12，447-479.

舘野正生：《法蔵撰『華厳経文義綱目』の研究》，《印度学仏教学研究》93，1998-12-20，34-37.

佐藤隆賢：《『華厳経』十地品に見る教意》，《仏教文化論集：川崎大師教学研究所研究紀要》8，1998-12-21，1-26.

吉村怜：《盧舎那法界人中像再論》，《仏教芸術》242，1999-01-30，27-49.

平賀由美子：《『十地経』における bodhisattva-samādhi について》，《印度学仏教学研究》94，1999-03-20，157-160（L）.

平賀由美子：《華厳経における菩薩の意味》，《宗教研究》319，1999-03-30，259-260（R）.

小林円照：《共生原理としてのサマヴァサラナの可能性》，《日本仏教学会年報》64，1999-05，295-306（L）.

大竹晋：《著者問題を中心とした『華厳経関脈義記』『金剛般若波羅蜜経略疏』の研究》，《宗教学・比較思想学論集》2，1999-07，13-24（L）.

中村薫：《華厳宗列祖における浄土義》，《同朋大学仏教文化研究所紀要》18，1999-08-10，1-22.

宮崎健司：《奈良時代の『華厳経』講説》，《日本仏教の史的展開》，1999-10，122-140.

小林円照：《入法界品メーガ章にみられる燃灯授記の影響》，《印度学仏教学研究》95，1999-12-20，119-124（L）.

大塚伸夫：《『華厳経』入法界品と『金剛手灌頂タントラ』》，《密教の形成と流伝/高野山大学密教文化研究所紀要別冊》2，2000-01-25，23-52（L）.

小林円照：《華厳経入法界品における仏母マーヤーの胎蔵世界》，《宗教研究》323，2000-03-30，221-222.

津田真一：《幻化サンヴァラ・マンダラ研究》（I），《国際仏教学大学院大学研究紀要》3，2000-03-31，31-66（R）.

田村智淳：《華厳経・入法界品』における「威神力」》，《インドの文化と論理：戸崎宏正博士古稀記念論文集》，2000-10-01，85-112（L）.

織田顕祐：《華厳法界縁起の研究》，《大谷大学研究年報》52，2000-03-15，103-149.

石上和敬：《一音説法の展開》，《武蔵野女子大学仏教文化研究所紀要》17，2000-03-31，45-61（L）.

村上真完：《大乗経典の想像と創作》，《印度哲学仏教学》15，2000-10-30，35-59.

山口務：《「十地経」における如意通について》，《印度哲学仏教学》15，2000-10-30，70-85.

室寺義仁：《『十地経』における「大悲」（mahā karunā）と「唯心」（cittamā tra）》，《仏教文化の諸相：高木紳元博士古稀記念論集》，2000-12-06，251-267（L）.

　　小島岱山：《五台山系華厳思想の日本的展開序説 – 明恵に与えた李通玄の影響 –》，華厳学研究所，2000.

　　室寺義仁：《華厳経』「十地品」における「唯心」について》，《高野山大学密教文化研究所紀要》14，2001-02-25，19-159（L）.

　　真野竜海：《梵文『入法界品』第 17・18・19・20 章（試訳）》，《阿川文正教授古稀記念論集: 法然浄土教の思想と伝歴》，2001-02-22，3-26（L）.

　　小林圓照：《弥勒のふるさととその住処》，《宗教研究》327，2001-03-30，186-187（R）.

　　大竹晋：《菩提留支の失われた三著作》，《東方学》102，2001-07，34-48.

　　山口務：《「十地経」における他心通について》，《印度哲学仏教学》16，2001-10，104-112.

　　小林円照：《ガンダヴューハの一善友に変容したクリシュナ神》，《印度学仏教学研究》99，2001-12-20，115-121（L）.

　　室寺義仁：《『十地経』における「大悲」（mahā karunā）について》，《日本仏教学会年報》67，2002-05-25，13-26.

　　織田顕祐：《文献による中国華厳経の研究》，《真宗総合研究所研究紀要》19，2002-03-31，-120.

　　石井公成ほか：『大法輪』第 69 巻（平成 14 年第 10 号）特集 // 華厳経入門，大法輪閣，\800，2002.01.00.

　　山口務：《「十地経」における天耳通について》，《印度哲学仏教学》17，2002-10-30，56-61.

　　中嶋隆蔵：《続蔵所収『大方広仏華厳経疏演義鈔』の較刻と葉祺胤》，《禅学研究の諸相: 田中良昭博士古稀記念論集》，2003-03-03，99-220.

　　小林円照：《『入法界品』に見える菩薩道としての医薬学》，《宗教研究》335，2003-03，229-230.

金京南：《中国華厳における「入法界品」理解》，《インド哲学仏教学研究》10，2003-03-20，61-75（L）.

権坦俊：《厳経』修行道の頓漸問題》，《印度学仏教学研究》102，2003-03-20，196-198（L）.

李貞淑：《厳経捜玄記』における十地各地の名称と意味について》，《印度学仏教学研究》102，2003-03-20，4-16.

石井公成：《華厳宗の観行文献に見える禅宗批判》，松ヶ岡文庫研究年報 通号17，2003-03-25，47-62（R）.

森本公誠：《東大寺と華厳経》，《南都仏教》83，2003-10-30，1-43.

海音寺潮五郎：《人生遍路華厳経》，河出書房新社，2003.10.

鎌田茂雄：《華厳経物語》，大法輪閣，3，301，2004.07.00.

小島岱山：《五台山系仏教文化圏の構想の発展形態 -- 五山文学に与えた五台山系華厳思想の影響》，《佛教と人間社会の研究 -- 朝枝善照博士還暦記念論文集》，2004.03.

佐藤厚：《『宗鏡録』巻二十八所引「雑華厳経一乗修行者秘密義記」について》，《東洋学研究》41，2004-02-25，159-182.

竹村牧男：《華厳とは何か》，春秋社，2004.03.20.

小林圓照：《仏母マーヤーと聖母マリア》，《インド哲学仏教思想論集：神子上恵生教授頌寿記念論集》，2004-03-31，41-54（L）.

井上克人：《縁起と性起》，《『大乗起信論』と法蔵教学の実証的研究》，2004-03，1-61（R）.

織田顕祐：《中国仏教における縁起思想の理解》，《宗教研究》339，2004-03-30，232-234.

加藤精一：《弘法大師はなぜ『華厳経開題』を著作されなかったのか》，《豊山教学大会紀要》32，2004-03-31，183-191.

天野宏英：《「報身」考》，《インド学諸思想とその周延：仏教文化学会十周年北條賢三博士古稀記念論文集》，2004-06-03，27-44（R）.

禿河暁：《菩薩道と念仏道》，《龍谷大学大学院文学研究科紀要》26，2004-12-10，118-121.

金天鶴：《『華厳宗種性義抄』における法相意批判》，《印度学仏教学研究》105，2004-12-20，90-94.

土居夏樹：《『華厳宗一乗開心論』における「円円海」解釈》，《印度学仏教学研究》105，2004-12-20，46-49.

北塔愛美子：《敦煌出土断片に見る円融思想》，《印度学仏教学研究》106，2005-03-20，180-182（R）.

吉田剛：《華厳の礼懺》，《日本仏教学会年報》70，2005-09-25，31-45.

能仁正顕：《菩薩道における仏との交渉》，《日本仏教学会年報》70，2005-09-25，111-127（L）.

伊藤瑞叡：《華厳教学における六相説の伝播と融和》，《大崎学報》162，2006-03-31，63-70.

金京南：《『十地経論』における六相について》，《印度学仏教学研究》108，2006-03-20，24-27（L）.

山本幸男：《『華厳経』講説を支えた学僧たち》，《南都仏教》87，2006-12-25，38-63.

金沢豊：《『入中論』における『十地経』の引用》，《印度学仏教学研究》111，2007-03-20，88-91（L）.

金京南：《『十地経論』の六相解釈》，《印度学仏教学研究》111，2007-03-20，84-87（L）.

一色順心：《「入法界品」における慈悲と善知識》，《日本仏教学会年報》72，2007-05-25，29-42（R）.

陳永裕：《『華厳経』と『法華経』に見られる怖畏と怖畏を離れる方法に対する考察》，《印度学仏教学研究》114，2008-03-20，71-78（L）.

金京南：《『十地経』における発心の主体について》，《印度学仏教学研究》114，2008-03-20，158-161（L）.

平賀由美子：《『十地経』第八地における adhisthāna について》，《密教文化》220，2008-03-21，107-132（L）．

木村清孝：《『華厳経』と華厳教学》，《東洋の思想と宗教》25，2008-03-25，178-191（R）

望月海慧：《『華厳経』「阿僧祇品」「入法界品」に説かれる算法につ平賀由美子：《『十地経』における anubhāva について》，《宗教研究》355，2008-03-30，284-285（R）．

木村清孝：《漢訳『菩薩十地経』考》，《国際仏教学大学院大学研究紀要》12，2008-03-31，1-26（R）．

周夏：《『華厳経』「世界成就品」の考察》，《印度学仏教学研究》116，2008-12-20，19-22（R）．

真鍋俊照：《華厳経変相図の成立》，《印度学仏教学研究》116，2008-12-20，71-83（R）．

高峯了州：《華厳学概論》，《南都仏教》（一）91，2008-12-25，59-89（R）．

高峯了州：《華厳学概論》（二），《南都仏教》94，2009-12-25，48-75（R）．

伊藤真：《李通玄における『華厳経』「入法界品」十住位の善知識たちの理解》，《印度学仏教学研究》117，2009-03-20，156-159（R）．

陳永裕：《『華厳経』の放光の解釈と李通玄の特徴》，《印度学仏教学研究》117，2009-03-20，64-71（L）．

金京南：《『十地経』のテキストに関して》，《印度学仏教学研究》117，2009-03-20，126-130（L）．

周夏：《『華厳経』における諸仏と世界》，《印度学仏教学研究》119，2009-12-20，267-271（R）．

平賀由美子：《『十地経』における第九地の位置について》，《宗教研究》363，2010-03-30，380-382（R）．

周夏：《『華厳経』『普賢行品』に説かれる業》，《印度学仏教学研究》122，2010-12-20，251-255（R）．

陳永裕：《華厳経に見られる中道の論理》，《印度学仏教学研究》123，2011-03-20，19-25（L）．

高橋秀裕：《華厳経に魅了された数学者末綱怒一》，《現代密教》22，2011-03-31，135-152（R）．

周夏：《『華厳経』におけるヴァイローチャナとシャーキャムニ》，《印度学仏教学研究》126，2012-03-20，262-267（R）．

陳永裕（本覚）：《『華厳経』の世界成就とホーキングの宇宙論》，《印度学仏教学研究》126，2012-03-20，15-23（L）．

嶋本浩子：《鈴木大拙と華厳経》，《宗教研究》371，2012-03-30，417-418（R）．

張文良：《霊弁『華厳経論』における戒律思想》，東アジア仏教研究 通号 10，2012-05-31，3-12（L）．

岩松浅夫：《梵文『十地経』の偈頌について》，印度学仏教学研究 通号 128，2012-12-20，163-170（L）．

大竹晋：《華厳経の世界像》，智慧／世界／ことば／シリーズ大乗仏教 通号 4，2013-05-15，213-234（R）．

堀伸一郎：《華厳経原典への歴史》，智慧／世界／ことば／シリーズ大乗仏教 通号 4，2013-05-15，183-211（R）．

金天鶴：《東アジアの華厳世界》，智慧／世界／ことば／シリーズ大乗仏教 通号 4，2013-05-15，235-269（R）．

李通玄撰、小島岱山著：《新華厳経修行次第決疑論（巻一之上下、巻二之上下、巻三之上下）訓読簡註》，山喜房仏書林，華厳学研究所，2013.10.

李通玄撰、小島岱山著：《新華厳経修行次第決疑論（巻四之上下）訓読簡註》，山喜房仏書林，華厳学研究所，2013.11.

七、古文献研究

1. 日本古文献

玄昉：《五台山记》（佚失），唐。

圆仁：《入唐求法巡礼行记》，唐。

圆仁：《入唐求法目录》，唐。

圆仁：《入唐新求圣教目录》，唐。

圆珍：《传教大师行业记》，唐。

圆珍：《行历抄》（圆珍入华求法日记，原名《入唐记》，或称《行历记》），残篇，唐。

景戒：《日本灵异记》，全称《日本国现报善恶灵异记》，嵯峨天皇弘仁年间，822.

奝然：《入宋巡礼行记》（佚失），宋。

奝然：《在唐记》（佚失）。

寂照：《来唐日记》（佚失），宋。

戒觉：《渡宋记》，宋。

成寻：《参天台五臺山記》（别名：《北岩倉大雲寺成寻渡宋巡礼记》；《善惠大師賜紫成寻記》；《巡禮五臺山記》），養間齋野長年寫，文政9〔1826〕.

惠什编集：《图像抄》，日本平安末期。

日本后白河法王第 77 代天皇编：《梁尘秘抄》，1169.

虎关师炼：《元亨释书》，1322.

卍元师蛮：《本朝高僧传》，元禄十五年（1703），收于《大日本佛教全书》卷一〇二、卷一〇三。

2. 古文献研究

1）《日本灵异记》研究

山口敦史：《日本霊異記と中国仏教 -- 下卷第 38 縁をめぐって》，上代文学（66），p87-102，1991-04.

朝枝善照：《〈日本靈異記〉と「五臺山佛教文化圏」について》，《日本古代國家の展開》，京都：思文閣出版，1995.11.

長野一雄：《高僧伝・続高僧伝と日本霊異記 -- 習合思想の比較》，《和漢比較文学》（20），1-12，1998-02.

2）《入唐求法巡礼行記》研究

小野勝年：《译注〈入唐求法巡礼行記〉》，《大和文化研究》第五卷，1960.

小野勝年：《〈入唐求法巡礼行記〉に見える仏教美術関係の記事について》，《佛教藝術》第四号，1960.

小野勝年：『入唐求法巡礼行記の研究』（第一卷），《东京、鈴木学術財団研究年報》5/6/7，昭和 39 年（1964 年）2 月。

小野勝年：『入唐求法巡礼行記の研究』（第二卷），《东京、鈴木学術財団研究年報》，昭和 41 年（1966 年）2 月。

小野勝年：『入唐求法巡礼行記の研究』（第三卷），《东京、鈴木学術財団研究年報》，昭和 42 年（1967 年）4 月。

小野勝年：『入唐求法巡礼行記の研究』（第四卷），《东京、鈴木学術財団研究年報》5/6/7，昭和 44 年（1969 年）3 月。

牛場真玄：《入唐求法巡礼行記における「断中」の語について》，《東方学》22，1961-07 41-56（R）.

小野勝年：《入唐求法巡礼行记校注》

塚本善隆、小野勝年著：《入唐求法巡礼行記の研究》，《鈴木学術財団研究年報》5/6/7，1971-03-31，75-76.

福井康順：《『入唐求法巡禮行記』發疑小攷》（昭和六十年度 天台宗教學大會記念號），《天台学報》28，1-9，1985.

田中松雄：《古代の国際交流——入唐求法巡礼行記に学ぶ》，《日本私学教育研究所紀要》，28:1（1993.01），頁 243-264.

荒槇純隆：《入唐求法巡礼行記》，《日本の仏教》，2001-11，186-189.

3. 《参天台五台山记研究》

森克己：《参天台五臺山記について》，驹泽大学史学会《驹泽史学》1956 年第 5 号。

島津草子：《成尋阿闍梨母集・参天台五台山記の研究》，大蔵出版，1959.12.

改订史籍集览本，《参天台五臺山記》，すみや書房，1968.

大日本佛教全書，《参天台五臺山記》，講談社，1972.

森克己：《入唐・入宋僧侶の旅行記について》，《仏教史研究》6，1972-03-15，98-100.

森克己：《増補日宋文化交流諸問題》，1975.

平林文雄：《参天台五臺山記. 校本並に研究》，東京：風間書房，1978.

中島亮一：《『参天台五台山記』の問題点》，《印度学仏教学研究》，53（27-1），1978-12-31，250-253.

《成尋と楊文公谈苑》，《関西大学東西學術研究所創立三十周年紀念論文集》，1981.

藤善真澄：《日宋交通路の再検討——参天台五台山記箚記》1-続-，《史泉》（67），p1-11，1988-03.

上野英子：《参天台五台山記——入宋した老僧の巡礼》（紀行文学を読み解く——中古・中世〈特集〉）——（中古を読み解く），《国文学解釈と鑑賞》54（12），p54-60，1989-12.

原美和子：《〈研究ノート〉『参天台五臺山記』にみえる寒山説話について》，《学習院史学》32，50-56，1994-03.

伊井春樹：《成尋阿闍梨の夢と「夢記」——参天台五台山記の世界》，《語文》（62・63），p3-14，1995-01.

石井正敏：《『参天台五台山記』研究所感──虚心に史料を読む、ということ》（特集 歴史の虚像と実像），《日本歴史》（600），32-35，1998-05.

藤善眞澄：《成尋をめぐる宋人：「参天台五臺山記箚記」二の二》，《関西大学東西学術研究所紀要》31，19-33，1998-03.

藤善眞澄：《文書・記録の日中文化交流：博徳書と参天台五台山記》，《関西大学東西学術研究所紀要》32，17-31，1999-03.

王麗萍：《成尋の先人たちを懐う旅──『参天台五臺山記』を資料として》（特集 日本の遣唐使──波濤万里・長安を目指す），《アジア遊学》（4），176-182，1999-05.

井上泰也：《成尋の『日記』を読む──『参天台五臺山記』の金銭出納》，《立命館文學》（577），430-465，2002-12.

牧田諦亮（京都大学名誉教授）《在日中文化交流史中〈参天台五台山記〉的意义》

衣川強：『参天台五臺山記』訳註稿（1），《京都橘女子大学研究紀要》（31），51-82，2004.

衣川強：『参天台五臺山記』訳註稿（2），《京都橘大学研究紀要》（32），137-163，2005.

衣川強：『参天台五臺山記』訳註稿（3），《京都橘大学研究紀要》（33），75-101，2006.

衣川強：『参天台五臺山記』訳註稿（4），《京都橘大学研究紀要》（34），33-54，2007.

衣川強：『参天台五臺山記』訳注稿（5），《京都橘大学研究紀要》（35），1-25，2008.

藤善眞澄：《参天台五臺山記の研究》，関西大学東西学術研究所，2006.3.

齊藤圓眞：《成尋の参五臺山行》（平成十八年度 天台宗教學大會記念號），《天台学報》（49），35-42，2006.

藤善眞澄：《参天台五臺山記》（上、下），关西大学出版部，2007-2011 版。

远藤隆俊：《宋代的外国使节与文书传递》，历史研究，140-143，2008 年第 3 期。

井上泰也：《続々・成尋の『日記』を読む——『参天台五台山記』に見える宋代の日常性》，《文化科学杂志》，立命馆（608），206～218，2008-12.

何華珍：《〈参天台五台山記〉與中日漢字詞研究》，開篇 29，42-54，2010-09.

井上泰也：《承前・成尋の『日記』を読む：『参天台五台山記』の領域》，《立命館文學》629，357-373，2012-12.

水口幹記：《成尋の見た夢：『参天台五臺山記』理解へ向けての覚書》（〈予言文学〉の世界：過去と未来を繋ぐ言説）——（歴史叙述と〈予言文学〉），《アジア遊学》（159），111-121，2012-12.

近藤一成：《『参天台五臺山記』科挙記事と北宋応試者数》，《史滴》（35），27-38，2013-12.

森公章：《成尋と参天台五臺山記の研究》，《日本歴史》（790），109-111，2014-03.

3）《渡宋记》研究

木宫泰彦：《日华文化交流史》，富山房，1955 年。（胡锡年中译本《日中文化交流史》，商务印书馆，1980 年）。

宫内厅书陵部编：《伏见宫家九条家 旧藏诸寺缘起集・渡宋记》，图书寮丛刊，明治书院，1970.

森克己：《戒覚の渡宋記について》，《中央大学文学部紀要》63 号，1972.

森克己：《入唐・入宋僧侶の旅行記について》，《仏教史研究》6，1972-03-15，98-100.

小野胜年：《关于戒觉的渡宋记》，《龙谷大学论集》400、401 合并号，

1973.

　　森克己：《日宋贸易研究》、《续日宋贸易研究》、《再续日宋贸易研究》、《日宋文化交流诸问题》，见《森克己著作选集》第 1–4 卷，国书刊行会，1975.

　　桥本义彦著：《贵族的世纪》附录《渡宋记》，讲谈社，1975.

　　荒槇純隆：《五台山成佛した延暦寺僧戒覺：『渡宋記』の傳えた佛跡荒廢説のゆくえ》（平成三年度 天台宗教學大會記念號），《天台学報》34，120–126，1991.

　　天台宗典编纂所编：《续天台宗全书》史传 2《渡宋记》，春秋社，1988.

　　宫内厅书陵部编：《僧庆政关系资料·渡宋记》，宫内厅书陵部，1991.

　　小田切文洋：《渡宋僧的精神史谱系 – 戒觉〈渡宋记〉》，《渡宋天台诸僧 – 日中文化交流史一斑》，翰林书房，1998.

　　4.《图像抄》研究

　　田村隆照：《图像抄——成立と内容に关する问题》，《仏教艺术》n.70，42–66，1969.03.05,

　　5. 五台山古传研究

　　酒井紫朗：《華北五台山所蔵仏教文献調査概況》，《密教研究》76，1941–02–25，1–33.

　　酒井紫朗：《華北五台山の大蔵経》，《密教研究》通号 87，1944–04–25，70–79.

　　石垣源瞻：《五台山古傳攷》，《西山学報》12，五一 – 七〇，1941–07–15.

　　小野胜年：《古清凉传·广清凉传·广清凉传续遣》，大东出版社，1962 年 12 月。

　　前田崇：《チベット文〈五台山誌〉》（1），天台学報 通号 31，

1989-10-16，106-111.

前田崇：《チベット文〈五台山誌〉》（2），天台学報 通号 33，1991-10-16，58-674.

前田崇：《チベット〈五台山誌〉に見られる漢語からのチベット音写語》，《塩入良道先生追悼論文集：天台思想と東アジア文化の研究》，1991-12-16，3-18（L）.

鎌田茂雄：〈〈清涼山記〉攷—五臺山における尊勝陀羅尼信仰〉，《興教大師八百五十年御遠忌記念論集：興教大師覚鑁研究》（199212），頁 793-810。

王育成：《五台山に奉納された経筒——中国蔵日本道賢法師経筒論》（特集 論争 道賢銘経筒の真贋——天神伝説の新展開），《アジア遊学》（22），8-23，2000-12.

西岡祖秀：《チャンキャラマ二世の蔵文『清涼山志』》，《印度学仏教学研究》116，2008-12-20，136-142（L）.

崔福姫（吾印）：《〈古清涼伝〉から〈広清涼伝〉への文殊信仰の変遷：文殊概念を中心に》，《印度学仏教学研究》（52-1），2003 年 12 月。

4）《佛顶尊胜陀罗尼经》研究

月輪賢隆：《〈佛頂尊勝陀羅尼〉の研究》，《六條學報》145，1912，頁 14-24.

二楞生：《清涼志雑抄》，《仏教学雑誌》，1922-10，825-849（R）.

田中海應：《尊勝陀羅尼信仰史觀》，《大正大學々報》，15（1933.06），頁 1-32.

荻原雲來：《尊勝陀羅尼の研究》，氏著，《荻原雲來文集》，東京：大正大學出版社，1938.

干潟竜祥：《仏頂尊勝陀羅尼経諸伝の研究》，《密教研究》68 1939-01-05 73-90.

那須政隆：《仏頂尊勝陀羅尼経の翻訳について》，《大正大學學報：佛教學部・文學部研究紀要》，東京：大正大學出版部，［1927］-1952.

藤枝晃：《スタイン蒐集中の『佛頂尊勝陀羅尼』》，《神田博士還暦記念書誌学論集》，1957.

三崎良周：《佛頂系の密教》，《吉岡博士還暦紀念道教研究論集——道教の思想と文化》，東京：國書刊行會，頁 477-499，1977.

三崎良周：《佛頂尊勝陀羅尼經と諸星母陀羅尼經》，牧田諦亮、福井文雅編，《敦煌講座 7. 敦煌與中國佛教》，東京：大東出版社，1984.

佐々木大樹〈学内学術研究発表会発表要旨〉『陀羅尼集経』の研究：異訳経典整理を中心として 大正大学大学院研究論集 26，124-125，2002.

佐々木大樹：《『陀羅尼集経』の研究：特に巻四「十一面観音経」と、巻十「功徳天法」の異訳対照を中心として》，《智山學報》52，139-168，2003-03-31.

佐々木大樹：《『陀羅尼集経』所収の仏頂系経軌の考察》（智豊合同教学大会紀要，頼瑜僧正 700 年御遠忌記念号），《智山學報》53，193-222，2004-03-31.

佐々木大樹：《『陀羅尼集経』の研究——釈迦仏頂の成立をめぐって》，《密教学研究》（37），117-137，2005-03.

佐々木大樹：《『陀羅尼集経』に関する諸文献の考察》，《大正大学大学院研究論集》（29），73-85，2005-03.

佐々木大樹：「仏頂尊勝陀羅尼の研究―漢訳諸本の成立をめぐって―」，『韓国仏教学 SEMINOR』第 10 巻：2005 年 12 月。

佐々木大樹：《尊勝陀羅尼分類考》，《大正大学綜合佛教研究所年報》（29），129-156，2007-03.

佐々木大樹：《『仏頂尊勝陀羅尼経』の研究》（福田亮成先生古稀記念 密教理趣の宇宙），《智山學報》56，B475-B492，2007-03-31.

佐々木大樹：《仏頂尊勝陀羅尼経幢の研究》，《智山學報》57，B41-B67，2008-03-31.

佐々木大樹：《仏頂尊勝陀羅尼の研究―特に仏陀波利の取経伝説を中心として》，《大正大学大学院研究論集》33，280-269，2009.

佐々木大樹：《「仏頂尊勝母成就法」の研究》，《智山學報》59，B71-B97，2010-03-31।

佐々木大樹：《仏頂尊勝陀羅尼の因縁譚をめぐる一考察——特に『悪趣清浄タントラ』との関係を中心に》，《密教学研究》（43），55-69，2011-03।

佐々木大樹：《敦煌本〈仏頂尊勝陀羅尼〉の研究：翻刻と解説》，《智山學報》61，89-129，2012-03-31।

伊東史朗：《仏頂尊勝陀羅尼を記銘・納入する仏像二例 マンダラの諸相と文化：頼富本宏博士還暦記念論文集》1 2005-11-11 685-700।

佐々木大樹：《仏頂尊勝陀羅尼概観》，《現代密教》20 2009-03-31 211-234（R）

清田寂天：《仏頂尊勝陀羅尼に関する中国文献》（国際天台学会論集），《天台学報》（－），41-48，2007-10।

郭麗英：《佛頂尊勝陀羅尼的傳播與儀軌》（国際天台学会論集），《天台学報》（－），1-39，2007-10।

森公章：《遣外使節と求法・巡礼僧の日記》（日記の総合的研究），《日本研究》44，339-353，2011-10।

湯山明：《西夏流伝仏頂尊勝陀羅尼》，《奥田聖應先生頌寿記念インド学仏教学論集》，2014-03-30，818-826（L）।

第四章　三十余年来五台山文化学术会议回顾

　　近三十余年来举办的关于五台山文化的国内国际会议某种程度上可以见证五台山文化研究成为一门"显学"的成长之路。从上世纪80年代开始，学术会议陆续举办，进入21世纪，学术会议逐渐增多，研究阵容不断强大，研究范围持续拓展，特别是近年来连续召开的高规格学术会议将五台山文化研究全面推向深入，会议涉及的议题广泛、内容丰富、方法多元、视角多维，海内外、教内外的高僧大德、专家学者参会研讨，发表了大量高质量的最新研究成果，既有学术价值又有现实意义，令世人瞩目。这些会议的举办与丰厚的收获反映了五台山文化研究蓬勃发展、学术思想走向繁荣的趋势。与会人员对五台山文化的核心问题、热点问题、难点问题深入探讨与争鸣，对传统文化的传承与创新、世界遗产的保护与开发、世道人心的净化与建设、引导宗教与社会主义相适应等方面具有积极意义。同时会议搭建的学术交流平台也为跨学科、跨方域的协同创新创造了条件，并对促进学科与课题的进展、启迪心智、催生新的成果发挥重要作用。本章收集整理了20余次学术会议，为方便阅读，以表格的形式简要呈现会议的时间、地点、主办方、议题与论文。

三十余年来国际国内五台山文化学术会议

会议时间	会议名称	主办方与承办方	举办地点	参会人员	议题及发表论文
1987-09	首届五台山学术思想研讨会	山西省社科院五台山研究会	五台山	任继愈、方立天、冯钟云、马振铎、巫白慧、李曦、张春波等学者	主要议题：构建"五台山学"的必要性与可行性
1990-07	首届五台山中日佛教学术会议	山西省社科院五台山研究会	五台山	任继愈、业露华、王璐、方立天、陈扬炯、巫白慧、杨曾文、魏国祚、王亚荣、吉田宏哲、小岛岱山、镰田茂雄、池田鲁参等50余人参会。	主要议题：五台山佛教文化 发表论文29篇：任继愈《唐代三教中的佛教》、业露华的《唐代时期五台山佛教与日本》、王璐《五台山与西藏》、方立天《略论法藏》、陈扬炯《五台山文殊信仰和五台山佛教信仰的由来和发展》、巫白慧《文殊菩萨与梵本〈金刚针论〉》、杨曾文《唐末文殊信仰和五台山的哲学思想和思维特色》、魏国祚《佛教传入五台山年代考》、王亚荣《清凉与清凉山》、镰田茂雄《五台山佛教内的华严思想》、黄夏年《清凉与清凉山》、小岛岱山的《五台山佛教与新罗僧的活动》、吉田宏哲《不空三藏与文殊信仰》、多田孝正《五台山佛教的天台学》等。
1999-08	"中国佛教与五台山"学术研讨会		五台山	根通法师、杨曾文、陈扬炯、李富华、韩廷杰、张新鹰、方广昌、王邦维、薛克翘、王春泉、王化伦、温金玉、高洪、黄夏年、华方田、蒋义斌、马晓东、张自强、冯巧英、何梅、周齐、德吉卓玛、王宝年、张建伟、荣水、马晓东、蓝吉富、游祥洲、陈一标、蒋义斌等30余人。	主要议题： 1. 五台山佛教的历史文化关系 2. 文殊道场的形成与发展 3. 唐五代佛教在山西地区的分布与传播 4. 山西的净土宗源流 5. 五台山佛教文献 收到论文26篇

① 参见铂净：《中国佛教与五台山会议综述》，《佛学研究》，1999年。

（续表）

会议时间	会议名称	主办方与承办方	举办地点	参会人员	议题及发表论文
2001-5	法尊法师学术思想研讨会①	山西省佛教协会主办，五台山佛教协会、五台山广宗寺承办。	五台山	中国佛教协会副会长净慧法师、一诚法师，副秘书长倪强先生，教务部副主任妙华法师及清远法师，佛学院副院长传印法师以及中国佛学院部分师生，重庆市佛教协会会长惟贤法师，北京市佛教协会会长、中国藏语系高级佛学院嘉波活佛，宁波市佛教协会会长怡学法师，西安市佛教协会会长常明法师，著名佛教学者苏晋仁、刘峰、王新、楼宇烈、杨曾文、王尧、戴康生、《法音》编辑部陈星桥居士，山西省社会科学院温金玉教授，五台山佛教协会副会长妙江、如空、常青法师，广东省演明法师以及五台山各大寺院代表。出席会议的政府领导有山西省民族宗教局周新玉局长、刘志敏副局长，山西省委统战部滕德刚副处长，忻州地区宗教局刘天良处长，五台山区委白俊章书记，韩俊光副书记以及法尊法师家乡代表、中国佛学院师生共200余人。	主要议题：围绕法尊法师爱国爱教、培养僧才、矢志翻译、沟通汉藏文化以及匡伪扶正、破除邪教等方面研讨 发表论文：惟贤法师《回忆亲教师尊上人》、杨曾文《如是弘愿，如是伟业——纪念中国现代著名佛学家法尊法师》、王尧教授《百万珠机灼灼闪烁——纪念法尊法师诞生二十周年》、根通法师《致各地同学书》、静波法师《由法尊法师圆寂二十周年所引发的思考》、圆持法师《忆法尊大师》、黄夏年《法尊法师二三事》、王新《爱国爱教的典范》、吴竹林《浅议法尊法师与佛教教育》、温金玉《五台山藏传佛教与民族团结——纪念法尊法师圆寂二十周年》、心月法师《一代法匠》、刘峰《〈大般若经〉部类简介》、白福生《法尊法师遗志推进弘法利生事业》、常明法师《继承法尊大师遗志推进弘法利生事业》、田人居士《深州高僧法尊法师》等17篇论文。

① 白正梅：《法尊法师学术思想研讨会》，《佛学研究》，2001年。

（续表）

会议时间	会议名称	主办方与承办方	举办地点	参会人员	议题及发表论文
2002—08	五台山佛教文化国际学术会议①	山西省社科院五台山研究会、五台山风景名胜区政府主办，五台山碧山寺承办。	五台山	出席会议的有省、市、县的各级领导，来自国内外的专家、学者及新闻媒体、佛教界人士共87人。	主要议题：五台山文殊信仰，五台山高僧及其思想，五台山佛教文化旅游、五台山建筑艺术、五台山禅僧禅法、五台山与中外佛教文化交流、五台山与历代封建王朝的关系等。会议形成的主要观点有：文殊信仰是五台山文化的核心；五台山在世界佛教中的殊胜地位；初步勾勒出五台山学的雏形。发表论文42篇。
2004—08	五台山国际佛教文化与艺术论坛②	山西省五台山文化研究中心、忻州师范学院五台山文化研究所与五台山风景名胜区人民政府主办	五台山	楼宇烈、杨曾文、温金玉、张总、麻天祥、邓平美、冯巧英、杨锐、杜斗成、赵培民、肖黎民、方政、崔正森、周祝英、上官铁梁、何虎生、陈寿新、田永清、桑德、沠藏加、李政、小岛岱山、小岛裕子海内外的30余位专家学者。	主要议题：五台山文化的核心，五台山申报世界文化遗产，佛教的教育问题，包括禅宗的教学方法以及藏传佛教的制度、内容，以及佛教文化艺术，五台山文化和自然环境之间的关系等。发表论文：杨曾文《五台山和唐代佛教》，张总《文殊精神与经典造像简论》，温金玉《五台山文化地位的再检讨》，王志远《观音与文殊悲智双运的理论价值与实践意义》，李政《阿含经及部派佛学》，王志成《五台山"地位的社会意义》，杜斗成《敦煌石窟中的五台山史料》，李江海《五台山自然遗产的价值》，麻天祥《未诗中禅的理趣》，陈兵《藏传佛教的发展历史及其特质》，桑德《藏传佛教寺院学经制度研究》，何虎生《文殊菩萨的现代意义》，小岛岱山《五台山系的华严思想和作为艺术根底的思想》，冯巧英《华严三圣智为先》，小岛裕子《五台山懂憬带给日本五台山佛教文化的展开》，肖黎民《五台山文化的普世价值与现代意义》，赵培成《五台山藏传佛教中的金刚神舞》等30余篇。

① 见周祝英：《五台山佛教文化国际学术会议综述》，《普门学报》，2002年11月。
② 根据"五台山国际佛教文化与艺术论坛"会议资料整理。

（续表）

会议时间	会议名称	主办方与承办方	举办地点	参会人员	议题及发表论文
2007-08	第二届法尊法师学术思想研讨会①	山西省佛教协会主办，五台山佛教协会、五台山广宗寺承办。	五台山广宗寺	释根通、释惟贤、杨曾文、冯巧英、黄夏年、李向平、班班多杰、方兰、张爱林、吕铁钢、宋宇、王丽心、李尚全、释德州、释悉波、张蕾蕾、温金玉、周齐、黎民、王小明、牛延锋、释韭寂、高僧大德、各地居士百余人。	主要议题：法尊法师思想研究、法尊法师生平及《广论》研究、文殊信仰与佛教思想。 发表论文：释根通《一代法匠 光照后人》，释惟贤《学通三藏 德留万世》，杨曾文《一代宗师 千秋功业》，冯巧英《高山仰止——缅怀法尊法师》，黄夏年《法尊法师与重庆汉藏教理院》，李向平《弘法利生 沟通汉藏——法尊法师的佛教成就兼及人间佛教建设》，班班多杰《法尊法师思想影响下的民国汉传佛教教育体系转型》，方兰《由僧伽发蒙 入释明心——入藏前的法尊法师佛学思想初成之探讨》，张爱林《从心明说现量——法尊法师出家考》，吕铁钢《法尊法师出家考》，宋宇《法因明学中"心明"差别说》说起》，王丽心《浅论法尊法师在现代中国佛教史上的历史地位》，释德州《圆满州寺》，李尚全《略论法尊法师的教育观——从一段史料说起》，释悉波《菩提道中归依三宝之学处》，张蕾蕾《当代居士学佛的新形式——以北京地区广论研讨班为中心的考察》，肖黎民《文殊智慧：一个内在和谐的佛教哲学再论》，温金玉《五台山宗教地位与历史传承》，陈梅《五台山佛教文化再论》，王小明《清代康熙皇帝之顾临五台山》，牛延锋《原始佛教的业感缘起思想及其现代价值》，释韭寂《现代生活中的佛教信仰》，周齐《由政治文化角度略析康熙皇帝之顾临五台山》。

① 参看于光：《"第二届法尊法师学术思想研讨会" 在五台山广宗寺召开》，《世界宗教研究》，2007 年 03 期。

（续表）

会议时间	会议名称	主办方与承办方	举办地点	参会人员	议题及发表论文
2007—07	第二届中日五台山佛教文化①研讨会②	山西省社科院五台山研究会	五台山	崔正森、小岛岱山、释能戒、闫孟祥、赵林恩、日本明城大学讲师三浦彩子、松冈文库主任伴胜代、东京大学博士生王芳、崔玉卿等。	主要议题：五台山与日本佛教的渊源。发表论文：崔正森《文殊智慧是沟通中西文化的法宝》，小岛岱山《五台山系华严思想对大乘佛教思想中的两大雄蜂即智顗的天台思想和法藏的华严思想的解体与再建》，五台山、河北慈福寺主持释能戒《重视真理实践，引领人间和谐》，大学闫孟祥教授从五台山学作为文殊菩萨道场和华严两方面特点出发，对五台山学的核心义理建设及意义提出了自己独到的看法；赵福恩教授则重点阐述了明代万历时期五台山佛教复兴的具体表现，并深入分析了形成这种复兴的原因。日本明城大学讲师三浦彩子、松冈文库主任伴胜代、《五台山研究》编辑崔玉卿等也相继将各自研究的成果进行了阐述。
2010—06	五台山世界遗产保护与管理研讨会	山西省忻州市人民政府主办、五台山县人民政府、五台山管理局、五台山风景区人民政府承办。	五台山银海山庄	山西省常委、宣传部部长胡苏平；山西省人大常委会副主任杨安和、解放军艺术学院院长张继钢将军；原山西省副省长薛荣哲；忻州市委常委、宣传部长周如璧；忻州市副市长杨芸生；五台县委书记、五台山风景区党委书记李水胜；五台县委副书记、五台山风景区张杰；五台县县长、五台山风景区刘炳龙等省、市、县领导；五台山管理局局长以及在五台山管理过程中做出贡献的专家、学者与五台山佛教界高僧及新闻媒体。	以传承、保护、拓展为主题，紧紧围绕"五台山世界遗产保护管理和可持续发展"进行全方位探讨和深层次研讨，数十名申遗专家与学者就五台山文化景观价值、五台山地质地貌景观价值、五台山佛教文化遗产价值、五台山非物质文化遗产价值保护、五台山世界遗产保护与管理的历史使命、地质公园的建设规划，以及旅游文化等内容进行讨论，并为五台山世界遗产的保护、管理和发展提出了明确的目标利具体的指导。②

① 山西五台山风景区新闻网站新闻中心，2007年8月1日。

② 周祝英：《"五台山世界遗产保护与管理研讨会"综述，》《五台山研究》，2010年03期。

（续表）

会议时间	会议名称	主办方与承办方	举办地点	参会人员	议题及发表论文
2012-07	海峡两岸"中国文化与宗教大同暨五台山佛教文化"研讨会①	中国社会科学院世界宗教研究所、（台湾）中华宗教哲学研究社、省海外联谊会、省民族宗教文化交流服务中心联合举办。	五台山	北京大学宗教文化研究院副院长名誉院长楼宇烈教授、中国社科院世界宗教研究所所长卓新平、党委书记曹中建、副所长金泽、台湾中华宗教哲学研究社、中兴大学国际政治研究所所长巨克毅、台湾中华宗教哲学研究社、淡江大学中文系王邦雄等两岸专家学者出席开幕式。山西省佛教协会名誉会长根通长老、山西省佛教协会会长、五台山碧山寺方丈妙江法师、山西省佛教协会副会长、普寿寺住持如瑞法师、山西省佛教协会副会长、五台山佛协会长昌善法师等五台山有关寺庙寺管会人员200多人参加了研讨会。	主要议题：宗教大同的理想与实践、中国文化传统的传承与建设、海峡两岸宗教文化交流的回顾与前瞻、宗教与区域社会文化的互动研究、山西宗教文化（五台山万佛阁五谷信仰与文殊信仰）的调查研究。

① 中国宗教学术网：《"中国文化与宗教大同暨五台山佛教文化"研讨会召开》，2012年7月10日。

（续表）

会议时间	会议名称	主办方与承办方	举办地点	参会人员	议题及发表论文
2012-09	文殊信仰与和谐社会研讨会暨山西省佛教协会成立五台山佛教协会成立五十周年纪念大典的一项重要内容①	山西省佛教协会	五台山	方立天、楼宇烈、班班多杰、向学法师、圆慈法师、杨笑天、王小明、温金玉、黎民、冯巧英、宋宇等。	主要议题：佛教思想与五台山佛教、文殊信仰与和谐社会。发表论文：方立天《中国佛教慈悲理念的特质及其现代意义》，楼宇烈《佛教的和平精神》，释国亮《和乐——生命之道》，宋宇《试论五台山佛教证德凉和谐》，温金玉《百世辉煌：山西佛教文化巡礼》，释光信《断指焚身》，清山藏传佛教与民族团结》，王孺童《五台山与中日文化交流》，释如端《浅谈文殊信仰在和谐社会进程中的积极意义》，释光民《文殊智慧：一个内在和谐的佛教哲学体系》，肖黎民《文殊智慧》，鄂征宇《文内在文殊菩萨净土》，释含一《把文殊菩萨的智慧落实到日常生活中》，释禅学《文殊信仰与和谐社会》，冯玉庆《浅论殊智慧对构建和谐社会的现实意义》，释含藏《文殊菩萨的现实意义》，李中笑《从五台黛顶五方文殊说起》等。
2013-12	"五台山文化研究基地建设与发展"研讨会	山西省普通高等学校人文社科重点研究基地——五台山文化研究中心	忻州师范学院	省科技厅、忻州师范学院专兼职研究人员	王志连院长安排部署了当前五台山文化研究基地的五项主要任务。一是夯实建设基础。二是加快发展步伐。力争将宗教学科建设成为山西省重点学科；将五台山文化建设成为山西省创新基地建设项目；进一步扩大我院在五台山旅游文化提升中的地位和影响。三是提升学术水平。要同时重视质量的积累与质的提升。四是增强服务能力。开展具有前瞻性、科学性和可操作性的研究，为地方决策提供智力支撑。五是发挥引领作用。五台山文化研究要从学科建设、科学研究、人才培养等方面发挥示范引领作用。

① 五台山佛教协会新闻：《文殊信仰与和谐社会研讨会在山西五台山召开》，2012年11月19日。

（续表）

会议时间	会议名称	主办方与承办方	举办地点	参会人员	议题及发表论文
2015-07	"五台山信仰"国际学术研讨会①	山西省佛教协会主办，英国伦敦大学国王学院、加拿大英属哥伦比亚大学佛学论坛协办，五台山大圣竹林寺承办。	五台山竹林寺	来自欧美亚三大洲的10个国家和地区的19所大学和研究机构的33位学者：中国社会科学院世界宗教研究所李建欣、北京大学哲学系副教授王颂、中国人民大学佛教与宗教学理论研究所副教授张文良、河南大学哲学与公共管理学院教授朱丽霞、复旦大学历史系副教授孙英刚、山西省社会科学院《五台山研究》名誉主编崔正森、兰州大学敦煌学研究所教授杜斗城、北京大学佛教文化研究所助理研究员能仁、忻州师范学院中文系教授陈先、冯大北、西北大学博士景天星、中国美术学院张书彬博士、台北大学助理教授林士铉、牛津大学博士哲睿德·悟日勘特·桑赛玛、呼日勒巴特大学副研究员悟日勘特·桑赛特立森大学安赛方女尔、加拿大蒙特立森大学安赛方与尔（Susan Andrews）、伦敦大学东方与	主要议题：一山而五顶：多学科、跨方域、多元化视野中的五台信仰研究，分7个专题： 1. 五台山与五台信仰：大视野与大问题 2. 五台山信仰在西藏 3. 蒙、满、维、与中亚文化视野下的五台山信仰 4. 五台山信仰在韩日 5. 五台山艺术面面观 6. 五台山与佛教诸派 7. 五台山信仰的多角度研究 提交论文： 圣凯《法照净土教与五台山文殊信仰》、王颂《旧迹新礼：近代日本学者对五台山佛教的考察》、孙英刚《从五台山到七宝台：高僧德感与武周时期的政治宣传》、崔正森《藏传佛教的文殊信仰研究》、陈先《〈清凉传〉版本源流及校勘举隅》、冯大北《阿王老藏与五台山——基于〈清凉老人语录〉的考察》、景天星《唐初的五台山文化景观》、安赛茶《五台山与日本群岛的圣迹创造》、李尚畔《五台山佛教信仰在朝鲜半岛的出现》、荻默《回鹘佛教中的五台山和文殊师利》、巴端特《五台山如何重要：禅宗作镜鉴之神圣空间》、陈金华《"神圣地理学"：五台山研究的新视野》、黄晓星《能海上师留在五台山的印记：1930年代五"台"同的汉藏佛教》、沙怡然《阿拉善旗的密各瓦祺尔公爵1938年五台山巡礼礼

① 参见许玄伟：《五台山信仰国际研讨会综述》，《五台山研究》，总第124期，p.55-58，2015.3.

（续表）

会议时间	会议名称	主办方与承办方	举办地点	参会人员	议题及发表论文
				非洲研究学院巴瑞特（T. H. Barrett）、意大利佩鲁贾大学黄晓星（Ester Bianchi）、加州大学戴维斯分校包瀚德（Robert Borgen）、英属可伦比亚大学陈锦华、首尔明治大学崔普娥、亨特学院周文欣、美国圣母大学詹密罗（Robert Gimello）、伦敦大学东方与非洲研究学院宽广、斯坦福大学李尚烨、北卡罗来纳大学教堂山分校林伟正、逢甲大学中国文学系林韵柔、美国路易克拉克大学潘淑雅（Beth Szczepanski）、法国国家科学研究中心沙怡然（Isabelle Charleux）、澳门大学张德伟、法国东方文明研究中心张惠明等。	记》、悟昱德《蒙古人对五台山五台令的崇拜》、郝清新《于阗与五台山》、包瀚德《公元1072年一位日本朝圣者的五台山之旅》、崔普娥《真容之遗产：五台山真容院与殊像寺的文殊像》、周文欣的《转译神迹化现：从〈圣地清凉山志〉看清代五台山在藏文世界的定位》、宽广《明代五台山的僧官研究》、郭磊《新罗慈藏参五台山说、之考辨》、林士铉《四译而为满洲——五台山与清乾隆年间的满文佛经翻译》、林韵柔《中古佛教圣山信仰的成立——北朝至初唐的五台山信仰》、能仁《神圣传承：五台山与古心如馨（1541-1615）的戒学中兴运动》、潘淑雅《法照、金璧峰与五台山佛教唱赞音乐的历史建构》、林伟正《乘云文殊与流动的五台山：敦煌石窟中所见的西夏五台山信仰》、张德伟《何止乎追求神圣：〈嘉兴藏〉五台山刊刻史新解》、张惠明《公元七世纪末至八世纪末〈五台山图〉及其化现图像研究》、林韵柔《中古佛教圣山信仰的成立——北朝至初唐的五台山信仰》。

（续表）

会议时间	会议名称	主办方与承办方	举办地点	参会人员	议题及发表论文
2016-6	中斯"法显大师——一带一路先行者"研讨会[①]	中国佛教协会主办、由山西省佛教协会、中国佛教协会《法音》杂志社、山西省法显文化研究会协办、五台山佛教协会承办	五台山	五台山风景名胜区管委会党工委副书记（管委会副主任）赵承强，中国佛教协会副会长如瑞法师、湛如法师，中国佛教协会秘书长宗藏法师、山西省佛教协会会长妙江法师，中国佛教协会副秘书长常藏法师、全柏音，斯里兰卡罗睺利导伽师马万达路维·乌帕里长老，斯里兰卡罗曼那派派导师马库若法长老，斯里兰卡科伦坡菩提寺护法委员会秘书长电视台罗曼那派善法长老、苏拉尼玛拉长老、斯里兰卡龙华学院院长郝唯民，塞纳拉特纳，南京大学教授肖因法师、福建省佛教文化研究所执行所长、苏州西园寺兼秘书长本性法师，西北大学佛教研究所所长李佛教协会副会长兼秘书长玛巧英等来自中国利斯里兰卡的高僧利安教授，中国人民大学哲学院副教授惟善法师，太原理工大学僧大德、专家学者及领导导嘉宾等近 30 人出席。	主要议题：推动中斯佛教友好交流，巩固中斯佛教的传统法谊，纪念"海上丝绸之路"与中斯佛教友好先驱——法显大师，助推"一带一路"战略构想建设。
2016-07	第二届《五台山信仰》国际学术研讨会[②]	五台山佛教与东亚文化国际研究院主办，伦敦大学国王学院、清华大学道德与宗教研究院、复旦大学佛学论坛、英属哥伦比亚大	五台山	加拿大阿里森山大学教授安素素（Susan ANDREWS），英国伦敦大学亚非学院巴瑞特（T.H.Barrett），意大利佩鲁贾大学黄晓星（Ester Bianchi），美国加州大学戴维斯分校包瀚德（Robert Borgen），法国国家科学研究中心沙怡然（Isabelle Charleux），亚利桑那州立大学陈怀宇，加拿大英属哥伦比亚学院周文欣，忻州师范学院陈珍龙，纽约市立大学杭州研究院周文欣，北京佛教文化研究所定明，斯坦福大学宗教研究系丁一，四川大学宗教研究所沙那情新（Imre HAMAR），园田学园女子大学菅野博史、罗兰罗伊等近30位国内外学者及领导导	主要议题：五台山信仰的多文化、跨宗教的特征及其国际影响力。分 8 个专题：1. 五台山作为亚洲的一个朝圣中心；2. 五台山上不同宗教的互动与融合；3. 佛教各宗派（禅宗、天台、

① 根据中新网五台山 2016 年 6 月 23 日电整理。
② 网易佛学，2016 年 6 月 12 日。

（续表）

会议时间	会议名称	主办方与承办方	举办地点	参会人员	议题及发表论文
		学佛学论坛协办、五台山大圣竹林寺承办。		女子大学岩崎日出男、新加坡佛学院纪赟、英国伦敦大学郭磊、加拿大萨斯喀彻温省立大学语言与宗教研究系纪强、耶鲁大学金延美、加州大学伯克利分校林偏韬、芝加哥大学林伟正、加拿大阿尔伯塔大学蒯恩特正、中国佛教文化研究所能仁、哈佛大学罗柏松、韩国金刚大学佛教文化研究所石吉岩、纽约州立大学沈丹森、清华大学圣凯、牛津大学田海、复旦大学孙英刚、南京大学铁木勒、埼玉大学薄井俊二、北京大学哲学系王颂、弗吉利亚大学王静芬、首都师范大学历史系武绍卫、陕西省博物馆研究副员杨效俊、耶鲁大学杨孟森、中国人民大学张文良等近40人出席会议。	净土、律宗、密宗、藏传佛教等）在五台山上的互动与共存； 4. 历史上，东亚地区不同政权的相互竞争，以及对五台山神圣地位的利用（围绕五台山展开的国际性竞争，以及这种竞争如何因五台山地处不同政权的交界处而日趋剧烈）； 5. 五台山对东亚各个国家的影响，以及东亚各国对五台山的崇奉； 6. 五台山文殊信仰肇起于中国，并在亚洲各国家及地区（包括韩国、日本、越南、与中亚）的传播与效仿； 7. 五台山作为亚洲文学和艺术创作的源泉，五台山作为宗教传统（佛教和非佛教的）的启示源泉。 8. 五台山作为宗教传统（佛教和非佛教的）的启示源泉。 发表论文共计37篇： 安素素《移五台于加国》、巴瑞特《五台与北魏：一个解释性的假说》、黄晓星《与外部世界相联结的隐修：普寿寺的跨国性及其五台山尼众律学院》、包瀚德《日本古典文学中的五台山》、沙恰然《汉人僧团与藏僧团在五台山的互动：十八至十九世纪的寺院建筑图像及物质文化》。 陈怀宇《唐末时期五台山观音寺光明灯台考论》、陈金华《佛陀波利与五台山文殊信仰的形成》、陈龙《从游记文学角度看〈续清凉传〉》、周文依《历史与永恒：清代格鲁派五台山的圣传》、定明《清康熙帝的五台山文殊信仰与蒙藏绥柔政策》、丁一《藏译五台山》、段玉明《金阁天成》、岩崎日出男《关八思巴对于五台山的引介与特化》、郝清新《于阗国写文殊像》、纪赟《五台山寺的兴建》、郝清新《于阗国写文殊像》、纪赟《五台山国际化的关键性节点与要素》、宽广《5世纪婆罗葛麻王子、菩提迦耶大寺方丈——至利

（续表）

会议时间	会议名称	主办方与承办方	举办地点	参会人员	议题及发表论文
					沙的五台山之旅》、郭磊《新罗中古期（514-654）五台山文殊信仰传来说之探讨》、纪强《五台山信仰如何激发神宗在南方清京寺的普身、林佩莹《晚唐时期五台山佛教之多文化网络》、蒯恩特《图像学之外：文殊骑狮图像和五台山文殊信仰》、林伟正《重读圆仁游记与五台山》、重源与文殊师利，五台山及行基崇拜》能仁《元世祖忽必烈与五台山佛教》、罗柏松《从仙人紫府到文殊道场：对于前佛教时代的五台山宗教景观我们能知道些什么？》、石衍岩《韩国五台山圣地的形成与中国五台山》、沈丹森《五台山的全球性：从一个钥圣中心到五台之山》、圣凯《地论学派与五台山佛教》牛津大学出国五台海《九宫之道与五台之山：透析当前学界的分析范畴》、孙英刚《文殊信仰与王权观念：从内亚到东海》、铁木勒《传教士景雅各布对五台山的探访》：近代日本学者对井俊二《旅行日记中的五台山——圆仁与徐霞客》、王颂《旧迹新礼：武绍卫《唐五代五台山佛教的考察》、王静芬《作为施神迹者的文殊菩萨图像考释》、杨绍佐《五台山和"化现"——以巡礼五台山和长孝式的关系》杨效俊《五台山的十一地方唐代文殊信仰传播路线——以巡礼五台山和长孝式的关系》《文殊师利显圣》故事角色世纪日本的五台山现象》、张文良《古代日本人心目中的五台山》。
2016-08	文殊信仰暨能海上师诞辰130周年国际学术论坛①	由五台山风景名胜区管理委员会指导，山西省佛教协会、五台山佛教协会主办，五台山塔院寺	五台山	海内外的高僧、学者共1000多人。	主要议题：文殊信仰、佛教智慧、通识教育，能海上师佛教思想、学律方法、佛教文化建设。论文发表：五台山文殊信仰研究论文67篇；能海上师研究论文44篇： 1. 文殊信仰方面论文： 姚卫群《文殊信仰与佛智慧》、嘣静《空悲不二——读文殊师利所说摩诃般若波罗蜜经》、杨维文殊三昧为中心》、陈坚《何为"行三昧"》、伍先林《从〈维摩诘所说经〉看初期大乘佛教关于文殊般若及不二法门的思想》、杨维

① 根据会议资料整理。

（续表）

会议时间	会议名称	主办方与承办方	举办地点	参会人员	议题及发表论文
		圆照寺、文殊洞承办，腾讯佛学协办。			中《从华严宗的"三圣圆融观"论文殊信仰的殊胜》、静慈圆《文殊菩萨法》、奥山直司《文殊菩萨と金刚阶曜缛尊》、中安真理《日本における五台山文殊菩萨像の美术表现について》、中村薰《华严经に於ける文殊菩萨の役割》、花荣《五台山仏教の日本仏教における位置づけ—亲鸾の念仏思想を中心に—》、邱雅芬《日本五台山信仰初探》、释昌善《论五台山中"五"之信仰及其文化》、郑振煌《文殊法门—当代文化的界面》、恒修《文殊菩萨的如实巧度》、陈立骧《"文殊信仰"在当代"教育"上的功用—以"文殊信仰"与"通识教育"之关系为主的探讨》、李向平《文殊信仰方式及其社会化建构》、马宗洁《文殊菩萨未来佛号研究》、孟东丽《唐译文殊经典中的护国思想》、昌莲《五台山文殊信仰的时机意义与内涵要旨》、徐仪明《试论五台山文殊法门对禅宗的影响》、黄连忠《从佛教圣地名山论五台山的当代价值信仰与〈文殊师利所说摩诃般若波罗蜜经〉的念佛观》、董群《禅宗"心无所住"的念佛法门》、陈平坤《文殊菩萨所教"心无所住"的念佛法门》、夏德美《〈文殊说般若经〉的内容、特色及流传》、景天星《中古时期丝路高僧的文殊信仰》、李通玄对五台山文殊信仰弘化之贡献》、林啸《略论五台山与净土信仰之关系》、王翔《五台山与唐代的长安佛教》、海波《互生关系：密宗祖师对文殊信仰的推动》、左志英《2-8世纪中土密教的发展与文殊信仰》、李伏清《唐代密宗对文殊信仰的贡献及其著述考证》、陈红《唐代密宗对唐密重要意义》、崔红芬《五台山沙门道义及其著述考证》、黄国清《五台山山文殊信仰与唐代天台宗的文化交涉》、吴小丽《莲基的思想特点与五台山的弘法活动》、心悟《台议天台宗文殊信仰的实践内容—以〈摩诃止观〉为中心》、刘洋《佛教经典中的文殊菩萨与大乘宗派》、黄慧菁《论北宋朝廷的文殊信仰—以"佛光""佛灯""显相"为例》、孙桂彬《文殊信仰的忏悔经典、实践切及与律学关系初探》、叶宪允《元代首位帝师八思巴与文殊信仰》、嘉木扬·凯朝《蒙古人与五台山文殊信仰》、王红蕾《五台山文殊信仰》、马海燕《五台山与近世佛教禅宗发展新论》、中延锋《文殊净土与道场的一段思想因缘》

（续表）

会议时间	会议名称	主办方与承办方	举办地点	参会人员	议题及发表论文
					五台山的佛教文化建设》、姚潇鹤《论述魏晋隋唐时期的那罗延信仰》、崔玉卿《五台山文殊信仰对敦煌学形成与发展的濡化作用》、杜斗成、张焕粉《唐末五台山禅文整理与研究述论》、周祝英《五台山文殊菩萨彩塑艺术研究》、张锦《文殊与普贤信仰的交错：民间菩萨信仰一例》、刘军峰《文殊显圣传说与五台山文殊信仰的社会生成发展——兼看五台山文殊信仰的文化内涵》、陈红兵《从〈清凉传〉看佛教生态环保的精神层面》、马明博《你，我与文殊信仰的现代功用"》、田秋菊《五台山佛教空间神圣化的意义》为例，略谈"五台山文殊信仰的现代的启示》、范殿铭《浅论文殊信仰与智慧文明》、陶新宏《五台山文殊信仰及其现代价值》、韩秀秀《五台山文殊信仰的智慧对现代人心理健康的当代价值》、朱霭《清凉于载智慧长——五台山文殊信仰及其特点》、王菊英、赵建功《佛教生态伦理智慧刍议》、存德《四大名山的形成及其佛教文化的特点》、安吉、高旭《论五台山佛教文化英文翻译的准确性问题》 2. 能海上师研究论文 宗性《能海上师功德业绩及其佛学思想》、邓子美《当代佛教传灯录·能海法师学案》、宗苗《大般若宗概说》、苏建强《般若方宗，戒律为相。阿含为归——论能海法师学思想之特色》、李万进《能海上师论般若法门之修行要诀》、宗民《能海上师对根本阿毗达摩弘扬浅析——以〈含利弗阿毗昙论宗定品〉为例》、吉祥《文殊法眼藏 五台山师公》、赵东明《从能海上师的〈现证庄严论文句颂解〉及〈现证庄严论又疏清凉记〉探析其般若思想的殊胜处》、观清《〈现证庄严论〉菩提心二十二轮初探——从能海上师译述〈现观〉疏》、宗振《略述能海上师律学思想和学律方法》、郭延成《能海上师止观思想管窥》、王帅《传承道次第之方便者：能海上师集〈宝相赞·序〉读礼》、杨本华《能海上师〈菩提道次第心论〉思想论述》、释龙相《能海上师的普贤教育》、字伯伟与王国辑《能海上师〈普贤行愿品颂解〉的特点》、张勇《能海上师与普贤信仰》、金易明《融慧命与汉藏般若精义弘传行中〈现证庄严论〉深旨与能海毕生弘传论之渊源初探》、赵永帅《简析能海上师对于般若经的重新判摄》、宗澄《般若经中之深见、广行为成佛之道——初探》、

（续表）

会议时间	会议名称	主办方与承办方	举办地点	参会人员	议题及发表论文
					王仿生《能海法师大般若学宗之哲学思想探赜》、释圣眴与释圣道《浅析般若佛母三昧》的探讨》，王彬《开拓与圆融——以能海上师与近代藏传佛教向内地弘传的史实为中心的探讨》，何杰峰《能海法师的藏传佛教教育实践及其影响》，郑建邦《能海上师僧才教育思想与实践》，陈金凤《略论民国时期能海上师在四川地区的佛教活动及其意义》，江萍《能海上师僧才教育思想与实践》，黄蒙《从言域到东土——能海上师与藏密东传》，彭之梅《能海上师对民国时期汉藏文化交流的贡献》，许淳熙《能海上师汉藏佛教文化交流》，黄振伟《能海上师一生行迹及恭敬三宝事业功德之探究》，释隆云《重振近慈家风，展望佛教未来——海公上师僧才教育的贡献》，释界幢《般若花开——能海上师生平及对汉地佛教的贡献》，悟通《能海上师之于汉地密仪复兴启示》，普兴《永怀上师精神 传承般若法乳》，殷书林 余世磊《稽首上师威宗复兴启示》，楚京辉《能海上师：周理道居士的良师益友》，王云贵《绵竹档案馆藏能海上师合影照初考》，牛长立、周理道近《能海上师研究综述》，邓星亮《能海上师之行迹辑补》，释圆忍《浅谈宗喀巴思想中关于"所破事"的范围及简别——以〈菩提道次第广论〉为主，照悟《略谈格鲁派对于唯识经典的学习》，肖军、刘宇星《任杰老师对能海上师法脉的继承与传承》。
2016-08	中国佛教讲经交流研讨会①	中国佛教协会	五台山	学诚法师、魏道儒、崔正森、可潜法师、宗慧法师、龙、朱丽霞等。	主要议题：文殊信仰的中国化表达 重要讲话：学诚法师《文殊信仰的中国化表达——以山西五台山为例》 发表论文：魏道儒《文殊信仰的内涵与价值》、崔正森《文殊菩萨的思想研究》、可潜法师《文殊信仰的考察》、陈龙《文殊信仰的初传——以〈古清京传〉为中心的初步》、宗慧法师《圣地搬迁与五台山信仰的形成》、朱丽霞《文殊与皇权——文殊菩萨本土化模式之一》。

① 参见佛教在线网：《2016中国佛教讲经交流研讨会》，2016年8月29日；王丽心：《2016中国佛教讲经交流研讨会在五台山隆重举行》，《法音》2016年第09期。

（续表）

会议时间	会议名称	主办方与承办方	举办地点	参加人员	议题及发表论文
2016-09	方外之宾：纪念慧远大师圆寂1600年学术研讨会①	山西省佛教协会主办，五台山大圣竹林寺、五台山佛教国际研究院承办	五台山	中国佛教协会副会长、山西省佛教协会会长、大圣竹林寺住持妙江法师，杭州师范大学黄公元教授，五台山大圣竹林寺副监院，五台山佛教国际研究院副院长义护法师，鲁东大学王公伟教授，中国人民大学温金玉教授，西北政法大学彭瑞花副教授等全国各地佛教界和学术界研究净土宗的青干力量和核心力量。	主要议题：慧远大师与中国佛教，具体研究重点有三个，一是慧远的佛教思想；二是慧远的历史地位，佛教贡献和社会影响；三是慧远大师的弥陀信仰及其他佛教实践。发表论文28篇。
2017-06	五台山佛教讲经交流会②	五台山佛教协会主办	五台山	山西省宗教事务局副局长侯文禄，处处长李友应，山西省忻州市市委常委，五台山党工委书记、管委会主任赵新年，忻州市委统战部部长、民族宗教教局局长赵雁宾，五台山党工委副书记、管委会副主任，宗教事务局局长赵永强，五台山管委会调研员赵培育，中国佛教协会副会长，山西省佛教协会副会长，普寿寺住持如瑞法师，山西省佛教协会副会长，五台山佛教协会会长，黛螺顶住持昌善法师，山西省佛教协会副会长，五台山佛教协会会长，菩萨顶管家，五台山佛教协会副会长，万佛阁管家章祥摩兰喇嘛，塔院寺住持如空法师，广仁寺住持如瑞法师，山西省佛教家桑热木喇嘛，五台山佛教协会副会长，山西省佛教协会副会长，五台山佛教协会副会长，山西省佛教协会海信法师，圆照寺住持海信法师，五台山佛教协会副会长	主题：慈悲·圆融·宏博。五台山各寺院21名法师围绕如何"建立信仰"、"认识因果"、"安顿身心"、"依教修学"、"利益众生"五条标准进行了主题宣讲。

① 参见佛教在线网：《方外之宾：纪念慧远大师圆寂1600年学术研讨会在五台山圆满举行》，2016年9月6日。
② 搜狐新闻：http://www.sohu.com/a/151464928-421774

（续表）

会议时间	会议名称	主办方与承办方	举办地点	参会人员	议题及发表论文
				兼秘书长，佛母洞住持悲月法师，五台山佛教协会副会长、显通寺住持静行法师，五台山佛教协会副会长、南山寺住持汇光法师，五台山佛教协会副会长、南台顶住持义亮法师，五台山佛教协会副会长、殊像寺住持果祥法师，五台山佛教协会副会长、五台山尼众佛学院院长助理寂文法师，以及五台山宗教局有关领导、佛教协会副秘书长、各寺院住持、管家、居士等200余人参加。	
2017-07	第三届五台山信仰国际研讨会①	山西省佛教协会、五台山佛教研究院国际研究院主办	五台山	加拿大英属哥伦比亚大学教授陈金华、中国社会科学院世界宗教研究所罗绍研究员、日本横滨鹤见大学教授池丽梅、山西省太原理工大学许栋、敦煌研究院民族宗教文化研究所研究员杨富学、清华大学哲学系教授圣凯法师、匈牙利罗兰大学孔子大学院所所长郝清新、中国人民大学教授张文良、日本华严学教授龚隽、中山大学教授纪强等来自海内外的30多名佛学专家、80余名中青年学者。	主要议题：文殊信仰、《大方广佛华严经》研究。发表论文：陈金华《八十卷〈华严经〉译场考：以＜风峪石经＞的译场以罗绍《中国佛教石经与华严信仰》、池丽梅《僧传、志怪、佛经——从志怪传说看五台山神圣性的确立》、许栋《功德具足、微妙广大：文殊菩萨形成渊源蠡测——以汉文佛教文献为中心》、杨富学《裕固族文殊信仰及其心目中的文殊道场》等。此外，清华大学哲学系教授圣凯法师、匈牙利罗兰大学孔子大学院所所长郝清新、中国人民大学教授张文良、日本华严学教授龚隽、中山大学教授纪强等来自海内外的专家学者，就会议主题展开了深入研讨。

① 根据会议资料整理。

（续表）

会议时间	会议名称	主办方与承办方	举办地点	参会人员	议题及发表论文
2017-07	五台山文化——敦煌学研究高峰论坛	忻州师范学院、兰州大学敦煌学研究所与五台山风景名胜区管理委员会在五台山联合举办	五台山	来自北京、上海、陕西、安徽、甘肃、四川以及山西等地的专家、学者和来宾70余人参加了学术论坛。	会议围绕敦煌学中的五台山佛教，敦煌与山西地区的佛教交流，中西文化交流通道，佛教与民间宗教关系，敦煌传记文献对研究丝绸之路城市的价值，文殊智慧的圆融精神与现代意义，丝路视野下北魏时期的佛教，五台山学科的建设，文殊信仰形成，人文景观形态，礼佛线路选择，寺庙行宫修缮，僧人与华北抗战，敦煌佛教成律，玉门关地望新探以及五台山——敦煌学文献研究。
2017-12	五台山文化学术研讨会	忻州师范学院五台山文化研究中心	忻州师范学院	学院内外专兼职共80人参会：太原理工大学赵慧教授，山西师范大学赵改平教授，山东大学博士后韩朝建，忻州师院五台山文化研究中心主任赵新平，地理系吴攀升，郑庆和，余昀，郑海霞，罗正明，旅游管理系冯文勇，崔娴，音乐系孙云，龙，张静，李丹宇，曹建芳，历史系王涛，潘慧生，王福应，赵树清，美术系李惠，李惠静，舞蹈系刘晓伟，沈铁，史利丽徐鹏，王丽霞，体育系任秀红，政教部代训锋等。	主要议题：佛教文化与遗产保护；地方文化与旅游 收到论文47篇。 佛教文化与遗产保护方面的论文有： 赵慧《五台山佛寺景观形态之我见》、赵改平《五台山佛教发展的信仰群体考察——以秘魔岩现存碑刻为例》、陈龙《〈续靖凉寺〉的游记汉学性》、孙云《国家在场——佛教音声文化研究的重要维度完成》、张静《历代帝王与五台山佛教》、王涛《唐末时期五台山生物资源与文殊灵验的交融与共生》、焦丽珍《关于五台山文殊信仰的化现》、冯大北《李相之〈五台山游记〉的价值及其研究》、李丹宇《五台山民间传说和文殊信仰》、李玉福《五台山清代壁画》、姚腾《五台山文化外音英译现状与对策之探》、刘晓伟《台山菩萨顶"金刚舞"的动作及文化意义探析》、余昀《五台山寺庙建筑的空间组织及文化意义探析》、史利丽《菩萨顶北京雍和宫"金刚舞"的辨析》、王丽霞《五台山藏传佛教"金刚舞"的传承调查》等。 地方文化与旅游方面： 韩朝建《近代五台山的旅游开发》、吴攀升《五台山旅游可持续发展》

（续表）

会议时间	会议名称	主办方与承办方	举办地点	参会人员	议题及发表论文
					展的战略思考》，冯文勇《关于忻州市打造黄河长城太行品牌的思考》，赵新平《民族战争语境下的五台山境域乡村敬神》，曹建芳《五台山壁画语义提取及职能处理研究》，郑庆荣《五台山自然遗产资源特征及形成的地学背景》，赵鹏宇《五台山景区网络关注度时空变化特征及客流相关性》，潘慧生《走西口与溏沱河上游南人村落形成》，岳端波《一带一路背景下五台山旅游对策分析》等。
2018-07	第四届五台山信仰国际研讨会①②	主办方：五台山佛教与东亚文化国际研究院、北京大学佛教典籍与艺术研究中心；协办方：英国伦敦大学国王学院、清华大学道德宗教研究院、加拿大英属哥伦比亚大学陈金华学论坛；承办方：大圣竹林寺	五台山大圣竹林寺	来自14个国家及地区的55位专家和85位学员：加拿大麦吉尔大学彻温大学院第茹、美国格林内尔学院蒂姿法法师、浙江大学孙英刚、台湾法鼓文理学院邓伟仁、台湾慈济大学何日生、匈牙利科学院巴九迪、韩国东国大学佛教学术院郭磊、北京大学湛如、清华大学圣凯、加拿大英属哥伦比亚大学陈金华、哥伦比亚大学佛雷、德国波恩大学纪强、哥伦比亚大学陈进、西南政法大学李海涛、福建师范大学李一尔、吉林大学文学院刘	议题：身份认同及群体建构：佛教与人类命运共同体研究 发表论文：湛如《初期佛教中的大乘认同与乘回向》，陈志远《〈般若经〉供养人捐赠铭文所见之释迦比丘大乘回向》，圣凯《地论学派"南北二道"谱系观念的"二重构建"》，陈金华《身份认同，纪强《On the Production of Manu Buddhist ures and Canons Copied from Bonshakuji in Heian Japan》，佛雷 "Another look at the Bodhisattva Cult in East Asia"，索罗宁《华北禅网络——文本的流传与翻译》，陈海涛《东亚佛教互动与典籍交流——早期传播的人群和地域网络》，李海涛《东亚佛教撰述文献网络中心》，陈进《金陵刻经处所见韩国佛教遗经与尊经以大慧宗杲与孙知县于〈金刚经〉的争论为中心》，李一尔《"自主性"与佛教知识生产——北宋私刻〈崇宁藏〉的另一个解读》，刘春明《文化融合视域中的〈六度集经〉》，姚腾《文殊经典译传与文殊身份认同》，巴九迪 "In the Shadow of the Lotus Sutra: A Buddho-Confucian Sutra on the Pilgrimage Routes to the Holy Places of Wutaishan-

① 春杉署：《第四届五台山信仰国际研讨会五台山开幕》，中佛网 https://www.zhongfox.com/news/detail_21529.html

② 《第四届五臺山信仰國際學術研討會》http://www.sohu.com/a/238940745_488212

（续表）

会议时间	会议名称	主办方与承办方	举办地点	参会人员	议题及发表论文
				春明、匈牙利科学院巴九迪、巴基斯坦阿拉玛伊克拜尔开放大学萨隐、日本青山学院大学陈继东、韩国东国大学郭磊、韩国湖原大学朴钟茂、淄博师范高等专科学校徐华、俄国莫斯科国立大学 Elizaveta VANEIAN、辅仁大学林佩莹、浙江大学张书彬、清华大学孙明利、南京大学汪阿欣、南京大学王芝华、山东大学季怡雯、（新加坡）国立大学、香港大学高继习、香港大学大悟、四川大学石英、美国格林内尔学院陈渝菁（释谘玄）、上海师范大学陈大为、上海师范大学武绍卫、浙江师范大学董大为、四川大学王大伟、中山大学李杰、上海社会科学院哲学研究所白照杰、中国人民大学蒲宣伊、首都师范大学翟兴龙、复旦大学杨高森、波兰亚捷隆大学孙亚柏、中山大学王格、德国汉堡大学康易清、中国政法大学孙国柱、法国国家语言东方文化研究中心张梦洁、山东大学胡孝忠、四川大学吴华、东南大学	Dunhuang-Jizushan", 萨隐 "The Buddhist Cultural Landscape of Gandhara: An Analysis of the Sacred Establishment Along the Routes"；陈继东《复活的朝圣——1874 年日僧小栗栖香顶五台山之旅》；郭磊《〈新罗五台山文殊信仰流传来〉之三——从佛教中国化看韩国古代五台山文殊信仰的传来》、朴钟茂＆徐华《试探五台山对韩半岛新罗法华信仰之影响》、Elizaveta VANEIAN "Worship and Images of Bodhisattva Fugen in 12th Century"、林佩莹《日本圣德太子（c.573—622）绘像再考察——〈唐本御影〉之东亚佛教网络》、张书彬《中古法华信仰新图像类型之考释——以榆林窟第 3 窟〈昙襄感普贤菩萨化现女身图〉（拟）为中心》；孙明利《灵鸟声声，净网森森——四川唐五代以西方净土经变之宝乌为中心的净土实践与群体构建》、汪阿欣与王芝华《末代巴蜀佛教传播过程中身份认同研究——以四川东部水月观音与龙女组合为例》、季怡雯《空间、身份，与记忆——海南临高语族群的庙宇网络创建》、高继习《唐初玄奘"中土之佛陀"身份的构建》、大悟《身份强化与网络扩张——慧能对南宗禅兴起的贡献》、孔雁《两宋之际曹洞僧团的身份认同与网络建构》、石英《从峨山吹万之论战观双桂法系群体构建与身份认同》、陈渝菁（释谘玄）"Struggling for Faith and Identity: Women's Participation in Medicine Master Buddha Worship in Medieval China"、陈大为《敦煌首寺——龙兴寺与诸宗关系考论》；董大为《互助与崇佛——论唐五代僧社邑团体之身份认同与网络建构》、武绍卫《出家为僧：从受持佛戒的角度看僧人身份认同的建构（之一）——以沙弥学戒为中心》、王大伟《元代〈增修教苑清规〉所见的教寺制度与生活方式建构，季爱民《向住西天禅林——

（续表）

会议时间	会议名称	主办方与承办方	举办地点	参会人员	议题及发表论文
				张佳、西北大学白冰、台湾慈济大学何日生、浙江大学孙英刚、美国达特茅斯学院李福、美国亚利桑那州立大学武霄阳、美国斯坦福大学饶骎、中国人民大学李猛。	洛阳僧众的信仰生活与身后安排》、白照杰《唐代〈合法道士〉人数再辩证》、蒲宣伊《从蠡光寺到慈业寺——后妃出家制度探源》、翟兴龙《王权与僧名——唐沙门赐号考》、杨奇霖《皇帝与法王——佛教在清帝国身份认同中的作用（以雍正朝汉藏佛教为中心）》、孙亚柏《对杨文会作为中国净土教徒身份的再省思——聚焦杨文会与净土真宗的行论战》、王格《同乡、同道与宗门：周汝登的佛教社群文化与居士身份认同问题》、康易清 "Questioning the legacy of Buddhist Monasteries in Contemporary China: Identification Processes between Historical Relevance and Challenges of Modernization"、孙向柱《佛教语言现代化的当代反思——以其生概念的诠释与使用为例》、张梦浩 "Producing Buddhist Culture in Modern China: The Example of Pushou Monastery"、胡孝忠《民国时期广州光孝寺之侵占、发还所见国家、佛教身份认同研究》、吴华《宗教同源性与政治同构性——论爱国宗教协会的行动结构与意义指向》、张佳《近代居士组织与现代居士身份的重塑——以上海居士林为中心》；白冰《近代居士林为群体建构研究》、何日生 "Value—Based Global Community: The Global Cross-Religion's Establishment of Buddhist Tzu Chi community"、孙英刚《布发掩泥的北齐皇帝——燃灯佛授记的宗教政治意义》、李福 "道教、佛教、或二者是？：北朝石刻所见宗教身份与群体"、武霄阳《双重身份与社团——佛教、灵宝，以反对'愿'的调整》、饶骎《僧平、士平？未代僧人笔记中的佛教身份认同辩》、李猛《压力与反弹：贞观十一年"道前僧后"诏对长安僧团身份认同的刺激》。

第五章 结语

当今世界日新月异，现代科技迅猛发展，学术思想逐渐繁荣，处于互联网、大数据、云计算时代的"地球村"国际交往日益频繁、便利，异质文化之间的交流与了解早已突破了地域、语言的障碍，高山、大海、沙漠的阻隔早已成为过去。但人们在享受生活便利与物质繁荣的同时也在经受着社会巨变给个人心灵带来的创伤与异化。这种看似最大的真实的繁华景象，在无休止地助长人的贪嗔痴慢之无明烦恼，使精神陷入困境与荒芜，心灵上出现种种病苦，内心被无以名状的紧张压抑、失望困顿、焦虑不安、空虚迷茫的阴影所笼罩，正如《佛譬喻经》中那位孤独的旅人在无尽而寂寞的荒野狂奔而忘了回家的路，处于危险万分的境地而不自知，这愚痴的旅人之相，正是人生之真相。我们赖以生存的外部世界（依报）与人自身的内部世界（正报）都危机重重。德国社会学家乌尔里希·贝克认为现代社会正"生活在文明的火山上"。美国大片《星际穿越》《极乐空间》《生化危机》《时间机器》等从不同侧面揭示了人类面临的生存危机与文明危机，寄托了对生存环境的忧患意识与对自身行为的反思。

面对当前世界面临的种种问题，2013 年 3 月 23 日，习近平总书记在俄罗斯莫斯科国际关系学院发表演讲时提出，"这个世界，各国相互联系、相互依存的程度空前加深，人类生活在同一个地球村里，生活在历史和现实交汇的同一个时空里，越来越成为你中有我、我中有你的命运共同体。"
"应该从不同文明中寻求慰藉，携手解决人类共同面临的各种挑战"。
2014 年 3 月 27 日，习近平主席在联合国教科文总部发表"推动人类文明
交流互鉴并以此促进人类文明进步与世界和平发展"的演讲，指出："文
明是多彩的多样的"，正因为如此，才有交流互鉴的价值，中华文明"也
是同其他文明不断交流互鉴而形成的文明"。

举世闻名的佛教圣地、文殊道场五台山，就是一个鲜活的范例。五台
山既是佛教文化的"集散地"和"融合器"，也是佛教思想的"输出地"和
"传播源"；既是印度佛教中国化的典型代表，又是中国佛教国际化的突
出案例。中国五台山是世界的五台山。五台山文化的世界性除本书在第一
章阐述的五点（文殊道场经典依据的国际性；域外信徒心中的圣地；国内
外五台山的复制；五台山文献与文物在域外的流散与保存；成功入选世界
遗产名录）外，还表现为，五台山建有许多国际化风格的建筑，如元代时
期尼泊尔著名建筑艺术家阿尼哥主持修建了五台山塔院寺大白塔，将异国
的建筑工艺与雕塑艺术带到五台山，遗世独立，朴拙丰润，高大庄严，成
为五台山的标志与象征。金阁寺是北印度高僧不空三藏向唐代宗启奏，于
大历元年（766 年）由不空弟子含光主持，参照当时印度最著名的寺院那
烂陀寺，并由印度那烂陀寺纯约法师监工，依照经轨建造的密宗道场。"金
阁寺是中印两国高僧共同设计，融中印两国文化于一体的梵宇花宫。"尼
泊尔高僧室利沙于明永乐年间住锡五台山显通寺讲经，参访汉藏寺院与高
僧大德。圆寂后宣德皇帝降旨建塔修寺，重修五台山普宁寺改名圆照寺。
这座室利沙舍利塔具有印度金刚宝座式塔的特色，是中印文化交流的标志。

五台山文化的形成无疑是世界文明交流互鉴绽放的智慧之花，而五台
山文化研究也必将是国内外人文学者的学术对话与精神探索。五台山文化
能为当今世界贡献什么？世界在等待什么？这是中外学者的人文关切之所
在。对域外五台山文化研究加以关注，了解本领域在国际间的研究舆情，
是不可或缺的。本书的研究仅仅是继续研究的一个起点，笔者在此领域还
是一个蹒跚的学步者，书中不足之处甚多。

书中共收集了 1800 余篇（部）域外五台山文化研究文献。从空间上而言，本书初步整理出欧美国家与日本的五台山文化研究文献档案，由于本人视野所及的局限，难免挂一漏万，相信还有大量内容没有收录。再者由于语言的障碍与精力不足，对韩国、俄国、尼泊尔、印度、东南亚等国家的有关文献还未能涉足。朝鲜半岛同样是中国佛教的输出地带，中国佛教传入朝鲜半岛正值高丽、百济、新罗三国鼎立时期（公园 4 世纪），之后高僧辈出，经过四百年的发展，形成具有韩国特色的宗教。慈藏是韩国与五台山文化交流的标志性人物。五台山文化同样受到韩国学术界的关注，如郑柄朝出版的学术专著《文殊菩萨研究》（韩国佛教研究院出版部，1988 年）；朴鲁俊发表《韩・中・日五台山信仰》（《岭东文化》6，1995）、《唐代五台山信仰和澄观》（关东史学，3 集，1988）、《唐代五台山信仰和不空三藏》（岭东文化，3 集，1988）等论文；朴亨國发表《韓国における五台山信仰について》（仏教美術と歴史文化：真鍋俊照博士還暦記念論集，2005–10）等。俄国 19 世纪就有人撰写有关五台山的游记，但本书未涉足俄国的学术界，有待进一步了解。其他国家如斯里兰卡、印度、尼泊尔等国的五台山文化研究如何，有无研究成果面世，也需要搜索与探究。从时间上而言，域外五台山文化研究跨越古今，呈动态趋势并有日益繁荣之态，需要长期跟踪收集最新成果并潜心研究，付出持续而艰辛的努力。另外，对不同类型的资料如学术专著、期刊论文、学位论文、研究报告、会议论文等的收集与整理、不同层次文献资料的翻译与评介、理解与阐释、批判与吸收、对比与综合等方面的拓展性研究与深入研究的可能性空间非常广阔，特别是日本的五台山文化研究尤其值得有志之士投入更多的精力与时间进行深钻细研，以期更好地在传承优秀传统文化的同时，形成创新性的研究成果。

汉语参考文献

一、著作

（东晋）佛驮跋陀罗译：《大方广佛华严经》卷29，《大正藏》第9册。

（唐）菩提流支译：《佛说文殊师利法宝藏陀罗尼经》，《大正藏》第20册。

（宋）赞宁：《宋高僧传》，中华书局，1978年8月。

（明）镇澄：《清凉山志》，中国书店，北京，1989年12月。

〔唐〕慧祥〔宋〕延一张商英著，陈扬炯、冯巧英校注：《古清凉传·广清凉传·续清凉传》，山西人民出版社，1989年5月。

伯希和等著、耿昇译：《伯希和西域探险记》，云南人民出版社，2011年，p.260.

杜继文：《佛教史》，江苏人民出版社，2006年1月。

李四龙：《欧美佛教学术史》，北京大学出版社，2009年11月。

李提摩太著：《亲历晚清四十五年：李提摩太在华回忆录》，人民出版社，北京，2011年。

孙晓岗：《文殊菩萨图像学研究》，甘肃人民美术出版社，2007年1月。

肖黎民、秦亚红：《文殊智慧哲学精义》，宗教文化出版社，2005年

8 月。

王丽萍：《成寻〈参天台五台山记〉研究》，上海人民出版社，上海，2017 年 3 月。

释妙江主编：《一山而五顶——多学科、跨方域、超文化视野下的五台山信仰研究》，台北：新文丰出版公司，2018 年 7 月。

释妙江、陈金华、释宽广、纪赟主编：《五台山信仰多文化、跨宗教的性格以及国际性影响力：第二次五台山研讨会论文集》，台北：新文丰出版公司，2018 年月。

羽西了谛：《西域之佛教》，商务印书馆，1999 年，北京。

木宫泰彦：《中日佛教交通史》，华宇出版社，佛历 2529 年 8 月。

二、论文

安虎生主编：《中韩两国五台山结缘仪式在五台山显通寺举行》，《中华佛教文化年鉴》，2000-2010 年。

白正梅：《法尊法师学术思想研讨会》，《佛学研究》，2001 年。

崔正森：《唐代五台山乾元菩提寺高僧慧超》，《五台山研究》，1998 年第 4 期。

崔正森：《世界上有多少五台山及其命名的寺院》，《五台山研究》，总第 25 期，2015 年 4 月。

崔文魁：《五台山与五台山图》，《五台山研究》，2004 年 2 月。

崔玉卿：《五台山世界文化景观的价值和影响》，《山西日报》，2010 年 4 月 12。

常峥嵘：《试论五台山文化》，《五台山》，2006 年第 1 期。

昌善法师：《五台山文化与对外交流》，第五届世界佛教论坛论文选编，2018 年。

稻冈誓纯：《日中佛教交往的一的个侧面》，第六届中日佛教交流会议论文，1996 年。

方立天：《略谈华严学与五台山》，《五台山研究》，1988-03-01，P.23.

冯铁健：《五台山与斯里兰卡佛教》，《五台山研究》，1990 年 8 月。

冯大北：《研究视域中的五台山文化及其现代意义》，《五台山》，2006 年第 1 期。

郭万平：《日本僧戒觉与宋代中国——以〈渡宋记〉为中心的考察》，《人文杂志》，2004 年第四期。

郭万平：《日僧戒觉〈渡宋记〉补说》，文献季刊，2004 年 10 月第四期。

郝祥满：《奝然与宋初的中日佛法交流》，浙江大学博士学位论文，2006 年 7 月。

黄夏年：首届中日五台山佛教学术会议综述

胡莉蓉：《奝然来华对五台山文殊信仰在日本传播的影响》，《中北大学学报》（社会科学版），2012 年第 28 卷弟 3 期，P.43.

吉田宏晢：《不空三藏与文殊信仰》，《五台山研究》，1995 年第 1 期。

景天星：《中古时期丝路高僧的文殊信仰》，"文殊信仰暨能海上师诞辰 130 周年国际学术论坛论文集"，2016 年 8 月。

李春光：《奝然和中日文化交流》，《辽宁大学学报》，1985 年第 6 期。

镰田茂雄：《东亚地区佛教圣地五台山和五台山信仰在日本的传播》，《五台山研究》，1988-03.

鎌田茂雄著、圣凯译：《近代日本的中国佛教史研究》，《法音》，2000 年第 2 期（总第 186 期）。

牛海洋：玛赛尔·拉露及其《〈文殊师利根本仪轨〉布画肖像图》，《西藏民族大学学报》（哲学社会科学版），第 37 卷第 1 期，2016 年 1 月。

师敏：《圆仁的入唐求法及其对日本文化的影响》，西北大学博士学位论文，2011 年。

圣凯：《明清佛教"四大名山"信仰的形成》，《宗教学研究》，2011 年第 3 期。

田萌：《美国国会图书馆藏〈五台山圣境全图〉略述》，《五台山研究》总第 95 期，2008 年 2 月。

王丽萍：《成寻〈参天台五台山记〉研究》，上海人民出版社，2017 年 3 月。

铂净：《中国佛教与五台山会议综述》，《佛学研究》，1999 年。

王丽心：《2016 中国佛教讲经交流研讨会在五台山隆重举行》，《法音》2016 年第 09 期。

王俊中：《有关五台山成为佛教圣山的二则研究——以与华严学兴起的关系，和元代藏传佛教势力的进入为主》，华严专宗学院佛学研究所论文集。

魏道儒：《文殊信仰发展的主脉——从印度佛教到中国佛教》，《世界宗教文化》，2016 年第 5 期。

温金玉：《五台山文化地位的再检讨》忻州师范学院学报第 1 卷第 3 期，2005.6

肖黎民：《五台山文化的现代意义》，《光明日报·理论版》，2004 年 09 月 21 日。

小岛裕子著、黄玉雄译：《五台山佛教文化在日本的传播和发展》，《五台山研究》，2011 年 3 月。

许宏伟：《五台山信仰国际研讨会综述》，《五台山研究》，总第 124 期

徐苏斌、何美芳：《解读关野贞的中国建筑图像记录》，《理论与探索》，2014 年第 2 期。

扎洛：《吐蕃求五台山图史事杂考》，《民族研究》1998 年第期，第 100 页。

扎洛：《布鲁塞尔皇家历史与艺术博物馆藏〈五台山图〉初探》，第三届两岸四地佛教学术研讨会提交论文，2009 年 12 月 8 日。

张焕粉：《近百年来敦煌五台山佛教资料的整理与研究》，《世界宗教文化》，2012 年 12 月。

张焕粉：《杜斗成先生与敦煌五台山研究》，《忻州师范学院学报》，2013 年第 4 期。

赵改萍：《唐代佛顶尊胜陀罗尼经幢在山西的流布》，《山西档案》，2012 年 2 月。

赵林恩：《掘多三藏——最早把慧能禅法传到五台山的高僧之一》，《五台山研究》，2006 年 1 月。

赵洋：《慈觉大师与五台山》，《五台山研究》，1988 年 06 期。

周祝英：《五台山世界遗产保护与管理研讨会综述》，《五台山研究》，2010 年 03 期。

周祝英：《五台山佛教文化国际学术会议综述》，《普门学报》，2002 年 11 月。

外文参考文献

Anthony Tribe: "Ma~nju'srii Origins, Role and Significance", The Western Buddhist Review 2. 1994a.

Anthony Tribe: 'Ma~nju'srii and "The Chanting of Names" (Naamasa.mgiiti): Wisdom and its Embodiment in an Indian Mahaayaana Buddhist Text,' in S. Hamilton and J. Connolly, ed., Indian Insights: Buddhism, Brahmanism, and Bhakti. New York: Weatherhill.1997.

Anthony Tribe: Gazetteers and Golden Roof-tiles: Publicizing Qing Support of Tibetan Buddhism at Wutai Shan." Paper given at the "Wutai Shan an Qing Culture" Conference at the Rubin Museum of Art, May 12–13, 2007

Anthony Tribe: Tibetan Buddhism at Ri bo rtse lnga/Wutai shan in Modern Times. Journal of the International Association of Tibetan Studies, no. 2 (August 2006: 1–35.)

Anthony Tribe: "Tibetan Buddhism at Wutai Shan in the Qing: The

Chinese-language Register." Journal of the International Association of Tibetan Studies, no. 6（December 2011）

Beth Szczepanski： "The Instrumental Music of Wutaishan's Buddhist Monasteries： Social and Ritual Contexts"，Reference and Research Book News，ISSN 0887-3763，08/2012，期 3。

Benard, Elisabeth： "The Qianlong Emperor and Tibetan Buddhism". In New Qing Imperial History：the Making of Inner Asian Empire at Qing Chengde, edited by James A. Millward et al., 129-31. London: Routledge Curzon.

Birnbaum, Raoul: "Light in the Wutai Mountains in Presence of Light Divine Radiance and Religious Experience". Chicago Univ Press, 2004.

Birnbaum, Raoul: The Manifestation of a Monastery: Shen-Ying's Experiences on Mount Wu-t'ai in T'ang Context. Journal of the American Oriental Society, Vol. 106, No. 1, Sinological Studies Dedicated to Edward H. Schafer（Jan. -Mar., 1986），pp. 119-137.

Birnbaum，Raoul: Visions of Manjusri on Mount Wutai，Religions of China in Practice ed. by Donald Lopez.

Birnbaum，Raoul：Light in the Wutai Mountains in Presence of Light Divine Radiance and Religious Experience. Chicago Univ Press，2004.

Birnbaum，Raoul：Secret Halls of the Mountain Lords: the Caves of Wu-t'ai' T'oung Pao vol 86，no. 4-5（Dec 2000）（Cahiers d'Extreme-Asie 5（1989-1990），pp. 116-140.）

Birnbaum, Raoul: "Studies on the Mysteries of Manjusi". Boulder: Society for the Study of Chinese Religions Monograph no. 2, 1983.

Brough, John: "Legends of Khotan and Nepal", The Bulletin of the School of Oriental & African Studies XII, pp. 333–339. (1948)

Robert M Gimello: "Wu-t'ai shan during the Early Chin Dynasty: The Testimony of Chu Pien", Zhonghua Foxue xue bao 7 (1994): 501–612.

Robert M Gimello: "Ch'eng-kuan on the Hua-yen Trinity", The University of Arizona, Chung-Hwa Buddhist Journal No. 9 (July 1996) pp. 341–411.

Robert Gimello: "Chang Shang-ying on Wu-ta'i Shan", in Naquin & Chen-fang Yu, eds. Pilgrims and Sacred Sites in China. Berkeley: U Cal Press, 1992, pp. 89–149.

Robert M. Gimello: "The Cult of "Ma?jusri of the Thousand Arms and the Thousand Bowls", in T'ang Buddhism.

Cartelli, Mary Anne: "The Five-colored Clouds of Mount Wutai: Poems from Dunhuang", Leiden: Brill, 2013.

Cartelli, Mary Anne: "On a five-colored cloud: the Songs of Mount Wutai", The Journal of the American Oriental Society (Oct 2004).

ChenJinhua: Buddhism and China's Communication with the world outside

China（in Chinese）. Shanghai: Zhongxi shuju 中西書局 .2016.

Chou, Wen-Shing Lucia："The Visionary Landscape of Wutai Shan in Tibetan Buddhism from the Eighteenth to the Twentieth Century." PhD diss., University of California, Berkeley, 2011.

Dorothy C. Wong："A Reassessment of the Representation of Mt. Wutai from Dunhuang Cave 61"，the Archives of Asian Art, 1993. 其中文版收于《东吴文化遗产》第五辑，2015 年 10 月。

Etienne Lamotte， "Manjusri" , T'oung Pao， 48（1960）.（法语）

Farquhar，David： "Emperor as Bodhisattva in the Governance of the Ch'ing Empire"，Harvard Journal of Asiatic Studies 38， no. 1（1978）：5–34.

Lin, Wei-Cheng：Building A Sacred Mountain:The Buddhist Architecture of China 's Mount Wutai, University of Washington Press, 2014.

Nancy Shatzman Steinhardt： "The Tang Architectural Icon and the Politics of Chinese Architectural History" ,The Art Bulletin（Volume 86, Number 2, 2004）：228–254.

Naquin, Susan, and Chün-fang Yü： "Pilgrims and Sacred Sites in China" . Berkeley, CA: University of California Press, 1992.

Nicholas Jones 著，何亚琴 译：Fazang: Hermeneutics, Causation, and Mereology，《世界宗教文化》，2016 年第 2 期。

Paul Harrison："Maʔjuʔrī and the Cult of the Celestial Bodhisattvas"，
《中华佛学学报》Vol. 13, 2 ,2000.

Sen Tansen:"Buddhism，Diplomacy, and Trade: The Realignment of Sino-
Indian Relations, 600–1400"，University of Hawaii Press，2003.

Tuttle, Gray："Tibetan Buddhism at Ri bo rtse lnga/Wutai shan in Modern
Times，JIATS，no 2.2006.

Wright, Dale S.:"The Significance of Paradoxical Language in Hua-yen
Buddhism"，Philosophy East and West 32.3: 325–338. 1982.

Wright, Dale S.："Language and Truth in Hua-Yen Buddhism"，Journal
of Chinese Philosophy. 13: 21–47. 1986.

Wright, Darren J.:? "The weaving of a Buddhist empire—Mandalas and
Manjusri in the reign of Qianlong"，University of Colorado at Boulder, ProQuest
Dissertations Publishing, 2008. 1455158.

主要参考网站：

CiNii 日本学术论文数据库（http://ci.nii.ac.jp/）

日本印度学佛教学会资料库检索系统（http://www.inbuds.net/jpn/index.html）

日本第一书房网站（http://www.daiichishobo.co.jp/shop/index.html）

大正新修大藏经原典资料库 – 日文（Machine-readable text-database of the Taisho?Tripitaka）

台湾佛学数位图书馆暨博物馆资料库检索系统（http://buddhism.lib.ntu.edu.tw/BDLM/index.htm）

西方佛学评论 http://www.westernbuddhistreview.com/vol1/manjusri.html.

http://www.himalayanart.org/search/set.cfm?setID=1021

http://www.doc88.com/p-7502419758205.html

http://baike.foyuan.net/index.php?doc-view-21150.html

http://www.thlib.org?tid.

http://www.daiichishobo.co.jp/shop/index.html

http://phen.nsysu.edu.tw/files/15-1082-92126,c11302-1.php?Lang=zh-tw

http://www.sohu.com/a/151464928_421774

http://www.fjnet.com/

中国宗教学术网 http://iwr.cass.cn/fjyjs/

五台山佛教协会网 http://wutaishan.fjnet.com/sxfjxh/

搜狐新闻：http://www.sohu.com/a/151464928_421774

佳作书局：https://detail.youzan.com/show/goods?alias=3eu3u9v226u6m.

后 记

本书属忻州师范学院专题研究资助项目的研究成果。

十余年前，承蒙五台山文化研究所所长肖黎民先生的引导，结合本人的外语专业，将域外五台山文化研究文献的翻译与评介作为我长期的主攻方向。五台山文化绵延千余年，驰名国内外，可谓博大精深，源远流长。有关五台山文化的国内外文献、研究成果汗牛充栋，浩如烟海，对我而言完全是一个陌生的领域，常有望而生畏之感，初涉其中，不免有入海算沙之困，又如盲人摸象一般。在此期间，肖黎民先生给予了极大的鼓励与支持，古今中外，世出世间，均泻瓶以授，方便提撕，指点迷津，拨云见日。感恩肖黎民先生之婆心，在此谨致以诚挚的谢意。

中国人民大学教授、博士生导师，净土文化研究中心主任温金玉先生在繁忙的学术研究与学术活动之余，花费心血审阅书稿，并以善知识之博学、慈心与谨厚，拨冗为本书作序。温先生的序高屋建瓴，对目前的五台山文化研究具有启示意义，对我本人是莫大的鼓舞。后学感激之情，溢于言表。谨向温金玉先生致以深切的敬意。

本书付梓之前，承蒙山西省佛教协会常务理事，现常住广东中山佛教协会的圣贤法师对文中舛讹之处、标点规范、数字格式等方面慈悲匡正，并欣然命笔为本书作序。谨向圣贤法师表示衷心的谢忱。

本书在撰写过程中，得到陕西省社会科学院景天星博士的关注，多次为我答疑解惑。谨向景天星博士表示深深的谢意。

有人说，翻译是"带着镣铐跳舞"，从事域外文献的翻译需要同时具备专业知识与深厚的语言功底，尤其涉及到佛学方面的翻译，更要小心翼翼，仔细查证，所以每当从事翻译活动时，必有诚惶诚恐、如履薄冰之感，唯恐在语言的转换中扭曲作者的本意。感谢美国圣母大学教授罗伯特·M 詹密罗（Robert M. Gimello）、美国独立学者安东尼·托拉巴（Anthony Tribe）、美国弗吉尼亚大学艺术系教授王静芬（Dorothy C. Wong）等几位学者授权翻译他们的学术论文，衷心感谢他们的信任与支持！

本书第二章第三节选取的《作为施神迹者文殊菩萨及其图像考释：中国与印度的早期菩萨图像》《真容之遗产：五台山真容院与殊像寺的文殊像》《法照、金璧峰与五台山佛教唱赞音乐的历史建构》《近代中国的菩萨戒》《日本古典文学中描写的五台山》等五篇论文是我为山西省佛教协会、五台山佛教国际研究院组织召开的第一次、第二次"五台山信仰国际研讨会"翻译的部分学术论文，感谢加拿大英属哥伦比亚大学亚洲研究学系教授、东亚宗教研究主任陈金华、新加坡佛学院教授纪赟的信任，使我有机会以笔译活动的形式与诸位国外学者进行学术对话，从中受益匪浅。

本书搜集的文献目录主要来源于 CiNii 日本学术论文数据库、日本印度学佛教学会资料库检索系统、台湾佛学数位图书馆暨博物馆资料库检索系统 https://max.book118.com/html/2018/1021/5014131322001322.shtm、http://www.himalayanart.org/search/set.cfm?setID=1021 等网站信息，在此一并致谢！

本书收集的域外文献以及引用的参考文献跨越古今中外，向古往今来舍身求道者、在五台山文化的沃土上辛勤耕耘、默默奉献者致以最崇高的敬意。

感谢上海大学美术学院在读博士、我亲爱的女儿武小琳为本书提出的宝贵意见。感恩武建国先生一直以来的理解、支持与辛勤付出。感恩耄耋之年的父母对我工作的理解、支持与无尽的恩情。

深知自己乃下根之人，资质拙劣，学力不足，智慧浅薄如蝼蚁，错误之处在所难免。恳请方家指正。

冀培然　谨识

己亥初秋于觉梦宅